Johann Augustin Wagner

Ammian Marcellin

Erster Band

Johann Augustin Wagner

Ammian Marcellin
Erster Band

ISBN/EAN: 9783743366367

Hergestellt in Europa, USA, Kanada, Australien, Japan

Cover: Foto ©ninafisch / pixelio.de

Manufactured and distributed by brebook publishing software (www.brebook.com)

Johann Augustin Wagner

Ammian Marcellin

Ammian Marcellin

aus dem Lateinischen übersetzt

und

mit erläuternden Anmerkungen begleitet

von

Johann Augustin Wagner

Conrector am Gymnasium zu Merseburg.

Erster Band

Frankfurt am Main

Frankfurt am Main
bei Johann-Christian Hermann
1792.

heucheln, bei der doch immer ein kleiner Autor-
stolz durchschien. Nicht so Ammian. — Er
beruft sich auf seine historische Treue in der
Sprache des guten Gewissens, aber er spricht
auch von seinen Fehlern mit einer treuherzigen
Ehrlichkeit, die keinen Zweifel an seiner Aufrichtigkeit übrig läßt.

Sobald man also strenge Unparteilichkeit
zum Maaßstab nimmt, nach dem sich der Werth
des Geschichtschreibers vorzüglich bestimmen läßt,
so verdient Ammian ohne Zweifel die ehrenvolle
Stelle, die man ihm von je her gern einräumte.
Erfüllt er doch selbst die Forderung, die man immer an den Historiker machte, keine Religion zu
haben, so genau, daß wenigstens ehemals einigen Gelehrten die Frage noch problematisch schien,
ob man ihn zu den Heiden oder zu den Christen
rechnen solte. Nun hat man zwar Beispiele,
daß sechzigjährige Kriegshelden (und ein solcher
war Ammian) über ihre Religion noch immer
mit sich selbst nicht einig zu werden vermochten,
aber dies war gewiß nicht der Fall bei unserem
Schriftsteller: er war zuverläßig ein Heide, und
die Stellen, in denen er zum Lobe der Christen
und ihrer Religion spricht, beweisen nur für
seine lobenswürdige Mäßigung. Eben so unbe-
fangen ist er in Julians Schilderung, die den
größten Theil seiner Geschichte einnimmt. Hätte
man sich nur immer an ihn, den näheren Beobachter, gehalten, so würde man im Julian
eben so wenig den guten Fürsten, den tapfern
Hel-

Helden, den wißbegierigen Philosophen, den geistvollen Schriftsteller, und den mäßigen Mann verkannt haben, als man in neuern Zeiten aus ganz begreiflichen Ursachen ihm gern den Nimbus um das Haupt gelegt hätte, — eine Ehre, die ihm, wenn man auch seine Eitelkeit und Liebe zum Sonderbaren nicht in Anschlag bringt, das Tribunal einer neueren Philosophie bei allem guten Willen doch seines Aberglaubens und seiner Intoleranz wegen ohne eine kleine Inconsequenz nicht füglich zusprechen konnte.

So schätzbar aber Ammian seiner Unparteilichkeit wegen seyn muß, so mag dennoch wohl mehr als Einen Geschichtsforscher beim Lesen desselben eine kleine Ungeduld angekommen seyn. Angenehmer ist es allerdings, einen Geschichtschreiber zu studieren, der gefällige Darstellung mit historischer Treue zu verbinden weiß: aber wer nun einmal den Beruf hat, das ganze weite Feld der Geschichte zu umfassen, der muß darauf Verzicht thun, nur immer einen Xenophon und Polybius, einen Livius oder Thuan auf seinem Wege zu treffen — er muß sich durch mehr als Eine Art von Dornen Bahn machen, muß, um sich in die Annalisten des Mittelalters einzustudieren, sein altes Latein und sein neues Deutsch vergessen. Und bei dem allen ließe sich doch vielleicht noch fragen, ob es nicht noch immer ein leichteres Geschäft sey, die Wahrheit der Geschichte aus dem Dunkel des Ausdrucks, als unter dem Prunke schöner Phrasen herauszufin-

den.

den. Ein kleiner Anflug von Staube läßt sich doch gewiß eher von der Wange tilgen, als — Schminke, die doch immer mehr oder weniger dieselbe beizt.

Niemand kann das Unangenehme eines dunkeln Schriftstellers besser empfinden, als der Uebersetzer: aber, je mehr ich mich in die Manier des meinigen einstudierte, desto geneigter fühlte ich mich, zu glauben, daß Ammian einem Freunde ähnlich sey, dessen äußere Bildung anfangs etwas Abschreckendes für uns hatte, den man aber nur näher kennen durfte, um ihn lieb zu gewinnen. Wer wollte auch strenge seyn gegen Fehler, die dieser Freund selbst gesteht? Ammian kannte die seinigen sehr wohl, wie man aus obigem Texte sieht, und wenn wir denselben mit einem kleinen Kommentar begleiten, so geschieht es gewiß nicht, um seine Fehler in helleres Licht, vielmehr den Leser in die gehörige Lage zu setzen, diese Fehler desto verzeihlicher zu finden.

Ammian war — Grieche, das heißt, wenigstens in einem Lande gebohren und erzogen, in dem die Griechische Sprache die herrschende war. Daher kommt es, daß man oft auf Wörter und Redensarten stößt, die völlig Griechisch sind. Seine Eltern, die gewiß nicht zu einer der niedrigern Volksklassen gehört haben können, hatten ihm eine edle Erziehung gegeben, (B. 19. K. 8.) und für seine künftige Bestim=

Bestimmung auch die Erlernung der lateinischen
Sprache nöthig gefunden. Ganz gewiß ist auch
Ammian ein fleißiger Jüngling gewesen: seine
freilich hin und wieder zur Unzeit angebrachte
Gelehrsamkeit, seine häufigen Anspielungen oder
auch wörtlich angeführte Stellen Griechischer
und Römischer Schriftsteller sind Zeugen seiner
frühern Arbeitsamkeit, und wenn seine Belesen-
heit im Cicero besonders sich nicht verkennen läßt,
so kann man sich doch auch den Wunsch nicht
verhehlen, daß er nicht bloß Sentenzen aus demselben genommen, sondern ihm auch den angenehmen Vortrag und den lichtvollen Periodenbau abgesehen haben möchte.

Und war — Soldat — lange Soldat
gewesen — eine Lebensart, die für den Liebhaber der Wissenschaften von je her weniger vortheilhaft gewesen zu seyn scheint, weil die
Blankenburge und die Archenholze zu
allen Zeiten seltne Erscheinungen geblieben sind.

Und — schrieb in höherem Alter, wo man
manche Kenntnisse, so gern man auch will, sich
nicht mehr geben kann, — wo man, zumal in
Sachen des Geschmacks, sich unmöglich umzu-
stimmen, oder mit der glühenden Einbildungs-
kraft des jungen raschen Mannes Schritt zu
halten vermag, — wo man, als Geschichtschreiber, nach Ammians Beispiele, am sichersten geht, auf blühende Darstellung Verzicht
zu thun, und das zweideutige Talent, Leser

*4   zu

zu befriedigen, die mehr amüsirt als belehrt
seyn wollen, andern zu überlassen — wo man
dennoch, wenn man nur die erste Pflicht des
Geschichtschreibers, die historische Treue, zu erfüllen weiß, selbst bei einer kleinen Geschwätzig-
keit und Liebe zu Mikrologie, bei dem Kenner
über mehr als ein Quinquennium hin sich den
Ruhm des Zuverläßigen verschaffen kann.

Dafür hat denn auch Ammian im Ganzen
immer gegolten, und man würde sich bei der
Flut von Uebersetzungen, mit denen wir das
deutsche Publikum seit einiger Zeit heimgesucht
haben, allerdings wundern müssen, daß noch
keiner auf Ihn gefallen sey, wenn man nicht
wüßte, daß beharrlicher Kampf mit dem Originale in dem Plane nur weniger Uebersetzer
liegt. Ganz sorglos war ich in dieser Voraus-
setzung, bereits bis über die Hälfte der ersten Be-
arbeitung vorgerückt, als ein von dem verdienstvollen Herrn Prof. Ostertag zu Regens-
burg *) angekündigter deutscher Ammian mich
sogleich so bescheiden machte, die Feder aus der
Hand zu legen. Und gewiß hätte ich sie nie wieder aufgenommen, wenn nicht der würdige Gelehrte, den die Vollendung der unten genannten
Historia Augusta, und des deutschen Livius mehr
als Ein Jahr beschäftigen, mich an seine Stelle
treten zu lassen die Güte gehabt hätte — eine
Güte,

---

*) S. Vorrede zu s. Uebers. der kleinern Schrift-
steller der Historia Augusta.

Güte, der ich nicht würdiger zu entsprechen
wußte, als wenn ich mir desto mehr Mühe gab,
Ihn und das Publikum dieselbe nicht bereuen zu
lassen.

Um nun von meiner Verfahrungsart nähere
Rechenschaft zu geben, so habe ich anfangs, um
von fremden Einsichten und Noten ganz unabhängig zu bleiben, blos den correcten Abdruck
des Textes nach der Ausgabe des würdigen Herrn
Prof. A. W. Ernesti vor mir gehabt. Einige von Ihm in das Glossar aufgenommene
Erklärungen machten freilich mehr als einmal
den Wunsch bei mir lebhaft, daß derselben mehrere seyn möchten: aber auch das Glossar allein
ist mir, besonders durch Nachweisung des Pa-
rallelismus ein sehr wohlthätiges Hülfsmittel
bei meiner Arbeit gewesen. Nachher habe ich
beim Ueberarbeiten die Gronovische größere Ausgabe, vorzüglich der historischen Erläuterungen
wegen, benutzt, und wo mir noch ein Zweifel
übrig blieb, die zu Berlin 1775. in drei Bänd-
chen erschienene französische Uebersetzung zu
Rathe gezogen, die dennoch gerade die schwie-
rigsten Stellen aus einem andern Gesichtspunkte
als ich betrachtet zu haben schien.

Meine Absicht war, meinen Autor treu
und lesbar zu übersetzen, und ich fürchte
nicht, den letzten Endzweck auf Kosten des er-
stern erreicht zu haben. Treue muß immer die
erste Empfehlung des Uebersetzers bleiben: nur,

dünkt

dünkt mich, darf sie nicht die einzige seyn, oder
ihre Forderung zu weit ausgedehnt werden.
Allerdings giebt es Schriftsteller, bei denen sich,
wenn man beider Sprachen mächtig genug ist,
ein höherer Grad der Treue erreichen läßt,
bei denen man nicht nur den Sinn treffen,
sondern auch, so viel möglich, den ganzen
Geist fassen, die individuelle Manier, die fei-
nern Schattierungen, selbst die Wortstellung
oft beibehalten kann. Aber überall läßt sich
dies doch nicht zwingen, und mißverstandene
Treue wäre es, wenn der Uebersetzer sich die
Hände zu sehr binden, und sich nicht erlauben wollte, durch Verwechslung der Rede-
theile, oder sonst eine schickliche Wendung
auch seinem Zeitalter verständlich zu werden,
und ohne den ehrwürdigen Rost des Alterthums überall zu tilgen, dennoch seiner Arbeit die Glätte zu geben, durch die er sich
dem Kenner der alten und der neuen Litera-
tur gleich sehr zu empfehlen wünscht.

In wie fern ich nun in Befolgung richtiger Grundsätze der Uebersetzungskunst glücklich gewesen, überlasse ich dem Urtheile des
Publikums. Ammian hat seinen Werth vorzüglich als Geschichtschreiber, also mußte mein
Hauptendzweck seyn, ihm die Begebenheiten
so nachzuerzählen, wie er sie nach seiner Latinität verstanden wissen wollte. Aber gerade
diese Latinität läßt mich den Fall nicht ganz
unmöglich denken, daß vielleicht ein anderer

Rene

Kenner des Originals den Sinn hin und
wieder anders fassen zu müssen glauben dürfte,
und ich sichere jedem, der mich auf eine hi-
storisch-mißverstandene Stelle aufmerksam machen will, meinen Dank, im Voraus zu.
Selbst den zuweilen schwülstigen Ausdruck,
und die kühnen Metaphern, habe ich beibehalten, und nur bei den letztern, wenn sie sich
durch eine ähnliche nicht ersetzen ließen, den
eigentlichen Ausdruck, z. B. anstatt des oft
vorkommenden supercilia fluviorum lieber gerade Ufer gesetzt. Da, wo ich, zumal bei
Schilderungen damaliger Sitten, die Farben
etwas stark aufgetragen hand, habe auch ich dem
deutschen Kolorit eine kleine Lebhaftigkeit zu
geben gesucht — hoffe, bei aller meiner Liebe
zum Frieden, bei aller Unkunde der Taktik
glücklich mit Schlachten geliefert, und Städte
belagert zu haben — hoffe selbst im Deklä-
miren, und Räsoniren und — Deräso-
niren nicht hinter meinem Originale zurückgeblieben zu seyn; nur Periodenbau und
Wortstellung überall beizubehalten schien mir
eine eben so unnütze als undankbare Arbeit
zu seyn, die mir jeder Kenner hoffentlich
gern erlassen wird.

Weil Ammian auch als Geograph nicht
ohne Werth ist, und einigemal die Beschreibung ganzer Länder in seine Geschichte ein-
geschaltet hat, so glaubte ich manchem deutschen Leser einen Gefallen zu thun, wenn
ich,

ich, ohne mich in weitläufige Noten einzulassen, die heutigen Benennungen der Länder, Städte, Flüsse u. s. w. in Klammern geschlossen, sogleich an die ältern Namen anrückte, und nur etwa da, wo Ammian oder seine Abschreiber von andern bewährten Erdbeschreibern abzuweichen schienen, eine kleine Bemerkung unter den Text setzte.

Gleicher Kürze habe ich mich bei den so oft vorkommenden Hof-, Civil- und Militairbeamten beflissen, die bekanntlich seit Constantins des Großen Zeiten neu eingeführt, oder neu benannt wurden, oder unter dem alten Namen doch mehr oder weniger Geschäfte zugetheilt bekamen. Weil ich fand, daß mehreren meiner wahrscheinlichen Leser die lateinischen Benennungen, zumal, wenn sie aus mehr als Einem Worte bestehen, nicht so recht behagen dürften, so habe ich es versucht, diese Namen, einige wenige z. B. prätorischer Präfect, Comes und dergleichen ausgenommen, deutsch zu geben, und sie, so gut es gehen wollte, den jetzt an Höfen gewöhnlichen Aemternamen nahe zu bringen. Daß mit unsern jetzigen Aemtern zuweilen eine kleine Verrichtung mehr oder weniger verbunden sey, weiß ich sehr wohl: aber im Ganzen hoffe ich doch immer auf diese Art den besten Ausweg um so mehr getroffen zu haben, da ich die lateinische Benennung immer auch nebenher gehen lasse, nöthi-

nöthigen Falles eine erklärende Note unter
den Text setze, und am Ende ein alpha-
betisches Verzeichniß von allen diesen Amts-
namen zu besserer Uebersicht zu geben ge-
denke.

Zu fernerer Erläuterung meines Autors
habe ich hin und wieder Noten anderer Art
beigefügt, die doch im Ganzen mehr für
den Geschichtsdilettanten, als für den Ge-
schichtskundigen geschrieben sind. Die Gränz-
linie läßt sich freilich so genau nicht ziehen,
daß nicht auch von Lesern der ersten Gattung
der eine zu viel, der andere zu wenig finden sollte: indessen gestehe ich doch, sowohl
überhaupt, als bei Nachweisungen zu weiterem Nachlesen mehr das Gesetz der Spar-
samkeit befolgt zu haben. Kritische Noten
lagen nur dann in meinem Plane, wenn ich
etwa mit dem Texte auf keine andere Weise,
als durch eine kleine Abänderung auszukommen wußte. Sie sind Conjecturen, deren
sich mehrere hätten machen lassen, wenn ich
das Original selbst in der Ursprache heraus-
zugeben den Beruf gefühlt hätte. Wie der
Text jetzt ist, stößt man bald auf ein Plus,
bald auf ein Minus; und es wäre zu wünschen, daß, wenn auch der Verlust der ersten dreizehn Bücher unersetzlich wäre, dennoch bei der jetzt so lebhaften Bemühung,
mehr als Ein Jahrhundert unbenutzt gebliebene Bücherschätze von neuem zu brauchen
oder

oder brauchen zu laſſen, ſich irgendwo eine
correctere Handſchrift Ammians auffände. Ich
gebe ihn, ſo wie wir ihn jetzt haben, und
gebe ihn mit dem beſten Bewußtſeyn des mög-
lichſten Fleißes.

Merſeburg am 16. Januar 1792.

J. A. Wagner.

Ammia-

Ammianus Marcellinus.

Vierzehentes Buch.

Inhalt.

Kap. 1. Grausamkeiten des Cäsar Gallus. 2. Die Isaurier streifen in die Römischen Provinzen herüber.
3. Des Persischen Magnaten, Nohodares, vergebli-
cher Versuch auf die Handelsstadt Batne. 4. Streifereien der Saracenen. Lebensart dieses Volkes.
5. Kaiser Constantius läßt viele, oft nur angebliche
Anhänger des Magnentius hinrichten. 6. Sittenver-
dorbenheit der Römer. 7. Cäsar Gallus fährt in seinen Grausamkeiten fort. 8. Beschreibung der Provinzen des Orients. 9. Noch immer wütet Gallus,
bis ihm Constantius selbst Einhalt thut. 10. Krieg
des Constantius mit den Alamannen, denen er doch
auf ihre Bitte den Frieden zugesteht, und dann 11.
den Cäsar Gallus an sein Hoflager entbieten, und hinrichten läßt.

Kap. 1.

J. C.)
353.)Nach überstandenen Ereignissen des hart-
nackigsten Feldzuges *) fühlten die
streitenden Theile, von so vielfachen Gefahren und

Be=

*) Gegen Magnentius, Schlacht bei Mursa, (in
der nach-her mörderischen Herbste 351, noch immer

Ammian. Marcell. 1ster B.   A   Mutb

Beschwerlichkeiten entkräftet, selbst ihren Muth ab-
gespannt; noch rönete die Trompete fort, noch hatte
der Soldat die Winterquartiere nicht bezogen, als
ein wütender Unglücksfturm ein neues Ungewitter
über den Staat in den zahllosen Grausamkeiten des
Cäsar Gallus herbeiführte, der aus der armselig-
sten Lage beim Antritt der männlichen Jahre *) zur
Fürstenwürde und unverhofftem Glanze erhoben,
über die Gränzen der ihm übertragenen Gewalt rasch
vorschritt, und jeden seiner Tritte mit Blut und Mord
bezeichnete. Die Verwandtschaft mit dem kaiserlichen Hause, und die Ehre, den Namen Constantius
führen zu dürfen, riß ihn mächtig zu Uebermuth hin,
und wahrscheinlich fehlte es ihm wenigstens an gutem Willen nicht, selbst den Schöpfer seines Glücks
feindselig zu behandeln. Nicht wenig verhetzte ihn
zur Grausamkeit seine Gemahlin (Constantina),
die als leibliche Schwester des regierenden Kaisers,
und als Tochter Constantins, der sie vorher schon
mit dem König **) Hannibalian, seines Bruders

Muth und Kraft genug be-
hielt, sich in Italien zu behaupten, und bei Pavia das
foralose Heer des Constantius
zu überfallen, doch in der
Folge nach Gallien hinüber
gedrängt ward, und nach
der Schlacht bei Mons Se-
leuci (am 10. Aug. 353.) sich
endlich in Lyon entleibte.

*) Bekanntlich wurden Gal-
lus und sein Bruder Julian
vom Constantius während ihrer jüngern Jahre in einer
sklavischen Gefangenschaft ge-

halten. Bei Erhebung zur
Mitregentschaft (Cäsarwür-
de) am 5. März 351. war
Gallus, wie Gibbon vom
Verfall und Untergang des
Röm. Reiches IV. 262. meint,
25 Jahre alt; Ammian selbst
(Kap. 11.) läßt ihn im 29.
Jahre seines Alters nach ei-
ner vierjährigen Regierung
sterben.

**) Constantin gab ihm bei
der Theilung der Provinzen
unter seine Söhne und Vet-
tern auſſer Pontus, daß er
be-

ders Sohn vermählt hatte, ſich gar ſehr brüſtete.
Dieß war eine Megäre in Menſchengeſtalt, die ihren Gemahl ſtets zu neuer Wuth entflammte, nicht
weniger als er auf Menſchenblut gierig. Beide
ſtudierten ſich in die Kunſt zu ſchaden mit jedem Tage beſſer ein, ließen ſich durch geheime und tückiſche
Poſtenträger, die jede nur flüchtig gehörte Nachricht
boshaft zu übertreiben pflegten, ganz ungegründete
Dinge, wenn ſie nur ihrer Neigung entſprachen, mit
Wohlgefallen erzählen, und brachten auf ganz unbefangene Perſonen die Beſchuldigung, nach dem
Throne geſtrebt, oder verbotene Künſte getrieben zu
haben. Bald beſchränkte die Uebermacht ſich nicht
mehr auf geringere Ungerechtigkeiten, und auſſer andern an Perſonen von niedrigem Stande begangenen
Grauſamkeiten zeichnete ſich beſonders die plötzliche
Ermordung des Clematius, eines edlen Aleran-
driners aus. Die Schwiegermutter dieſes Mannes
hatte, von Liebesglut entflammt, ihm einen unbe-
ſcheidenen Antrag gethan; und weil er in ihren Plan
nicht eingehen wollte, ließ ſie ſich, wie man erzählt,
durch eine Hinterthüre in den Palaſt führen, über-
reichte der Thronfolgerin einen prächtigen Hals-
ſchmuck, und erhielt dadurch ſo viel, daß Clematius,
der rechtſchaffenſte Mann, ohne den Mund zu ſeiner
Vertheidigung öffnen zu dürfen, vermöge eines an
den damaligen Unterſtatthalter der Morgenländer

A 2　　　　(Co-

---

bereits beſaß, noch klein Armenien und Cappadocien,
nebſt der Stadt Cäſarea. (Gu-
thrie Th. 5. S. 8. er ward
aber gleich nach Conſtantins
Tode auf Conſtantius Befehl
umgebracht ebendaſ. S. 13.

(Comes Orientis.) Honoratus ergangenen Befehles hingerichtet ward.

Nach dieser so ungerechten That, dergleichen man,
weil Despotismus sich jeden Frevel erlaubt, bald
mehrere an andern Personen befürchtete, wurden einige, bei denen höchstens nur ein Verdacht, wie im
Nebel, durchschien, für schuldig erklärt und verurtheilt: theils zum Tode, theils zu Einziehung ihrer
Güter, so daß sie von Haus und Land vertrieben,
nichts sich übrig gelassen sahen, als Seufzer und
Thränen, und ein Leben, das nur milde Beiträge
mitleidiger Freunde erhalten konnten. Häuser, wo
vorhin Reichthum und Glanz herrschten, standen jezt
öde, seitdem eine gelinde und gerechte Regierung sich
in blutige Tyrannei verwandelt hatte. So überhäuf-
te Leiden zu vollenden, bedurfte es keines förmlichen,
nicht einmal eines angestifteten Klägers, um wenigstens dem Scheine nach die vorgeblichen Verbrecher
nach der Vorschrift der Gesetze zu behandeln, was
selbst grausame Regenten mehr als einmal zu thun
pflegten: vielmehr ward auf Vollziehung alles dessen, was der unerbittlich harte Cäsar sich in den
Kopf setzte, so schleunig gedrungen, als wäre es
auf der Wangschaale der Gerechtigkeit selbst aufs genaueste abgewogen. Noch ersann man die neue Tük-
ke, einige unbekannte Leute vom niedrigsten Pöbel,
vor denen man eben deshalb sich desto weniger hüten
konnte, anzustellen, um in allen Winkeln Antiochiens
die Reden der Einwohner zu sammeln, und nach Hofe zu berichten. Diese mengten sich, wie im Vorbeigehen, mit der unbefangensten Miene in die Zirkel

der Vornehmen, oder giengen in armſeliger Kleidung
in den Häuſern der Reichen umher, und was ſie er=
fahren, oder ſelbſt mit anhören konnten, das trugen
ſie, durch Hinterpforten eingelaſſen, in den Palaſt
hin: alle, wie Verſchworene, einverſtanden, vieles
ſelbſt zu erdichten, oder, was ſie hörten, doppelt
gefährlich vorzuſtellen, hingegen das gehörte Lob des
Cäſars, das die Furcht vor naher Gefahr vielen ſelbſt
wider ihren Willen abdringen mochte, zu verſchwei=
gen. Bisweilen geſchah es, daß wenn im innerſten
Zimmer, ſelbſt in Abweſenheit der vertrauteſten Be=
dienten, ein Mann ſeiner Frau etwas ins Ohr ſag=
te, der Kaiſer, als hätten es ihm Amphiaraus
oder Marcius, jene berühmten Wahrſager *) der
alten Welt entdeckt, es den Tag nachher wußte.
Kein Wunder, wenn man ſelbſt vor Mauern, die
allein um ein Geheimniß wußten, ſich zu fürchten
anfieng. Die Beharrlichkeit, dergleichen geheime

A 3　Nach=

*) Amphiaraus, ein Argi=
ver, Gemahl der in der al=
ten Welt einer Halsbandge=
ſchichte wegen berüchtigten
Eriphyle, Theilnehmer am
Argonautenzuge, und dem
erſten Thebenkriege ſchlief,
wie Pauſanias, (Korinth.
K. 16. nach Goldhagens Ue=
berſ. I, 242.) erzählt, in ei=
nem Wahrſagerhauſe (Man=
teion) bei den Phliaſiern,
und erwachte mit dem Talen=
te eines Propheten. Nach
ſeinem Tode ward er unter
die Heroen gezählt, die Oro=
pier waren die erſten, die
ihn als ſolchen verehrten,
und Pauſanias (Attika K. 34.

Goldh. 1, 147.) beſchreibt
den ihm gewidmeten Tempel
und Altar. Auch kommt er
bei Pindar als Wahrſager
vor Pyth. 8. — Zum Nach=
leſen empfehle ich Hermanns
Handb. der Mythologie Th.
2. S. 128. vorzüglich deswe=
gen, weil er über die Wahr=
ſagerei der Alten überhaupt
ein angenehmes Licht verbrei=
tet. — Und was den Mar=
cius betrifft, ſo ſoll er (Liv.
25, 12.) die unglückliche
Schlacht bei Cannä voraus=
geſagt haben, auch kommt er
in Amphiaraus Geſellſchaft
bei Cicero von der Divina=
tion I; 40. vor.

Nachrichten auskundschaften zu lassen, bekam noch mehr Stärke durch Constantinens Verhetzung, die ihren Gemahl unaufhaltsam an den Raub des Verderbens hinbrachte, — anstatt durch die dem weiblichen Geschlecht eigene Sanftheit als nützliche Rathgeberin ihn auf den Weg der Gerechtigkeit und Milde zurückzubringen, wie wir dieß in der Geschichte der Gordianen an der Gemahlin *) des Wüterichs Maximin gerühmt haben.

Eine andere, nicht weniger gefährliche Unbesonnenheit des Gallus war, daß er sich zu dem niederträchtigen Betragen, wodurch ehemals Gallienus in Rom sich so tief entehrte, herabließ, und von wenigen Personen begleitet, die sich heimlich mit Schwertern bewaffnen mußten, bei Abendzeit in Kaufmannsgewölbern und Straßen umherschweifte, und in Griechischer Sprache, die er sehr wohl verstand, die Gesinnungen über den Cäsar zu erforschen suchte. Dies war in der That viel gewagt in einer Stadt, wo hellbrennende Laternen die Nacht zum Tage machten. **) Weil er sich aber endlich gar oft erkannt sah, und seine nächtlichen Wanderungen unbemerkt fort-

---

*) Trebellius Pollio in Maximins Leben und Zonaras haben uns den Namen dieser würdigen Frau eben so wenig als Ammian erhalten, unstreitig aber ist sie die Diva Paulina, deren Gedächtniß durch eine Silbermünze, auf der Rückseite mit einem Pfau und der Umschrift: Consecratio verewigt ist, wie Vaillant S. 307. aus der Aehnlichkeit ihrer und ihres Sohnes Gesichtszüge, und aus dergleichen Prägart mit ihres Gemahls Münzen mehr als wahrscheinlich gemacht hat.

**) Ueber die Erleuchtung der Gassen bei den Alten bitte ich Beckmanns Gesch. der Erfindungen B. 1. S. 68. ff. nachzulesen.

fortzuſetzen ſich nicht getraute, ließ er ſich in der Fol=
ge nur bei Tage öffentlich ſehen, wenn er es, um
ernſthafte Regierungsgeſchäfte zu beſorgen, nöthig
fand.

Alles dies preßte nicht Wenigen Seufzer aus dem
Innerſten ihrer Seelen. Zwar konnte dem am Hof=
lager befindlichen *) Prätoriſchen Präfekt, Tha=
laſſius, einem Manne, der ſelbſt nicht wenig ho=
hen Geiſt beſaß, die Bemerkung nicht entgehen, daß
die Heftigkeit des Cäſars der Unglücklichen täglich meh=
rere mache, und man hätte erwarten können, durch
reifere Ueberlegung und guten Rath dieſelbe von ihm
gemildert zu ſehen, wie man in der That Beiſpiele
hat, daß vornehme Staatsbediente den Zorn der
Fürſten mehr als einmal beſänftiget haben; aber
durch den ihm eigenen Geiſt des Widerſpruchs und
Zankſucht einem Gallus nichts weniger als behag=
lich, gab er der Hitze deſſelben nur einen weitern
Schwung, berichtete ſogar oft, nicht ohne Uebertrei=
bung, das Betragen deſſelben an den regierenden
Kaiſer, und zwar ſo, daß er, der Himmel weiß,
in welcher Abſicht, eine Ehre darin ſuchte, es (den
Cäſar ſelbſt) merken zu laſſen. Und ſo ward dieſer
nur wilder, pflanzte gleichſam das Panier ſeines
Trotzes noch höher, und ſtürzte, ohne zu bedenken,
daß er ſich nicht minder als andere unglücklich ma=

A 4　　　　　　　che,

*) So überſetze ich das im Texte befindliche Präſens, das auch unter B. 23, 5. vorkommt; denn einer von den prätoriſchen Präfekten war immer am Hoflager der regierenden Kaiſer (Auguſte) oder der Cäſaren: in den Morgenländern der Präfekt des Orients, im Occident der Präf. Italiens. S. Notitia Dignitatum utriusque Imperii in Grævii Theſauro Vol. 7. p. 1790.

che, wie ein reissender Strom unaufhaltsam einher,
um alles, was ihm vor den Weg kam, niederzu-
trümmern.

Kap. 2.

Doch dies war nicht das einzige Unglück, das die
Morgenländer niederdrückte. Auch die Isaurier, *)
die es überhaupt in Gewohnheit haben, bald sich ruhig zu verhalten, bald durch unvermuthete Einfälle
alles in Unruhe zu setzen, hatten sich zwar bisher
schon hin und wieder heimliche Streifereien erlaubt:
weil man ihnen aber keinen Einhalt that, ward ihre
Frechheit immer gefährlicher, und brach endlich in
förmlichen Krieg aus. Lange schon hatten sie ihre
feindselige Gesinnung in unruhigen Köpfen genährt,
doch jetzt gaben sie vor, von uns selbst durch eine
unverdiente Beleidigung gereizt zu seyn, weil wir
einige Gefangene von ihnen in Ikonium, **) einer Stadt Pisidiens, wider alle Sitte auf dem Amphitheater mit wilden Thieren hätten kämpfen lassen.
Nach Tullius (Cicero) Bemerkung ***) pflegen
auch wilde Thiere von Hunger getrieben, gemeiniglich den Ort, wo sie ehemals ihre Nahrung fanden,

---

*) Isaurien, dessen Be-
schreibung unten Kap. 8. vorkommt, gehört jetzt zu Cara-
manien. Frühere Einfälle
dieses räuberischen Volkes,
die nach Zosimus 4, 20. auch
Pisidier, Solymer, oder
Bergcilicier hiessen, s. bei
Gibbon Th. 2. S. 199. 304.

spätere bei Ammian selbst 19,
13. 27, 9.
**) Ikonium, (jetzt Cugni)
das Plinius, Strabo, und
Ptolemäus zu Lykaonien rech-
nen, hat ohne Zweifel an der
Grenze zwischen beiden Län-
dern gelegen. Valois.
***) In der Rede für
Cluentius K. 25.

den, wieder zu suchen: und so stürzten jetzt die Isaurier, wie ein Orkan, vom rauhen und steilen Gebirge nach der Seeküste herab, verbargen sich in Felsen-
klüften und Thälern, und bei Anbruch der Nacht
(der Mond stand damals im ersten Viertel, und
schien also mit mattern Lichte) spürten sie die Orte auf, wo sich etwa Schiffahrende vor Anker gelegt
hatten. Wann sie nun diese in tiefem Schlafe zu
liegen glaubten, arbeiteten sie sich auf Händen und
Füßen an den Ankerplätzen hin, schlichen dann leise
den Fahrzeugen näher, sprangen hinein, standen
plötzlich vor den Augen der betäubten Schiffleute,
gaben, von Raubsucht zu Grausamkeit gereizt, keinem den erbetenen Pardon, hieben vielmehr alles
nieder, und führten die reiche Schiffsladung, ohne
ihren Werth zu kennen, mit sich fort.

Doch sie trieben diesen Unfug nicht lange: denn
sobald man die ausgeplünderten und ermordeten
Leichname bemerkte, legten keine Schiffe mehr in
dieser Gegend an, hielten sich vielmehr, als hätten
sie Scirons *) gefährliche Klippe zu vermeiden,
ganz nahe an den Küsten von Cyprus, die den Klippen Jsauriens entgegen liegen. Weil ihnen also in
der Folge nichts mehr ins Garn gieng, verließen sie
die Küste, und zogen sich nach Lykaonien, das an
Jsaurien gränzt, wo sie an den Heerstraßen hin dichte Kordons zogen, und sich von dem nährten, was
sie den Landeseinwohnern oder Reisenden raubten.
Nun entbrannte der Eifer der in den vielen an Lykao-

A 5   nien

---

*) Ein Seeräuber in Me-   werk legte: Plutarch Theseus
garis, dem Theseus das Hand-   10. Ovid Verwandl. 7, 444.

nien gränzenden Municipalstädten und Schanzen vertheilten Soldaten: jeder bestrebte sich, die Feinde,
wenn sie bald in stärkern Trupps, oder auch einzeln weiter vordringen wollten, nach seinen Kräften
zurück zu treiben, oder man sah sich doch immer von
ihrer Menge überwältiger. Auf hohen in weite
Krümmungen sich hinziehenden Bergen gebohren und
erzogen, sprangen sie auf ihnen, wie auf ebenem
und weichem Boden umher, und wer ihnen aufstieß,
auf den schössen sie von weitem ihre Pfeile ab, und
schreckten ihn mit fürchterlich wildem Geheul. Einigemal befand sich unser Fußvolk, um ihnen beizu-
kommen, in der Nothwendigkeit, hohe Felsen zu ersteigen; aber wenn man auch mit wankendem Fuß,
an Gebüschen und Dornsträuchen sich haltend, den
Gipfel erklimmte, erlaubte doch der enge und ungebahnte Boden nicht, sich in Glieder zu ordnen, oder
festen Fuß zu fassen: und weil der überall auf den
Anhöhen umherlaufende Feind abgerißne Felsenstük-
ke herabwälzte, so mußte man entweder mit Lebensgefahr über steile Klippen herab zu kommen suchen,
oder wo man sich für sein Leben muthig zu fechten
gedrungen sah, befürchten, durch ungeheure Felsen-
stücke zermalmt zu werden. Man ward deßhalb auf
die Zukunft behutsamer, und wenn jene streifende
Rotten sich nach den Gebirgen zu ziehen anfiengen,
dann zogen sich unsere Soldaten von einem Boden
zurück, auf dem ihnen jeder Schritt erschwert werden mußte. Konnte man sie aber, welches der Fall
oft war, auf einer Ebene überfallen, und ließ ihnen
nicht Zeit, von ihren Armen freien Gebrauch zu machen,

chen, oder ihre Wurfſpieße, deren jeder zwei bis
drei führte, zu ſchwingen, dann hieb man ſie nieder
wie feiges Vieh.

Weil ſich dieſe Räuber in Lykaonien, das größtentheils eben iſt, nicht zu halten getrauten, und
aus mehrern Erfahrungen in einem förmlichen Treffen uns nicht gewachſen zu ſeyn glaubten, giengen
ſie auf entlegenen Wegen nach Pamphilien, das
zeither lange von ihren Plünderungen verſchont geblieben war, wo man aber doch immer aus Furcht
vor ihren Räubereien und Mordluſt in alle Gränz-
orte Soldaten gelegt, und das ganze Land durch
ſtarke Beſatzungen geſichert hatte. Zwar eilten ſie
in Zuverſicht auf ihre lebhafte Gewandtheit, ſo ſchnell
als ſie konnten, um der Nachricht von ihrem Ueberfalle durch Geſchwindigkeit zuvorzukommen; weil ſich
aber die Wege auf den Bergen zu ſehr in die Krüm-
me zogen, erſtiegen ſie die Anhöhen nicht ſo geſchwind, als ſie wünſchten. Nach überwundenen
Schwierigkeiten auf dem Gebirge kamen ſie am Ufer
des Melas an, der durch ſeinen tiefen und wirbelnden Strom eine Schutzwehr ſeiner Anwohner iſt.
Die ſpäte Nacht vermehrte hier ihre Furcht, und ſie
ruhten ein wenig aus, um den Morgen zu erwarten.
Sie ſtanden nemlich in dem Wahne, ohne Widerſtand überſetzen zu können, und in einem unvermutheten Ueberfalle alles, was ihnen vor die Hand käme, zu verwüſten, aber ſie hatten ihren äußerſt beſchwerlichen Marſch umſonſt gethan: denn nach Aufgang der Sonne fanden ſie, daß ſie unmöglich über
einen Strom ſetzen könnten, der zwar nicht eben

breit,

breit, aber desto tiefer war; und während daß sie
sich nach Fischerkähnen umsahen, oder auf Flössen,
in der Eile zusammengefügt, überzuschwimmen versuchten, stürmten die Legionen, die damals in S i d e
in den Winterquartieren lagen, in einem schnellen
Ueberfall auf sie an, nahmen ihre Stellung am Ufer,
um in der Nähe mit ihnen fechten zu können, und
schützten sich hinter ihren künstlich verschränkten Schilden. Auf diese Art ward es ihnen leicht, die Feinde,
wenn sie sich entweder aus Zutrauen auf ihre Geschicklichkeit im Schwimmen, oder auf ausgehöhlten
Baumstämmen über den Fluß zu gehen erkühnten,
zu erlegen. Mit Lebensgefahr boten jene alle Kunstgriffe auf: weil sie aber ihre Absicht nirgends erreich-
ten, und durch eigenes Schrecken sowohl als durch
unsere Uebermacht sich zurückgetrieben sahen, wußten sie selbst nicht, wohin sie sich wenden sollten,
und kamen endlich in die Gegend der kleinen Stadt
Laranda. *) Hier sammleten sie durch Speise und
Schlaf neue Kräfte, und kaum hatten sie sich von
ihrem ersten Schrecken erholt, als sie in die reichen
Dörfer umher einfielen, bald aber durch einige Eskadrons unserer Reiter, die von ungefähr in diese
Gegend kamen, und mit denen sie es auf breiter
Ebene aufzunehmen nicht Muth genug hatten, dieselben zu verlassen genöthigt wurden, und dann sich
völlig zurückzogen, um in ihrem eigenen Lande alle
zum Dienst taugliche junge Mannschaft aufzubieten.
Weil

---

*) Nach Strabo in Jsau-
rien, nach Ptolemäus und
Stephanus in Lykaonien gelegen, — jetzt Larende in
Karamanien.

Weil ſie großen Mangel an Lebensmitteln litten,
giengen ſie auf einen Ort, mit Namen Paleä °, zu,
der nach dem Meere hinlag, mit einer ſtarken Mauer
umgeben war, und noch jetzt das Hauptmagazin iſt,
aus dem den zu Jſauriens Bedeckung angeſtellten
Truppen Proviant gereicht wird. Um dieſen feſten
Ort ſtanden ſie drei Tage und drei Nächte: weil ſie
aber die ſteilen Mauern ohne Lebensgefahr nicht er-
ſteigen, keine Minen anbringen konnten, und jede
bei Belagerungen übliche Liſt vereitelt ſahen, zogen
ſie traurig ab, um aus äuſſerſter Nöth gedrungen,
eine andere ihre Kräfte überſteigende Unternehmung
auszuführen. Von wilder Wuth beſeelt, die durch
Verzweiflung und Hunger noch erhöht ward, verdop-
pelten ſie ihre Kräfte, und raſeten mit unaufhaltba-
rer Hitze einher, um die Hauptſtadt °°) S e l e u c i a
zu zerſtören, die der kommandirende General Jſauriens (Comes) C a ſ t r i c i u s mit dreien im Kriege
abgehärteten Legionen deckte. Von ihrer Ankunft
durch zuverläßige Vorpoſten unterrichtet, gaben die
Heerführer die gewöhnliche Loſung zum Marſch,
rückten dann ſchnell mit der ganzen Beſatzung aus,
giengen in der Geſchwindigkeit über die Brücke des
K a l i k a b n u s, der in einem breiten Strome die
Thür-

---

*) Nach Ammians Beſchrei-
bung kann dieſer Ort ſo unbeträchtlich nicht geweſen ſeyn,
gleichwohl findet er ſich bei
Cellar und Danville nicht,
wohl aber in den Actis S.
Barnabæ (Acta Sanctorum
Junius T. II. p. 432.) als
eine Stadt Jſauriens. Auch
die Lage an der See wird daſelbſt beſtätigt, doch heißt ſie
Paláá, welches Weſſeling,
dem ich vorſtehende Nachwei-
ſung verdanke, in ſeinen Noten zu Hierokles Synekde-
mus S. 709. für richtiger
hält.
**) In Berg-Cilicien. (Ci-
licia aſpera.)

Thürme, der Mauer bespült, und stellten dann die
Armee so, als ob sie Lust hätten, sich in ein Gefecht
einzulassen. Doch erlaubte man keinem Soldaten,
aus Reihe und Glied zu treten, oder zu einer Schlacht
Gelegenheit zu geben. Man fürchtete ein Heer,
von toller Wuth erhitzt, das an Zahl überlegen,
und gegen Leben oder Tod gleichgültig, sich in der
Feinde Schwert stürzen zu wollen schien. Sobald
die Isaurier in der Entfernung eine Armee stehen
sahen, und Trompetenklang in ihr Ohr tönte, wurden ihre Schritte kürzer, sie machten einige Minu-
ten Halt, zogen die drohenden Schwerter, und rückten dann, nur merklich langsamer, weiter vor. Ihnen in förmlicher Linie entgegen zu treten, waren unsere Legionen hartnäckig genug entschlossen, schlugen mit den Lanzen an ihre Schilde — ein Manö-
ver, das bei unstern Kriegern Ingrimm und Unmuth
aufregt — und schreckten die ganz nahe gerückten
Feinde durch ihrer Arme Schwung. Aber indem sie
muthig in den Kampf hinzuziehen im Begrif standen, bekamen sie Befehl zum Rückzug, weil die
Heerführer es für unzeitige Tapferkeit hielten, sich
in ein gefährliches Gefecht einzulassen, da man ja
Mauern in der Nähe hätte, deren Schutz Allen weit
zuverläßigere Sicherheit gewähren könnte. In dieser Ueberzeugung zog man demnach die Krieger in
die Stadt zurück, man verwahrte alle Thore durch
feste Riegel, man besetzte Thürme und Brustwehren,
und legte Steine und Pfeile, die man nur auftrei-
ben konnte, um sich her, um jeden, der einzubringen sich gelüsten ließe, durch Geschoß und Steine zu

Do-

Boden zu werfen. Nur war für die Belagerten ein
übler Umſtand der, daß die Iſaurier durch Weg-
nahme der Schiffe, die auf dem Fluſſe Getraide zu-
fuhren, ſich im Ueberfluß der Lebensmittel befanden, ſie hingegen die gewöhnlichen Nahrungsmittel
ſchon faſt verzehrt hatten, und an die traurigen Folgen herannahender Hungersnoth nicht ohne Schau-
dern dachten. Weil aber dieſes Bedrängniß der
Stadt bald auſſerhalb der Mauern bekannt ward,
und wiederholte Berichte endlich den Cäſar Gallus
aufmerkſam machten, ſo erhielt der Statthalter
(Comes) der Morgenländer Nebridius, weil der
Feldherr der Reiterei damals anderwärts in weiter
Entfernung zu thun hatte, Befehl, aus allen Städten umher Truppen an ſich zu ziehen, mit denen er
dann in thätigſtem Eifer herbeieilte, um eine ſo anſehnliche und bedeutende Stadt zu retten. Auf dieſe
Nachricht zogen die Räuber ab, ohne weiter etwas
Bemerkenswerthes gethan zu haben, und giengen in
einzelnen Haufen, wie ihre Sitte iſt, auf entlegene
Felſenhöhen.

Kap. 3.

So war Iſaurien in Ruhe geſetzt: aber während
daß der Perſer König mit ſeinen Gränznachbarn in
Krieg verwickelt war, und einige der muthigſten Nationen von ſeinem Lande abhalten mußte, die wan-
kelmüthig genug waren, bald ihn ſelbſt feindſelig anzugreifen, bald in Feldzügen gegen uns zu unter-
ſtützen, war Nohodares, einer der Perſiſchen

Magna-

Magnaten, der jede Gelegenheit, in Mesopotamien
einzufallen, zu benutzen Auftrag hatte, immer in
geschäftiger Aufmerksamkeit, unsere Lage auszukund=
schaften, um, wo er nur irgend die Gegend bequem
fände, in unsere Gränzen herüber zu fallen. Weil
er aber alle an Mesopotamien sich hinziehende Grän=
zen wegen der häufig vorfallenden Beunruhigungen
durch Kordons und fliegende Korps gedeckt fand,
war er mit seiner Armee linksab gezogen, hatte sich
in den äußersten Gränzen Osdroenens gesetzt,
und einen sonderbaren, kaum je versuchten listigen
Anschlag ausgedacht, der, wenn er gelang, ihn in
den Stand setzte, blitzschnell alles vor sich her zu
verwüsten. Sein Plan war nemlich auf folgende
Art angelegt: Batne, *) eine Municipalstadt im Di=
strict von Anthemusien, ehemals von Macedo=
nien erbaut, liegt in einer geringen Entfernung vom
Euphrat ab; sie hat reiche Kaufleute in Menge,
und bei einer jährlichen Feierlichkeit, die ehngefähr
in den September fällt, kommt eine große Menge
Menschen von sehr gemischten Ständen zu einem
Jahrmarkt daselbst zusammen, um Indianische und
Serische

*) Ist mit einer andern
gleiches Namens in Syrien
nicht zu verwechseln — ein
Irrthum, den Cellar zu Zo=
simus 3, 12. ehemals begieng,
nachher aber in seiner größern
Geographie Th. 2. S. 725.
zurücknahm. Man sehe auch
Wesseling über die alten Iti=
nerarien. S. 790. Die unsri=
ge kommt noch einmal bei
Ammian 23, 2. vor, wo sie

aber Batná heißt, und wenn
sie unser Geschichtschreiber
dort zu Osdroene, in unse=
rer Stelle zu Anthemusia
rechnet, so ist das nur
anscheinender Widerspruch:
denn diese war ein District von
jener. Als Handelsstadt be=
schreibt sie Huet. Hist. du
Commerce & de la Naviga=
tion des Anciens, p. 320.

Serische, oder auch andere zu Land und See im Ueberfluß herbeigeführte Waaren einzukaufen. Diese
Gegend wollte der vorher genannte Heerführer während dieser festlichen Tage überfallen, und nahm deshalb seinen Weg durch die Sandwüste und an den
mit hohem Grase bewachsenen Ufern des Flusses Abo-
ras *) hin: aber von einigen seiner eigenen Leute
verrathen, welche aus Furcht, für ein begangenes
Verbrechen bestraft zu werden, zu den Römischen
Gränzposten übergegangen waren, sah er seine Unternehmung vereitelt, und schwand, wie angewur-
zelt, in Unthätigkeit hin.

Kap. 4.

Indessen schwärmten doch die Saracenen, **)
ein Volk, dessen Freundschaft so wenig als Feindschaft für uns wünschenswerth seyn kann, ***) überall
um uns her, und plünderten alles, was sie auf ihrem Wege antrafen, in kurzer Zeit rein aus, gieri-

gen

---

*) Auch Chaboras, oder
Araxes — jetzt Hermas oder
Alhavali.

**) Sind Araber, und zwar
die sogenannten Sceniten,
wie sie Ammian B. 22, 15.
23, 6. selbst bestimmt. Ob
mit Recht? darüber s. Saumaise über Solin S. 344.
Auch kommen B. 24, 2. Sa-
raceni Assanitä vor. Ein kleiner Mißverstand war es wohl,
wenn Jac. Gothofred in den
Noten zu der von ihm heraus-
gegebenen alten Weltbeschrei-

bung, S. 9. behauptete, daß
der Name Saracenen zuerst
unter Kaiser Mark Aurel auf-
gekommen sey, und sich deshalb auf Ammian berief.
Dies sagt Ammian nicht, und
schon Dioskorides und Plinius erwähnen derselben.

***) Noch jetzt hat man in
jenen Gegenden das Sprüch-
wort: Hüte dich der Freundschaft und Feindschaft der Be-
douinen. Volney Reisen B.
2. 305.

Ammian. Marcell. 1ster B.   B.

gen Geiern gleich, die eine aus hoher Luft ersehene
Beute in schnellem Flug entführen, oder, wenn ihnen der Fang mißlingt, sogleich wieder auffliegen.
Zwar erinnere ich mich, von ihrer Lebensart in der
Geschichte des Kaisers Marcus, auch nachher einigemal gesprochen zu haben; indeß will ich doch auch
hier von denselben etwas Weniges anführen. Bei
dieser Nation also, deren äussersten Wohnplätze sich
bei den Assyriern anfangen, und bis zu den Katarakten des Nils und den Blemmyern *) fortgehen, sind alle ohne Unterschied Krieger, halbnacket,
mit gefärbten Röcken bis an die Hüften bekleidet,
und wissen sich durch flüchtige Pferde, und geschmeidige Kameele, durch die einen im Frieden (in Kara-
vanen), durch die andern im Kriege überall Bahn zu
machen. Keiner von ihnen legt die Hand an einen
Pflug, pflanzt Bäume, oder sucht sich durch Bear-
beitung des Feldes Lebensunterhalt zu verschaffen:
immer ziehen sie vielmehr in der Länge und Breite
entlegener Gegenden umher, ohne Häuser, ohne bestimmte Wohnsitze, oder Gesetze: selbst einerlei Himmelsstrich behagt ihnen nicht, und sie bleiben nie
gern lange auf einerlei Boden. Ihr Leben ist im-
merwährende Flucht; ihre Weiber dingen sie auf gewisse Zeit um Geld, und errichten darüber Verträ-
ge: um wenigstens den Schein einer Ehe zu geben,
bringt die künftige Frau dem Manne eine Lanze und
ein Zelt mit, kann aber, wenn sie will, nach dem
gesetzten Tage wieder von ihm gehen, denn unglaublich ist es, mit welcher Hitze beiderlei Geschlechter
sich

*) Einer Völkerschaft Aethiopiens.

ſich (dem Wechſel) der Liebe überlaſſen. So ſchwei-
fen ſie dann ihr ganzes Leben hindurch ſo weit umher, daß ein Weib an dem einen Orte Braut, an
dem andern Mutter wird, und weit davon ihre Kinder erzieht, ohne je zur Ruhe zu kommen. Nahrungsmittel aller ſind Wildpret, Milch, die ſie im
Ueberfluß haben, vielerlei Arten von Kräutern, und
Vögel, die ſie etwa in Schlingen fangen können;
die meiſten ſind auch, wie ich als Augenzeuge berichten kann, mit dem Gebrauche des Getraides und
des Weines *) völlig unbekannt. Doch genug von
dieſer gefährlichen Nation, von der ich nun wieder
auf meinen Tert einlenke.

Kap. 5.

Während dieſer Begebenheiten im Orient brachte
Conſtantius den Winter in Arelat zu, gab dem
Volke Schauſpiele im Theater und im Cirkus mit
prunkendem Aufwande, fieng dann am zehnten Ok-
tober, mit welchem Tage ſich ſein dreißigſtes Regie-
rungsjahr ſchloß, ſeinem Uebermuth einen mächtigen Schwung zu geben an, nahm jede halb wahre
oder ganz falſche Anklage für gewiß und ausgemacht,
und ließ unter andern den Gérontius, ehemals
Heerführer unter Magnenz, foltern, und dann in
die traurige Lage eines Erulanten verſetzen. So wie
ein kränklicher Körper durch das geringſte Lüftchen
erſchüttert wird, ſo wähnte auch der Kaiſer bei ſo

B 2　　　　　be-

---

*) Weſſeling S. 140. ſei-
ner Obſervationen iſt geneigt,
Mohameds Weinverbot aus
dieſer Sitte ſeines Vaterlandes herzuleiten.

beschränktem und verzärteltem Geiste, in jedem Laute, der sich hören ließ, den Verdacht zu finden, man habe wider sein Leben etwas unternommen oder unternehmen wollen, und seine Siegesfeier selbst ward durch Ermordung unschuldiger Männer zu Trauertagen. Wenn ein Kriegsmann, oder wer sonst durch Ehrenstellen und Ansehn sich vor andern auszeichnete, auf ein bloßes Gerücht, des Magnentius Partei begünstigt zu haben bezüchtigt ward, so schleppte man ihn, mit schweren Ketten belastet, wie ein wildes Thier umher: ohne einen Feind zu haben, der auf seine Bestrafung drang, durfte er nur genannt, angegeben, oder höchstens förmlich angeklagt seyn, um ihn des Todes, der Einziehung seiner Güter, oder der Verbannung auf eine wüste Insel würdig zu finden.

Diese Strenge des Kaisers, die sogleich rege ward, sobald man ihm nur irgend die verringerte oder verletzte Ehre des Reiches vorzuspiegeln wußte, und die an sich schon zahllosen Arten seines finstern Argwohnes wurden noch mehr durch die blutdürstigen Schmeicheleien seiner Höflinge genährt, die jeden Vorfall zu übertreiben pflegten, und den innigsten Schmerz heuchelten, des Kaisers Leben in Gefahr zu sehen, das doch, wie sie nicht laut genug sagen zu können vorgaben, der Faden wäre, an dem das Wohl und das Weh des ganzen Erdkreises hange. Man sagt daher durchgängig, daß er nie in diesem oder einem ähnlichen Falle das über einen Beklagten gefällte, und ihm, wie gewöhnlich vorgelegte Todesurtheil zurückgenommen habe, was doch die

grau

grauſamſten Regenten mehrmals gethan haben. Eine ſo verderbliche Leidenſchaft, die doch bei andern
bisweilen ſich abkühlt, entbrannte bei ihm mit jedem
Jahre um ſo heftiger, da ganze Schaaren von
Schmeichlern den Starrkopf nur noch mehr erhitzten.

Unter den letztern zeichnete ſich vorzüglich Paul,
der Staatsſekretär (Notar) aus, von Geburt ein
Spanier, ein Mann, der den Schalk unter glatter
Miene barg, und eine überaus feine Naſe hatte, die
geheimſten Mittel, andern zu ſchaden, auszuwit-
tern. Dieſer ward nach Britannien geſandt, einige
Officiere abzuholen, weil ſie die Kühnheit gehabt
hätten, Magnenzens Partei zu nehmen, ſo wenig
auch dies ihr freier Betrieb geweſen ſeyn mochte.
Aber der Mann überſchritt ſeine Order freventlich,
drang mit der Schnelligkeit eines wilden Stromes in
die Beſitzungen mehrerer ein, wandelte über Schaaren von Leichen und Ruinen einher, belegte Freigebohrne mit drückenden Banden, ließ einige durch
Armſchellen wund feſſeln — alles durch Aufbürdung
von Beſchuldigungen, an denen keine Sylbe Wahrheit war. Dies veranlaßte einen Selbſtmord, der
Conſtantius Zeitalter auf immer brandmarken muß.
Martinus, Viceſtatthalter *) in Britannien, ſeuf-
zete tief über die Leiden der Unſchuldigen, ließ es auch
an dringenden Vorſtellungen und Bitten nicht fehlen, daß man doch ganz Schuldloſe verſchonen möchte, drohte auch, nach vergeblichen Bemühungen,
die Provinz zu verlaſſen, in der Hofnung, der bos-

hafte

---

*) Agens pro Præfectis, nachher kürzer: Vicarius.
(in der mehreren Zahl) gleich

hafte Späher würde die Folgen dieses Entschlusses
fürchten, und endlich aufhören, Menschen, mit dem
Genuß friedlicher Ruhe so ganz vertraut, in offenbare Gefahr zu stürzen. Paul glaubte sich dadurch
in seinem Diensteifer eingeschränkt, und gefährlicher
Meister in der Kunst, Geschäfte in verwickelte Knoten zu schürzen — einer Kunst, die ihm den Beinamen Catena (Kette) verschaffte, zog er den Vikar
selbst, der die ihm anvertrauten Unterthanen noch
immer zu schützen fortfuhr, in die allgemeine Gefahr
mit hin. Er bestand darauf, ihn nebst den Tribunen und anderen mehr, an den Hof des Kaisers gefesselt hinzuführen: worüber Martin aufgebracht,
und vom nahen Verderben gedrungen, den Degen
in der Hand, auf Paulus losging. Weil aber die
matte Faust ihm einen tödtlichen Stoß beizubringen
nicht vermochte, stieß er das einmal gezogene Schwert
sich selbst in die Brust; und so starb eines so wider-
natürlichen Todes der gerechteste Mann, weil er
Muth genug besaß, den Drangsalen einer Menge
Menschen entgegen zu arbeiten. Diese ihm zur
Schande gereichende Scene verließ Paulus vom Blute
triefend, und kehrte dann zum Hoflager des Fürsten
zurück, wohin er eine Menge Gefangene, die man
vor Ketten fast nicht sah, mitnahm, alle des tiefsten
Kummers voll. Bei ihrer Ankunft setzte man die
Folterbänke in Bewegung, und Henker legten Zan-
gen und jedes Werkzeug der Marter in Bereitschaft.
Mehrere verloren ihr Vermögen; andere wurden aus
dem Lande verwiesen; einige fielen unter dem stra-
fenden Schwerte: denn nicht leicht wird man unter
Con-

Constantius Regierung , wo dergleichen Auftritte Folgen blos des leisesten Gerüchtes waren, sich eines Beispiels entsinnen können, daß ein Beklagter ohne Bestrafung abgekommen sey. *)

Kap. 6.

Indeß gieng Orfitus, Gouverneur der ewigen Stadt, **) über die Gränzen der ihm vertrauten Würde übermüthig hinaus — ein Mann, der Verstand genug, und die genaueste Kenntniß bürgerlicher Geschäfte besaß, dessen Geist dennoch durch schöne Wissenschaften und Künste weniger aufgeklärt war, als es dem Manne von edler Abkunft ziemte. Unter seiner Amtsführung entstand ein gefährlicher Auflauf des Volkes über Mangel an Weine, ***) auf dessen gierigen Genuß das Volk erhitzt sich häufig zu wildem Aufruhr hinreißen ließ.

B 4   Weil

*) Mit diesem Kap. bitte ich überhaupt noch B. 21, 16. zu vergleichen, wo Constantius ganzer Charakter geschildert ist.

**) Orfit kommt als Präfectus Urbi zum zweitenmal im J. 356. B. 16, 10, und weiterhin einigemal im Ammian vor, auch ist sein Andenken durch mehr als eine Inschrift bei Gruter und Muratorius erhalten. — Die ewige Stadt heißt Rom nicht nur bei Schriftstellern, sondern auch auf Münzen und in kaiserlichen Verordnungen.

***) Constantin hatte eine Weinaustheilung unter das Volk eingeführt, so wie vor ihm schon August Getraide, doch nur monatlich, Aurelian gebackene Brode, und zwar täglich, eben derselbe Schweinefleisch , und Septim. Sever Oel auszutheilen verordnet hatten. Ueber alle diese Spenden hatte der Stadtpräfect die Oberaufsicht, und unter ihm standen der Präfectus Annonä (Aufseher der Lebensmittel), der Rechnungsführer der Hofkellerei (Rationalis Vinorum, fiscalium) und der Aufseher des Schweinemarktes (Tribunus Fori suarii) wie Valois aus der Notitia Imperii beweiset.

Weil ich nicht ohne Grund vermuthe, daß vielleicht Nicht-Römer, die etwa, wenn ich mir nicht zu viel schmeichele, meine Geschichte lesen, sich wundern dürften, anstatt wichtiger Begebenheiten in Rom, nur Nachrichten von Tumult, und Weinhäusern und andern dergleichen geringfügigen Kleinigkeiten zu finden, so wird sich die Ursache aus folgender kurzen Schilderung ergeben, bei der ich wider besseres Wissen mich nirgends von der strengsten Wahrheit entfernen werde.

In jenen alten Zeiten, wo Rom, mit dem Menschengeschlechte zu gleich langer Dauer bestimmt, sich als Licht des Erdkreises zu erheben anfing, schlossen Verdienst und Glück, die freilich nicht immer neben einander sich finden, den ewigen Bund, diese Stadt zu immer höherem Glanze zu erheben; und in der That mußten beide gemeinschaftlich wirken, wenn Rom zu vollkommener Größe gelangen sollte. Das Römervolk hielt von der Wiege bis zu den äußersten Gränzen der Knabenjahre — ein Zeitraum von ohngefähr dreihundert Jahren — die Kriege um seine Mauern aus: weiter herangewachsen, gieng es nach vielfachen mühvollen Kriegen über Alpen und See: zum Jüngling und Mann gestärkt, brachte es aus jedem Himmelsstriche, den nur der weite Erdkreis umfaßt, den Lorbeer des Triumphs zurück; und jetzt, wo es den hohen Jahren entgegen geht, und nur noch zuweilen blos durch den Ruhm seines Namens siegt, hat es sich zum Genuß eines ruhigern Lebens zurückgezogen. Und so hat die ehrwürdige Stadt, nachdem sie den stolzen Nacken wilder

Na

Nationen unter ihr Joch gebeugt, und Geſetze gegeben hatte, welche ihrer Freiheit Grund und ewige
Anker waren, wie eine gute, kluge und reiche Mutter den Cäſaren als ihren Söhnen die Rechte, ihr
Vermögen zu verwalten, übertragen. Längſt ſind
zwar die Tribus unthätig, friedlich vertragen ſich
die Centurien, aufgehört haben die Streitigkeiten in
Volksverſammlungen, zurückgekehrt iſt die ruhige
Zeit eines (Numa) Pompilius: und dennoch ehrt
man die Stadt in allen Welttheilen als Gebieterin
und Königin; überall ſieht man auf das würdevolle
graue Haar ihrer Senatoren, überall auf den Ruhm
des Römervolkes mit Achtung hin.

Aber der herrliche Glanz dieſer Verſammlungen
(des Senates und des Volks) wird durch unge-
bundenen Leichtſinn einiger wenigen verdunkelt, welche die Ehre, in Rom gebohren zu ſeyn, nicht bedenken, vielmehr in dem Wahne, ſich jeden Frevel
erlauben zu können, auf Abwege und Ausſchweifun-
gen verfallen ſind. Wie Simonides, *) der ly-
riſche Dichter, ſagt, gehört zu einem vollkommen
glücklichen Leben vor allen andern der Ruhm des
Vaterlandes. Um ein ſolches Glück zu erreichen,
haben einige in der Meinung, durch Standbilder
ſich der Nachwelt auf ewig empfehlen zu können,
hitzig nach ſolchen Denkmahlen geſtrebt, als könnten
ſie durch eherne, vernunftloſe Bildniſſe ſich mehr be-

B 5   lohnt

---

*) Kann ſeyn, obgleich in einem Gedicht auf Alci-
Plutarch dieſe Sentenz mehr biades Siege, der weit ſpä-
dem Euripides beizulegen ter als Simonides gelebt
ſcheint. Sie ſteht wenigſtens hat. Valois.

lohnt finden, als durch das Bewußtseyn rühmlicher
und edler Thaten: sie haben diese Bildsäulen, sogar
mit Goldplatten belegen lassen. — eine Ehre, die
man dem Acilius Glabrio, *) dem eben so
einsichtsvollen als tapfern Ueberwinder des Königes
Antiochus zuerst erwies. Wie schön es dagegen
nach dem Ausspruche des Askräischen Dichters **)
sey, mit Verachtung so geringfügiger oder vielmehr
nichtswürdiger Dinge, den Pfad des wahren Ruhmes, so lang und so steil er auch seyn mag zu betreten, das bewies Cato, mit dem Beinamen Censorius: Auf die Frage, warum unter so vielen Edlen nicht auch Er ein Standbild hätte, war seine
Antwort diese: " Lieber muß mir es ja doch gewiß
„ seyn, wenn Patrioten sich's nicht erklären können,
„ daß man mich einer solchen Ehre nicht würdig
„ fand, als wenn sie, was weit schlimmer wäre,
„ sich, daß ich sie erhielt, wundernd ins Ohr sag-
„ ten. „

Andere, die ihr höchstes Verdienst in ungewöhnlich hohen Staatswagen, ***) oder in eitlem Klei-
derprunk setzen, schwitzen unter der Last mehrerer
Ueberröcke, die sie mit Agraffen auf der Achsel und
weiter hinab am Gürtel befestigen, dem Winde das
feine Gewebe derselben preiß geben, und unter be-
ständigen Drehungen des Körpers, besonders der
linken Hand dieselben lüpfen, um die breite Verbrä-
mung

---

*) Ist aus Livius B. 40.
K. 34. genommen. Vergl.
Valer. Maximus B. 2.
Kay. 5.
**) Hesiodus in seinem

Gedichte vom Landbau Vers
289. ff.
***) Man sehe Beckmanns
Gesch. der Erfindungen Band
I. S. 391.

mung des Weſtchens glänzen zu laſſen, auf welches bunte Thiergeſtalten aller Art eingeſtickt ſind. °)

Andere erzählen mit angenommener ernſter Mie= ne, was doch kein Menſch zu wiſſen begehrte, wie unermeßlich groß ihr Vermögen ſey, rechnen uns mit ſichtbarer Uebertreibung den jährlichen Ertrag der fruchtbaren Fluren vor, die ſie von Oſten bis nach Weſten zu beſitzen uns prahlend verſichern: ohne nur den mindeſten Gedanken daran zu haben, daß ihre Väter, durch die Roms Größe eine ſo weite Ausdehnung erhielt, nicht durch Reichthümer, ſon= dern in den gefährlichſten Kriegen glänzen wollten, und ohne ſich durch Geld, oder Koſt, oder Gewand vor dem gemeinen Soldaten auszuzeichnen, dennoch alles, was ihnen Widerſtand that, mit tapferer Fauſt zu Boden ſchlugen. Daher kam es, daß man jenen Valerius Poplicola durch geſammlete Beiträge zur Erde beſtatten mußte: daß die dürftige Gemahlin des Regulus mit ihren Kindern durch des Gemahls Freunde unterſtützt ward: daß man Scipio's Tochter aus der gemeinen Schatzkammer ausſtattete, weil der Adel über die blühende manns bare

---

*) Beſſer mußte ih dieſe, nach dem Geſtändniß aller Herausgeber, wenigſtens in der erſten Hälfte verderbte Stelle nicht überzutragen. Schade iſts freilich, daß dies Schickſal gerade einen ſei= nem Inhalte nach ſo wichti= gen Text treffen mußte. Zum Glück wird es am Ende wie= der Licht, und die Pariſer Elegants hätten die Ver= läumdung, als ob ſie nur Pamphlets läſen, nicht bün= diger widerlegen können, als daß ſie die glückliche Idee vor einigen Jahren, ihre Gillets mit Schmetterlingen, Jagdpartien u. ſ. w. zu ſchmücken, ganz gewiß aus Ammian nahmen.

bare Schöne, nicht minder als über die lange Abwesenheit des armen Vaters *) sich beschämt fühlte.

Aber versuch' es jetzt einmal, und komm zu einem reichen und eben deßhalb sich brüstenden Manne, um ihm als rechtlicher Gastfreund die Aufwartung zu machen. Anfangs wirst du als längst gehoffte willkommen seyn: man wird dich mit Fragen
überhäufen, die du mehr als einmal nicht anders
als mit einer Unwahrheit zu beantworten vermagst:
wundern wirst du dich, daß bei der ersten Bekannt-
schaft ein so wichtiger Mann, in so weitem Abstande
von dir, dennoch dich mit so verbindlicher Achtung
aufnehme: gereuen wird es dich, daß du, um ein
so vorzügliches Glück zu genießen, nicht bereits vor
zehen Jahren den glücklichen Einfall hattest, nach
Rom zu reisen. Durch die fertige Zunge des Mannes dreist gemacht, wirst du deinen Besuch den nächsten Tag darauf wiederholen, aber als unverhofft er-
schienener Unbekannter wirst du betreten da stehen,
wenn der gestern so zuvorkommende Mann durch
Aufzählung (seiner Bedenklichkeiten), **) ob du auch
d e r Mann aus d e m Lande wirklich seyst, dir seine
Zweifel nicht bergen kann. Wenn du dann endlich
erkannt, und in die Zahl der Hausfreunde aufgenommen, drei volle Jahre nach einander ununterbrochen Hof gemacht hast, und nach Versäumniß
viel-

---

*) In Diensten des Staa-
tes.

**) Durch diese Einschal-
tung glaubte ich die kleine
Lücke im Texte am besten zu
füllen. Der französische Ue-
berseßer läßt dagegen den
Financier seine Thaler
zählen, und das kann im-
mer auch wahr seyn. Der
Leser wähle.

leicht nur eben ſo dieſer Tage *) dich unter das vo‑
rige Joch zu ſchmiegen kommſt, wird man dich nicht
fragen, wo du indeß geweſen, man wird dich nicht
einmal vermißt haben, und vergebens wirſt du deine
Lebenszeit verſchwenden, den Dummkopf von ſeinem
Stolz herabzuſtimmen. Macht man im Hauſe zu
periodiſchen eben ſo langen als ſchädlichen Schmau‑
ſereien, oder zu Austheilung feſtlicher Spenden **)
Anſtalt, ſo wird erſt in ſorgfältige Ueberlegung ge‑
zogen, ob Fremde, diejenigen ausgenommen, de‑
nen man einen Gegenſchmaus ſchuldig iſt, einzula‑
den überhaupt nöthig ſey: und wird dies ja nach
reiflichem Erwägen beliebt, ſo werden doch nur im‑
mer ſolche, die nicht von der Wettfahrer Ställen
kommen, ***) oder Spieler, oder die geheime Kün‑
ſte zu verſtehen vorgeben, zu dieſer Ehre gezogen.
Gelehrte und verſtändige Männer ſieht man als be‑
dauernswürdige und untaugliche Geſellſchafter nicht
gern, wozu noch dies kommt, daß die Nomenkla‑
toren,

*) Nach Gronovs Vor‑
ſchlage, der für per totidem
defueris tempus — tot die‑
rum d. t. zu leſen räth —

**) Weil die vornehmen
Römer ihre Klienten nicht
füglich alle an die Tafel zie‑
hen konnten, ſo bekamen ſie,
beſonders bei Familienfeſten,
bei Antritt eines neuen Am‑
tes ꝛc. wenigſtens Wein,
Brod und andere Eßwaaren
in Körbchen (Sportulis).
Den Unfug, der nach und
nach dabei einriß, beſchreibt

Juvenal ſehr lebhaft. Sat.
I, 95. ff.

***) Die Wettfahrer (Au‑
rigæ) waren, wie bekannt,
in vier nach Farben benann‑
te Banden eingetheilt, und
Kaiſer Caligula, der die grü‑
ne begünſtigte, geruhte oft
bei ihnen im Stalle Tafel und
Nachtlager zu halten. Sve‑
ton. K. 55. Auch zu Am‑
mians Zeiten hatte der aus‑
ſchweifendſte Geſchmack am
Wettfahren nicht abgenom‑
men. S. das Ende dieſes Ka‑
pitels und anderwärts.

toren, *) die sich überall einen Gewinn zu machen
suchen, für eine erhaltene Belohnung, bei Spenden
oder Gastgeboten oft genug Leute vom niedrigsten
Pöbel unterschieden.

Den goldfreſſenden Aufwand bei unſern Tafeln
und den Hang zu immerwährenden Vergnügungen
übergehe ich, um auf die zu kommen, die auf den
breiten Straßen der Stadt über das Kieſelpflaſter
mit halsbrechender Kühnheit eben ſo ſchnell hineilen,
als wären ſie mit einem Freipaß verſehen, ſich der
öffentlichen Poſt zu bedienen. **) Ganze Schaaren
von Bedienten wie Räubertrupps bieten ſie zu ihrem
Gefolge auf, ohne den Sannio, wie der komiſche
Dichter ſagt, ***) zu Hauſe zu laſſen: — eine
Mo-

---

*) Waren Sklaven, die
ſich Roms Bürger perſönlich
bekannt machen mußten, um
ihren Herren, wann ſie mit
ihnen ausgiengen, die Na-
men derſelben ſagen zu können. In ſo fern waren ſie
auch am beſten zu brauchen,
um Gäſte zu Schmaus oder
Spenden einzuladen, und
kommen in dieſer Bedeutung
ſchon beim Sveton. Calig. 41.
auch K. 39. unter dem Namen
Vocatoren vor.

**) Um die Communica-
tion zwiſchen Rom und den
Provinzen zu erhalten, hatte man von Auguſts Zeiten an
in gewiſſen Entfernungen
Stationen angelegt, auf denen immer einige Pferde bereit ſtehen mußten, um einzelne Eilboten nach und aus
den Provinzen ſchnell zu för-
dern. In der Folge dehnte

man dies weiter aus, und
die Städte und Dörfer mußten auch für Fuhrwerk aller
Art ſorgen, um die Staatsbeamten mit ihrem Gefolge
und Gepäck fortzubringen.
Weil aber dabei viel Miß-
brauch und Bedrückung vor-
gehen mochte, ſo durften von
dieſer öffentlichen Anſtalt nur
diejenigen Gebrauch machen,
die einen vom Kaiſer oder
dem Statthalter ausgefer-
tigten und beſiegelten Freipaß
(Diploma, Evectio) vorzeigen konnten.

***) Beim Terenz, Eu-
nuch Akt 4. Scene 7. V. 10.
bleibt doch wenigſtens der
Sannio zurück, um das Haus
zu hüten: unſere Herren hingegen, ſagt Ammian, bieten
alles auf, auch der Hausmann
muß ſich in Galla werfen, um
den Zug zu verherrlichen.

Mode, die auch viele Damen mitmachen, nur daß
sie verschleiert und mit verhangenen Sänften durch
alle Gegenden der Stadt umherziehen. So wie der
Taktik kundige Feldherren die dichtesten und muthig=
sten Schaaren voraus, dann die leichten Truppen,
hinter ihnen die Pfeilschützen, endlich das Reserve=
korps stellen, um im Fall der Noth nachrücken zu
können: so ordnen auch die Haushofmeister, durch
Stäbe in der Hand ausgezeichnet, die müßige Schaar
der Sklaven in der Stadt, und dann zieht, wie auf
militärisches Kommando, vorn am Wagen die ganze
Spinn= und Weberstube auf, an diese schließt sich
die Küche in schwarzem Gewande an, und dann
kommt die übrige Sklavenschaar bunt durch einan=
der, mit müßigem Pöbel aus der Nachbarschaft ver=
mischt. Den Zug schließt endlich eine Menge Ver=
schnittener, dem Alter nach vom Greise bis zum
Knaben herab — alle entstellt durch Siechlingsfarbe
und verzerrte Gesichtszüge. Gewiß, wenn man bei
jedem Tritt auf ganze Schaaren verstümmelter Men=
schen stößt, dann muß man dem Andenken jener Kö=
nigin der Vorwelt, Semiramis *) fluchen, die
zu=

*) Das gute Weib mag
wohl an dem Guten und
Schlechten, das man ihr von
je her aufbürdete, oft ganz
unschuldig gewesen seyn. Der
ihr hier gemachte Vorwurf
steht auch beim Claudian in
Eutrop. I. v. 339. und Ges=
ner bemerkt daselbst daß die=
ser Dichter, und unser Am=
mian die einzigen wären, bei
denen er diese Nachricht ge=
funden hätte. Vor kurzem
hat H. Prof. Heeren im 6.

St. der Bibl. der alten Li=
teratur und Kunst unter den
Jneditis S. 18. ein kleines
Schriftchen aus der Biblio=
thek im Escurial und aus
Holstens Papieren heraus=
gegeben, wo dies und mehr
anderes, was man sonst der
Semiramis zuschreibt, einer
Königin Lyttusa beigemessen
wird. Der Verf. des Schrift=
chens hat seine Nachricht aus
Hellanicus genommen.

zuerst Knaben in zarter Jugend entmannen ließ, der
Bestimmung des Männergeschlechts Gewalt anthat,
und den Lauf der Natur hemmte, welche schon in
den spielenden Knaben den Urquell des Saamens
legte, und durch diesen geheimen Wink die Bahn zu
Fortpflanzung der Nachwelt vorzeichnete.

Bei solchen Sitten strömen dann freilich die wenigen Häuser, die sonst von Liebhabern ernsterer
Wissenschaften fleißig besucht wurden, von Tände-
leien träger Unthätigkeit über, und ertönen von Sän-
gerchören, und rauschendem Saitenklang. Statt
des Philosophen wird der Sänger berufen, an die
Stelle des Redners tritt der Lehrer possenhafter Künste, Büchersäle stehen, wie Gräber, auf ewig ver-
schlossen, dagegen verfertigt man Wasserorgeln,
Leiern, wie Wagen groß, Flöten und ganze Lasten
von Theatergeräthe. So weit ist es sogar endlich
mit Unverschämtheit gediehen, daß man vor kurzem
bei Besorgniß einer Hungersnoth die Fremden schleunigst aus der Stadt trieb, daß man die Liebhaber
edler Wissenschaften und Künste, so unbeträchtlich
auch ihre Zahl war, ohne sie zu Athem kommen zu
lassen, zum Thore hinaus wies, hingegen wirkliche,
vielleicht auch nur vorgebliche Anbeter von Theater-
nymphen bleiben ließ, daß man, um dreitausend
Tänzerinnen nicht in ihren Luftsprüngen zu unterbrechen, sie und Musikanten, und eben so viele Tanz-
meister beibehielt.

Jedem unserer Blicke begegnet eine ganze Schaar
hochbelockter Frauenzimmer, die, wenn sie ihrem
Alter nach als Eheweiber wenigstens dreimal Mütter
                                            seyn

seyn könnten, lieber ledig bleiben, um bis zum Ekel über den geräfelten Fußboden mit leichtem Fuß hinzuschlüpfen, und in tausenderlei Wendungen mit flüchtiger Gewandtheit jede theatralische Handlung auszudrücken.

Nicht weniger gewiß ist es, daß ehemals, so lange Rom jeder Tugend Wohnsitz war, die meisten Edlen jedem freigebohrnen Fremdling, (wie die Lotophagen *) beim Homer durch die Süßigkeit ihrer Früchte) seinen Aufenthalt angenehm zu machen suchten. Aber jetzt giebt es so viele windige Hohlköpfe, die mit Verachtung auf jeden herabsehen, der außer der Ringmauer gebohren ist, doch mit Ausnahme der kinder = und ehelosen: denn unglaublich ist es, wie erfinderisch man in Rom ist, denen, die keine Erben haben, seine Aufmerksamkeit zu bezeugen. Weil aber in Rom, der Hauptstadt der Welt, auch Krankheiten und Seuchen weit mächtiger als anderwärts herrschen, deren Verbreitung zu hemmen, die aufgebotene ganze Zunft der Aerzte sich ohnmächtig fühlt, so hat man, um seine eigene Gesundheit zu sichern, einen Ausweg ersonnen, um einen angesteckten Freund nicht selbst sehen zu dürfen: man verbindet mit einigen andern Verwahrungsmitteln ein weit kräftigeres, daß nämlich Bediente, welche man hinsandte, um sich nach dem Befinden des Kranken zu erkundigen, nicht eher als nach einem

---

*) Lotusesser. Ulysses Gefährten ließen sich die süße Lotuspflanze bei diesem gastfreien Volke so wohl beha= | gen, daß sie lieber immer da geblieben wären. Homer Odyss. B. 9. V. 84. ff.

einem genommenen Bade wieder nach Hause kom=
men dürfen. So ängstlich fürchtet man die Seuche,
die man doch blos mit fremdem Auge sah. Aber so
ängstlich man auch diese Vorsicht beobachtet, so darf
nur einer, der schon die Mattigkeit in eigenen Glie=
dern fühlt, zu einer Hochzeit gebeten werden, wo=
bei man jedem Gaste ein Goldstück in die hohle Hand
drückt, *) sogleich wird er sich auf den Weg machen,
wäre es auch bis Spoleto.

Dies sind die Sitten der Vornehmen. Und von der
Schaar des niedrigen und armseligen Pöbels bringen
einige ganze Nächte im Weinhause zu: einige krie=
chen hinter die Schatten der Vorhänge im Amphi=
theater, die Catulus, als Aedil, zuerst nach Cam=
paniens schwelgendem Muster über Roms Theater=
sitze zog; **) oder sie balgen sich beim Würfelspiel,
und lärmen im widrigsten Tone, aus schnaubender
Nase den einwärts gezogenen Athem pressend: oder,
was ihre höchste Lieblingsneigung ist, sie halten vom
Aufgang der Sonne bis zum Abend von Hitze oder
Regen bis zum Hinsinken entkräftet aus, um der
Wettfahrer oder der Pferde Vorzüge oder Fehler bis
zur äussersten Kleinigkeit aufzuspüren. Ein sonder=
barer Auftritt ist es freilich, eine unzählbare Volks=
menge zu sehen, die bis zur Raserei begeistert, mit
ungeduldigem Blick an dem Erfolg eines Wagenren=

nens

---

*) Gehörte zu den vorhin genannten Sporteln, und Plinius giebt in seinen Brie= fen B. 10, 117. weitere Aus= kunft.

**) Diese Stelle hat Am= mian fast wörtlich aus Va= lerius Maximus B. 2. K. 4. genommen, und sein eigener Zusatz, daß Catulus damals Aedil gewesen, ist gerade ungegründet. Ueber die Ae= dilenjahre war der Mann damals längst hinweg.

nens hängt. Dieſe und andere Thorheiten laſſen
Rom nie zu Athem kommen, etwas Merkwürdiges
oder nur Ernſthaftes zu beginnen *). Lieber will
ich alſo zu meiner Geſchichte zurück kehren.

Kap. 7.

Cäſar Gallus, durch immer weiter greifenden **)
Uebermuth jedem Rechtſchaffenen läſtig, ſetzte nun
ſeinen Leidenſchaften kein Ziel mehr, drückte jede
Provinz im Orient deſpotiſch, ohne Männer mit
Staatswürden bekleidet, ohne Vorſteher der Städte
oder Leute vom gemeinen Volk zu ſchonen. Ging er
doch endlich ſo weit, daß er die erſten Männer des
Senats in Antiochien durch einen einzigen Urtheils-
ſpruch hinzurichten befahl; deshalb aufgebracht,
weil ſie auf ſeine zudringliche Anmuthung, eine un-
ſchickliche Herabſetzung der Lebensmittel bei wirklich
drohendem Mangel zu veranſtalten, derber, als ſie
vielleicht ſollten, geantwortet hatten; und gewiß wären ſie ein Opfer ſeiner Wuth geworden, wenn nicht
der damalige Unter - Statthalter (Comes) im Orient,

Hono-

---

*) Der abgehärtete Krie-
ger mochte freylich in dem
ſibaritiſchen Rom nicht an
ſeiner rechten Stelle ſeyn,
und einige Große mögen,
wie ſich aus zweimaliger Erwähnung der gleichgültigen
Aufnahme der Fremden ver-
muthen läßt, ſeinen Werth
nicht ſo, wie er erwarten zu
dörfen glaubte, anerkannt
haben. Ein ähnliches Ge-
mählde, wo die Farben noch

etwas greller aufgetragen
ſind, iſt B. 28, 4. aufgeſtellt, und wann der Hiſto-
riker, welches freylich ſein
Fehler iſt, hin und wieder
etwas deklamirt, ſo iſt er
doch auch nicht der einzige,
dem Roms damalige Sitten
nicht behagen, und facit
indignatio verſum.

**) Ich leſe mit Valeſius
diſſeminata für diſſimulata.

Honoratus, (Kap. 1.) sich ihm mit fester Standhaftigkeit entgegen gesetzt hätte. Ein anderer unver-
kennbarer und überzeugender Beweis seiner Grausamkeit war auch der, daß er an blutigen Lustge-
fechten Vergnügen fand, und im Circus beim Anblick von sechs oder sieben Faustkämpfer = Paaren,
die, mehrmaliger Verbote *) ungeachtet, einander
niederschlugen, oder wenigstens von Blute trieften,
so eine herzliche Freude hatte, als wäre ihm das
größte Glück begegnet. Seine ohnehin erhitzte Neigung, andere unglücklich zu machen, reizte eine gemeine Frau noch mehr auf, welche auf ihr Begehren im Palaste vorgelassen, ihm eine von Soldaten,
die keine Seele kannte, heimlich angesponnene Verrätherei wider sein Leben entdeckte. Dieses Weib be-
schenkte Constantina, frohlockend, das Leben
ihres Gemahls nun in Sicherheit zu wissen, und
ließ sie dann auf einem Wagen durch das Portal der
Burg auf die Straße fahren, um durch diese Lok-
kung mehreren zu ähnlichen oder vielleicht noch wichtigern Entdeckungen Lust zu machen. Einige Zeit
nachher ward Gallus, da er eben im Begriff stand,
nach Hierapolis abzugehen, um dem Feldzuge wenigstens zum Schein beizuwohnen, von Antiochiens
Bürgern demüthig angegangen, er möchte sie doch
ihrer Besorgnis einer Hungersnoth überheben, die
man aus vielen und wichtigen Gründen ganz nahe
zu seyn glaubte; und wenn andere Fürsten bei der
Sorge, mit der sie das Beste ihres ganzen Reiches
umfassen müssen, dennoch auch zu Lokalübeln sich
                                              herab-

*) Der Kaiser Constantin und Constantius.

herablaſſen, ſo fand er es doch nicht nöthig, abhel=
fende Maaßregeln zu nehmen, oder Zufuhr aus an=
gränzenden Provinzen zu veranſtalten; alles, was
er that, war, daß er das äufferſt bekümmerte Volk
an den mit gegenwärtigen conſulariſchen Statthalter
Syriens *) Theophilus wies, und mehr als
einmal wiederholte, daß es nur an dem Willen ihres
Statthalters liegen müßte, wenn es ihnen an Brode
fehlte. Dies erhöhte die Kühnheit des niedrigen Pö=
bels nur noch mehr, und da der Mangel an Lebens=
mitteln wirklich zuzunehmen anfieng, rottete ſich
das Volk, von Hunger und Wuth getrieben, zuſam=
men, und ſetzte nicht nur das vor andern prächtige
Haus des Eubulus, eines ihrer angeſehenſten
Männer in Brand, ſondern drang auch auf den,
wie man meinte, durch einen kaiſerlichen Macht=
ſpruch ihnen aufgedrungenen Statthalter mit Fuß=
ſtößen und Fauſtſchlägen an, trat ihn zu Boden,
und riß dem bedaurenswürdigen Sterbenden ein
Glied nach dem andern vom Leibe. Nach dem kläg=
lichen Ende dieſes Mannes ſchwebte jedem andern
das Bild eigener Gefahr vor Augen, und ein ſo na=
hes Beiſpiel ließ bald ähnliche befürchten. Sere=

C 3　　　　　　nian

*) In ältern Zeiten, und noch unter Hadrians Regie=
rung ſtanden Syrien, Phö=
nike und Paläſtina unter einem Oberſtatthalter, (Le=
gatus, Präſes) der ſeinen Sitz zu Antiochien hatte.
Nachher ward Phönike ge=
trennt, und zu Ammians Zeiten hatten alle drei Pro=
vinzen ihre eigene, und zwar conſulariſche Statt=
halter. Auch hatte zu Am=
mians Zeiten das ſo genannte hohle (Koele) Syrien ei=
nen weitern Umfang, hieß damals, was ehemal Sy=
rien genannt ward. Va=
leſius.

nian hingegen, vorher Statthalter, *) durch dessen Nachläßigkeit, wie ich vorher erzählt habe, **)
Celse ***) in Phönicien dem plündernden Feinde
in die Hände fiel, — ein Mann, der beleidigten Majestät des Römerreiches nach allen Regeln und Rechten so offenbar schuldig, daß es unbegreiflich scheint,
wie man auf seine Loßsprechung stimmen können —
gab dennoch, so überwiesener Verbrecher er auch
war, einem seiner Vertrauten seinen mit Zauberkräf-
ten begabten Hut vom Kopfe hinweg, und sandte
ihn damit zu dem Orakel eines Tempels hin, um
bestimmte Antwort zu verlangen, ob er, wie er
wünschte, auf sichere und ungetheilte Oberherrschaft
über das Römische Reich sich Hoffnung machen dürfte.
Zweifach traurig waren demnach die Begebenheiten
einer und ebenderselben Zeit: der unschuldige Theophilus starb des kläglichsten Todes, und Severian,
des allgemeinen Fluches würdig, kam, so laut auch
die Stimme des Publikums sich gegen ihn erhob,
ungestraft davon.

Von Zeit zu Zeit erfuhr doch Constantius diese
Schändlichkeiten, über einiges hatte ihm auch vorher
schon Thalassius (Kap. 1.) Licht gegeben, der
aber seitdem, wie der Kaiser erfahren hatte, eines
natür-

---

*) Ex Duce, und zwar
in Phönike, wie sich aus
dem Folgenden ergiebt. Dieser Mann war ein Panno-
nier von Geburt, der auch
unter Kap. 1. und B. 26,
5. 8. o. vorkommt. Am
lezten Orte ist sein ganzer
Charakter geschildert.

**) In einem der verlo-
ren gegangenen Bücher.
***) Kommt sonst nir-
gends vor, und soll viel-
leicht Thelsea heißen, das
in der Notitia Imperii und
in Antonins Itinerar. (nach
Wesselings Ausg. S. 196.)
in diese Gegend gesetzt wird.

natürlichen Todes geſtorben war: er ſchrieb alſo an
den Cäſar zwar ganz ſanfte Briefe, entzog ihm aber
doch nach und nach ſeine Unterſtützung, gab die
zärtliche Beſorgnis vor, daß der müßige Soldat,
nur gar zu leicht zu Unruhen geneigt, ſich wider ihn
ſelbſt verſchwören könnte: ſchränkte ihn darauf ein,
daß er blos die Kompagnien der Hofgarden *)

C 4 die

*) Schold Palatiná. So
nannte man die Hoftruppen,
Haustruppen, Garden, die
unter verſchiedenen Namen
in verſchiedene Kompagnien
eingetheilt waren, auch,
wie ſich aus einer Stelle im
Suidas erweiſen läßt, nach
Art unſerer Cadets oder
Nobelgardiſten beiſammen
wohnten, und ihre eigene
Hauptwachen hatten. Sie
machten zuſammen ein Korps
von 3500 Mann aus, und
bekamen höhern Sold als
die Feldregimenter (Legionen). Die vornehmſten un-
ter ihnen hießen Protectoren, (Leibtrabanten) die
zunächſt um den Fürſten waren, wirklichen Officiers-
rang nach unſerer Art hatten, wenigſtens für eine
Pflanzſchule künftiger Officiere angeſehen werden konnten, auch den Generalen
als Adjutanten in die Provinzen mitgegeben wurden.
S. B. 16. K. 10. am Ende.
Ein ſolcher war unſer Am-
mian ſelbſt. Auf die Pro-
tectoren folgten die Domeſtici, welche einige mit jenen für einerlei halten; wie
ſie denn Ammian ſelbſt hier
nicht einzeln aufgeführt, unter jenen mitbegreift, und
an andern Orten ohne Ver-
bindungswort mit ihnen zuſammen ſtellt. Z. B. 14, 10.
Protector Domeſticus, oder
umgekehrt Domeſtici Pro-
tectores 18, 8. Sie werden
aber im Theodoſian. Coder
L. 6. und 9. de Protectori-
bus et Domeſticis unter-
ſchieden. So ſetzt auch Ammian 22, 2 die Gentiles Scu-
tarios ohne Verbindungs-
wort zuſammen. Jene hie-
ſen Gentilen, weil ſie
Ausländer waren, die letztern Scutarier (Schild-
träger) von ihrer Bewaff-
nungsart. Noch bemerke
ich, daß Ammian hier nur
vom Orientaliſchen Hofe
ſpricht: am Occidentaliſchen
gab es einige kleine Abände-
rungen. Ueberhaupt iſt die
Abſicht meiner Noten, nur
immer den jedesmaligen Text
für jüngere Leſer zu er-
läutern. In einem am Ende
beizufügenden Verzeichniſſe
der bei Ammian vorkommen-
den Civil- und Militairper-
ſonen will ich dann alles zu
beſſerer Ueberſicht zuſammen-
ſtellen, und verweiſe für
jetzt

die Protectoren, Scutarier und Gentilen unter seinen
Befehlen haben sollte, und trug dem Domitian,
vorher Schatzmeister der Staatskasse, °) jetzt ernannten (Prätorischen) Präfect in Syrien auf, sobald er an
den Ort seiner Bestimmung käme, den Gallus, den
er schon oft zu sich entboten hatte, mit sanfter Bescheidenheit dahin zu vermögen, daß er so bald als
möglich nach Italien käme. Domitian reisete also,
so schnell er konnte, nach Antiochien ab, fuhr vor
dem Thore des Palastes gerade vorbei, und zog,
ohne vom Cäsar Notiz zu nehmen, dem er doch des
Wohlstandes wegen hätte aufwarten sollen, mit
feierlichem Gefolge in sein Quartier hin: ließ sich
mehrere Tage, wegen vorgegebener Unpäßlichkeit
weder bei Hofe, noch sonst öffentlich sehen, arbeitete
vielmehr insgeheim an des Cäsars Untergange, und
hing seinen von Zeit zu Zeit an den regierenden Kaiser abgehenden Berichten oft Nachrichten an, die er
doch vielleicht hätte zurückhalten sollen. Von Hof
aus endlich eingeladen, und zur Audienz im Staatsrath **) gelassen, trat er, ohne die geringste Vorrede mit leichtsinniger Unbedachtsamkeit hin, und
sagte: „Reisen Sie Prinz! denn so lautet des Kai-
„sers Befehl; und wenn Sie noch länger zaudern,
„so

---

jetzt die eben genannte Classe
von Lesern auf Nast Röm.
Kriegsalterthümer S. 449.
oder Gibbon 4, 119.

*) Ex Comite largitio-
num. Ist zu unterscheiden
vom Comes rei privatae,
der die Schatullengelder des
Kaisers, und was wir Kam-
mergüter nennen, unter sich
hatte.

*) Consistorium. Daß
dieses Wort zuerst im Am-
mian vorkomme, ist eine
Bemerkung, die ich des
Herrn Prof. Haubolds trefflichen Abhandlungen de Consistorio Principum Sego. I.
p. 6. verdanke.

„so wissen Sie, daß ich die für Sie und Ihr Hofla-
„ger ausgesetzten Lieferungen nächstens einziehen
werde." *) Kaum hatte er dies, und nur dies
im trotzigsten Tone gesprochen, als er zornig weg-
ging, und seitdem nicht wieder bei Hofe erschien,
so oft man ihn auch einladen ließ. Darüber ward
Gallus nun auch aufgebracht, klagte über unbillige
und unverdiente Behandlung, und gab dem Präfect
einige Leibgardisten (Protectoren), auf die er sich
verlassen zu können glaubte als Wache ins Haus.
Montius, der damalige Hofkanzler (Quästor),
ein schlauer Mann, der aber doch mehr für gelinde
Mittel war, **) erfuhr dies bald, und glaubte, die

E 5   Sache

---

*) Die Hofhaltung der
Cäsaren hing ganz von dem
regierenden Kaiser ab, und
Constantius hielt die seinigen so knapp, daß er sogar
Julians Küchenzettel vor-
schrieb. B. 16. Kap. 5.

**) Ich behalte du Valois
Lesart bei: Vater quidem,
sed ad lenitatem propensior.
Mit Gronovs acer gewinnt
man immer nichts, noch eher
würde ich Gibbons levita-
tem für lenitatem (Th. 4.
S. 270.) angenommen ha-
ben, wenn ich den ganzen
Text in einerlei Gesichtspunkte mit ihm zu betrach-
ten mich gedrungen gefühlt
hätte. Gibbon bereichert
seine Erzählung mit einigen
Umständen. Montius thut
bei ihm dem Gallus selbst
Vorhaltung in ziemlich starken Ausdrücken, er ver-
sammlet nicht bloß militai-
rische, sondern auch Civilbeamte; überhaupt folgt Gibbon mehr dem Philostor-
gius B. 3. K. 28. dessen
Partheilichkeit für Gallus er
doch selbst eingesteht. Allerdings würde nach dieser Erzählung die levitas (Unbesonnenheit) vorzuziehen seyn:
ich aber darf als Uebersetzer
nicht ohne Noth von der
hergebrachten Lesart abgehen, und nach dieser Regel
durfte ich die lenitas (Wahl
eines gelindern Auskunfts-
mittels) nicht aufgeben. Ich
kommentirte mir meinen
Text so: Montius mochte
freylich kein Freund des
Gallus, vielleicht auch mit
dem Präfect einverstanden
seyn, denselben zu stürzen.
Jetzt hört er, der Präfect
habe Arrest, und ihn zu be-
freyen, läßt er die Officiere
kommen, stellt ihnen erst

mit

Sache am besten einzuleiten, wenn er sich mit den Vornehmsten der Hofgarden bespräche. Anfangs redete er sie sanft an, und führte ihnen zu Gemüthe, daß eine solche Behandlung eines Präfects wider allen Anstand sey, und überdem nichts fruchten thue; dann setzte er mit heftigerm Tone hinzu: wenn man dies wolle, so solle man erst die Bildsäule des Kaisers umstürzen, dann erst ließe sich schicklicher und mit mehrerer Sicherheit daran denken, dem Präfect das Leben zu nehmen. Sobald Gallus dies erfuhr, ward er wild, wie die Schlange, wenn man einen Stein oder Pfeil nach ihr wirft, und jetzt am Rande seiner letzten Hoffnung, entbot er, um kein Mittel seiner Rettung unversucht zu lassen, sämmtliche Soldaten zusammen. Bestürzt standen sie vor ihm, und Er — hob dann mit knirschenden Zähnen und kreischender Stimme so an: „Steht mir „bei, tapfere Männer, denn euch drohet Gefahr „nicht minder als mir. Montius hat uns in einer „Auf-

---

mit freundlichen Worten vor, der Kaiser werde ein solches Benehmen gegen seinen Stellvertreter sehr hoch empfinden, — er müsse geste= hen, fährt er dann in wär= merem Tone fort, dies sey so gut als förmliche Rebel= lion — (denn sobald man einen Kaiser nicht mehr als solchen erkannte, riß man seine Bildsäulen vom Fußge= stell herab) Nun haben die Officiere entweder des Mon= tius Vortrag gefährlicher vorgestellt, oder Gallus selbst hat mehr darinn finden wollen, als Montius hinein= gelegt wissen wollte. Rebel= len und Empörer hatte ihn ja doch dieser nicht genannt, wie Gallus in der folgenden Anrede an die Soldaten sagt, er sprach ja nur be= dingungsweise, nur auf den Fall, wenn man dem Prä= fect das Leben nehmen wür= de. Und so heißt Montius der schlaue (vafer), weil er in der That dem Gallus eine Falle legen wollte, und heißt lenis, weil er nicht gerade stürmte.

„Aufbrauſung ganz ſonderbarer und neuer Art für
„Rebellen, und Empörer gegen die Majeſtät des
„Kaiſers ganz laut eeklärt: und ſein Zorn iſt durch
„den wichtigen Grund veranlaßt, daß ich einen
„ſtarrſinnigen Statthalter, der nicht wiſſen wollte,
„was Sitte iſt, wenigſtens um ihn zu ſchrecken, Ar-
„reſt geben ließ.“   Und ſogleich eilten die Soldaten,
denen überhaupt jeder Tumult willkommen iſt, zuerſt
zu der nahgelegenen Wohnung des Montius, eines
vor Alter abgezehrten und kränklichen Mannes hin,
zogen ihm rauhe Haarſeile durch die Fußgelenke,
und ſchleppten ihn dann mit aus einander gezogenen
Füßen in Einem Athem bis zur Behauſung des
Präfecten fort.   Eben ſo hitzig ſtürzten ſie den Domitian die Treppen hinab, ſchnürten auch ihn mit
Seilen feſt, und ſchleiften dann beide, an einander
gebunden, durch die breiten Straßen in vollem Laufen.   Gelenke und Glieder waren aus Fugen und
Lage geriſſen, noch die todten, bis zur äußerſten
Entſtellung verſtümmelt, trat man mit Füßen, und
warf ſie, endlich des Mordens ſatt, in den Strom.
So freche, bis zur Raſerei freche Menſchen erhitzte
noch mehr zu ſolchen Abſcheulichkeiten der Stadtdi-
rector *) Luſcus, der plötzlich in ihrer Mitte erschien,

---

*) Curator urbis. Wa-
ren gemeiniglich Römiſche
Senatoren, welche Mark
Aurel, um entweder dem
ſehr herabgekommenen Se-
nat zu Rom auch in den
Provinzen eine Art von Anſehen, oder auch einzelnen
Mitgliedern ein einträgli-

des Aemtchen zu geben, beſonders in den größern
Städten anſtellte. Capitolin im Leben des Marcus
Kap. 11. Außer der Beſor-
gung der Stadtkämmerei,
von der ſie im Griechiſchen
Logiſten heißen, waren
ſie auch oft erſte Inſtanz
als

schirn, und im widrigen Tone eines Arbeitsvogtes belästeter Packträger durch wiederholten Zuruf sie zu Vollendung der begonnenen That reizte, aber auch kurz nachher dafür lebendig verbrannt ward.

Weil auch Montius, indem er unter den Händen zerfleischender Mörder den Geist aufgab, einen Epigonius und einen Eusebius, ohne doch ihr Gewerbe oder Amt anzugeben, einigemal schimpfend erwähnte; so forschte man überall eifrigst nach, wer diese Leute wohl seyn möchten, und um die Hitze nicht verrauchen zu lassen, ließ man den Philosophen Epigonius aus Lycien, und den Eusebius, mit dem Beinamen Pittakas, einen heftigen Redner aus Emissa herbeiholen, obgleich Montius nicht sie, sondern Vorsteher der Gewehrfabriken *) meinte; welche bei der ersten Nachricht von einem Aufstande sogleich mit Waffen bei der Hand zu seyn versprochen hatten. Gerade um diese Zeit hatte Apollinaris, Domitians Eidam, kurz vorher noch Hausmarschall †) des Gallus, und dann vom Schwiegervater nach Mesopotamien gesandt, bei den Legionen vielleicht mit zu viel Zudringlichkeit herauszubringen gesucht, ob etwa der höher aufstrebende Cäsar geheime Briefe an sie habe ergehen lassen: sobald er aber den Vorfall in Antiochien hörte, machte er sich durch Klein-Armenien auf den Weg nach Constantinopel, ward aber von den Gardisten zurück gebracht, und in enger Verwahrung gehalten.

Wäh-

als Richter, besorgten Policeyangelegenheiten, und dergl. Ueberhaupt scheinen ihre Geschäfte nicht überall von gleichem Umfange gewesen zu seyn.

*) Tribunus Fabricarum.
†) Curam agens Palatii.

Während der Zeit machte man auch die Entdek-
kung, daß in Tyrus ingeheim ein königliches (Pur-
pur-Gewand) fertig liege, ohne zu wiſſen, wer
es beſtellt habe, oder für wen es beſtimmt ſey.
Deßhalb ward der Statthalter der Provinz, des
Apollinaris Vater, und mit ihm gleichen Namens,
als müſſe er davon wiſſen, in Verhaft genommen,
ſo wie man ganze Schaaren von Männern aus mehreren Städten zuſammen trieb, denen man die greu-
lichſten Verbrechen aufbürdete.

Laut ſchmetterte jetzt die Trompete zu Bürger-
mord, nicht im Geheimen, wie vorher, wütete der
unruhige Geiſt des Cäſars; der jeden Gedanken an
Billigkeit verſchmähte: keine Seele dachte daran,
vielleicht gegründete oder nur geſchmiedete Beſchul-
bigungen auf den gewöhnlichen Wege des Rechtes
zu unterſuchen, oder dem Schuldloſen von dem Verbrecher zu ſondern: und ſo war Recht und Billigkeit
aus den Gerichtshöfen wie verbannt, verſtummt jeder Mund, der ſonſt geſetzmäßig die Vertheidigung
der Unſchuld führte, nur Henker und geraubte Güter-
ſequeſter, nur Hinrichtungen und Confiscationen
herrſchten überall in den Provinzen des Orients.

Die Aufzählung dieſer Provinzen ſoll, hoffe ich,
hier an ihrem rechten Orte ſtehen, doch mit Ausnahme Meſopotamiens, das ich vorher ſchon bei Erzählung der Partiſchen Kriege mitgenommen habe,
und mit Weglaſſung Aegyptens, das ich für einen andern Ort aufzuſparen nöthig finde.

Kap. 8.

Kap. 8.

Hat man die höchsten Gipfel des Gebirges Taurus, welches nach Osten sich am höchsten erhebt, erstiegen, so liegt Cilicien in weitgedehnter Breite vor dem Auge da, ein Land, an allen Arten von Gütern reich: rechter Hand schließt sich Isaurien an, welches nicht weniger gesegnet, durch grünende Weinstöcke und Saatfelder das Auge ergötzt, und seine Mitte von dem schiffbaren Flusse Kalykadnus durchschnitten sieht. Außer mehreren kleinen Städten sind vorzügliche Zierden des Landes zwei größere, Seleucia, *) ein Werk des Königs Seleukus, und Klaudiopolis, eine vom Cäsar Klaudius angelegte Colonie: eine dritte, Isaura, einst nur zu mächtig, ist schon vor langer Zeit als eine gefährliche Rebellin zerstört, und kann kaum noch einige wenige Reste ihrer ehemaligen Größe aufweisen. Cilicien, das sich seines Flusses Cydnus (Kara-Su) freut, macht Tarsus, eine ansehnliche Stadt große Ehre, welche Perseus, Jupiters und Danaens Sohn, oder doch **) ein aus Aethiopien gekommener, reicher und angesehener Mann,

---

*) Zum Unterschied von andern Städten dieses Namens Trachea oder Aspera, jetzt Saleph oder Sapheth, welche Namen auch jetzt der vorherstehende Fluß Calycadnus führet. Um die vielen Notenzeichen zu ersparen, habe ich die jetzigen Benennungen der Orte, wenn man ihre Stätte noch kennt, sogleich in einer Parenthese angerückt, und sie sind aus Büsching und Volney genommen.

**) Dieses Doch soll ohne Zweifel anzeigen, daß wenn auch der Ursprung von Tyrus nicht so hoch in die mythischen Zeiten hinaufzurücken seyn möchte, doch die Stadt immer ein hohes Alter habe.

Manu, mit Namen Sandan *) erbauet haben
ſoll: ferner die Stadt Anazarbus, (Flecken Ain-
zerbeh oderAinzarba) nach ihrem Stifter **) benannt,
und Mopsveſtia, (Miſis oder Meſſiſſa) ehemals
Wohnort des Wahrſagers Mopius, der ſich von
der Geſellſchaft der Argonauten, nach Entführung
des goldenen Bließes, auf dem Rückzuge verirrte,
an Afrika's Küſte verſchlagen, bald nachher ſtarb,
und ſeitdem als Heros, deſſen abgeſchiedener Geiſt
noch immer um die Puniſche Raſengruft ſchwebt,
und vielerlei Krankheiten wohlthätig und größtentheils glücklich heilt †). Beide Provinzen hatten
ſich ehemals im Piratenkriege auch zu den Seeräu-
bern geſchlagen, wurden aber vom Procouſul Ser-
vil gedemüthigt, und den Römern zinsbar ††).
Dieſe Gegenden liegen überhaupt gleichſam auf einer
vorſpringenden Erdzunge, und werden vom (übrigen) Orient durch das Gebirge Amanus getrennt.
Die Gränzen des Orientes ſelbſt aber gehen in die
Länge und geradeaus von den Uſern des Fluſſes Euphrat

---

*) Die gelehrten Noten
Valeſii und Gronovs über
dieſen Sandan ſind auch
eines gedrängten Auszuges
nicht fähig, wenigſtens müßte
ich dann auch Weſſeling,
der beide widerlegt, auszie-
hen. Lieber will ich wißbe-
gierige Leſer auf des letztern Noten zu den alten
Itinerarien S. 710. und
über die verſchiedenen Meinungen von Tarſus Er-
bauung auf Cellars Geographie Th. 2. S. 253. ver-
weiſen.

**) Azarbus, nach an-
dern Zarbus.

†) Vales beweiſt, daß
Ammian zwei Mopſe ver-
wechſelt habe. Der eine
war Apolls und der Manto
Sohn, ein Argiver; des
andern, eines Theſſaliers,
Vater war Ampykus. Der
letztere war der Argonaut,
aber die Stadt Mopsveſtia
hat ihren Namen von dem
Argiver. S. auch Cicero
von der Divination I, 40.
††) Florus Buch 3. Kap. 5.

phrat bis zu den Ufern des Niles fort, stoßen linker
Hand an die Saracenischen Völkerschaften, rechter
Hand wird sie den donnernden Wellen des Meeres
ausgesetzt: — ein Landstrich, der überhaupt jenem
Seleukus Nikator (dem Siegreichen) viel zu
danken hat, der nach des Macedonischen Alexanders
Tode mit allen Rechten eines Nachfolgers Persien
erhielt, ein König von glücklicher Thätigkeit, wie
schon sein Beiname bewähret. Er brauchte die
Volksmenge, die er lange Zeit in Frieden beherrschte,
dazu, ländliche Wohnungen in wohlhabende und
feste Städte zu verwandeln, die, wenn sie auch
jetzt größtentheils mit Griechischen Namen, wie
sie ihnen ihr Erbauer zu geben gut fand, benannt
werden, doch auch ihre ursprüngliche Benennung
noch beibehalten, die ihnen ihre älteren Stifter in
Assyrischer Sprache gegeben hatten.

Das erste Land von Osdroene her (welches
ich, wie gesagt, von gegenwärtiger Beschreibung
ausnehme,) ist Commagene, jetzt Euphra-
tensis, erhebt sich in sanften Anhöhen, und darinn
liegen die ansehnlichen Städte Hierapolis,
(Bambuch) welche das alte Ninus *) ist, und
Samosata. (Schemisat).

Dann

*) Ob dies gegründet ist,
darüber verweise ich der
Kürze wegen auf Cellars
Orbis antiquus Band 2.
S. 429. Hierapolis kommt
auch B. 27, 1. vor, und das
eigentliche Ninus 23,6. und
nach der biblischen Benennung, Nineve, B. 18.
K. 7. Heut zu Tage hat
sich ihr Name in dem
Dorfe Nunia erhalten.
Bruns im Handbuche des
alten Erdbeschr. Th. 2. B. 1.
S. 200.

Dann folgt Syrien, welches dem Auge den
Anblick einer weiten Ebene giebt. Hauptſtadt des
Landes iſt Antiochien (Antakieh), eine weltbe-
rühmte Stadt, mit der ſich keine andere in Anſe-
hung des Ueberfluſſes eingebrachter oder ſelbſt erzeug-
ter Waaren meſſen darf: ferner Laodicea (Ladi-
kia), Apamea (Efamia oder Famiah) und Seleucien (Suveida), alle von ihrer erſten Gründung her im blühendſten Zuſtande.

An Syrien ſtößt Phönike, an das Gebirge
Libanos gelehnt, ein Land, das reizender Annehmlichkeiten voll, mit großen und ſchönen Städten
pranget, unter denen ſich Tyrus (Dorf: Sour)
durch ihre angenehme Lage und Volksmenge aus-
zeichnet, dann Sidon (Seida, Sed) und Be-
rytus (Bairut), ferner Emiſſa, (Hims, Hems)
und Damaskus (Damas), nicht minder ſchön
als jene, alle vor mehreren Jahrhunderten erbaut.
Dieſe Provinzen, welche der Fluß Orontes (El-
Aſi) umſtrömt, und wenn er am Fuße des hohen
Berges Caßius *) ſich hingewunden, ins Par-
theniſche Meer **) fällt — entzog Pompejus, nach Tigranes Beſiegung, dem Armeni-
ſchen Reiche, und ſchlug ſie dem Römiſchen zu.

Die äußerſte Provinz Syriens iſt Paläſtina, in
weite Fläche hingeſtreckt, wo man überall die herr-
lichſten,

*) Gewöhnlicher Caſius.
**) Iſt unter dem Na-
men Sinus Iſſicus be-
kannter, wie Ammian B. 22.
K. 15. ſelbſt ſagt. Die alten Geographen geben ihm
bald eine engere, bald eine
weitere Ausdehnung von
Syrien bis über Cyprus
hin nach Aegypten.

Ammian. Marcell. 1ſter B.   D

lichsten, das Auge ergötzende Fluren, und einige vortreffliche Städte antrifft, deren keine der andern nachsteht, alle vielmehr nach Einem Maaßstabe abgemessen zu seyn scheinen, nahmentlich Cäsarea (Kaisaria, ganz verfallen), dem Kaiser Octavian zu Ehren vom Herodes erbaut und verschönert, *) Eleutheropolis **) Neapolos, (das alte Sichem, jetzt Nabolis) ingleichen Askalon (Dorf Askalan) und Gaza (Gazza, in ältern Zeiten errichtet. In diesen Gegenden findet sich nirgends ein schiffbarer Fluß, dagegen brechen an vielen Orten warme Quellen hervor, die als Hülfsmittel für vielerlei Leibesgebrechen mit gutem Erfolge gebraucht werden. Auch dieses Land hat Pompejus, nach Bezwingung der Juden, und nach Einnahme von Hierosolymä, in eine Römische Provinz verwandelt, und einem Landpfleger die Verwaltung desselben übertragen.

An Palästina schließt sich Arabien an, das an der einen Seite von den Nabatäern begränzt ist — ein Land, eben so reich durch Handel aller Art, als starker Schanzen und Bergfesten voll, die, um die Einfälle angränzender Völker abzuhalten, die wachsame Sorgsamkeit älterer Bewohner in Waldungen an wohlgewählten und sicheren Orten errichtet hat. Auch hier giebt es unter mehreren kleinen Städten einige große: Bostra (Bosro),

Geras

---

*) Exaedificata. Der Ort hieß vorher Stratons Thurm und Herodes brachte den neuen Bau erst nach zwölf Jahren zu Stande.

**) Kommt nur bei spätern Schriftstellern vor, lag zwischen Jerusalem und Askalon, ihr jetziger Name ist mir aber nicht bekannt.

Geraſa (Dſchiors), und Philadelphia (Amman), welche alle durch feſte Mauern geſichert ſind. Den Namen einer Römiſchen Provinz, einen Statthalter und Römiſche Geſetze anzunehmen zwang dies Land Kaiſer Trajan, *) nachdem er den unruhigen Geiſt der Einwohner bei Gelegenheit ſeines ruhmvollen Krieges gegen Meder und Parther mehr als einmal hatte bändigen müſſen.

Noch erwähne ich Cyprus, eine Inſel, die weit vom feſten Lande abliegt, gute Häfen, und außer zahlreichen Mittelſtädten auch zwei größere beſitzt, nämlich Salamis, (Ruinen bei Famaguſta) und Paphos (Baffo): jene durch Altäre, dem Jupiter gewidmet, dieſe durch einen Venustempel berühmt. Dieſe Inſel iſt überhaupt ſo ungemein reich an jeder Art von Fruchtbarkeit, daß ſie keiner auswärtigen Hülfsmittel braucht, ihre Handelsſchiffe vom unterſten Kiel an bis zum Wimpel ſelbſt erbaut, und mit allem Geräthe verſehen in die See gehen läßt. Auch geſtehe ich frey, daß Habſucht mehr als Billigkeit das Römiſche Volk antrieb, ſich an dieſer Inſel zu vergreifen. Nachdem man den Ptolemäus, einen mit uns verbündeten König, ohne ein Verſchulden von ſeiner Seite, blos um unſere leere Schatzkammer zu füllen, aus ſeinem Reiche **) vertrieben, und Er durch Gift ſich ſelbſt ums Leben gebracht hatte, machte man die Inſel zinsbar, und ihre Schätze wurden wie aus einem

D 2   durch

*) Vergl. Dio Caſſius B. 68. K. 32.
   **) Aegypten nämlich, wozu damals Cyprus gehörte. Die ganze Begebenheit findet man umſtändlicher beim Dio Caſſius B. 38. K. 30 und B. 39. K. 22. 23.

durch Waffengewalt bezwungenen Lande durch Cato
auf Schiffen nach Rom gebracht. Doch ich nehme
den Faden meiner eigentlichen Geschichte wieder auf.

Kap. 9.

Bei so vielfach traurigen Auftritten (Kap. 7.)
ward (der Feldherr der Reiterey) Ursicin, dessen
Befehlen auch mich der Kaiser untergeordnet hatte,
auch Nisibis, wo er damals sein Standquartier hatte,
entboten, und den Grund so pestartigen Zwistes zu
untersuchen gezwungen, so sehr er auch seine Abnei-
gung zu erkennen gab, und so laut er auch die auf-
bellende Schaar schwänzelnder Höflinge zu über-
stimmen suchte *). Der Mann war von je her,
als untergeordneter Soldat und als Heerführer Held
gewesen, aber gerichtliche Streitigkeiten lagen ganz
außer seiner Sphäre. Aengstlich über einen für ihn
so gefährlichen Auftrag sah er bald ganze Rotten an-
gestifteter Kläger und Richter, die alle aus Einer
Höhle krochen, **) um sich her, und er konnte nichts
weiter thun, als daß er alles, was unter der Hand
oder öffentlich vorfiel, in geheimen Briefen an den
regierenden Kaiser berichtete, und um Unterstützung
ansuchte, die kräftig genug wäre, den unverkennbar
hohen Geist des Cäsars zu einem heilsamen Verdäusten
zu bringen. Aber bey seiner fast übertriebenen Vorsicht
blieb er, wie wir in der Folge erzählen werden, dennoch
in einer gefährlichen Schlinge hangen, weil seine

Nei=

*) Diese Metapher ist
freylich etwas stark ausge-
malt, aber der Uebersetzer
darf ja seinen Geschmack
dem Orginale nicht unter-
legen.
**) Alle vom Hofe des
Gallus aus gestimmt waren.

Neider tückische Beschuldigungen in Menge wider
ihn selbst beim Constantius anbrachten, einem Fürsten, der nicht gerade unter die schlechteren gehörte,
der aber, sobald der unbekannteste Mann ihm etwas
dergleichen ins Ohr setzte, eine unerbittliche Strenge
bewies, und den ihm eigenthümlichen Charakter verläugnete.

An dem zu traurigen Verhören angesetzten Tage
erschien demnach der Feldherr der Reiterey als
Schattenbild eines Richters in Gesellschaft anderer
im Voraus gestimmter Beisitzer auf dem Richter-
stuhle: überall umher standen Staatssekretäre (No-
tarien) die immer auf den Beinen waren, jede Frage
und jede Antwort dem Cäsar zu hinterbringen, dessen grausame Machtsprüche durch Verhetzung der
Gemahlin, die einmal über das andere als Horche-
rin an der Tapete *) sich sehen ließ, mehrere Personen, ohne die gegen sie angebrachten Beschuldigungen in Person, oder durch einen Anwald widerlegen zu dürfen, zum Tode verurtheilten. Zuerst
wurden Epigonius und Eusebius vorgeführt,
die blos einer Namensverwandschaft wegen Opfer
des Todes wurden. Montius hatte, wie wir vorher (Kap. 7.) erzählten, in den letzten Augenblik-
ken seines Lebens unter diesen Nahmen auf die Vorsteher der Gewehrfabriken geschmäht, weil sie ihm
bei etwanigem Unternehmen Unterstützung verspro-

D 3   chen

*) Von dem Vorhange und Gitterwerk im Zimmer, wo Staatsrath gehalten ward, (Consistorium Principis) handeln weitläufig Casaubon und Saumaise in den Noten zu Carins Leben von Vopiscus, im zweiten Bande der Historia Augusta S. 796. ff.

chen hatten. Epigonius, ein Philosoph nur
dem Mantel nach, *) trat anfangs, obwohl ver=
geblich, im bittenden Tone auf, aber nun fing die
Folter an, ihm Furchen ins Fleisch zu ziehen, und
die ihm vorschwebende Todesfurcht ließ ihn das ent=
ehrende Geständniß thun, an einem Plane, den es
nicht gab, Theil genommen zu haben, so wenig er
auch als ein Mann, dessen Fach bürgerliche Ge=
schäfte gar nicht waren, etwas gesehen oder gehört
hatte. Eusebius hingegen leugnete das ihm vor=
geworfene Verbrechen desto beherzter, ließ auch un=
ter der Folter seine Standhaftigkeit nicht erliegen,
und schrie nur desto lauter, Mördern sey er, nicht
Richtern unter die Hände gefallen. Weil er, als
gesetzkundiger Mann, darauf drang, man solle ihm
seine Ankläger stellen, und überhaupt methodisch ver=
fahren, so legte Gallus, dem man dies meldete, diese
Freimüthigkeit für Frevel aus, und ließ ihn als fre=
chen Verläumder nur desto grausamer martern: aber
schon so zerfleischt, daß kein Marterinstrument mehr
an irgend einem Gliede haftete, flehte er den Himmel
um Gerechtigkeit an, blieb mit stierem Blicke und
fester Seele unerschüttert, ließ weder auf sich noch
andere eine Beschuldigung kommen, und ward end=
lich, ohne etwas eingestanden zu haben, oder über=
wiesen zu seyn, mit jenem niedrig denkenden Ge=
fährten seines Todes hingerichtet. Bei der Hinfüh=
rung zum Tode gieng er unerschrocken einher, sprach
so schändlichen Zeiten Hohn, und ahmte jenem Stoi=
                                                    ker

*) Denn seine Standhaf= war wenigstens nicht die
tigkeit, meint Ammian, stoische.

ſer Zeno *) nach, der, um ihm eine Lüge abzu=
preſſen, lange gepeinigt, endlich ſich die Zunge ſelbſt
abbiß, und nebſt dem blutigen Speichel dem ihn
verhörenden König in Cypern in die Augen ſpie. —
Dann kam die Unterſuchung über das königliche Ge=
wand an die Reihe: die Purpurfärber wurden auf
die Tortur gebracht, und weil ſie die Fertigung eines
blos bis auf die Bruſt reichenden Unterkleides ohne
Aermel **) eingeſtanden, ſo mußte nun ein gewiſſer
Maras, ein Diakon (eine Benennung chriſtlicher
Prieſter) vorſtehen: man las einen von ihm in
Griechiſcher Sprache an den Vorſteher der Weberfa=
brik in Tyrus geſchriebenen Brief vor, worin um
Beſchleunigung des beſtellten Stückes, ohne doch
eine beſondere Gattung zu beſtimmen, gebeten ward:
auch ihn konnte man durch Martern, die ihn dem
Tode nahe brachten, nicht zum Geſtändnis bringen.
Weil bei der gegen Menſchen von allen Ständen
D 4 forts

*) Das Gedächtnis iſt un=
ſerem Ammian bei dieſer Er=
zählung in mehr als einer
Rückſicht untreu geweſen.
Wenn man auch nach Va=
lois Vorſchlage das Wort
Stoiker, als Gloſſe, weg=
ſtreicht, und ſich einen an=
dern Zeno, den Eleatiſchen
denkt, ſo iſt der eine Fehler
zwar berichtiget: aber ein
anderer liegt dann doch noch
darinn, daß er die Scene
nach Cypruß verlegt, da
doch der letztere Zeno mit
dem Eleatiſchen Tyrannen
Nearch, oder nach andern
Demylus, zu thun hatte.
Auch wäre es möglich, daß

Ammian anſtatt Zeno den
Anaxarch nennen wollen,
mit dem eine gleiche Ge=
ſchichte wirklich in Cypruß
vorgefallen ſeyn ſoll. Zu
dieſen aus Valois und Lin=
denbrogs Noten zuſammen=
gezogenen Bemerkungen fü=
ge ich noch hinzu, daß nach
Jamblichs Erzählung in Py=
thagoras Leben (S. 161.
der Küſteriſchen Ausgabe)
eine Pythagoräerin Timy=
cha gleichen Muth gehabt
haben ſoll.
**) War nichts mehr und
nichts weniger, als ein Klei=
dungsſtück, zum Prieſteror=
nat gehörig, ein Kolobion.

fortgesetzten Untersuchung einiges dennoch in Zweifel blieb, bei andern die vorgeblichen Vergehungen
nicht eben wichtig waren; so wurden nach vielen
Hinrichtungen auch beide Apollinare (Kap. 7.),
Vater und Sohn aus der Provinz verwiesen, aber
bei ihrer Ankunft in Kratera, einem ihnen zuge-
hörigen vier und zwanzig Meilen von Antiochien liegenden Landhause auf höhern Befehl, nach Zerschla-
gung ihrer Beine, ermordet.

Nach so vielen Mordthaten ließ dennoch die Wuth
des Gallus um nichts nach, vielmehr spürte er, wie
der Löwe, dessen Gaum einmal am Aase angebracht
ist, neuen Gelegenheiten zu solchen Greueln nach,
die ich jetzt nicht weiter aufzählen mag, um mich
nicht der Ueberschreitung meines Planes schuldig zu
machen.

Kap. 10.

(J. u. C.
Geb. 354.) Lange hatte der Orient unter diesen Bedrückungen geseufzet, als bei eintretenden wärmeren
Frühlingstagen Constantius, in seinem siebenten,
und des Cäsars drittem Consulate, Arelate (Arles)
verließ, und nach Valentia (Valence) ging, um gegen die Brüder Gundomad und Vadomar,
Könige der Alamannen, *) in Krieg hinzuziehen,
die bisher häufige Einfälle in die mit ihrem Lande
gränzenden Provinzen Galliens gethan und alles ver-
wüstet

*) Ammian nennt sie auch
oft mit dem allgemeineren
Namen Germanen, und
sie waren Bewohner vom jetzigen Elsaß und Lothringen.
Ueber die Gränzen Galliens
zu den damaligen Zeiten s.
B. 15, Kap. 11.

wuͤſtet hatten. Indem er hier in Erwartung des
noͤthigen Proviantes ſich aufhalten mußte, weil die
Zufuhr aus Aquitanien durch ungewoͤhnlich ſtarke
Fruͤhlingsfluten und angeſchwollene Waldſtroͤme er-
ſchwert war, kam Herkulan, ein Leibgardiſt,
Sohn des ehemaligen Generals der Reiterey Hermogenes, welchen, wie ich vorher erzaͤhlt habe,
das Volk bei einem Auflaufe in Conſtantinopel in
Stuͤcken zerriſſen hatte, bei ihm an, erzaͤhlte nach
der ſtrengſten Wahrheit des Gallus Betragen, eben
ſo mißmuͤthig uͤber das Vergangene, als uͤber die
Zukunft aͤngſtlich, und der Kaiſer unterdruͤckte ſeinen
Kummer daruͤber, ſo lange er konnte. Indeſſen
war die ganze bei Cabillon (Chalons fuͤr Saone)
verſammlete Armee, des langen Raſtens muͤde, wild
geworden, und um ſo mehr aufgebracht, weil bei
noch nicht eingetroffener Zufuhr es an den noͤthigſten
Beduͤrfniſſen zu gebrechen begann. Bei dieſer Gelegenheit ward der damalige Praͤtoriſche Praͤfect Rufin der aͤußerſten Lebensgefahr preis gegeben. Man
noͤthigte ihn, ſelbſt zu Soldaten hinzugehen, die
jetzt aus Mangel zu Wildheit aufgebracht waren,
und ohnedies gewoͤhnlich gegen Civilbeamte *)
Tuͤcke im Herzen haben, um ſie zu beſaͤnftigen, und
ihnen die Urſachen der bisher verhinderten Zufuhre
begreiflich zu machen. Dies geſchah aber abſichtlich, und man wollte liſtig genug dem Oheim des

D 5　　　　　Gal=

---

*) Dies waren ſeit Con-
ſtantins Zeiten die praͤtori-
ſchen Praͤfecten, doch hatten
ſie fuͤr die Lebensmittel der
Armee zu ſorgen, und Ru-
fins Auftrag war alſo um ſo
gefaͤhrlicher, weil die Soldaten gerade ihm die Schuld
des Mangels am meiſten geben konnten.

Gallus dadurch eine verderbliche Falle legen, um ihn zu verhindern, daß er sein vielgeltendes Ansehen nicht brauchte, die gefährlichen Unternehmungen seines Schwestersohnes mehr Kraft gewinnen zu lassen. Weil aber Rufin bei diesem Auftrage sich sehr klug nahm, so verschonte man ihn für jetzt mit ähnlichen Befehlen, und der Oberkammerherr (Präfectus Cubiculi) Eusebius, ward, mit Gelde versehen, nach Cabillon gesandt; das unter die unruhigsten Köpfe ingeheim vertheilte Geld wirkte auch so glücklich, daß der Geist des Aufruhres unter dem Heere seine Kraft verlor, und des Präfects Leben in Sicherheit gestellt ward. Man erhielt auch bald nachher Lebensmittel in Ueberfluß, und das Lager brach an dem vorher bestimmten Tage auf. Nach Ueberwindung vieler Schwierigkeiten, unter denen die tief verschneiten Wege nicht die geringsten waren, fand man bei der Ankunft nicht weit von Rauracum (Augst bei Basel) an den jenseitigen Ufern des Rheinstromes eine Menge Alamannen, die zu stark waren, als daß die Römer eine Schiffbrücke zu schlagen hätten wagen dürfen: Pfeile flogen vielmehr dicht wie Hagel umher, und weil man die Ausführung unmöglich fand, durchkreuzten des Kaisers Kopf mancherlei Pläne, die ihn über Fassung eines bestimmten Entschlusses nur verlegener machten. Aber ganz unerwartet meldete sich ein der Gegend kundiger Wegweiser, der für eine Belohnung einmal bei Nacht einen seichten Furt angab, wo man über den Fluß gehen könnte: und allerdings hätte, bei anderweit beschäftigter Aufmerksamkeit der Feinde,

unsere

unsere Armee, wäre sie nur erst hinüber gewesen,
ganz unvermuthet alles niederschlagen können, wenn
nicht einige Alamannen selbst, die unter unserer Armee dienten, und besser als andere Soldaten gehalten waren, ihren Landsleuten geheime Nachricht davon hätten zukommen laffen. So glaubten einige
wenigstens: argwöhnischer Verdacht hingegen wollte
den guten Nahmen des Latinus, Kommandeurs
der Haustruppen (Comes Domesticorum) des Ober-
stallmeisters (Tribunus Stabuli) Agilo, und des
Befehlshabers der beschildeten Trabanten (Scutario-
rum Rector) Scudilo bei dieser Gelegenheit beflek-
ken, welche Männer doch durchgängig für Patrioten
galten, die das Wohl des Staates in zärtlich sorgsamen Händen trugen. Die Feinde gingen dennoch
über ihre gegenwärtige Lage auch zu Rath, und
sey's, daß sie auf Entscheidung ihrer Wahrsager,
oder von ihren Göttern behindert, eine Schlacht zu
liefern nicht gut fanden, so ließ der Muth, mit dem
sie uns bisher widerstanden hatten, auf einmal so
sehr nach, daß sie einige ihrer Vornehmen zu uns
herüber sandten, Verzeihung ihrer Vergehen und
Frieden von uns zu erbitten. Man hielt diese Gesandten beider Könige einige Zeit auf, und nachdem
man lange ingeheim die Sache überlegt, und auf
dem Wege der Stimmensammlung die Meinung aller
dahin ausfiel, daß man einen auf billige Bedingungen erbeteuen Frieden um so weniger von der Hand
weisen dürfe, da er für unsere eigne gegenwärtige
Lage so wünschenswerth wäre, so ließ der Kaiser die
Armee, um sie über diese Angelegenheit kürzlich zu

beleh-

belehren, versammeln, bestieg dann, von den hohen Hofbeamten umgeben, den Thron, und sprach so:

„Nicht wird man es, hoffe ich, sonderbar finden, „daß ich nach zurückgelegten beschwerlichen Mär= „schen, bei vollem Ueberfluß an Lebensmitteln, von „Zuversicht auf eure Tapferkeit geleitet, beim Ein= „tritt in die feindlichen Gränzen selbst nun auf ein= „mal meinen ganzen Plan abändere, und Gedan= „ken des Friedens hege. Jeder von euch denke sich „nur in seine Lage, und ziehe seine Ueberlegung zu „Rathe, und er wird es wahr finden, daß der Sol= „dat bei den muntersten Kräften und fester Gesund= „heit, doch nur immer sich allein und sein eigenes „Leben in Acht zu nehmen und zu vertheidigen braucht: „der Feldherr hingegen, der seine Pflicht kennt, alle „ihm untergebene ohne Unterschied in seiner wachsa= „men Sorgfalt für das Wohl des Ganzen zusam= „menfaßt, und überzeugt, daß die Rücksicht auf „sich selbst gegen das Wohl seiner Truppen nicht in „Betrachtung komme, jedes Mittel, das auf die „jedesmalige Lage der Umstände anwendbar ist, „muthig ergreifen müsse, so wie es ihm von dem gün= „stigen Willen der Gottheit dargeboten wird *). Um mich

*) Daß ich diese auf mehr als eine Art verdorbene Stelle ganz richtig getrof= fen habe, möchte ich nicht eben verbürgen. Im Latei= nischen lautet sie so: Impe= rator vero officiorum, dum aequis omnibus alienae cu= stos salutis, nihil non ad sui spectare tutelam, ratio= nes populorum cognoscit

cet. Der vorhergehende Satz: der gemeine Soldat hat blos für sich selbst zu sor= gen, läßt den nun folgenden Gegensatz von den weit mehr umfassenden Sorgen des Feldherrn im Ganzen nicht verfehlen, aber der Sinn liegt nur in dämmerndem Helldunkel da. Valesius und Gronov haben daran gefun=

„mich alſo kurz zu faſſen, und die Urſache anzuge-
„ben, die mich, treueſte Mitſtreiter, veranlaßte, euch
„zu einer allgemeinen Verſammlung berufen zu laſ-
„ſen, ſo vernehmet mit geneigtem Ohr, was ich in
„gedrängter Kürze ſagen will. Die Sprache der
„Wahrheit war von je her die beſtimmteſte und die
unge-

gekünſtelt, und der bloße Herausgeber kann freylich mit einigen Conjecturen abkommen, da hingegen der Ueberſetzer ſich für etwas Gewiſſes beſtimmen muß. Von Gronovs Vorſchlage, der mir zu gezwungen ſchien, mußte ich keinen Gebrauch zu machen; mehr Befriedigung gab mir Valeſius, nur daß er an die Worte: Imperator officiorum ſich gar nicht wagen mag, und in der Folge zu viel ſuppliert. Um von meiner Ueberſetzung Rechenſchaft zu geben, bemerke ich folgendes: Der Imperator muß nothwendig bleiben, er macht den Gegenſatz zu dem vorſtehenden, und alle Handſchriften haben ihn, ſo wie das Wort officiorum, das aber freylich ſo iſoliert keinen Sinn giebt, weßhalb ich ihm durch das dazu gedachte Memor einen guten Geſellſchafter zu geben hoffe. — Acquis omnibus (ohne cum oder dum, welche die beſten Handſchriften nicht haben,) nahm ich als abſolute Ablativen: ita cuſtos, ut omnes eodem loco habeat, eandem omnibus curam impendat. — Nihil

non kann unmöglich ſtehen bleiben: das letztere hat ein Leſer als Erklärung des Nihil an den Rand geſchrieben, und ein folgender Abſchreiber hat es dann in den Text mit eingerückt. Ammian braucht überhaupt Nihil oft in etwas ungewöhnlicher Verbindung für Non, wie oben Kap. 9. nihil fateri compulſus eſt, wo es der würdige Erneſti im Gloſſar ſehr richtig ſo erklärt: non compulſus eſt, ut aliquid fateretur. — Auch populi für Kriegsvölker, Armee, das Vales mit hinweg emendirt hat, iſt Ammianiſch. S. B. 18 K. 10. B. 19. K. 9. — Der Franzöſiſche Ueberſetzer hat den Sinn der Stelle im Ganzen richtig gefaßt: Mais le devoir d'un Général appellé a veiller avec un ſoin égal au ſalut de tous, eſt de ne jamais ſéparer ſon intérêt de celui de ſes peuples, ſans doch irgend ein Nötchen beizufügen. Nur bei den folgenden ſecunda numinis voluntate delata macht er eine Anmerkung. Dies hieß löſchen, wo es nicht brannte.

„ungeschmückteste. Die von euch erstiegene Stufe
„eines Ruhmes, den der Ruf bis zu den äußersten
„Gränzen der bewohnten Welt verbreitet hat, eines
„Ruhmes, der zu eurer Ehre mit jedem Tage wächst,
„hat die Könige und Völkerschaften der Alamannen
„so sehr in Furcht gesetzt, daß sie durch die mit ge-
„senktem Blick vor euch stehenden Gesandten um
„Verzeihung des Vergangenen, und um Frieden
„bitten lassen. Nichts weniger als rasch, vielmehr
„nach behutsamer Ueberlegung, und in der Ueber-
„zeugung, einen nützlichen Rath zu geben, glaube
„ich doch, eure Beistimmung vorausgesetzt, daß wir
„ihnen den Frieden in mehr als einer Hinsicht be-
„willigen müssen: und zwar fürs Erste, um den
„veränderlichen Auftritten des Krieges auszuwei-
„chen: — dann, um an unseren Feinden nicht mehr
„Gegner, sondern Bundesgenossen zu haben, wie
„sie selbst versprechen: — ferner, um ohne Blut-
„vergießen ihren wilden Muth zu dämpfen, der un-
„sern Provinzen so oft gefährlich ward: — und end-
„lich in der Ueberzeugung, daß nicht bloß der
„Feind für besiegt gelten muß, der im Treffen der
„Uebermacht der Waffen und höherer Kraft unter-
„liegt, sondern noch weit sicherer der, welcher bei
„schweigender Trompete sich freywillig unter unser
„Joch schmieget, durch Erfahrung belehrt, daß es
„uns weder an Muth gegen Empörer, noch an Ge-
„lindigkeit gegen bittende Demuth fehlt. Kurz, ich
„erwarte eure Entscheidung und guten Rath, als
„friedeliebender Fürst, der sich des ihm zugefallenen
„Glücks nicht zu überheben wünscht. Nicht wird
„man,

„man, glaubt es mir, unſerer Feigheit oder Be-
„quemlichkeitsliebe, vielmehr unſerer Mäßigung und
„unſerem Menſchengefühl einen ſo wohlgewählten
„Entſchluß zuſchreiben. „

Kaum hatte der Kaiſer ſeine Rede geendiget, als
die ganze Armee, ſeinen Willen ſich zu fügen geneigt,
den gethanen Vorſchlag lobte, und in den Frieden
vorzüglich aus dem Grunde willigte, weil man in
mehreren Feldzügen die Erfahrung gemacht hatte,
daß der Kaiſer in Beilegung bürgerlicher Unruhen
immer mehr Glück gehabt hatte, als bei Kriegen im
Auslande, die gemeiniglich ein trauriges Ende genommen hatten. Man machte demnach mit den
Feinden, nach ihres Landes Sitte Frieden, und nach
vollendeter Feierlichkeit gieng der Kaiſer nach Mailand ab, um da ſeine Winterreſidenz zu nehmen.

Kap. II.

Hier war es, wo er anderer drückender Sorgen
entlediget, nun ſeine ganze Beſtrebung dahin richtete,
den Cäſar zu ſtürzen, — ein Knoten, der gewiß
nicht leichter als jener Gordiſche zu löſen war. Nachdem er mit ſeinen Vertrauten ſich ingeheim, oft ſogar bei Nacht beſprochen hatte, wie man dies entweder mit Gewalt oder mit Liſt ausführen könne,
ehe Gallus mit mehr hartnäckigem Trotze ſich darauf
ſetzte, den Strom ſeiner Macht weiter zu ergießen;
ſo ward man endlich darüber einig, denſelben durch
freundliche Zuſchrift unter dem Schein einer dringenden Staatsverhandlung nach Mailand zu entbieten.

ten, wo man ihn dann, von aller Hülfe verlassen, ohne Widerstand tödten könne. Dieser Meinung widersprach dennoch eine ganze Schaar wetterwendischer Höflinge, unter ihnen vorzüglich Arbetio, ein Mann eifrigst betriebsam in heimlichen Ränken, und Eusebius, damals Oberkammerherr (Präpositus Cubiculi), der bei seiner Neigung, andern zu schaden, wenigstens nicht so zurückhaltend war, und sie führten dagegen an, daß wenn Gallus die Morgenländer verließe, es doch sehr bedenklich wäre, den Ursicin daselbst zu lassen, der gewiß, sobald er kein Hinderniß vor sich sähe, nach hohen Dingen aufstreben würde. Ihnen traten die übrigen kaiserlichen Verschnittenen (Kammerherrn) bei, welche ihre Geldgier damals über alle menschlichen Begriffe hoch trieben, und bei ihrem Hofdienst im Innern des Palastes durch geheime Insinuation jeder erdichteten Beschuldigung neue Nahrung zu geben Gelegenheit hatten. Diese Männer waren es, die durch die gehäßigsten Aufbürdungen den tapfersten Mann niederdrückten, und gleichsam im Vertrauen dem Kaiser vorspiegelten, die heranwachsenden Söhne Ursicins wüchsen nur immer mehr zu künftigen Regenten heran: denn schon durch schöne Bildung und Jugend beliebt, würden sie noch absichtlich angehalten, sich durch ausgebreitete militarische Kenntnisse und durch Gewandheit der Glieder bei den täglichen Waffenübungen der Armee auszuzeichnen: und Gallus, der ohnedem von Natur nichts weniger als sanft sey, wäre durch angestellte Verhetzer zu Grausamkeiten in der Absicht verleitet worden, um ihn bei allen

Stän

Ständen verhaßt und zum Abſcheu zu machen, und
dann auf des Generals der Reiterey Söhne Krone
und Zepter überzutragen.

Indem man mit dieſer und andern ähnlichen
Nachrichten dem ängſtlichen Ohre des Kaiſers zu‐
ſetzte, und er dergleichen Gerüchte oft hörte, und —
gern hörte, ſo wählte er endlich unter den vielen
Entwürfen, die ihm durch den Kopf giengen, als
beſten den, vor allen Dingen den Urſicin in den eh‐
renvollſten Ausdrücken, und unter dem Vorwande zu
ſich zu beſcheiden, daß er bei jetzt dringender Lage der
Umſtände durch einen gemeinſchaftlichen Entſchluß
Maaßregeln nehmen helfen ſollte, durch die man ſich
mehr Nachdruck geben könnte, die Angriffe der Krieg
drohenden Parther (Perſer) zu vereiteln. Um ihm
auch allen Verdacht über dieſe Reiſe zu benehmen,
ward der Unterſtatthalter (Comes) Proſper, doch
blos als Vicar, bis zu ſeiner Rückkunft angeſtellt.
Nach Empfang dieſes Befehles, und zugleich der Er‐
laubniß, uns überall der kaiſerlichen Poſtwagen zu
bedienen, eilten wir in ſtarken Tagereiſen nach Mai‐
land hin.

Nichts fehlte nun weiter, als daß auch der entbotene
Cäſar bald einträfe, dem Conſtantius jeden Argwohn
dadurch zu benehmen ſuchte, daß er gegen ſeine Schwe‐
ſter, des Cäſars Gemahlin, in trügeriſch ſchmeichelhaf‐
ten Ausdrücken den Wunſch äußerte, ſie nach ſo langer
Zeit einmal wieder zu ſehen. Anfangs war ſie lange
unentſchloſſen, weil ſie die grauſame Denkart des
Kaiſers aus mehreren Erfahrungen kannte: in Hoff‐
nung dennoch, den leiblichen Bruder beſänftigen zu

Ammian Marcell. 1ſter B.   E   kön‐

könnten, reisete sie ab, ward aber auf der ersten Station in Bithynien *) Coenos Gallicanos genannt, unvermuthet von einem Fieber überfallen,
und starb. Mit ihrem Tode sah der Gemahl alle
Hoffnung schwinden, auf die er sich noch stützen zu
können geglaubt hatte, und befand sich in der ängst-
lichsten Verlegenheit. Aber bei allen Schwierigkeiten und trüben Gedanken war doch seine höchste Besorgniß die, daß der Kaiser blos seinem eigenen
Kopfe folgen, keine Vertheidigung annehmen, noch
weniger Fehler verzeihen, vielmehr seiner Neigung,
Verwandte vor andern zu stürzen, Gehör geben,
und ihm geheime Schlingen legen würde, indem er,
wenn er nicht äußerst behutsam wäre, seinen gewissen Tod finden müßte. In diesem Nothdrange, wo
nur die strengste Wachsamkeit ihn vom Tode retten
konnte, würde er freilich nach der ersten Stelle im
Staat begierig hingestrebt haben, wenn er nur irgend einen Weg dazu gesehen hätte; er hatte vielmehr einen doppelten Grund, von der Treulosigkeit
seiner Anhänger alles zu fürchten: einmal, weil man
ihn als einen grausamen und leichtsinnigen Mann
haßte, und dann, weil man das überwiegende Glück
des Constantius fürchtete, mit dem er bisher jede
Unruhe im Innern des Staates beendiget hatte.
Fast erlag er unter der Last seiner Sorgen, als ihm
der Kaiser einen Brief auf den andern schrieb; und
bald im drohenden, bald im bittenden Tone auf
seine Ankunft drang, bald auch auf eine hämische

Art

---

*) Aus Galatien herüber.   Ort Coenum (καινον, nicht
In Antonins Reisebeschrei-   καινον) Gallicanum.
bung S. 141. heißt dieser

Art zu erkennen gab, der Staat könne und dürfe
nun einmal nicht getheilt werden, jeder müſſe viel=
mehr demſelben bei ſo ſchwankender Lage, womit er
auf Galliens Gefahr von Seiten der Alamannen
deutete, helfen, ſo gut er könne. Dem allem fügte
er Beiſpiele aus neuerlichen Zeiten bei, daß ja die
Thronfolger des Diocletian und ſeines Mitregenten,
als Adjutanten, nie unthätig, vielmehr immer ge=
ſchäftig auf jeden Wink ihrer Kaiſer aufmerkſam ge=
weſen, daß ſogar Galer im Purpurgewand vor
dem Wagen des mit ihm *) unzufriedenen Kaiſers
faſt tauſend Schritte zu Fuß in Syrien hergegangen
wäre.

Unter mehreren Abgeordneten kam auch der Tri=
bun der beſchildeten Trabanten Scudilo an,
(Kap. 10.) ein Mann, der unter der Hülle roher
Sitten die Gabe meiſterlich zu überreden verbarg,
und in ſeinen Ernſt dennoch ſo viel Schmeichelndes
zu legen wußte, daß er allein es war, der den Gal=
lus zur Abreiſe vermochte; weil er ihm mit verſtell=
ter Miene die Verſicherung oft wiederholte, der Kai=
ſer, ſein Vetter, glühe vor Verlangen, ihn zu ſe=
hen — ſey ſanft und gütig, um kleine Fehler der
Unvorſichtigkeit gern zu überſehen, und Gallus, der
ſchon längſt als erklärter Thronfolger im Mitbeſitz
der Majeſtät ſich befände, würde künftig auch Theil=
nehmer an den Geſchäften ſeyn, die vorzüglich die
ſo lange gedrückten nördlichen Provinzen heiſchten.
Und, ſo wie jeder Menſch, wenn ihn ſein unglückli=
ches Schickſal packt, ſeine ganze Beſinnung abge=

E 2   ſtumpft

*) Weil er eine Schlacht gegen die Perſer verloren hatte.

stumpft und betäubt fühlt, so huben auch diese Lok-
kungen des Gallus Seele zur Hoffnung des Besseren; unter einer eindseligen Gottheit Leituug verließ
er Antiochien, entgieng, wie ein altes Sprichwort
sagt, dem Rauche, um in die helle Flamme zu gerathen, und war so unbesonnen, bei seinem Aufenthalt in Constantinopel, seine gefährliche Lage so ganz
zu vergessen, daß er Wagenrennen anstellen ließ,
und einem Wettfahrer Korar den Siegeskranz eigenhändig aufsetzte.

Ueber diese Nachricht ward Constantius äußerst
aufgebracht; und um zu verhüten, daß Gallus, über
sein künftiges Schicksal ungewiß, sich vielleicht ein-
fallen lassen könnte, auf der Reise etwas zu seinem
Vortheile zu unternehmen, so wurden absichtlich alle
Truppen aus den Städten herausgezogen, die au
seinem Wege lagen. Auch reisete Taurus, der
damals als Quästor nach Armenien ging, so trotzig
bei ihm vorbei, daß er ihn weder einer Ansprache
noch einer Aufwartung würdigte. Doch fehlte es
nicht an andern Personen, die auf des Kaisers Befehl, unter dem Vorgeben bald dieses, bald jenes
Geschäftes, aber eigentlich als Beobachter jedes seiner Schritte, und jedes Versuches, etwas ingeheim
zu unternehmen, ankamen: unter ihnen vorzüglich
Leontius, nachher Stadtpräfect zu Rom, der wie
er sagte bei ihm den Kanzler (Quästor) machen solle,
Lucillian, als vorgeblicher Kommandeur seiner
Haustruppen, und Bajnobaudes, als Oberster
der beschildeten Trabanten. Nach mehreren Tagrei-
sen durch ebenes Land kam er nach Hadrianopel, (in
Thra-

Thracien) eine am Hämusgebirge liegende Stadt,
ehemals Uscudama genannt: Hier ruhte er, von
einer zwölftägigen Reiſe ermüdet, aus, erfuhr aber
auch, daß die in den nächſten kleinern Städten im
Winterquartier liegenden Thebäiſchen Legionen,
einige aus ihren Mitteln abgeſandt hätten, um ihn
durch zuverläßige Verſprechungen zu vermögen, ſeine
Reiſe nicht fortzuſetzen — Verſprechungen, die ſie
auf ihre Menge in der Gegend umher gründeten: aber
ſeine wachſamen Beobachter ließen ihn ſo wenig aus
den Augen, daß er die Gelegenheit, einen dieſer Abgeordneten zu ſehen oder zu ſprechen, nicht einmal zu
ſtehlen vermochte. Briefe kamen dann, immer einer
dringender als der andere an, und nachdem man
ihm auf Befehl zehen kaiſerliche Poſtwagen zu ſeinem Gebrauche gegeben, ließ er hier ſeine ganze Hof-
ſtatt zurück, nahm nur einige wenige aus Antiochien mitgebrachte Bediente zu Beſorgung des Nacht-
lagers und der Tafel mit ſich, ward dann, vor
Staub und Schmuz kaum kenntlich, von mehr als
einem Treiber zu Beſchleunigung ſeiner Reiſe gezwungen, und kläglich fluchte er oft ſeiner Unbeſonnenheit, die ihn jetzt ſo verachtet, und in ſo armſeliger Geſtalt der Willkühr niedriger Menſchen preis
gäbe. Wann auch ja ſeine Seele einmal eine kurze
Friſt der Ruhe genoß, ſo wurden doch ſeine Sinne
durch die Schreckniſſe um ihn her rauſchender Tods-
tengeſtalten erſchüttert, und ganze Schaaren von
ihm ermordeter Menſchen, an ihrer Spitze Domitian
und Montius, griffen ihn, wenigſtens im Traume,
um ihn den Geiſelhieben der Furien entgegen zu füh-

E 3   ren.

ren. Unsere Seele setzt nämlich, von des Körpers
Banden befreit, ihre nie ruhende Thätigkeit munter
fort, und mit tiefen Gedanken, oder auch Sorgen,
die des Menschen Geist treffen, beschäftigt, schafft
sie sich selbst beim Dunkel der Nacht Bilder, die wir
auch Phantasien zu nennen pflegen.

Gallus zog dann auf dem vom traurigsten Schicksale gebahnten Wege, dem Verluste seines Thrones
und seines Lebens immer näher entgegen, hielt sich
an den Orten, wo er durchkam, nur so lange auf,
bis die Pferde gewechselt waren, und kam endlich
in Petobio (Pettau), einer Stadt der Noriker
an. Hier entriegelten sich die bisherigen geheimen
Ränke vor seinen Augen aufs deutlichste: plötzlich
erschien der Feldherr seiner Haustruppen (Comes Domesticorum) Barbatio in Gesellschaft des kaiserlichen Staatsagenten *) (Agens in rebus) Apodemius, und von Soldaten begleitet, deren Treue
der Kaiser selbst durch Geschenke sich so zuverläßig
versichert hatte, daß weder Bestechung noch Mitleiden sie umstimmen konnten.

Nun schritt man ohne alle weitere Täuschung zu
Werke, und Barbatio besetzte den ganzen Palast
außerhalb der Mauer mit seinen Soldaten. Schon
fieng es an Abend zu werden, als er in den Palast
hereintrat, dem Cäsar das Purpurgewand abnahm,
ihm dagegen ein bloßes Unterkleid, und einen gemeinen Generalsrock gab, — zwar unter wiederholten
Schwören, vorgeblich im Namen des Kaisers, versicherte, er habe nun weiter nichts zu fürchten, bald
aber

*) S. Note zu B. 15. Kap. 3.

aber denſelben zu Fortſetzung der Reiſe aufentbot,
den betretenen Mann auf einen gemietheten Wagen
ſetzte, und nach Iſtrien in die Stadt Pola (Fien-
nonna) brachte, wo ehemals, wie man ſagt, Conſtantins Sohn Criſpus *) auch getödtet ward. Hier
ward Gallus in engere Verwahrung genommen, und
die Schrecken des herannahenden Todes begruben
ihn gleichſam bei lebendigem Leibe, als der Oberkammerherr Euſebius, der Staatsſekretär (No-
tarius) Pentadius, und Mellobaudes, Befehlshaber der ſo genannten Armaturen **),
ankamen, ihn auf kaiſerlichen Befehl zu fragen,
aus welchem Grunde er jeden von ihm in Antiochien
Hingerichteten habe umbringen laſſen. Adraſtei-
ſche ***) Todtenbläſſe überzog ſein Geſicht, und er
konnte kein Wort vorbringen, als daß er, von ſeiner Gemahlin Conſtantina verleitet, ſie größtentheils
habe tödten laſſen. Der Mann mußte nicht wiſſen,
daß Alexander der Große ſeiner Mutter, die ihm
dringend anlag, einen Unſchuldigen hinrichten zu
laſſen, und in Hoffnung, ihren Endzweck deſto ſiche-

E 4   rer

---

*) Ammian ſcheint abſicht-
lich die mildern Ausdrücke:
peremtum - accepimus ge-
wählt zu haben, um ſich über
eine Begebenheit, die zur
Chronique ſcandaleuſe der
Regierung Conſtantius ge-
hörte, nicht weiter herauß-
zulaſſen. Die ganze Ge-
ſchichte ſ. bei Gibbon B. 4.
S. 163 ꝛ 176.
**) Gehörten zu den Hof-
truppen, Scholis Palatinis,
und ſtanden unter der Diſpo-

ſition des Magiſter Officiorum.
***) Dieſes Beiwort be-
zieht ſich hier nicht auf die
weiterhin in dieſem Kap.
vorkommende Adreſtra, vielmehr auf jenen unglücklichen
Argiviſchen König Adraſt,
deſſen Geſchichte bekannt genug iſt. Ammian hat wahr-
ſcheinlich Virgil Aen. 6.
v. 480 dabei im Sinn ge-
habt.

rer zu erreichen, ihn mehr als einmal daran erinnerte, daß sie ihn ja neun Monate unter ihrem
Herzen getragen habe, die weise Antwort gab: „Auf
„jede Art von Dank, beste Mutter, kannst du rech-
„nen, nur auf diese nicht: denn das Leben eines
„Menschen wiegt keine Wohlthat auf." *) Ueber
diese Ausrede ärgerte sich der Kaiser nur noch mehr,
und in unwiderruflichem Zorne glaubte er es seiner
eigenen Sicherheit schuldig zu seyn, den Cäsar hinrichten zu lassen. Er sandte also den S e r e n i a n,
der ehemals wegen einiger vorgehabten Gaukeleien
selbst der beleidigten Majestät schuldig befunden **),
und dennoch, wie ich vorher erzählte (Kap. 7.) losgesprochen worden war, an ihn ab, um mit Zuziehung des Staatssecretärs P e n t a d i u s, und des
Staatsagenten A p o d e m i u s das Todesurtheil an
ihm vollziehen zu lassen: und so ward er mit gefesselten
Händen, wie ein überwiesener Missethäter enthauptet,
und als verstümmelter Leichnam, dem das edelste
Glied, mit ihm die Würde menschlicher Bildung
fehlte, lag jetzt der Mann da, vor dem noch kurz
vorher Städte und Länder zitterten. Aber die höchste
Gutheit bewies bei den Schicksalen sowohl des Gallus als seiner Mörder ihre Gerechtigkeit sehr thätig:
jenen

---

*) Dieses Geschichtchen
ließt sich ganz artig, nur
scheint es hier zu gesucht
zu seyn. Fast wäre ich geneigt anzunehmen, daß ein
Leser Ammians sich dasselbe
an den Rand seines Exem-
plars geschrieben habe: wie
ich denn mehrere dergleichen

Interpolationen bemerkt zu
haben glaube. Der Zusam-
menhang geht ohne dasselbe
in der That weit besser fort.
**) Ich habe hier anders
interpungiert, um die Er-
zählung mit dem siebenten
Kap. mehr harmonisch zu
machen.

jenen machten ſeine vorher begangenen Grauſamkeiten unglücklich, und kurz nach ihm ſtarben die zwei
Männer eines kläglichen Todes, die ihn, ſo ſtrafbar
er auch ſeyn mochte, wenigſtens nicht durch ſo ſchmei-
chelnde, und doch ſo treuloſe Tücke den lezten Schlä-
gen des Schickſals hätten entgegen führen ſollen.
Scudilo ſtarb an einer Leberentzündung, die in
Abzehrung überging, und Barbatio, der ſchon
lange vorher falſche Beſchuldigungen wider ihn ge-
ſchmiedet hatte, ward in der Folge von der Würde
eines Generals der Infanterie nach höheren Dingen
aufgeſtrebt zu haben, durch geheime Ohrenbläſer bei
Hofe bezüchtiget: und zum Tode verurtheilt, brachte
er durch ſein tragiſches Ende den Manen des von
ihm tückiſch hingeopferten Cäſars ſelbſt ein Opfer
(B. 18. K. 3.

Dieſe Auftritte, ſo wie unzählige andere, führte
die Rächerin laſterhafter Handlungen, zuweilen auch
(wäre ſie es doch immer!) der Tugenden Belohnerin
Abraſtea *) herbei, welche wir auch noch unter
dem Namen Nemeſis kennen: eine erhabene Richterin und wirkſame Göttin, die nach einiger Meinung, über den Mond hinaus ihren Sitz hat, oder,
wie andere wollen, als geiſtiges Weſen der Menſchen Beiſtand und Lenkerin des ihnen zugetheilten
Schickſals iſt — eine Göttin, welche die alten Theo-

　　　　　　　　E 5　　　　　　logen

---

*) Eine wahre Iliade nach
Homer wäre es, wenn ich
über dieſe Göttin eine lange
Note herſezte, über die ich
zu voller Befriedigung meiner Leſer auf Herders Abh.
über Nemeſis in der zweiten
Samml. f. vermiſchten Blät-
ter S. 215-272. verweiſen
darf, wo auch Ammians
Stelle nicht vergeſſen iſt.

logen für eine Tochter der Gerechtigkeit ausgeben,
und aus dem Dunkel der Ewigkeit auf alle subluna=
rische Begebenheiten herabsehen laffen. Sie ist es,
die mit der Gewalt einer Königin die Ursachen künf=
tiger Folgen einleitet, als entscheidende Richterin
aller Dinge die Loose in der Urne des Schicksals
mischt, der Weltereignisse steten Wechsel lenket, die
Entwürfe unseres Willens bisweilen einen ganz an=
dern Ausgang, als wir bezielten, nehmen läßt, und
vielfältige Handlungen in gerade entgegengesetzte mit
mächtiger Hand umschafft. Sie ist es, die mit un=
auflöslich festen Banden den vergeblich schwellenden
Uebermuth des Sterblichen feffelt, und weil sie die
Motiven des steigenden und fallenden Glücks eben
so genau abwägt als kennt, bald den stolzen Nacken
des Hochmüthigen beugt und entnervt, bald den Tu=
gendhaften aus dem Staube zu dem glücklichsten Le=
ben hinaufrückt. Flügel hat ihr das fabelhafte Al=
terthum gegeben, um die außerordentliche Geschwin=
digkeit anzuzeigen, mit der sie sich überall hin be=
wegt: auch stellt man sie ein Steuerruder vor sich
haltend vor, und giebt ihr unter die Füße ein Rad,
um sie als Regentin des Weltalls, die durch alle
Elemente wirkt, kennbar zu machen.

Eines so frühen Todes starb demnach Gallus,
selbst schon seines Lebens überdrüßig, im neun und
zwanzigsten Jahre seines Alters, und nach einer vier=
jährigen Regierung. Sein Geburtsort war das We=
ternensische Landgut *) in Tuscien, sein Vater Con=

stantius,

*) Massa im Texte, wel- ein Grundstück, Landgut be=
ches bei den spätern Lateinern deutet. Indessen scheint es
                                doch

ftantius, des Kaifers Constantin Bruder, und
feine Mutter Galla, eine Schwefter des Rufin
und des Cerealis, welche beide Confulat und Prä-
fecturen mit Ruhm verwaltet hatten. Seine Ge-
fichtsbildung war fchön: Anftand belebte den ganzen Körper, alle Glieder ftanden im genaueften Eben-
maaße, blond und weich war fein Haar, der Bart
keimte ihm fpät in fanftem Flaum, was ihm doch
nichts an männlicher Würde benahm: aber in Anfe-
hung des gefchmeidigen Betragens war zwifchen ihm
und feinem Bruder Julian ein eben fo großer Ab-
ftand, als ehemals zwifchen Vefpafians Söhnen,
Domitian und Titus.   Zum Mitbefitz des
höchften Glücks auf Erden erhoben, erfuhr er doch
bald Fortunens veränderliche Launen, die mit den
Sterblichen ihr Spiel treibt, bald den einen bis zu
den Sternen empor hebt, bald den andern in den
Strom der Unterwelt (Kocytus) taucht. Von unzähligen Beifpielen will ich nur einige nicht fowohl
erzählen, als vielmehr in möglichfter Kürze berühren. Sie, die fo veränderliche und wankelmüthige
Glücksgöttin nahm den Agathokles a) von der
Drehfcheibe des Töpfers hinweg, ihn zum König
Siciliens zu machen: durch fie ward Dionys b)
kurz vorher der Völker Schrecken, Schullehrer zu
Korinth.   Sie war es, die dem Andriskus c)
                                                     aus

als wenn es hernach ein eigener Name geworden, denn
es giebt in der That noch
ein Maffa in Toskana, in
der Gegend von Siena.
   a) Diodor aus Sicil. B.19.

K. 2. Juftinus B. 22, K. 1.
b) der jüngere. Juftin B.21.
K. 5. Cicero Tuscul. B. 3.
K. 12. c) Florus B. 2,
K. 14. daß er aus Adramp-
tum gebürtig gewefen, be-
                              ftätigt

aus Abramytum, zum Walker gebohren, den stolzen Gedanken eingab, sich den falschen Namen eines Philipps anzumaßen, den ächten Sohn des Perseus d) hingegen durch Hammer und Ambos sein Brod zu verdienen gelehrig machte. Sie war es, die den Mancin e) als Feldherrn an die Numantiner auslieferte, einen Veturius f) wilden Samnitern, einen Claudius g) den Corsicanern, einen Regulus h) der Wuth Karthago's preis gab. Ihrer Tücke Werk war es, daß Pompejus erst durch die zahlreichsten Heldenthaten sich den Namen des Großen verdiente, und dann in Aegypten, weil es Haremswächtern so einfiel, hingemordet ward. Eunus i) sah sich, kaum dem Werkhause entronnen, in Sicilien als Feldherr einer Armee entlaufener Sclaven. Wie viele Söhne der vornehmsten Häuser mußten nicht auf den gebietenden Wink dieser Weltbeherrscherin die Knie eines Viriathus k), eines Spartacus l) demüthig umfassen! Wie viele Köpfe, vor denen sonst Nationen zitterten, fielen unter dem Schwerte des traurigen Henkers! Der eine wird in Fesseln gelegt, der andere zu nie gehoffter

stätigt auch Zonaras Band 2. S. 114. und daß er ein Walker gewesen, sagt auch Lucian. (Wielands Uebers. Th. 6. S. 53) d) hieß Alexander, hielt sich, nachdem der Vater im Triumph aufgeführt war, bei demselben in Alba auf, und soll nicht ungeschickt in allerlei künstlicher Arbeit, auch nachher als Schreiber gebraucht worden seyn. e) Vellej. Paterc. B. 2. K. 1.

Florus B. 2. K. 18. f) Livius B. 9 K. 10. g) Valer. Max. B. 6. K. 3 h) Florus B. 2. K. 2. i) ein Sclav aus Syrien. Diodor. Sic. Fragm. B. 6. S. 297 ff. der Kaltwasserischen Uebers. Florus B. 3 K. 19. k) ein Landgutbesitzer in Lusitanien, ein trefflicher Held. Dio Cass. Fragm. 78 l) Florus B. 3. K. 20.

hoffter Gewalt erhoben, ein dritter von der höchsten
Stufe der Ehre herabgestürzt. Gewiß, wer so
manchfaltige und eben so häufige Veränderungen aufzählen wollte, würde nicht weniger Thorheit verrathen, als wenn er den Sand am Meere zu berechnen, oder lastende Berge zu wägen sich anmaßte.

Fünf=

Fünfzehntes Buch.

Inhalt.

Kap. 1. Freude am kaiserlichen Hofe des Constantius über den Tod des Thronfolgers Gallus. Kap. 2. Ursicin, Feldherr der Reiterei im Orient, Julian, Gallus Bruder, und Gorgonius, des letztern Oberkammerherr, werden der beleidigten Majestät beschuldigt. Kap. 3. Auch wird gegen die Vertrauten und übrigen Hofbedienten desselben inquirirt. Kap. 4. die Lentienser, eine Alamannische Völkerschaft, werden vom Kaiser theils in der Schlacht erlegt, theils in die Flucht getrieben. Kap. 5. Silvan, ein Franke von Geburt, Feldherr des Fußvolkes in Gallien, wird in Kölln zum Kaiser ausgerufen, aber nach acht und zwanzig Tagen wieder vom Throne gestürzt und umgebracht. Kap. 6. Auch seine Freunde und Mitschuldigen werden hingerichtet. Kap. 7. Einen in Rom entstandenen Aufruhr legt der Stadtpräfect Leontius bei, und der Römische Bischof Liberius wird abgesetzt. Kap. 8. Julian, Gallus Bruder, wird vom Constantius zum Thronfolger, und Statthalter Galliens ernannt. Kap. 9. Ursprung der Gallier; warum sie Celten und Galater heißen; ihre Volkslehrer. Kap. 10. von den Gallischen Alpen, und den verschiedenen Wegen über dieselben. Kap. 11. kurze Eintheilung und Beschreibung Galliens; Lauf des Flusses Rhodanus. (Rhone.) Kap. 12. Sitten der Gallier. Kap. 13. Musonian, prätorischer Präfect im Orient.

Kap. 1.

N. C. Geb.) So gut ich konnte, bemühte ich mich
354.   bisher meiner Geschichte Zuverlässigkeit zu geben, und was ich selbst erlebt, oder

Perso-

Perſonen, die als Theilnehmer der Begebenheiten
die Wahrheit wiſſen konnten, ſorgfältig abgefragt
hatte, in gehöriger Zeitfolge zu erzählen: den Reſt
meiner Arbeit, welchen die nun folgenden Bücher
liefern, will ich nach beſtem Vermögen noch mühſa-
mer feilen, ohne den Tadler zu fürchten, dem mein
Werk etwa zu gedehnt vorkommen möchte.   Nur
dann verdient Kürze Lob, wenn ſie unzeitige Aus-
wüchſe abſchneidet, ohne doch an deutlicher Darſtel-
lung etwas zu verlieren.

Noch war Gallus im Lande der Noriker ſeines
Purpurs nicht ganz entkleidet, als Apodemius,
der, als hitziger Brauskopf, ſolange jener lebte, den
Ton der Empörung angegeben hatte, ſich mit den
ihm abgenommenen Purpur-Schuhen zu Pferde ſetzte,
und in ſo ſchnellem Jagen, daß einige Pferde, ſo
oft er auch wechſelte, von übertriebenem Laufen
athemlos hinfielen, als vorläufiger Eilbote in Mailand ankam, und beim Eintritt in den Palaſt dem
Conſtantius dieſe Schuhe mit einer ſo wichtigen Miene
zu Füßen warf, als brächte er eine mit eigener Hand
dem König der Parther abgenommene Rüſtung.
Nach Eingang dieſer ſchleunigen Nachricht, aus der
die erwünſchteſte und dennoch mit möglichſter Leichtigkeit ausgeführte Vollendung eines allem Anſchein
nach ſo ſchwierigen Geſchäftes ſich ergab, war es
freilich in der Regel, daß die erſten Hofbedienten
ihren Eifer, ſich bei dem Kaiſer beliebt zu machen,
in laute Schmeichelei übergehen ließen, und Verdienſt und Glück eines Fürſten himmelan erhoben,
den es nur einen Wink gekoſtet hätte, zwei Regenten

ten, nur zu verschiedenen Zeiten, den Veteranio *)
und den Gallus, als wären sie gemeine Soldaten,
zu entsetzen. Von so übertriebenem Eifer liebkosen-
der Höflinge stolz gemacht, und des zuversichtlichen
Wahnes voll, daß künftig kein Leiden der Mensch-
heit weiter ihn treffen könne, fing er nun an, den
Pfad gerechter Denkart mit so weniger Zurückhaltung zu verlassen, daß er die Hoffnung von seines
Glückes Ewigkeit in Gesprächen mehr als einmal
äußerte, und in Briefen sich eigenhändig des ganzen
Erdkreises Beherrscher nannte: — eine Schmeichelei, die wenn sie ihm auch nur andre machten, ein
Mann mit Unwillen hätte von der Hand weisen müssen, der, wie er selbst sagte, sich mit emsigem Eifer
bestrebte, Leben und Betragen nach dem Muster her-
ablassender Fürsten zu bilden. Denn gesetzt, er
wäre Regent der unzähligen Welten Demokrits
gewesen, von denen Alexander der Große auf
Anaxarchus Verleitung träumte, so müßte ihm
doch beigefallen seyn, gehört oder gelesen zu haben,
daß nach einstimmigem Urtheile der Mathematiker
der Umfang unsers Erdkreises, so unermeßlich er
uns zu seyn scheinet, dennoch im Verhältniß gegen
das große Weltall ein kleiner Punkt sey.

Kap. 2.

Nach dem traurigen Ende des Cäsars gab die Trompete das Signal zu Criminalgerichten, und Ursicin
ward

*) Besser Vetranio, an-
fangs auf Magnentius Seite,
dann trat er zu Constantius
über, ward aber von den
Soldaten den Purpur ab-
zulegen genöthigt, und beschloß seine Jahre in Ruhe.

ward der verletzten Majeſtät beſchuldigt: denn immer mächtiger erhob ſich gegen ihn der Neid; dem
jeder verdienſtvolle Mann Dorn im Auge iſt.   Das
Schlimmſte bei der Sache war, daß vor billigen
und wahrſcheinlichen Vertheidigungen das Ohr des
Kaiſers verſchloſſen war, deſto mehr aber geheimen
Ohrenbläſereien tückiſcher Menſchen offen ſtand, welche jetzt die Erdichtung aufbrachten, des Kaiſers
Name ſey im ganzen Orient gleichſam vertilgt; jedermann ſehe hingegen, im Lande und auswärts,
voll Erwartung nach Urſicin hin, als dem einzigen,
der die Perſer in Reſpect erhalten könne.   Aber der
edle Mann ſtand gegen jeden möglichen Fall uner-
ſchüttert da: ſich durch kriechendes Betragen nicht
ſelbſt zu entehren, war ſeine erſte Sorge, ob er
gleich den geheimen Seufzer über die Gefahren der
höchſten Unſchuld zu unterdrücken nicht vermochte:
am meiſten kränkte ihn doch dies, daß ſeine vorher
ſo zahlreichen Freunde ſich jetzt auf die Seite mehr
geltender Höflinge ſchlugen, gerade wie Lictoren,
die, blos weil Etikett' es will, den vom Amte abgehenden Conſul verlaſſen, und nun vor dem neuen
hertreten.   Sein gefährlichſter Gegner, der ihn
durch verſtellte Freundlichkeit hinterging, und ihm das
Lob des tapfern Mannes öffentlich ſelbſt gab, war
ſein College *) Urbetio, der ſich auf die Kunſt,
Männer, die ein völlig anſpruchloſes Leben führten,
in tödtliche Gefahren zu verwickeln, meiſterlich ver-
ſtand, und damals viel am Hofe galt.   So wie die
Schlan-

*) Er war General der Reiterei. Vergl. K. 4. u B. 16. K. 6.

Schlange unbemerkt im Eingange ihrer Erdkluft liegend auf jeden Wanderer lauscht, und dann auf einmal in schnellem Sprunge auf ihn losschießt: so auch
Arbetio, der von der untersten Stufe des gemeinen
Soldaten sich zur höchsten Würde bei der Armee auf-
geschwungen hatte, und jetzt, ohne beleidigt oder
auch nur gereizt zu seyn, durch unersättliche Begierde, andere unglücklich zu machen, sein Gewissen
befleckte. Nur wenige Präfecten wurden zu dem Geheimniß zugelassen, und bei der geheimen Conferenz,
in der der vorsitzende Kaiser das Gutachten der An-
wesenden erforderte, ward man darüber einig, daß
Ursicin in der nächsten Nacht aufgehoben, und, doch
in gehöriger Entfernung vom Lager, ungehört niedergemacht werden sollte, so wie ehemals D o m i-
t i u s C o r b u l o, ein so treuer und sorgsamer Statthalter der ihm anvertrauten Provinzen, unter Ne-
ro's schändlichem Zeitalter umgebracht worden seyn
soll *). Dieser Verabredung gemäß erwarteten die
zur Ausführung gewählten Personen die ihnen bestimmte Zeit, als man einen gelindern Weg einzu-
schlagen beschloß, und die Frevelthat zu verschieben
Befehl erging, die man in einer zweiten Sitzung
noch einmal überlegen wollte.

Desto eifriger ließ man nun die Maschinen hämischer Kabale gegen den neuerlich nach Hofe entbotenen, und in der Folge so merkwürdig gewordenen
Fürsten J u l i a n spielen, der sich, wie man höchst
ungerecht glaubte, eines doppelten Verbrechens schuldig gemacht haben sollte: einmal, daß er von dem

---

*) Dio Cassius B. 63. K. 17.

in Cappadocien liegenden Macelliſchen Land-
gute *), um ſeinen leidenſchaftlichen Hang zu den
ſchönen Wiſſenſchaften zu befriedigen, nach Aſien gegangen, und dann, daß er ſeinen durch Conſtantinopel †) gehenden Bruder beſucht hätte.   Ob er
gleich dieſe Vorwürfe widerlegte und bewies, daß er
beides nicht ohne Erlaubniß gethan habe, ſo würde
er doch durch Zudringlichkeit ſchändlicher Hofſchran-
zen ein Opfer des Todes geworden ſeyn, wenn nicht
noch durch Begünſtigung der höchſten Gottheit, und
durch Unterſtützung der Kaiſerin Euſebia es dahin gekommen wäre, daß man ihm in Comum,
einer nicht weit von Mailand liegenden Stadt ſeinen
Aufenthalt anwies, wo er doch kurz nachher Erlaubniß erhielt, um die brennende Begierde nach
mehrerer Ausbildung ſeines Geiſtes zu ſtillen, nach
Griechenland zu gehen.   Die aus dieſen Begebenheiten hervorgehenden Folgen waren auch ſo beſchaf-
fen, daß der günſtige Einfluß der Gottheit ganz unverkennbar war: denn in der That fanden dergleichen Kabalen ihre verdiente Strafe, oder wurden
vereitelt.   Freilich kamen auch bisweilen Fälle vor,
wo reiche Leute ſich zu den Paläſten mächtiger Beſchützer drängten, an ſie wie Epheu um hohe Bäume
ſich ſchmiegten, und ihre Losſprechung mit unermeß-

F 2   lichen

---

*) Macelli Fundus. Hier
lebte er auf Conſtantius Anordnung in ſeinen jüngern
Jahren nebſt ſeinem Bruder
Gallus in ſklaviſcher Abge-
ſchiedenheit, wie er ſelbſt in
ſeinem Briefe an die Athe-
nienſer erzählt.

†) Nicht bei der letzten
Durchreiſe, ſondern damals,
da Gallus als erwählter Cäſar nach Antiochien ging.
Andere ſetzen doch dieſe Zu-
ſammenkunft nach Nikome-
dien in Bithynien.

lichen Summen erkauften: Geringere hingegen, die
wenig oder nichts auf Rettung ihres Lebens wenden
konnten, ihr Todesurtheil nur gar zu schnell erhielten. Wahrheit ward in täuschenden Trug verhüllt,
und die grundlosesten Angaben wurden als ganz zuverläßige angesehen.

Noch ward um diese Zeit Gorgonius, ein Kammerherr des Gallus, als Gefangener eingebracht:
und ob es sich gleich aus seinem eigenen Geständ-
nisse offenbar ergab, daß er an jeder Greuelthat Theil
genommen, zu einigen den Cäsar vorzüglich verhetzt
habe, so vereinigten sich doch die Verschnittenen, der
Gerechtigkeit durch ein Gewirr von Lügen einen Dunst
vor die Augen zu ziehen, und er entwand sich glücklich den Gefahren des Todes.

Kap. 3.

Indem dies in Mailand vorging, wurden ganze
Schaaren von Officieren *) und Hofbedienten aus
den Morgenländern nach Aquileja gebracht, die von
ihren Ketten zu Gerippen gemacht, kaum noch Kraft
hatten, Athem zu schöpfen, und bei ihren vielfachen
Leiden die Fristung ihres Lebens bei weitem für
das größte hielten. Man gab ihnen Schuld, sie
hätten sich bei den Grausamkeiten des Gallus als
Gehülfen brauchen lassen, sie sollten es gewesen
seyn, die den Domitian und Montius in Stücken
zerrissen, andere ungehört aus dem Lande getrieben
hät-

*) So glaube ich hier die   unter den Strafen auch De-
Militares nehmen zu   gradation vorkommt.
müssen, weil gleich nachher

håtten. Sie zu vernehmen ward Arboreus, und der damalige Oberkammerherr Euſebius abgeord-
net, beide faſelnde Prahler, eben ſo ungerecht als grauſam: die dann auch ohne genaue Unterſuchung anzuſtellen, oder den Unſchuldigen von dem Schuldigen zu ſondern, einige nach überſtandenen Stock-
ſchlägen oder Folter exilirten, andere zu gemeinen Soldaten degradirten, die übrigen mit dem Tode beſtrafen ließen. Ueber aufgethürmte Leichen gingen ſie dann, wie im Triumph zurück, um von ih-
ren Heldenthaten dem Fürſten Bericht zu erſtatten, der gegen dergleichen Auftritte ganz abgehärtet, kein Menſchengefühl mehr kannte. Von dieſer Zeit an ſtand aber auch Conſtantius als ein Mann, der die beſtimmte Ordnung des Schickſals gewaltſam hemme, mit offener, wehrloſer Bruſt gegen viele auf ſein Le-
ben verſuchte Angriffe da. Zugleich vermehrte ſich auch die Zahl der Aufſpürer, die, wilden Ebern gleich, den fürchterlichen Zahn ſeitwärts führten, um anfangs nur die erſten Männer im Staat, dann Arme und Reiche ohne Unterſchied anzufallen: nicht blos wie jene Cibyraten *) des Verres, die mit hündiſcher Schmeichelei die Stufen am Tribunal des einzelnen Unterfeldherrn (Legaten) beleckten —
Leute vielmehr, die jede Gelegenheit benutzten, über

F 3   alle

*) Kommen in Cicero's Verriniſchen Reden mehr als einmal vor, beſonders Verr. 4, 3. und 3, 11. u. waren zwei Brüder aus Cibyra, ei-
ner Gränzſtadt Phrygiens nach Piſidien herüber gebür-
tig, mit Namen Thiepolem und Hiero. Cicero nennt ſie die Cibyratiſchen Hunde, wegen ihrer kriechenden Schmei-
chelei, und weil ſie immer auf den Beinen waren, ſchöne Kunſtwerke und überhaupt alles aufzuſpüren, was Verres Liebhaberei und Raub-
ſucht befriedigen konnte.

alle Theile des Staates Unglück zu bringen. Die
betriebsamsten unter ihnen waren dennoch Paulus,
und Merkur, ein Perser, doch aus Dacien gebür=
tig *): jener Staatssekretär (Notar), dieser vorher
Tafeldecker, jetzt Hofwirthschaftsrendant **). Paul
hatte, wie ich vorher schon erwähnt habe, den Bei=
namen Catena, (Kette) weil er sich auf Verket=
tung unauflöslicher Kabale meisterlich verstand,
schwarzes Gift überall um sich verbreitete, und
mancherlei Wege kannte, andere unglücklich zu ma=
chen, so wie gewandte Faustkämpfer beim Ringen
ihren Gegner selbst mit der Ferse noch fest zu halten
wissen. Merkur erhielt den Spottnamen eines
Traumbeamten, (Comes Somniorum) weil er
wie ein hämischer, bissiger Hund, der bei innerer
Tücke doch mit dem Schweife webelt, sich zu jedem
Schmause, zu jeder Gesellschaft drängte, und wenn
jemand im Traume, wo der Mensch oft in Phanta=
sien auszuschweifen pflegt, diese oder jene Erschei=
nung gehabt zu haben, einem Freunde erzählte, als
giftiger Verläumder die Sache unter dem gehässigsten
Anstriche dem immer offenen Ohre des Kaisers zu=
trug, und den Erzähler, als eines unverzeilichen Ver=
brechens schuldig, einer schweren gerichtlichen Un=
tersu=

*) Im Texte steht: Pau-
lus et Mercurius — hic
origine Persa, ille natus
in Dacia. Weil aber Am=
mian mit sich selbst im Wi=
derspruch stehen würde, da
er B 14, K 5. Paulen zu
einem Spanier macht, so
bin ich Grenoven (S, 10. d.
Vorrede) gefolgt, der mit

Beistimmung einer Hand=
schrift das Ille und das
Komma negligirt, so daß
Persa natus in Dacia auf
Merkur allein geht: er war
Perser von seinen Eltern her,
aber in Dacien geboren.
**) Ex Ministro Tricli-
nii Rationalis.

tersuchung aussetzte.   Das Gerücht verbreitete sich
wie gewöhnlich mit Zusätzen, bald weiter, und weit
entfernt, daß jemand einen gehabten Traum erzählte,
so gestand man kaum unbekannten Personen in der
Gesellschaft, auch nur geschlafen zu haben, und
Gelehrtere bedauerten sogar, nicht im Lande der
Atlanteer gebohren zu seyn, wo es gar keine
Träume geben soll *), wovon ich doch den Grund
anzugeben geschickteren Naturkundigen überlasse.

Während dieser traurigen Auftritte von Folter
und Lebensstrafen öffnete sich in Illyricum ein ähnlicher, der durch leere Worte veranlaßt, doch für
viele nachher gefährlich ward.   Bei einem Schmause,
den Africanus, Statthalter im zweiten Pannonien, zu Syrmium gab, hatten einige den weiten
Pokalen zu tief auf den Grund gesehen, und sprachen, ohne einen gefährlichen Horcher zu vermuthen,
mit vertraulicher Freimüthigkeit von dem drückenden
Joche der gegenwärtigen Regierung: einige wollten
aus gewissen Ahndungen die gewünschte Veränderung
als ganz nach zuverlässig behaupten: einige sprachen
mit unbegreiflicher Unbesonnenheit von Vorbedeutungen ihrer eigenen künftigen Größe und Macht.   Einer von der Gesellschaft, der Staatsagent **) Gau-

F 4   bentius,

---

*) Diese Sage steht beim
Herodot B. 4, 184. Dem sie
Mela B. 1. K. 8. u. Pli-
nius Naturgesch. B. 5. K 8.
nachgeschrieben haben.

**) Agens in rebus. Diese
Männer waren in den Pro-
vinzen angestellt, für das
kaiserliche Postwesen, und
Beitreibung des Proviantes
für die Armee zu sorgen.

Zugleich mußten sie die Edic-
te der Kaiser, oder allgemein interessante Nachrichten von erhaltenen Siegen,
die Namen der neugewähl-
ten Consuln u. s. w. bekannt
machen, dagegen aber auch
alles, was in den Provinzen
Bedenkliches vorfiel, einberichten, weshalb sie für Spionen des Hofes galten.

dentius, den seine Haftigkeit oft zu Thorheiten
verleitete, nahm die Sache in vollem Ernst, und
erzählte alles dem Rufin, dem ersten Generaladju=
tanten des Prätorischen Präfectes *), einem Manne,
der nur immer auf die schlechtesten Handlungen aus=
ging, und wegen seines hämischen Charakters be=
rüchtigt war. Wie von Schwungfedern gehoben,
flog dieser sogleich nach dem Hoflager des Kaisers
hin, der ohnehin ängstlich und für jede Art von Arg=
wohn empfänglich war, und erhitzte ihn zu so hef=
tigem Zorne, daß er ohne weitere Ueberlegung den
African, und alle Theilnehmer jenes unglücklichen
Schmauses auf die Folter zu bringen Befehl gab,
hingegen dem schändlichen Angeber, der nach Sitte
verderbter Menschen sich ohne Zurückhaltung die wi=
derrechtlichsten Anmaßungen in seinem Amte erlaubte,
dennoch dasselbe auf sein Gesuch noch zwei Jahre
verlängerte **). Zu Abholung der Schuldigen ward
Teutomeres, ein Officier der Hofgarde, nebst
einem ihm zugeordneten Collegen abgesandt, und
brachte sie alle, wie seine Order lautete, gefesselt
nach Italien. In Aquileja sah Marin, vorher
Exercitienmeister, jetzt überzähliger (Titular=) Tri=
bun ***) der, überhaupt ein hitziger Kopf, jene
verfänglichen Reden beim Schmaus geführt hatte,
sich im Wirthshause, wo man ihn während getrof=
fener Anstalten zur Weiterreise allein gelassen hatte,
die Gelegenheit ab, schnitt sich mit einem zufällig
gefun=

*) Apparitionis Praefe= B. 16. K. 8. zu vergleichen.
Aurae Praetorianae Prin= ***) Tribunus ex Cam=
ceps. pidoctore eo tempore va=
**) Hiermit bitte ich cans.

gefundenen Messer den Leib auf, riß sich die Eins
geweide heraus, und starb. Die übrigen wurden
nach Mailand gebracht und gefoltert, und weil ih=
nen die Marter das Geständniß, bei jener Gasterei
sich einige ungebührliche Reden erlaubt zu haben ab=
zwang, so ward ihnen Gefängnißstrafe, mit einiger,
doch zweifelhaft gelassener Hoffnung künftiger Be=
freiung zuerkannt *). Die Officiere, denen man
Mitwissen an Marins Selbstmorde Schuld gab,
sollten des Landes verwiesen werden, erhielten aber
auf Arbetio's Fürbitte Begnadigung.

Kap. 4.

Nach Beendigung dieser Sache kündigte man den
Lentiensern, einer Alamannischen Völkerschaft **)
Krieg an, weil sie bisher in die Rätischen Grän=
zen oft weit herüber gestreift waren. In diesen Krieg
zog der Kaiser selbst mit hin, und nachdem er in Rä=
tien und den Caninischen Ebenen ***) ange=
kommen war, hielt er nach langer Ueberlegung fürs
rühmlichste und rathsamste, daß der Feldherr der Rei=
terei Arbetio mit einem Korps der Armee, doch
so, daß er mit dem größern Theile desselben sich im=
mer an dem Ufer des Sees Brigantia (Bodensee)
hielt, den Feinden entgegen gehen, und sie sogleich

F 5   angrei=

---

*) African muß wenig=
stens hingerichtet worden
seyn, wie sich aus B. 16.
K. 8. ergiebt.

**) Ammian macht sie
auch B. 31. K. 10. zu Nach=
barn Rätiens, dessen ehe=

malige Gränzen doch auf
das heutige Graubünden
nicht allein einzuschränken
sind.

***) In der Gegend von
Bellinzone.

angreifen sollte. Ich will doch die Lage der Gegend
umher, so weit es mein Zweck leidet, kurz beschreiben. Zwischen hoher Berge Krümmungen entspringt
der Rhein, bricht schon in seiner Quelle stark hervor, und ergießt sich dann über steile Felsen, ohne
einen andern Strom aufzunehmen, so wie der Nil
über seine Wasserfälle (Katarakten) in jähem Absturz
daherrauscht. Schon in seinen ursprünglichen Quellen so überreich an eigenem Wasser, würde er Schiffe
zu tragen geschickt seyn, wenn er nicht mehr einher
zu stürzen als zu strömen schiene. Denn zu förmlichem Strome gebildet, wühlt er sich in tiefe weit
abstehende Ufer, und fällt in einen runden und weiten See, der von den anwohnenden Rätiern Brigantia genannt wird, vierhundert und sechzig Stadien lang, fast eben so breit, und überall durch
schaurige und sumpfige Waldung (die breite Heerstraße doch ausgenommen, die jener alte und be-
dächtliche Großsinn der Römer angelegt hat) unzugänglich gemacht ist, wie es sich von so rohen Au-
wohnern, von der natürlichen Lage der Gegend und
einem so unfreundlichen Himmelsstrich kaum anders
erwarten läßt. In diesen See stürzt er rauschend
in schäumenden Wirbeln herein, bahnt sich einen
Weg durch die träge Ruhe des stehenden Wassers,
und durchschneidet die Mitte, so genau, als wäre
die Gränze seiner Bahn mit der Schnur gemessen:
und als Strom, der nie mit andern verträglich, immer seinen Weg allein geht, setzt er, ohne seine ein-
gebrachte Wassermenge zu vermehren oder zu vermindern, mit Beibehaltung seines Namens und seiner

ner Kraft, ſeinen Lauf bis an das andere Ende des
Sees fort, und ſtrömt, ohne auch in der Folge ſich
von einem Fluſſe berühren zu laſſen, endlich in die
Fluten des Oceans. Was dabei vorzüglich wunder-
bar iſt, ſo geräth der ſtehende See durch den ſchnellen Strom eben ſo wenig in wallende Bewegung,
als der eilende Rhein durch trüben Schlamm ſich
aufhalten läßt, oder bei ſeiner gewaltſamen Ergieſ-
ſung ſich mit dem See vermiſcht — *) eine Abſon-
derung, die man ſich unmöglich vorſtellen könnte,
wenn man nicht durch den Augenſchein belehrt würde.
Doch der in Arkadien entſpringende Alpheus
durchſchneidet aus Neigung zu der Quellnymphe Arethuſa das Joniſche Meer, wie die Fabel ſagt, auf
gleiche Weiſe, und ſtrömt dann an die geliebte
Quelle hin **). — —

Arbetio, ſo gut er auch wußte, daß er auf rauhen Bergen den Krieg beginnen müſſe ***), erwartete doch die Ankunft ſeiner zum Recognoſciren der
Feinde ausgeſandten Leute nicht ****), gerieth aber

auch

*) Ammians Geſchwätzig-
keit verliert ſich freilich am
Ende in Tavtologie; aber
das iſt ſeine Sache.

**) Die Fabel iſt zu be-
kannt, als daß ich mehrere
Stellen anderer Schriftſteller nachweiſen dürfte. Eine
einzige aus Virgil Aen. 3.
v. 694. will ich dennoch her-
ſetzen:

Alpheum fama eſt huc
Elidis amnem.
Occultas egiſſe vias ſub-
ter mare: qui nunc.
Ore, Arethuſa, tuo Sicu-
lis confunditur undis.

Uebrigens befindet ſich im
Terte hier eine kleine, vielleicht auch größere Lücke,
worin Arbetio's weiteres
Vorrücken auf das Gebirge
beſchrieben geweſen ſeyn mag.

***) Licet ſciret aſpera
orſa bellorum. Kürzer we-
nigſtens wußte ich dieſe Worte nicht zu geben, und wer
mit Ammians Manier ver-
traut iſt, wird ſie am wenigſten unerea finden.

****) Was er gerade im
Gebirge vorzüglich hätte
thun ſollen.

auch dafür in einen geheimen Hinterhalt, wo er,
von plötzlicher Gefahr überrascht, nicht vorwärts,
nicht rückwärts gehen konnte. Indessen sprangen die
Feinde aus ihren Schlupfwinkeln hervor, und erlegten ohne Schonung, was ihnen vorkam, mit
Waffen von aller Art: keiner der Unsrigen war im
Stande, sich zu wehren, jeder sah nur in schleuniger
Flucht die einzige Hoffnung, sein Leben zu retten.
Nur darauf bedacht, dem Schwerte zu entrinnen,
schweiften sie, ohne Glied zu halten, umher, waren aber eben deshalb den feindlichen Pfeilen mehr
ausgesetzt. Mehrere zerstreuten sich doch in enge
Wege, und den Gefahren durch den Schutz einer finstern Nacht entgangen, sammleten sie mit Aufgang
der Sonne neue Kräfte, und fanden sich wieder, jeder
bei seinem Trupp, ein. Bei einem so fürchterlichen
und unvermutheten Ueberfalle waren freilich viele
geblieben, unter ihnen auch zehen Tribunen. Die
Alamannen rückten nun desto stolzer und frecher an,
umschwärmten täglich, weil Frühnebel die Aussicht
hinderten, die Römischen Schanzen, liefen überall
mit gezogenem Schwert einher, und lärmten, und
prahlten, und drohten. Plötzlich aber fielen die be-
schützten Hoftruppen (Scutarier) aus den Schanzen heraus, und mußten zwar, durch die feindlichen
Schaaren zurückgetrieben, Halt machen, doch that
dies die Wirkung, daß nun alle im Lager gebliebene
einmüthig zum Gefecht hinzuziehen sich entschlossen.
Weil aber doch viele in Erinnerung des erlittenen
Verlustes zaghaft waren, und Arbetio selbst auf
einen glücklichen Erfolg wenig Hoffnung zu setzen
                                        schien;

ſchien; ſo ſtellten ſich drei Tribunen an die Spitze, Arintheus nämlich, Kommandeur der ſogenannten Armaturen *), Seniauch, Anführer einer Eskadron reitender Trabanten **) und Bappo, der die Promoten ***) nebſt andern vom Kaiſer ihm zugegebenen unter ſeinen Befehlen hatte. Jeder Soldat ſah die gemeinſchaftliche Gefahr als ſeine eigene an, alle wehrten ſich erſt nach dem Beiſpiel der alten Römer gegen den feindlichen Angriff muthig, ergoſſen ſich dann wie ein Waldſtrom über die Feinde her, und zwangen ſie nicht in förmlichem Treffen, ſondern in ſtreifende Trupps vertheilt, zu ſchimpflicher Flucht, ſo daß ſie in getrennten Gliedern zerſtreut, durch Eilfertigkeit im Fliehen ſich unter einander ſelbſt verwickelten, die wehrloſen Theile des Körpers blos gaben, und unter den häufigſten Schwert = und Langenſtößen erlagen. Viele nebſt ihren Pferden gefallene ſaſſen am Boden liegend noch immer im Sattel feſt, und kaum ſah der im Lager gebliebene Reſt, der vorher am Treffen Theil zu nehmen zu furchtſam geweſen war, die ganze Scene, als ſie nun auch insgeſammt herausſtürzten, und ohne alle Furcht, jeden Feind, der ſich durch Flucht nicht hatte retten können, zu Boden traten, und dann alle, über Berge von Leichen wandelnd, und vom Blute

der

---

*) S. oben Note zu B. 14. K. 11.

**) Qui equeſtrem turmam Comitum ſiebotur. Dieſe Comites waren freigebohrne Ausländer, die unter der Römiſchen Reiterei dienten. Ich bitte darüber B. 18, K. 9. am Ende nachzuſehen, wo auch eine Gattung derſelben Sagittarii vorkommen.

***) Sind ebenfalls Reiter, die aber ſchon nähere Hoffnung zu weiterer Beförderung hatten.

der Erschlagenen triefend zurückkehrten. Auch der
Kaiser ging nach einem so glücklichen Treffen in frö-
lichem Triumph nach Mailand in sein Winterquartier zurück.

Kap. 5.

Wann schon dies nicht ohne Verlust für den Staat
abging, so erhob sich doch zu nicht geringerem Unglück der Provinzen ein neuer Windsturm, der alles
auf einmal zertrümmert haben müßte, wenn nicht
das allwaltende Schicksal eine äußerst gefährliche Unruhe schleunig gedämpft hätte. Weil Gallien seit
langer Zeit sich Ermordungen und Raub und Brand
frech umherschweifender Barbaren ohne alle Hülfe
ausgesetzt gesehen hatte, so mußte der General der
Infanterie, Silvan, ein Manu, dem man Thätigkeit gnug zutraute, dem allem abzuhelfen, auf
Befehl des Kaisers dahin abgehen, und Arbetio
drang auf alle mögliche Weise auf die schleunigste
Abreise, um einen Nebenbuhler, den er ungern in
seinem Wege sah, zu entfernen, und ihm zugleich
die Last eines gefahrvollen Geschäftes aufzubürden *).
J. n. C.) Ein gewisser Dynamius ein Aufseher
Geb. 355.) des kaiserlichen Gepäckes **) hatte sich
von ihm (Silvan) Empfehlungsschreiben an dessen
Bekann-

*) Hier befindet sich im
Texte eine kleine Lücke.

**) Actuarius sarcini-
liumPrincip. iumentorum.
Wer eine Art von Marsch-
kommissar, der an die Ba-
stagarien, d. i. diejeni-
gen, auf deren Grundstü-

cken die Verbindlichkeit haftete, Pferde und Maulthiere
zu Fortbringung des kaiserlichen Feldgepäckes oder auch
Proviantes für die Armee zu
stellen, die nöthigen Ausschreiben ergehen ließ. Heißt
auch Praefectus Bastagae.

Bekannte erbeten, um sich dadurch den Schein eines seiner vertrauten Freunde zu geben. Silvan, der nichts Arges vermuthete, gab sie ihm gutmüthig, aber jener hob sie auf, um sie bei künftiger Gelegenheit zu einem boshaften Endzweck zu mißbrauchen. Indem also jetzt Silvan seinen für den Staat so vortheilhaften Feldzug durch Gallien that, und die muthlos gewordenen Feinde überall vor sich hertrieb, fiel Dynamius, ein überhaupt unruhiger Kopf, in listigen Ränken geübt, auf die hämische Treulosigkeit, zu der ihn, wie ein dunkles Gerücht sagte, der prätorische Präfect Lampadius, der ehemalige Schatzmeister der kaiserlichen ·Privatgefälle °) Eusebius, der auch den Beinamen Mattiokopa **) führte, und Aedesius, ein gewesener Staatsrath zu Ausfertigung kaiserlicher Rescripte an Privatpersonen °°°), welche Lampadius, als beider vertrauter Freund, der feierlichen Installation der neuen Consuln beizuwohnen eingeladen hatte,

als.

*) Ex Comite rei privatae.

**) Unter dergleichen Spott- oder Scherznamen läßt sich schwerlich etwas bestimmen, solange man nicht das Geschichtchen weiß, das etwa dazu Gelegenheit gab. Ob also Petav, der es für einen kleinlichen Geizhals (Matiokop) nimmt — oder Valois, der einen Garderobendieb (Himatiokop) darunter versteht — oder Wesseling (Observation. S. 46.) der sich einen Tortenschneider (Matrokop) dabei denkt, der etwa beim

Nachtisch einmal beim Vorschneiden einer Torte sich am wenigsten vergaß — läßt sich jetzt nicht entscheiden.

***) Ex Magistro memoriae. Die Notitia Dignitatum sagt: Adnotationes omnes dictat, et emittit, et precibus respondet. Daß diese Adnotationen (beigeschriebene Resolutionen) nur Privatpersonen betroffen haben, glaube ich auf Versicherung Vicats in seinem Vocabulario iuris utriusque.

als Theilnehmer des Komplots angestiftet haben sollten. Dynamius überpinselte nämlich die erste Schrift,
ließ blos die Unterschrift wie sie war, und schrieb
dann neue von den vorigen ganz abweichende Briefe
oben hin, worin Silvan in zweideutigen Ausdrücken
Hofleute oder auch Privatpersonen, (unter ihnen den
Albin einen Tuscier und andere mehr) um Unterstützung bei Ausführung des großen Planes, nächst-
stens den Kaiserthron zu besteigen, dringend bat.
Dieses Konvolut willführlich ersonnener Unwahrhei-
ten, zusammengeschrieben, um das Leben eines Unschuldigen in Gefahr zu bringen, vertraute Dynamius dem prätorischen Präfect (Lampadius), um
den Inhalt desselben an des Kaisers Statt *) zu
prüfen. Dieser schmiedete eben denselben tückischen
Anschlag, eilte ganz allein nach Hofe, und erbat
sich eine geheime Audienz, in der Hoffnung, bei
einer so günstigen Gelegenheit den Kaiser als wach-
samster Hüter seines Lebens noch fester an sich zu
knüpfen **). Kaum war dies Gewebe von listiger

Tücke

---

*) In der That war er
auch der nächste nach dem
Kaiser, konnte auch eben
deshalb ungerufen nach Hofe
gehen, um dem Kaiser eine
Kabinetssache vorzutragen.

**) Durch diese Ueberse-
zung einer der verdorbensten
Stellen im Ammian hoffe ich
dem deutschen Leser den Gang
der Geschichte deutlich gnug
gemacht zu haben. Um aber
auch dem Kritiker Gelegenheit zu geben, meine Arbeit
zu prüfen, will ich die Stelle

herseßen, wie ich mir sie im
Lateinischen gedacht habe,
wobei ich doch vorausseße,
daß der gelehrtere Leser die
Gronovische Ausgabe vor
sich habe, weil das Ab-
schreiben der eigentlichen
Worte in den Handschrif-
ten, und die von Valois
vorgeschlagene Verbesserung
mir zu viel Raum weg-
nehmen würde. Ich leie
und interpungiere dem-
nach so: Hunc fascem ad
arbitrium figmenti COM-
POSI-

Lücke im Kabinet verleſen, als Befehl erging, einige
Tribunen feſt zu nehmen, und die in den Briefen benannten Privatperſonen aus den Provinzen als Gefangene kommen zu laſſen. Ueber ein ſo ungerechtes
Verfahren aufgebracht, erhob ſogleich M a l a r i c h,
Kommandeur der ausländiſchen Haustruppen (Gentilen) mit Zuziehung anderer Officiere ſeine Stimme
gewaltig: — Männer, denen man Armeen ver-
traue, müſſe man nicht durch Parteigeiſt und Ränke
hintergehen. Er bat, mit dem Erbieten, Weib und
Kind als Geiſeln zurück zu laſſen, und unter Bürg-
ſchaft des M a l l o b a u d e s, Oberſten der Amatu-
ren *) über ſeine gewiſſe Zurückkunft, ihn ſelbſt
ſchleunigſt zu Abholung Silvans hinreiſen zu laſſen,
der gewiß eines Unternehmens, das hämiſche Feinde
auf ihn bringen wollten, nicht fähig wäre: oder
wenn

POSITUM COMMISIT
(ſo glaube ich Valois und
Erneſti zugleich zu Freunden zu behalten) Dyna-
mius PrafecTO, ut (haec)
pro Imperatore ſcrutare-
tur. HIC ſimilia (oder:
Qui haec et ſimilia) quum
aſtu texeret, Conſiſtorium
ſolus ingreſſus EST inti-
mum, captato tempore DE-
vincire ſperans IMPERA-
TOREM UT pervigilem
ſalutis EIUS cuſtodem.
Im gedruften Texte ſteht:
Vincire ſperans pervigilem
ſalutis Imperatoriae cuſtodem. Die franzöſ. Hand-
ſchriften haben aber das UT
und das EIUS und wann

es mit dem letztern ſeine
Richtigkeit hat, ſo durfte
ich das Imperatoriae zwar
nicht wegwerfen, aber doch
in Imperatorem verwandelt,
etwas weiter vorrücken. So
entſtand meine Conjectur,
die ich mit Vergnügen dem
glücklichen Kritiker preis
gebe, und mich des guten
Willens wenigſtens, Licht in
die Stelle zu bringen, freuen
werde, wenn ich ihm da-
durch eine beſſere entlocke.
* B. 14. K. 11. wo der
Mann doch Mellobaudes
heißt; eine Verſchiedenheit,
die auch in der Folge wieder
vorkommt.

wenn man dies nicht wolle, so möchte man den Mel=
lobaudes hincilen lassen, für den er Bürge seyn wolle,
daß er alles so gut als Er selbst ausrichten würde.
Noch glaube er ganz zuverläßig versichern zu kön=
nen, daß Silvan, wenn man einen ganz unbekann=
ten an ihn sende, seine natürliche und oft zu weit ge=
hende Furchtsamkeit sich doch vielleicht könne verlei=
ten lassen, Unruhen anzufangen, an die er vorher
nicht gedacht hätte.

So heilsam und zweckmäßig auch diese Vorstellun=
gen waren, so war doch alles in den Wind gespro=
chen. Auf Arbetions Vorschlag ward vielmehr A p o=
d e m i u s (B. 14, 11. B. 15, 1.) abgesandt, ihn
durch Briefe nach Hofe zu erfordern. — ein Mann,
der von je her jedes Rechtschaffenen bitterer Feind
war. Dieser mochte aber die ganze Sache nicht eben
für wichtig nehmen, hielt sich also bei seiner Ankunft
in Gallien, ganz wider die mitgebrachten Befehle,
ruhig, ohne den Silvan zu sprechen, oder durch
Uebersendung der erhaltenen Briefe zu sich einladen
zu lassen: alles, was er that, war, daß er mit
Zuziehung des Rechnungsbeamten (Rationalis) der
Provinz die Klienten und Sklaven des Generals, der
so gut als geächtet anzusehen sey, und bald gar
den Kopf verlieren werde, mit feindseligem Stolze
behandelte. Während daß man bei Hofe Silvans
Ankunft erwartete, und Apodemius Galliens Ruhe
störte, fertigte Dynamius, um seinen abscheulichen
Ränken durch einen stärkern Beweis noch mehr Glaub=
würdigkeit zu geben, neue, mit denen, die er dem
Kaiser durch den prätorischen Präfect hatte vorlegen
                                        lassen,

laſſen, völlig gleichlautende Briefe an, und ſandte
ſie an den Zeugmeiſter *) in Cremona, und zwar
unter Silvans und Malarichs Namen, welche den
Mann, als Theilnehmer ihres Geheimniſſes baten,
das Nöthige ſchleunig in Bereitſchaft zu ſetzen. Der
Zeugmeiſter las und — las wieder, ohne ſich den
Zuſammenhang erklären zu können (denn er konnte
ſich nicht erinnern, mit den Männern, deren Briefe
er vor ſich hatte, je ein Wort über ein geheimes
Geſchäft geſprochen zu haben), ſandte alſo dieſe Zu-
ſchriften durch eben den Boten, der ſie gebracht
hatte, nebſt einem Soldaten an Malarich zurück,
mit dringender Bitte, ihn doch lieber mit deutlichen
Worten und nicht ſo verſteckt über ſein Begehren zu
belehren: denn er könne als ein gerader, der Hof-
ſprache unkundiger Mann verſichern, daß er keine
Sylbe von dem verſtehe, was man, in Räthſel gehüllt, ihm zugeſchrieben habe. Dem Malarich kam
dieſer Brief eben ſo unerwartet, und weil er ohnedem
kummervoll und traurig ſein und ſeines Landmannes
Silvans Schickſal bisher tief beſeufzt hatte, ſo verſicherte er ſich des Beiſtandes der Franken, die
zahlreich genug waren, um ſich dem Hofe geltend
zu machen, nahm dann den höhern Ton an, und
lärmte, und polterte — nun wären doch die Ränke
enthüllt, und der tückiſche Plan entdeckt, den man
auf ſein und Silvans Leben angelegt hätte. Auf
dieſe Nachricht befahl der Kaiſer, daß ſämmtliche
Mitglieder des Staatsrathes vom Civil- und Mili-

*) Tribunus fabricae. S. auch B. 14. K. 7.

taretat *) die Sache in neue Untersuchung ziehen
sollten. Weil aber die Richter sich nicht gern damit
bemengen wollten, so besah Florentius, Nigri=
nians Sohn, der damals für den Oberhofmarschall
(Magister Officiorum **) vikariirte, die Briefschaf=
ten genauer, fand, einige Spuren verwischter Buch=
staben, und entdeckte endlich, daß man die vorige
Schrift verfälscht, und ganz andere Dinge, als Eil=
van in die Feder gesagt haben konnte, so wie es
willkührlich ersonnener Trug beischte, hingeschrie=
ben hatte. So ward dann der Nebel der Betrüge=
rei zerstreut, und der Kaiser, dem man von dem Ver=
lauf der Sache getreuen Bericht erstattete, entsetzte
den Lampadius seiner Würde, und befahl ihn
auf die Folter zu bringen, wovon er doch durch vie=
ler vereinigtes Bestreben loskam: Eusebius hin=
gegen, ehemals Schatzmeister der kaiserlichen Scha=
tulle ward wirklich auf die Tortur gebracht, und
gestand, um das Komplot gewußt zu haben. Aede=
sius blieb aber auf seinem hartnäckigen Läugnen,
und kam ganz ohne Strafe davon. Weil die Sache
nun diese Wendung genommen hatte, so wurden auch
alle diejenigen für unschuldig erklärt, die man vorher
als angebliche Verbrecher gefangen nach Rom zu
brin=

*) Sehr genau findet
man sie zusammengestellt in
der schon oben gerühmten
Schrift: Haubold de Con-
sistorio Principis Sect. 2.
p. 29-32.

**) Doch hatte derselbe
außer dieser Hofcharge auch
Civilgeschäfte zu versehen.
In dem am Ende beständi-

genden Verzeichnisse der damaligen Beamten hoffe ich
darüber nähere Auskunft zu
geben. Leser, die sich über
diese Herren zu unterrichten
nöthig finden, verweise ich
einstweilen auf Christ No-
ctes Academicas, oder auch
Haubold a. a. O. S. 43.

bringen befohlen hatte. Donamius bekam dennoch, als hätte er ſich durch ein wichtiges Meiſter-
ſtück ausgezeichnet, die Statthalterſchaft über Tuſcien unter dem Namen eines Correctors *).

Silvan hielt ſich während der Zeit in Agrippina
(Köln) auf, bekam von ſeinen Freunden eine Nachricht auf die andere, daß Apodem auf ſeinen Ruin
hinarbeite; und weil er, von der ſchwachen Seite
des wankelmüthigen Kaiſers überzeugt, abweſend und
ungehört verurtheilt zu werden befürchten mußte, ſo
ſah er kein anderes Mittel, ſich aus dem äußerſten
Drange zu retten, als im Auslande Schutz zu ſuchen. Doch Laniogaiſus, jetzt Tribun, und,
wie ich vorher **) erzählte, der einzige Gardiſt ***),
der beim ſterbenden Conſtans aushielt, widerrieth
ihm dies aus dem Grunde, weil die Franken, ſeine
Landsleute, ihn entweder umbringen, oder gegen
eine Belohnung ausliefern würden: und ſo mußte er
vor der Hand keinen Ausweg für ſeine Sicherheit
mehr, ſah ſich nun das Aeußerſte zu wagen genöthi-
get, beſprach ſich deshalb ingeheim mit den vornehmſten Officieren, ermunterte ſie durch anſehnliche Verſprechungen, nahm dann den Purpur von den Fah-

G 3 nen

---

*) Unter dieſer Benen-
nung waren im Orient nur
zwei Statthalter angeſtellt,
in Paphlagonien und in Au-
guſtamnica. Im Occident
gab es dergleichen mehrere,
beſonders in den Provinzen
Italiens. Ein anderer, auch
über Tuſcien kommt unten
vor B. 27, K. 3.

**) In einem der verlo-
ren gegangenen Bücher.

***) Candidatus, ein mi-
litariſcher nämlich. Die Can-
didaten gehörten mit zu den
Hoftruppen, waren ein Aushub der ſchönſten und läng-
ſten Leute aus den Protectoren, und ihr Name bezieht
ſich ohne Zweifel darauf,
daß ſie die nächſte Anwart-
ſchaft auf Tribunſtellen hatten. S. auch B. 25, K. 3.

nen des Fußvolkes und der Reiterei einstweilen
ab *), und erhob sich zu der Würde eines Kaisers.

Indem dieß in Gallien vorfiel, kam in Mailand,
an einem bend die eben so unerwartete als zuver-
lässige Nachricht an, daß Silvan, mit der Würde
des Feldherrn nicht mehr zufrieden, die Armee auf-
gewiegelt, und sich auf den Thron geschwungen habe.
Bei einem so ganz unvermutheten Vorfalle glaubte
sich Constantius von dem Schicksale, wie von einem
Donnerschlage, betroffen, er ließ also noch Nachts,
um neun Uhr die Staaträthe zusammenberufen, und
alle eilten in die Burg hin. Weil aber Kopf und
Zunge keinem recht zu Gebot stand, um den für die
gegenwärtige Lage schicklichsten Rath zu geben, so
that man, doch nur durch einen leisen Wink und ganz
vom weiten des Ursicins Erwähnung, als des unstreitig erfahrensten Feldherrn, dem selbst neidische Verläumdung nichts hätte anhaben können: und sogleich
ward er durch den Oberceremonienmeister **) (eine
Ehre, wodurch man ihn sehr auszeichnete) nach Hofe
berufen; erhielt beim Eintritt in das Konferenzge-
mach den Saum des kaiserlichen Purpurgewandes
zu küssen Erlaubnis, und nie war er gnädiger empfangen worden. Diocletian ***) war es, der
                                              zuerst

---

*) Purpur war den Kai-
sern allein eigen: wenn sich
also ein Gegenkaiser auf-
warf, so ließ er die an den
Fahnen herabhangenden Pur-
purstücke einstweilen abnehmen, um sich ein Purpur-
gewand in der Eil zusam-
mensetzen zu lassen.

**) Magister admissionum.

Ich übersetze ihn Oberceri-
monienmeister, weil es noch
einen Unterceremonienmei-
ster, proximus admissionum
gab. S. B. 20, K. 7.

***) Mit diesem Namen
füllt Valesius mit Recht
die kleine Lücke des Textes
aus, und führt Eutrop,
Aurel.

zuerſt dieſe ausländiſche Sitte königlicher Verehrung
einführte, denn vorher finden wir, daß die Fürſten
keine andere Ehrenbezeugung als andere höhere
Staatsbeamten g noſſen -). So ward dann der
Mann, den kurz vorher übelgeſinnte Verfolger den
gierigen Verſchlinger des Orients, der in ſeinen Söhnen die höchſte Gewalt an ſich zu reiſſen ſtrebe, (B. 14.
K. 11.) genannt hatten, jetzt als der einſichtsvollſte
Feldherr, der noch unter Conſtantin dem Großen
gedient hätte, geprieſen, und aus ſehr richtigen und
dennoch immer noch hämiſchen Gründen für den ein=
zigen erklärt, der den jetzigen Brand des Aufruhres
tilgen könnte. Freilich mußte man vor allen Dingen dahin arbeiten, den Silvan, einen durch ſeine
Tapferkeit ſo furchtbaren Rebellen zu unterdrücken:
aber wenn dies fehl ſchlug, ſo hoffte man doch wenigſtens den ſchon mürbe gemachten Urſicin vollends
hinzuopfern, und einen ſo gefährlichen Stein des
Anſtoßes aus dem Wege zu räumen. Während daß
man Anſtalten zu Beſchleunigung der Reiſe machte,
wünſchte Urſicin die vorher, wider ihnangebrachten
Beſchuldigungen zu widerlegen, der Kaiſer verbat
dies aber mit vorkommender Freundlichkeit, weil es
wenigſtens jetzt nicht Zeit wäre, eine weitläufige
Vertheidigung ſeiner gerechten Sache vorzubringen,
wo vielmehr die bringendſte Noth, der man, ehe ſie
noch größer würde, wehren müßte, die vorherige

G 4   Har

Aurel. Victor, Euſebius
und Zonaras deßhalb an.
Ich halte aber auch die
ganze Periode mit ihm für
eine Randgloſſe, die den
Gang der Geſchichte nur ſtört.

†) Judices überſetze ich
durch höhere Staatsbeamten,
weil es Ammian mehrmal in
dieſem Sinne braucht. Hier
ſind vermuthlich Conſuln zu
verſtehen.

Harmonie der Theile des Reiches wiederherzustellen heischte. Bei den vielfältigen Ueberlegungen ward vorzüglich darüber gesprochen, wie man es etwa am listigsten einzuleiten hätte, um Silvan glauben zu machen, daß der Kaiser von seiner Throubesteigung noch gar nichts wisse. Das annehmlichste Mittel, ihn davon zu überzeugen, schien endlich, ihn in einem ehrenvollen Briefe zu veranlassen, den Ursicin als Nachfolger anzunehmen, und mit völliger Beibehaltung seines Ranges und Würde zurückzukommen. Nach Anlegung dieses Planes bekam Ursicin Befehl, ohne Zeitverlust abzureisen, und man gab ihm auf sein Verlangen zehen Tribunen und Officiere der Haustruppen (Protectoren) als Adjutanten zu, unter denen auch Ich, nebst einem meiner Collegen, Verinian, mich befand: die übrigen waren insgesammt Anverwandte oder vertraute Freunde. Bei dem Auszuge begleitete man ihn eine lange Strecke, aber jeder Begleiter dachte mehr an seine eigene Gefahr (als an die unsrigen). In der That wurden wir wie Missethäter unbändigen wilden Thieren preis geg:ben: wenn wir aber bedachten, daß vorhergegangene traurige Zufälle doch immer das Gute haben, daß sie den freudigen Platz machen, so konnten wir eine Behauptung des Tullius (Cicero *), die aus dem innern Heiligthum der Wahrheit selbst geschöpft zu se,n scheint, nicht genug bewundern. Er sagt nämlich: „So wünschenswerth es auch seyn mag,

*) Gerade mit diesen Worten findet sich diese Stelle in Cicero's Schriften nicht. Am nächsten kommt ihr doch eine ähnliche in der Rede an das Volk, nach seiner Rückkehr, K. 1.

„mag, das blühendſte Glück ununterbrochen zu ge=
„nieſen: ſo giebt doch jene Gleichförmigkeit des Le=
„bens bei weitem nicht das angenehme Gefühl, das
„dann entſteht, wenn uns das Glück aus traurigen
„und hoffnungsloſen Umſtänden in eine glückliche
„Lage zurückſetzt."

Wir eilten alſo auf unſerer Reiſe ſo ſchnell wir konn=
ten, und unſer General wollte ſich gar zu gern das
Lob verdienen, in der verdächtigen Provinz anzulan=
gen, ehe ſich nur irgend ein Ruf von Rebellion durch
Italien verbreitete. Aber, ſo ſchnell wir auch eilten,
war uns doch die Fama im Luftfluge zuvorgekom=
men, und bei unſerer Ankunft in Agrippina fan=
den wir, daß alles für unſer Plänchen bereits zu
weit gediehen war. Von allen Orten ſtrömte das
Volk zuſammen, um dem in bänglicher Eil angefan=
genen Werke mehr Feſtigkeit zu geben, auch waren
der wirklich Bewaffneten viele: es ſchien alſo der
gegenwärtigen Lage angemeſſener zu ſeyn, daß unſer
General die Rolle des Armſeligen ſpielte, und an
Denkart und Willen des Kaiſers von einigen Wochen,
deſſen täglicher Zuwachs an Macht doch nur Necke=
rei des Glücks ſeyn konnte, ſich anſchmiegte, um
ihn nach und nach durch verſtellte Schmeichelei we=
niger aufmerkſam und ſicher zu machen, und dann,
wann er am wenigſten etwas Feindſeliges befürchtete,
zu berücken. Dies ſchien aber in der That kein
leichtes Werk zu ſeyn. Wir mußten äußerſt behut=
ſam gehen, um für die Ausführung unſers Planes
den ſchicklichſten Zeitpunkt zu treffen, ohne ihn zu
übereilen, oder unbenutzt zu laſſen: denn hätten wir

ihn

ihn zur unrechten Zeit dur blicken laffen, so waren wir alle zusammen zuverlaßig verloren.

Indeß ward unser General sehr liebreich aufgenommen, und ob er sich gleich, weil der glückliche Erfolg seines Geschäftes von einem geschmeidigen Nacken mit abhing, gezwungen sah, dem auf erhabenem Throne sich brüstenden Manne im Purpurgewand sich nach Hofmanier zu Füßen zu legen, so galt er doch immer für einen wichtigen Mann und vertrauten Freund des neuen Kaisers. Keiner hatte so freien Zutritt, keiner ward öfter zur Tafel gezogen, und nach und nach fingen beide an über die gegenwärtige Lage des Staates vertraulicher zu werden. Silvan fand es unbillig, daß man bisher Unwürdige zum Consulat und andern Ehrenämtern erhoben, Er hingegen und Urficin, nach so vielen sauren Arbeiten für das Wohl des Reiches die einzigen wären, die man so sehr zurückgesetzt hätte, daß Er selbst in seinen Freunden, durch eine von uneblen Richtern über sie verhangene Inquisition auf das empfindlichste angegriffen, Urficin hingegen aus dem Orient schleunigst zurück entboten, dem Hasse seiner Feinde preis gegeben sey, — alles Klagen, die er gegen seine vertrauteren Freunde, und öffentlich bei jeder Gelegenheit äußerte. Bei dem allen beunruhigte uns doch das überall laut werdende Murren der Soldaten, welche den Mangel an Lebensmitteln zur Ursache ihrer Unzufriedenheit angaben, und vor Begierde brannten, sich durch die engen Päße der Cottischen Alpen gewaltsam den Weg zu bahnen *).

Bei

*) Um nach Mailand hin auf d. Constantius selbst loszugehn.

Bei dieser Ebbe und Flut unserer Seelen such=
ten wir in geheimen Beredungen ein Mittel auf=
zuspühren, wodurch wir zum Ziel unseres Vorha=
bens gelangen könnten, und wurden endlich, nach
mehrmals aus Furchtsamkeit geänderter Meinung,
darüber einig, daß man sich vor allen Dingen um
behutsame Gehülfen bemühen, diese, den ihnen ge=
thanen Antrag geheim zu halten, eidlich verbinden,
und durch sie die Bracaten und Cornuten *)
zu gewinnen suchen sollten, die wegen schwankender
Treue überhaupt berüchtigt, durch versprochene reich=
liche Belohnung sich zu allem stimmen ließen. Das
Geschäft ward durch Unterhandlung einiger gemei=
nen Soldaten sicher eingeleitet, die als solche zur
Ausführung desto geschickter schienen, und durch
vorgespiegelte Belohnungen leicht zu bereden waren.
Und nun erschien kaum die glänzende Morgenröthe,
als plötzlich eine bewaffnete Schaar aus dem Lager
herstürzte, und, wie gewöhnlich, durch den unge=
wissen Erfolg der Unternehmung noch kühner ge=
macht, die Leibwache niedermachte, in die kaiserli=
che Wohnung eindrang, den Silvan aus einem klei=
nen Häuschen, wohin er halbtodt geflüchtet war,
heraustrieb, und auf dem Wege nach einem Ver=
sammlungsorte der Christen hin, mit vielen Stichen
ermordete.

Dieser Todesart starb ein Feldherr von nicht ge=
ringen Verdiensten, der, um der Kabale zu entge=
ben,

---

*) Bracaten, aus dem   Stadt in Illyricum so be=
Theile Galliens, wo man   nannt. Notitia Imperii
weite Beinkleider (Bracas)   S. 1466. Gräv.
trug. Cornuten von einer

hen, in die ihn eine Rotte übelgesinnter Feinde abwesend verstricken wollte, freilich das Aeußerste wagen mußte, um nur sein Leben zu retten. Zwar
hatte er ich dadurch, daß er vor dem Treffen bei
Mursa mit den ihm untergebenen reitenden Trabanten (Armaturen) zur günstigsten Zeit zu Constantius überging, bei demselben sehr beliebt gemacht:
auch konnte er sich auf die tapfern Thaten seines
Vaters Bonitus berufen, der, obgleich ein
Franke, doch für Constantin Partey genommen, und
im Bürgerkriege gegen die Licinianer mehr als einmal mit Glück gefochten hatte: aber er traute doch
dem so veränderlichen und wankelmüthigen Kaiser
nie recht. Noch vor seinem Tode in Gallien begab
sich's, daß das Römische Volk im großen Circus,
war's aus wahrscheinlicher Vermuthung, oder aus
Ahndung mit Einemmal aufschrie: Silvan ist
besiegt *).

Die wirkliche Nachricht von seiner in Agrippina
vorgefallenen Ermordung setzte den Kaiser in ein un-
aussprechliches Vergnügen, und stolzer Uebermuth
war ihm einmal so natürlich geworden, daß er
auch diesen Vorfall blos seinem eigenen günstigen
Glücke zuschrieb, sich auch jetzt, nach Domitians Muster, in seinem Hasse gegen die thätigsten Männer
gleich blieb, und nur immer durch das Gegentheil
(das unthätigste Leben) ihnen überlegen zu seyn
wünschte. Weit entfernt, unsre kluge Betriebsam-
samkeit

---

*) Fast hätte ich Lust ge-   übersetzen: Silvan ist todt.
habt, nach Gronovs. Vor-   Desiit esse für Devictus est.
schlage (Vorrede S. 9.) zu

samkeit zu loben, schrieb er sogar von unterschlage-
nen Geldern in Gallien, die doch kein Mensch be-
rührt hatte. Er ließ deshalb genaue Untersuchung
anstellen, und den Remigius, damals Kriegszahlmeister im Gefolge des kommandirenden Generals *) darüber zur Verantwortung ziehen, welcher
lange nachher unter Valentinians Regierung bei Gelegenheit des Vorfalles in Tripolis sich selbst er-
henkte **). Nachdem endlich alles abgethan war,
wandelte nun Constantius mit stolzem Haupte in
den Wolken, glaubte allen Zufällen seiner Mensch-
heit Trotz bieten zu können, und schmeichelnde Groß-
sprecher hoben ihn noch mehr zu so hohen Gedanken:
und Er — hob dagegen sie wieder dadurch, daß er
auf jeden, der die Kunst zu schmeicheln nicht verstand,
mit wegwerfender Verachtung niederblickte. So finden wir; daß Crösus dem Solon auf der Stelle
sein Reich zu verlassen gebot, weil er nicht zu schmeicheln wußte, und daß Dionys dem Dichter Phi-
lorenus den Tod zugedacht habe, weil er bei Vor-
lesung mit eigener hoher Hand verfertigter, und dennoch geistloser und lahmer Verse ganz ungerührt in
das allgemeine Lob der Zuhörer nicht mit einstimmen
wollte ***). Aber Schmeichelei ist doch wahrhaftig

*) Rationarius adpari-
tionis armorum magistri,
auch Numerarius (B. 19.
K. 8.) und Tabularius 28,1
führte die Generalliste und
Rechnung über die Armee,
und besorgte die Auszah-
lung.

**) B. 28, K. 4. vergli-
chen mit B. 30. K. 2.
***) Dichter und Könige
sind beide, schon einzeln betrachtet, genus irritabile,
noch mehr, wenn sie in Einer Person zusammentref-
fen. Dies hätte doch Phi-
lor

tig eine sehr verderbliche Pflegerin der Fehler, und
Fürsten sollte nur immer eine solche Bepreisung gefallen, die bisweilen auch den Tadel der weniger guten Handlungen neben sich vertrüge.

Kap. 6.

Keine Gefahr war mehr zu besorgen, man schritt
also, wie gewöhnlich, zu Criminaluntersuchungen,
und viele Personen wurden als vorgeblich Schuldige
in Ketten und Banden gelegt. Paulus, jener
furialische Angeber (B. 14. K. 4.) erhob sich von
Freude glühend, um seine giftigen Ränke immer un-
verschämter zu betreiben, und die befohlnermaßen
aus Civil- und Militärmitgliedern des Staatsrathes niedergesetzte Commission ließ den Proculus,
einen Adjutanten (Domesticus) Silvans auf die
Folter spannen, einen so schwächlichen und kränklichen Mann, daß jedermann in Sorgen stand, er
möchte, wenn man seinen abgezehrten Körper durch
zu heftige Marter noch mehr entkräftete, viele, als

schwe-

lorenus besser beherzigen,
und manchmal eine kleine
Dissonanz überhören sollen.
Schon vorher hatte Dionys
(der ältere) den Mann, der
sein Talent zur Dichtkunst
zu bezweifeln sich erfrechte,
durch seine Leibwache ins
Gefängnis führen lassen,
vermuthlich, um ihm zu
lebhafterem Gefühl der Er-
habenheit einer königlichen
Muse mehr Zeit zu lassen. —
Doch, seine Freunde bitten
ihn los, er wird wieder zur
königlichen Tafel gezogen,
den König reizt sein böser
Dämon vom neuen, seine
Gäste mit seines Geistes oder
seiner Hand Machwerk zu
regaliren, jetzt hofft er wenigstens den Dichter zu ent-
zünden, und der Dichter —
ruft in einem Tone, der den
königlichen Dichter selbst la-
chen macht, nach der Wache:
Führt mich nur lieber gleich
wieder in das Gefängnis hin.
Dieses Geschichtchen steht
bei Diodor Siculus B. 15,
K. 6.

ſchwerer Verbrechen ſchuldig, namentlich vorladen zu
laſſen Gelegenheit geben. Doch dieſe Beſorgniß ward
zum Glück durch den Erfolg widerlegt. Eingedenk
eines Traumes, in dem er, wie er ſelbſt verſicherte,
gewarnt worden war, einen Unſchuldigen in Unglück
zu bringen, gab er, ſo nah man ihn auch durch
Marter an den Rand des Grabes brachte, doch keinen als Verräther an, vertheidigte vielmehr ſtand-
haft Silvans Verfahren, und bewies augenſcheinlich,
daß er auf den genommenen Entſchluß nicht aus
Herrſchluſt, vielmehr nothgedrungen gekommen ſey.
Der Beweis, den er für ſeine Meinung beibrachte,
der auch durch mehrere Zeugniſſe ſich beſtätigte, ließ
ſich ſehr wohl hören, daß Silvan nämlich fünf Tage
vor Annahme der oberherrſchaftlichen Ehrenzeichen
die Soldaten bei Austheilung einer außerordentlichen Löhnung in Conſtantius Namen ermahnt habe,
tapfer und treu zu ſeyn. Einleuchtend war es doch
gewiß, daß er, wäre die Anmaßung der Ehrenzeichen eines höheren Glücks ſeine Abſicht geweſen, eine
ſo beträchtliche Geldſumme in ſeinem eigenen Namen
ausgetheilt haben würde. Nach ihm ward am Poe-
menius die ihm zuerkannte Todesſtrafe vollzogen,
welcher bei einer ehemals erzählten Begebenheit, wo
die Treverer ihre Thore vor Cäſar Decentius *)
verſchloſſen, von den Bürgern zu ihrem Beſchützer
gewählt worden war. Noch wurden die Officiere
Asklepiodot, Luto und Maudio **) nebſt
andern

*) Bruder und Mitregent   **) Die beiden letztern
des Magnentius.   waren Franken von Geburt.
                                              Deſto

andern hingerichtet: denn in dergleichen Fällen war
der damalige Despotismus gar, sehr streng.

Kap. 7.

Während daß überall dergleichen traurige Scenen
in wütendem Sturme sich öffneten, bewährte sich
Leontius, der Kommandant der ewigen Stadt c)
bei mehr als einer Gelegenheit als gerechter Richter: er ließ jeden, der etwas bei ihm anzubringen
hatte, sogleich vor sich, entschied nach den Regeln
der strengsten Billigkeit, und war von Natur ein
gutmüthiger Mann, nur daß er, wie einige meinten,
bloß zu Behauptung seines Ansehens manchmal in
Strenge zu weit ging und dem schönen Geschlecht
nichts weniger als abhold war. Die erste Veranlassung eines Aufstandes wider ihn war sehr gering-
fügig. Er hatte den Philoromus, einen Wettfahrer zu greifen befohlen: diesem zog der ganze Pöbel, als hätte er ein theures Pfand zu retten, nach,
und stürmte in fürchterlicher Wut auf den Präfect
an, den man sich als einen furchtsamen Mann dachte:
aber er blieb standhaft, faßte den Muth, durch die
Wache einige gefangen nehmen, durch Leibesstrafen
züchtigen, und dann, ohne daß jemand den Mund
aufthat, vielweniger sich thätlich widersetzte, auf
wüste Inseln fortbringen zu lassen. Als wenige Tage
darauf der Pöbel vom neuen mit seiner gewöhnlichen
Hitze, unter Vorwande des Weinmangels, beim

Sep-

Desto weniger hätte man. es
ihnen, als Silvans Lands-
leuten zu so hohem Verbrechen anrechnen sollen, daß
sie seine Partei nähmen
*) S. Note zu B. 14. K. 6.

Septemzodium *), einem volkreichen Theile
der Stadt, wo der prächtige vom Kaiſer Marcus
(Aürel) erbaute Nymphentempel **) ſtand, einen
neuen Auflauf begann, war der Präfect ſogleich
entſchloſſen, dahin zu eilen. Zwar baten ihn ſeine
Klienten und übriges Gefolge dringend, ſich nicht
unter den frech drohenden und von dem vorigen Aufſtande her noch erbitterten Pöbel zu mengen: aber
er kannte Furcht ſo wenig, daß er geraden Weges
ſich in jene Gegend hinbegab, ob ihn gleich ein Theil
ſeiner Untergebenen zu einer Zeit verließ, wo er einem
ſichtbaren Abgrunde der Gefahr entgegen ging. Auf
ſeinem Wagen ſitzend ſah er mit ſichtbarem Gefühl
ſeiner Würde und mit ſcharfem Auge dem Drachen-
blicke der von allen Seiten andringenden Schaaren
entgegen, hörte eine Menge Schmähungen geduldig
an, erkannte dann einen vor andern hervorragenden
Mann, der ſich durch ungewöhnliche Leibeslänge
und rothes Haar auszeichnete, fragte ihn, ob ſein
Name nicht Petrus, und, ſo viel er ſich erinnere,

ſein

*) War ein aus ſieben
Säulenreihen über einan-
der, deren Umfang ſich von
einer zu der andern immer
mehr verkürzte, aufgeführ-
tes Gebäude. Das von Am-
mian hier erwähnte iſt ohne
Zweifel das alte, das bereits
zu Kaiſer Titus Zeiten ſtand,
welcher in der Nachbarſchaft
derſelben geboren war.
Sueton K. 5. Ein anderes
ſoll Kaiſer Septimius Seve-
rus erbaut haben, wie Ka-
pitolin in deſſen Leben K. 19.

erzählt. Vielleicht hat es
doch derſelben noch mehrere
gegeben, und ſelbſt außer
Rom und Italien ſind ſie
nicht unbekannt geweſen. S.
Scaliger Theſaurus tempo-
rum S. 229.

**) Nymphäen waren mit
Säulengängen umgebene
Plätze, ausgeziert mit Bild-
ſäulen, Gemählden, Grot-
ten und Fontänen, und vorzüglich beſtimmt, bei heißer Sommerhitze ſich abzu-
kühlen.

sein Zunahme **Balvomeres** wäre: und da dieser
es in schmähendem Tone eingestand, ließ er ihn als
einen ihm längst bekannten Anführer der **Empörer**,
so wild auch der Pöbel darüber aufschrie, die Hände
auf den Rücken gebunden, an einer Säule hinauf
ziehen. Indem er so in der Höhe hing, und seiner
Genossen Hülfe vergebens aufbot, hatte sich die ganze
Pöbelschaar, die vorher so gedrängt stand, in die
verschiedenen Gegenden der Stadt verlaufen, und
war so rein verschwunden, daß man völlige Muse
behielt, jenem so gefährlichen Empörungsstifter, wie
im verschlossenen Gerichtssaale, den Rücken mit
Geiselhieben zu durchfurchen, und ihn dann aus der
Stadt in das Picenische Gebiet fortzuschaffen, wo
er nachher die Kühnheit eines vornehmen Mannes
Tochter um ihre jungfräuliche Ehre gebracht zu ha
ben, durch einen Richterspruch des Consularen **Pa-**
truin mit dem Leben büßen mußte.

Unter der Amtsverwaltung dieses **Leontius**
kam auch Befehl vom Kaiser, den Bischof der Chri
sten **Liberius** nach dem Hoflager hinzusenden, weil
er sich den Befehlen des Kaisers, und den Verord
nungen mehrerer seiner Amtsbrüder widersetzt hatte.
Die Sache, die es betraf, will ich doch kurz ange
ben. **Athanasius**, damals Bischof in Alexan
drien, hatte sich so wenig in den Gränzen seines
eigentlichen Amtes gehalten, daß er sich vielmehr,
wie das Gerücht laut sagte, mit Untersuchung ganz
zweckwidriger Dinge beschäftigt, weswegen eine zahl
reiche Versammlung (Synode nennt man es) ihn
seines Amtes entsetzt hatte. Man sagte nämlich, er

habe

habe ſich auf Deutung der Orake', und des Vögel-
fluges nach den Regeln der Augurn ſehr wohl ver-
ſtanden, und mehr als einmal zukünftige Begebenheiten vorausgeſagt: überdies gab man ihm auch
noch andere Abweichungen von den Grundſätzen der
Religion Schuld, deren Lehrer er war.   Nun war
auch L i b e r i u s aufgefordert worden, der Entſetzung
dieſes Mannes vom biſchöflichen Stuhle durch ſeine
Mitunterſchrift beizutreten, und ſich hierinn ſowohl
nach den Stimmen der übrigen, als den Befehlen
des Kaiſers zu fügen; aber er beſtand hartnäckig auf
ſeiner Weigerung, ſagte vielmehr laut und unverho-
len, die äußerſte Ungerechtigkeit ſey es, einen Mann
ungeſehen und ungehört zu verurtheilen — aber eigentlich war es blos Widerſetzlichkeit gegen den Willen des Kaiſers.   Dieſer war von je her des Atha-
naſius Feind geweſen, und ob er gleich wußte, daß
die ganze Sache durch Mehrheit der Stimmen bereits entſchieden ſey, ſo war es doch ſein heißer
Wunſch, dieſelbe auch durch das Anſehen, das die
Biſchöfe der ewigen Stadt vor andern voraus haben,
bekräftigtet zu ſehen.   Dieſer Wunſch ward aber
nicht erfüllt; indeß konnte Liberius aus Fürcht vor
dem Volke, das ihn innigſt liebte, nicht ohne viele
Schwierigkeiten und nur beim Dunkel der Nacht fort-
gebracht werden.

Kap. 8.

Dies waren die Begebenheiten, die, in Rom vorfielen. In Mailand ward Conſtantius durch wie-

derhol-

derholte Nachrichten beunruhigt, daß man ganz Gallien als verloren ansehen müsse, weil die Feinde
ganz ungehindert alles bis auf den Grund verwüsteten. Lange schwankend, durch welche Mittel er si ch
seiner Sorgen so entledigen könne, daß er seine n
Wunsche gemäß in Italien bliebe, (denn für gefäh-
lich hielt er es, im Gewühl der Armee in ein entferntes Land hinzuzusehen), faßte er endlich den bestimmten Entschluß, seinen Vetter Julian, der
vor kurzem auf seinen Befehl aus Achaja zurückge-
kommen war, auch noch immer in Griechischer Tracht
erschien, zum Regierungsgenossen anzunehmen. Die
auf ihn androückende Last zu erwartender Unfälle ließ
ihn diesen Entschluß seinen Vertrauten nicht verheelen, und er gestand, was er vorher nie gethan hatte,
daß er, der einzelne Mann, so vielen und manchfaltigen Gefährlichkeiten unterliegen müsse. Aber
diese Vertrauten, in die Sprache übertriebener Schmeichelei einstudirt, verschoben ihm das Gehirn nur
noch mehr: — nichts könne so gefährlich seyn, das
nicht seine großmächtige Tapferkeit, und sein Glück,
so nahe an die Sterne gränzend, wie bisher immer,
besiegen könnten. Noch setzten andere, vom Bewußtseyn ihrer Vergehungen betroffen, hinzu, man
müsse überhaupt in der Folge in Ernennung der Cäs-
saren behutsam gehen, und erinnerten ihn deßhalb
an die Vorfälle unter Gallus. So eifrig man auch
dies durchzusetzen strebte, so war doch die Kaiserin
die einzige, die sich dem widersetzte: doch läßt sich
schwerlich bestimmen, ob sie den Beschwerlichkeiten
ihres Hinzuges in entlegene Gegenden auszuweichen
                                        wünsch-

wünſchte, oder nach der ihr eigenen Klugheit dem
gemeinen Beſten dadurch zu rathen glaubte, wenn
ſie die Nothwendigkeit, den Verwandten allen andern
vorzuziehen, zu bedenken gab °). Lange hatte man
die Sache von beiden Seiten überlegt, als der Kaiſer
endlich doch unveränderlich bei ſeiner Meinung blieb,
alle weitere Verhandlungen darüber von der Hand
wies, und die Annahme Julians zum Mitregenten
wirklich vollzog. Nachdem dieſer auf Erfordern an
dem beſtimmten Tage erſchien, ließ der Kaiſer die
gegenwärtige Armee verſammlen, beſtieg das zu
einer Bühne erhöhete, und von den Adlern und Fahnen umſtellte Tribunal, faßte den Julian bei der
Rechten, und ſprach dann in freundlichem Tone ſo:

„Wir treten vor euch auf, beſte Vertheidiger des
„Vaterlandes, in einer Angelegenheit des Staates,
„an die wir ſelbſt unſer Leben zu ſetzen, alle faſt
„gleiche Verbindlichkeit haben: aber ehe ich euch
„hierüber zu billigen Richtern nehme, will ich euch
„die Sache in gedrungener Kürze vorlegen. Nach
„dem Tode rebelliſcher Tyrannen zu unruhigen Un-
„ternehmungen von Tollſinn und Wuth getrieben,
„haben, um den ruchloſen Manen derſelben durch
„Römerblut ein Opfer zu bringen, Barbaren im
„Gallierlande, ohne ſich an Gränzverträge zu bin-
„den, ſich jeden Frevel erlaubt, ohne Zweifel von
„der Ueberzeugung beſeelt, daß wichtige und drin-
„gende Geſchäfte in ſo weiter Entfernung von ihnen
„uns feſſelten. Wenn demnach dieſem Uebel, das
„ſich bereits über die Gränze verbreitet hat, jetzt,

H 3 „da

*) Vergl Zoſimus B. 3. K. 1.

„da es noch Zeit ist, unser und euer gemeinschaft=
„licher Entschluß entgegenarbeitet, so werden nicht
„nur jene stolzen Nationen den Nacken weniger hoch
„tragen, sondern auch die Gränzen unseres Reiches
„in Zukunft ungeschmälert bleiben. Nichts fehlt der
„guten Hoffnung, die ich hierüber hege, als daß ihr
„derselben durch günstige Mitwirkung Nachdruck gebet.
„Gegenwärtigen Julian also, meinen Vetter, wegen
„seiner Unbescholtenheit, die den Verwandten uns
„nur noch werther macht, längst, wie ihr selbst wis=
„set, von der vortheilhaftesten Seite bekannt, —
„einen jungen Mann, der schon jetzt die glänzendste
„Thätigkeit ankündiget, wünschte ich zu der Ehre
„eines Cäsar zu erheben, — ein Entschluß, der,
„vorausgesetzt, daß ihr ihn zuträglich findet, durch
„eure Beistimmung seine Kraft erhalten muß. "

Noch wollte er sich weiter hierüber erklären, als
ihn die Versammlung durch sanftes Geräusch unter=
brach, und gleichsam die Zukunft ahndend zu erken=
nen gab, dieser Entschluß sey Fügung der höchsten
Gottheit, nicht menschlichen Verstandes Wirkung.
Der Kaiser blieb, bis alles wieder still war, unbe=
weglich stehen, und vollendete dann mit gestärktem
Vertrauen seine Rede so:

„Weil ich euer freudiges Getümmel für Beweis
„eurer Begünstigung nehme, so mag der junge
„Mann, der Gesetztheit mit Lebhaftigkeit verbindet,
„dessen glücklich gemischter Charakter noch mehr nach=
„geahmt als gelobt zu werden verdienet, sich zum
„Glück zu dieser Ehre aufsteigen. Seinen vortref=
„lichen Naturtalenten, ausgebildet durch die nütz=
lichsten

„lichſten Wiſſenſchaften, glaube ich ſchon dadurch
„volle Gerechtigkeit wiederfahren zu laſſen, daß meine
„Wahl auf ihn fiel. Und ſo will ich ihn dann unter
„unverkennbarem Beifall der Gottheit mit dem Fürſ
„ſtengewand bekleiden."

So ſprach er, legte dem Julian nach hergebrachter
Sitte den Purpur an, erklärte ihn zu großem Vergnügen der Armee zum Cäſar, und redete dann den
Mitregenten ſelbſt, der doch mit mehr ernſter und
trauriger Miene vor ihm ſtand, mit dieſen Worten an:

„Du erhältſt in ſo jungen Jahren die glänzende
„Ehre, die deiner Abkunft, vor allen andern gelieb
„ter Bruder! gebähret, erhältſt ſie, wie ich mit
„Vergnügen geſtehe, zu Erhöhung meines eigenen
„Ruhmes, weil ich mir ſelbſt mehr über die Gerech
„tigkeit, die höchſte Gewalt mit einem mir verwand
„ten edlen Manne zu theilen, als über den bisheri
„gen Alleingenuß derſelben gefalle *). Unterſtütze
„nun auch dagegen mich als Theilnehmer meiner
„Sorgen und Gefahren, ſey thätiger Schutzgeiſt
„Galliens, und hilf durch wohlthätige Handlungen
„dieſen gedrückten Provinzen auf: wirſt du gezwun
„gen, dem Feinde ein Treffen zu liefern, ſo ſtehe
„feſten Trittes an der Spitze des Heeres, ermuntere
„deine Krieger bedächtlich, zur rechten Zeit etwas
„zu wagen, erhitze ſie im Kampfe ſelbſt durch behut
„ſame perſönliche Anführung, gerathen ſie in Unord

H 4

nung,

---

*) Spanheim über Ju   mich aber von der Nothwenlians Werke S. 292. will   digkeit dieſer Aenderung
anſtatt *ſuperiori* poteſtate lie nicht überzeugt.
ber *inferiori* leſen: Ich fand

„nung, dann laſſe friſche Truppen zu ihrer Unter-
„ſtützung nachrücken, dem Trägen gieb deine Ver-
„weiſe beſcheiden, und der wahreſte Zeuge des Ta-
„pfern und des Feigen ſey du ſelbſt. So zieh dann
„hin, eben ſo dringende als wichtige Geſchäfte er-
„warten dich, zieh hin als tapferer Heerführer tapfe-
„rer Männer. Dagegen werde ich auch dich mit
„feſter unerſchütterter Liebe umfaſſen, gemeinſchaftlich
„wollen wir Krieg führen, gemeinſchaftlich, wenn
„Gott unſere Wünſche erhört, den Erdkreis, dem
„wir den Frieden gaben, mit gleicher Mäßigung
„und Güte regieren. Wo ich bin, lieber Julian,
„ſoll man auch dich ſehen, und mein Beiſtand ſoll
„dir bei keiner Unternehmung entſtehen. So geh
„dann, geh, oder eile vielmehr von unſer aller be-
„ſten Wünſchen begleitet, um dem vom Staate ſelbſt
„die anvertrauten Poſten durch die wachſamſte Sorg-
„falt Ehre zu machen. “

Nach beendigter Handlung ward die Verſammlung umher ſehr laut, alles, was Waffen trug,
ſtieß mit fürchterlichem Geklirr die Schilde auf die
ehernen Knieſchienen, (ein unverkennbares Zeichen
der Freude über ein Glück, ſo wie hingegen das An-
ſchlagen der Lanzen an die Schilde ein Beweis des
Zornes und der Traurigkeit iſt) alle, nur wenige
ausgenommen, bezeigten ein unbeſchreibliches Vergnügen über des Kaiſers Wahl, und beehrten den
Cäſar mit verdienter Bewunderung, wie er im blen-
denden Purpurgewand eines Fürſten da ſtand. In
ſeinen fürchterlich ſchönen Augen, und auf ſeinem Geſicht voll herzerhebender Anmuth las ihr lange wei-

lendee

leuder Blick ſeine Zukunft ſo ſicher, als hätten ſie
jene alten Bücher ſtudiert, die uns aus gewiſſen
Zeichen des Körpers die innere Beſchaffenheit des
Geiſtes entdecken lehren *). Mit Beibehaltung der
Achtung gegen den Höheren (Conſtantius) lobte
man ihn weder über die Gebühr, noch unter ſeinem
Verdienſte, ſo daß man die Stimme der Cenſoren,
nicht der Soldaten zu hören glaubte. Zu der Ehre,
neben dem Kaiſer im Wagen zu ſitzen, und bei ihm im
Palaſte zu wohnen erhoben, wandte er doch mehr als
einmal jene Zeile aus Homer auf ſich ſelbſt ingeheim an:
  „Ihn ergrif der purpurne Tod und das mächtige
  „Schickſal.“

Dieſe Feierlichkeit ging am ſechſten Novem-
ber deß Jahres vor, in dem Arbetio und
Lollian Conſuln waren. Wenige Tage darauf
ward die Prinzeſſin Helena, des Conſtantius
Schweſter, mit dem Thronfolger vermählt, und
nachdem alles, was zu Beſchleunigung ſeiner Reiſe
diente, bereitet war, reiſte er mit einem kleinen Gefolge **) am erſten December ab, ward vom regierenden
Kaiſer bis an die mit zwei Säulen gezierte, zwiſchen
Laumellum (Lumello im Mailändiſchen) und Ti-
cinum (Pavia) liegende Station ***) begleitet,
und nahm dann den nächſten Weg nach Tauri-
num.

H 5

*) Einige phyſiognomiſche
Schriften der Alten gab der
verſtorbene Dr. Franz in
Leipzig heraus Altenb. 1780.
in deſſen Vorrede man auch
von mehreren Nachricht findet.

**) Zoſimus B. 3. K. 3.
ſetzt die Zahl der ihm mitge-

gebenen Soldaten auf 360.
u. Julian beſtätigt es in ſeinem Briefe an die Athe-
nienſer.

***) Dieſe Station hat
Durid geheiſen, wie Va-
lois und ſchon vor ihm Clu-
ver bemerkt hat.

.num (Turin). Hier erfuhr er zu seiner Bestürzung eine unangenehme Nachricht, die vorher schon
am kaiserlichen Hofe bekannt gewesen, aber absichtlich, um die Zurüstungen nicht vereitelt zu sehen,
geheim gehalten worden war — die Nachricht nämlich, daß Colonia Agrippina (Cölln), eine berühmte Stadt im zweiten Germanien, nach
einer hartnäckigen Vertheidigung den Feinden die
Thore habe öffnen müssen, und von ihnen zerstört
sey. Von Kummer betroffen, glaubte er dies für
das erste Vorzeichen der ihn erwartenden Leiden nehmen zu müssen, und oft hörte man ihn in leisem Kla-
geton gestehen, er sehe in seiner Erhebung keinen andern Gewinn, als unter mehr Arbeiten seinen Tod
zu finden. Bei seiner Ankunft in Vienna (Gulen-
ne) strömten ihm zwar die Einwohner jedes Alters
und Standes entgegen, um einen so erwünschten und
thätigen Mann mit gebührender Ehre zu empfangen:
schon vom weiten gab ihm das gemeine Volk dieser
und angränzender Städte den Namen des Gütigen
und des Glücklichen, zog dann vor ihm her, pries
ihn mit einstimmigen Lobeserhebungen, sah mit lei-
denschaftlicher Wärme den prachtvollen Aufzug eines
rechtmäßigen Fürsten, und hoffte mit seiner Ankunft
den gemeinschaftlichen Drangsalen abgeholfen, und
in ihm einen Schutzgeist bei ihrer verzweifelten Lage
zu finden. Bei dieser Gelegenheit geschah es auch,
daß ein altes blindes Weib, dem man auf die Frage,
wer denn der Herr wäre, der seinen Einzug hielte,
den Cäsar Julian nanute, sogleich ausrief: Dieser ist
es, der die Göttertempel wiederherstellen wird.

Kap. 9.

Kap. 9.

Weil ich dann, um mich eines Ausdruckes des Dichters von Mantua *) zu bedienen, zu einem wichtigern Werke ſchreite, und eine wichtigere Reihe von Begenheiten mir zu Handen wächſt, ſo wird, hoffe ich, eine Beſchreibung von Galliens Provinzen und Lage hier an ihrem rechten Orte ſtehen, wäre es auch nur, um nicht künftig in die Erzählung von eifrigen Rüſtungen, und bald glücklichen, bald unglücklichen Schlachten, Dinge, die vielleicht einigen unbekannt ſind, einweben zu müſſen, und dadurch Matroſen gleich zu werden, welche anſtatt bei heiterem Himmel nach ſchadhaften Segeln und Tauen mit mehr Bequemlichkeit zu ſehen, ſie dann bei hoher Flut mit vollem Sturm auszubeſſern gezwungen ſind. Die älteſten Schriftſteller haben, über den erſten Urſprung der Gallier mit ſich ſelbſt nicht ganz einig, uns nur halbvollſtändige Kenntniß von ihnen hinterlaſſen: nachher hat Timagenes **) in Griechiſcher Sprache, und mit Griechiſcher Genauigkeit vorher unbekannte Nachrichten aus vielen Büchern geſammlet: und ihm, meinem Gewährsmann will ich, doch mit Vermeidung ſeiner Dunkelheit, alles beſtimmter und deutlicher nacherzählen. Einige verſichern, die erſten Bewohner wären Aborigi, ner ***) geweſen, nachher aber von einem bei der

Nation

*) Virgil, Aeneide B. 7. V. 44. 45.

**) Aus Alexandrien, lebte zu Kaiſer Auguſts Zeiten; Horaz lobt ihn als einen ſeinen, beredten Mann, Briefe B. 1. Br. 19. Z. 15.)

Quintilian als genauer Geſchichtſchreiber (B. 10. K. 2.) und Plinius nebſt andern berufen ſich oft auf ihn.

***) Bekanntlich hießen bei den Alten die Einwohner

Nation beliebten Könige, Celten, und nach deſſen Mutter, Galater, denn dies iſt der Griechiſche Nahme der Gallier, benannt worden †). Andere ſagen, Dorienſer wären dem ältern Herkules gefolgt, und hätten ſich in den am Ocean liegenden Gegenden niedergelaſſen. Die Dryſiden *)
erzählen, ein Theil des Volkes ſey wirklich von je
her im Lande geweſen: doch ſeyen auch andere aus
entlegenen Inſeln und Ländern jenſeit des Rheines
durch häufige Kriege, oder Ueberſchwemmungen des
ungeſtümmen Meeres aus ihren Wohnſitzen vertrieben, in zahlreicher Menge eingewandert. Noch andere behaupten, einige wenige nach Troja's Zerſtörung überall unſtät umherirrende Griechen hätten
dieſes damals unbewohnte Land in Beſitz genommen.
Den Einwohnern ſelbſt hingegen ſcheint weit zuver-
läßiger, als alle andere, die Meinung zu ſeyn, die
wir auch auf ihren öffentlichen Denkmahlen leſen,
daß Herkules, Amphitruo's Sohn, um den
Geryon und den Tauriskus, die als grauſame
Tyrannen, jener Spanien, dieſer Gallien drückten,
umzubringen, in dieſe Gegenden herbeigeeilet ſey:
nach beider Bezwingung habe er mit edlen Weibern
dieſer Nationen mehrere Söhne gezeugt, und dieſe
hätten die von ihnen beherrſchten Gegenden nach ihren Namen benannt. Aus Phokäa kam ein Aſiati-
ſches Volk, um den Bedrückungen des Harpalus,

eines

---

ner eines Landes ſo, die ſeit
undenklichen Zeiten daſſelbe
im Beſitz gehabt, und nicht
neuerſich als Colonie eingewandert waren.

†) S. Diodor Siculus
B. 5, K. 24.
*) Sind mit den weiter-
hin vorkommenden Druiden
einerlei.

Constantius u. Julian. J. 354.

eines Statthalters des Königes Cyrus, zu entgehen, zu Schiffe nach Italien. Ein Theil von ihnen
erbaute in Lucanien die Stadt Velia *), eine andere im Viennensischen Gebiete Massilien (Mar-
selle), legten auch bei zunehmender Volksmenge mehrere kleinere Städte an, die ich doch hier nicht aufzählen kann, weil Anhäufung mehrerer Namen zu
nah an Ueberdruß gränzt. Diese Gegenden waren
es wenigstens, wo die Einwohner sich nach und nach
auszubilden anfingen, und wo löbliche Künste blüh-
ten, zu denen die Barden, die Evhagen, und
die Druiden den ersten Grund legten. Die Barden brachten die tapfern Thaten berühmter Männer
in Heldengedichte, und sangen sie dann beim sanften
Ton der Leier ab: die Evhagen suchten dagegen mit
forschendem Geiste die Ordnung und die erhabenen
Schönheiten der Natur zu erklären. Unter ihnen
hoben die Druiden ihren Geist noch höher, traten
nach Pythagoras Beispiele in geschlossene Gesellschaf-
ten zusammen, schwangen sich zu Untersuchung geheimer und erhabener Gegenstände auf, setzten sich
über alles Irdische hinweg, und erklärten die Seelen
für unsterblich **)

Kap. 10.

*) Auch Helia, oder Eleia,
jetzt wahrscheinlich Castello
a Mare della Brucca in
Neapel.

**) Ein in gewisser Be-
trachtung so reichhaltiges
Kapitel müßte mir sehr
willkommen gewesen seyn,
wenn weitläufige Anmerkungen überhaupt in meinem
Plane lägen. Dennoch ma-
che ich keine andere Note,
als — darüber, daß ich keine
mache. Wo das Original,
wie hier am Ende die Erklärungen selbst giebt, da
schweigt der Uebersetzer billig. Ein Büchlein hätte ich
schreiben müssen, wenn ich
über Druiden und Barden
und

Kap. 10.

Dieser Erdstrich der Gallischen Provinzen, welcher wegen hochaufgethürmter, mit ewigem schauer-
vollem Schnee bedeckter Berge, den Bewohnern anderer Länder, die an der Seeküste liegenden Gegenden ausgenommen, vorher fast ganz unbekannt geblieben war, ist von allen Seiten durch Schutzweh-
ren gedeckt, welche die Natur selbst, als wären sie
durch Künstlerhand gemacht, angelegt hat. Nach
der Südseite wird das Land vom Tyrrhenischen und
Gallischen Meere bespület: nach Norden ist es von
den wilden Nationen durch den Rheinstrom geschie-
den: gegen Westen umgeben es der Ocean und die
hohen Pyrenäen: nach Osten zu erheben sich die
Cottischen Alpen *), welche König Cottius,
der nach Bezwingung des übrigen Galliens (durch
Cäsar) nun als einzig unbesiegter Beherrscher sich
in seine engen Gebirge einschloß, und ganz auf die
unwegsame steile Lage seines Landes verließ, endlich

und Evhagen, über Celten,
über den weiten Umfang,
den sie in der alten Welt
einnahmen rc. nur eine kurze
Uebersicht geben, und die
Erzählungen—anderer mit
Ammian hätte vergleichen
wollen. Wer indeß nähern
Unterricht sucht, oder
braucht, den verweise ich
auf Pelloutier Hist. des
Celtes, und die neuern
Deutschen Bearbeiter der
Gallischen Geschichte.

*) Im heutigen Brian-
çon, wo sie sich zu theilen
anfingen. Die nördliche
Straße lief von Briançon
gerade westlich über Valence
und Vienne nach Lyon. Eine
andere mehr südlich über
Orange, Avignon und Arles.
Die dritte von Briançon nach
Embrün, Cavailleon, theils
nach Terason und Nimes,
theils nach Arles. Mannert
Geographie der Griechen
und Römer zweiter Theil
Heft 1. S. 97. mit dem ich
überhaupt in diesem und
dem folgenden Kapitel, als
einem sehr zuverläßigen Führer die Reise durch Gallien
mit Vergnügen mache.

lich, doch geſchmeidiger, und der Freundſchaft Octa-
vians gewürdiget, zu Vergeltung einer ſo denkwürdigen Ehre mit ungeheurem Aufwand von Mühe und
Koſten bearbeiten ließ, um kürzere und für Reiſende
bequeme Wege durch die andern alten Alpen durch-
zuführen, von denen ich kurz nachher Nachricht, ſo
gut ich ſie habe, geben will.   Auf dieſen Cottiſchen
Alpen, die von der Stadt S e g u ſ i o (Euſa) anfangen, erhebt ſich ein hoher Bergrücken, über den
man kaum ohne Gefahr kommen kann.   Wenn man
von Gallien herkommt, hat derſelbe einen ſteilen,
doch nicht eben hohen Abhang, und iſt wegen der
auf beiden Seiten überhangenden Felſenſtücke fürcht-
terlich anzuſehen: und wenn man, zumal zur Frühlingszeit bei aufgehendem Wetter, und durch wärmere Winde ſchmelzendem Schnee durch enge abge-
riſſene Bergſchluchten auf beiden Seiten, und über
Pfützen, des ſtarken Reifes wegen unbemerkbar,
ſeinen Weg nimmt, ſo ſinken die Füße ein, oder
Menſchen und Zugvieh und Wagen ſtürzen herab.
Das einzige Mittel, auf das man zu Abwendung
dergleichen Unglückes gefallen iſt, beſteht darinn,
daß man ſehr ſtarke Seile an die meiſten Wagen befeſtiget, dahinter Männer oder Stiere ſtellt, die
durch ſtarke Gegenſtrebung den ſchnellern Gang derſelben hemmen, und ſie mehr kriechend als fahrend
mit etwas weniger Gefahr, doch immer mühſam
genug abwärts bringt.   Dies geſchieht, wie geſagt,
im Frühlinge.   Im Winter hingegen macht der durch
eine Eisrinde überzogene, gleichſam geglättete und
eben deshalb ſchlüpfrige Boden den Gang deſto ra-

ſcher

ſcher, und in den weiten Thälern, die in langen
Flächen mit trügeriſchem Eiſe belegt ſind, werden
bisweilen die Ueberhingehenden in Abgründe verſchlungen. Um dieſes zu vermeiden, ſchlagen der Gegend kundige hervorſtehende hölzerne Pfähle an ſiche-
ren Orten ein, deren fortgehender Reihe der Wanderer nur folgen darf, um ſeinen Weg ohne Schaden
fortzuſetzen: wenn aber dieſe Pfähle auch überſchneit,
oder durch wildes Berggewäſſer weggeſchwemmt werden, dann iſt es, wenn man auch Eingebohrne zu
Wegweiſern nimmt, immer ſchwer, durchzukom-
men. Von der höchſten Spitze dieſes Italiſchen Berg-
rückens erſtreckt ſich eine Ebene bis zu der ſo genannten Station des Mars ſiebentauſend Schritte
lang: von hier aus erhebt ſich ein anderes, höheres,
und mühſam zu erſteigendes Gebirge, bis zu der
Bergſpitze Matrona, deswegen ſo genannt, weil
eine Dame von edler Geburt daſelbſt verunglückt iſt.
Von hier aus hat der Weg noch immer viel Abhang,
doch iſt er weit bequemer bis zur Bergfeſte Vir-
gantia (Briançon) *). Das Grab des Königes,
der, wie wir vorhin erzählten, die Straße über die
Alpen anlegte, iſt vor Seguſio, nahe an der Stadt-
mauer zu ſehen, und man verehrt ihn noch nach ſeinem Tode aus einem doppelten Grunde als einen
Gott: einmal, weil er das Lob eines gerechten und
gütigen Regenten ſeiner Unterthanen hinterließ, und
dann, weil er durch ſeine Aufnahme in die Freund-

ſchaft

*) Gewöhnliche Brigan-
tia, oder Brigantium. Die
vorher ſtehende Station
des Mars iſt unbekannt,

und die Bergſpitze Ma-
trona iſt jetzt Mont Ge-
nevre. Weſſeling Noten zu
zu den Itinerar. S. 556.

schaft der Römer der Nation einen dauerhaften Frieden verschaft hatte. Ob nun gleich die vorher be-
schriebene Straße die Mitte der Alpen durchschneidet, und eben deßhalb, weil sie den kürzern Weg
giebt, am meisten gebraucht wird, so sind doch auch
andere, in weit früheren, doch verschiedenen Zeiten
angelegt worden. Die erste bahnte der Thebani-
sche Herkules, um den Geryon und Tauris-
cus, wie ich oben erzählte, zu überschleichen und
umzubringen, iu der Gegend der an der See liegenden Alpen, denen er auch den Namen der Grajischen *) gegeben, zugleich auch die Burg und
den Hafen in Mondkus (Monaco) zu dauernden
Denkmahlen seines Namens angelegt hat. Viele
Jahrhunderte nachher ist die Benennung der Poeninischen Alpen bei folgender Gelegenheit aufge-
kommen. Des ältern Africanus Vater, Pu-
blius Cornelius Scipio, hatte, um den Sa-
guntinern, die bei der so hartnäckig von den Kartha-
gern fortgesetzten Belagerung sich eben sowohl durch
ihre Leiden als durch ihre Treue berühmt machten,
zu Hülfe zu eilen, eine starkbemannte Flotte nach
Spanien hingeführt: weil er aber die Stadt durch
der Karthager siegende Waffen bereits zerstört fand,
und den Hannibal nicht einholen konnte, der drei

Tage

*) Im Texte steht: hicque
HARVM. indidit nomen.
Valesius hätte GRAIA-
RVM meines Bedünkens
sogleich in den Text nehmen
sollen, da der eigene Name
doch unmöglich wegbleiben
kann. Uebrigens folgt Am-
mian in Benennung dieser
Grajischen, und der darauf
folgenden Poeninischen (besser Penninischen) Alpen der
gewöhnlichen Tradition.

Ammian. Marcell. 1ster B.   J

Tage vorher, um seinen Marsch nach Italien anzutreten, über den Rhodanus (Rhone) gegangen war,
so segelte er schnell auf dem kürzeren Wege zur See
zurück, und nahm seine Stellung bei Genua, einer
Stadt Liguriens, in der Absicht, den Hannibal beim
Herabrücken vom Gebirge zu beobachten, oder, wenn
sich die Gelegenheit günstig zeigte, demselben, vom
rauhen Wege ermüdet, auf der Ebene ein Treffen
zu liefern. Um auch sonst das Beste des Staates
nicht zu verabsäumen, ließ er seinen Bruder Cne-
jus Scipio nach Spanien gehen, mit dem Auftrage, den Hasdrubal, der ebenfalls einen Angrif drohte, in Schranken zu halten. Hannibal erfuhr aber den ganzen Plan von Ueberläufern, und
nach seiner bekannten Geistesgegenwart und Verschla-
genheit nahm er unter Aufführung der in der Gegend
wohnenden Tauriner (Turin) seinen Weg durch
das Gebiet der Tricastiner, und die äußersten
Gränzen der Vocontier, und kam in den Trico-
rischen Waldungen an *). Von hier aus fing er
an, sich einen vorher noch nie erstiegenen Weg über
die Alpen zu bahnen, ließ deshalb einen unermeßlich
hohen Berg durch starkes Feuer **) und vielen Essig
zermalmen, ging dann über den durch häufige Wirbel

---

*) Die Tricastini: ei-
nige Meilen östlich von Valence bis gegen Grenoble
hin, auf der Südseite der
Isar. Mannert S. 89. —
Vocontier, auf dem Ge-
birge mitten durch Dau-
phine und einen Theil von
Provence. Vont Fluß Drac,
bis an die südlichste Beugung
der Durance; der Länge
nach, von Embrún bis Die.
S. 92. — Tricorier in
der Gegend von Briançon
S. 95.

**) Man sehe Hrn Berg-
hauptm. v. Veltheim über
das Feuersetzen der Alten im
Götting. Magazin 3. Jahr-
gang 5. St. S. 658.

bei gefährlichen Fluß Druentia (Durance), und
nahm Beſitz von den Etruſciſchen Gegenden. Doch
wir verlaſſen die Alpen, um auf die übrigen Merk-
würdigkeiten Galliens zu kommen.

Kap. II.

In jenen alten Zeiten, wo dieſe Gegenden, von
wilden Völkern bewohnt, noch unbekannt waren,
ſollen drei verſchiedene Nationen dieſelben beſeſſen haben: die Galliſchen Celten, die Aquitanier,
und die Belgen, welche doch weder Sprache, noch
Sitt , noch Geſetze mit einander gemein hatten.
Die Galliſchen Celten werden von den Aquitaniern durch den Fluß Garumna (Ga-
ronne) geſchieden, welcher auf den Pyrenäiſchen
Gebirgen entſpringt, bei vielen Städten vorbeifließt,
und endlich in den Ocean ſich birgt. Die Gränze
zwiſchen den Aquitaniern und Belgen machten die
Flüſſe Matrona (Marne) und Sequana,
(Seine) beide von gleicher Größe, welche durch das
Lugdunenſiſche Gebiet fließen, dann das Kaſtell Pa-
riſii [c]) (Paris) auch Lutetia genannt, durch
ihre Umſtrömung zur Inſel machen, hierauf aber
gemeinſchaftlich fortgehen, und bei Caſtra Con-
ſtantia [**]) ins Meer fallen. Unter dieſen Völkerſchaften ſind, wie die Alten erzählen, die Belgen

J 2

die

---

*) Die damalige Beſchaf-
fenheit von Paris hat, aus
ältern und neuern Schriftſtellern, Gibbon Band 4.
S. 358. ſehr gut beſchrieben.

**) Von ihrem Erbauer,
Conſtantius Chlorus, ſo benannt. Mannert S. 140.
der ſie in die Gegend von
Harfleur ſetzt.

die tapferſten deßhalb geweſen, weil ſie aller Gelegenheit, ſich zu milden Sitten zu bilden, beraubt,
durch keine Einfuhr ausländiſcher Leckereien verzär-
telt, vielmehr mit den jenſeit des Rheines wohnenden
Germanen lange Kriege zu führen hatten. Die
Aquitanier hingegen, deren bequeme und angenehme
Küſten Sammelplätze für Waaren des Auslandes
ſind, verfielen bald in weichliche Sitten, und machten den Römern ihre Bezwingung leicht. Gallien
im Ganzen war ſchon von den Zeiten an, da es nach
wiederholten Kriegen dem beharrlichen Dictator Cäſar in die Hände fiel, in vier Diſtricte eingetheilt:
der erſte war der Narboneuſiſche, zu dem auch
der Viennenſiſche und Lugdunenſiſche gehörten: der
zweite faßte ſämmtliche Aquitanier unter ſich:
und Ober- und Niedergermanien nebſt den
Belgen ſtanden zu jenen Zeiten auch unter zweien
verſchiedenen Jurisdictionen *). Jetzt aber werden
die Provinzen in Galliens ganzem Umfange ſo gezählt: Die erſte von der Abendſeite her iſt das
zweite Germanien **), worinn die feſten, an-
ſehnlichen und wohlhabenden Städte Agrippina
(Cölln) und Tungri †) (Tongern) liegen. Dann
folgt

*) Mannert S. 207. ver-
ſteht dies ſo, daß die Pro-
conſules der Belgiſchen Provinz die Civileinrichtungen,
die Generale der Armeen
aber die Kriegsangelegenhei-
ten zu beſorgen gehabt haben.
**) Das zweite oder Un-
tergermanien geht vom Aus-
fluſſe des Rheins bis an die
Gegend von Bingen, und

das erſte oder Obergerma-
nien bis zu den Raurakern
(in die Gegend von Baſel)
Mannert S. 208.
†) Ich behalte überall die
Endform der eigenen Na-
men, wie ich ſie im Ammian
finde, und brauche deßhalb
nur für einige meiner Leſer
zu bemerken, daß zu der
damaligen Zeit die Haupt-
ſtädte

folgt· das erſte Germanien, in welchem außer
andern Municipalſtädten auch Mogontiacus
(Mainz) liegt, und Vangiones (Worms), Nemetä (Speier) und Argentoratus (Straßburg), durch eine gegen die Barbaren gewonnene
wichtige Schlacht berühmt *).   Nachher ziehen ſich
im erſten Belgien **) Mediomatrici (Metz)
hin, und Treviri (Trier), eine Stadt, die durch
mehrerer Fürſten daſelbſt genommenen Aufenthalt
bekannt iſt. Daran gränzt das zweite Belgien,
worinn Ambiani (Amiens) als die wichtigſte
Stadt, außer derſelben aber noch Catelauni
(Chalons für Marne) und Remi (Rheims) liegen. Im Sequanerlande ***) finden wir Bi-
ſontii (Beſançon) und Rauraci (Augſt bei Baſel) die viele andere Städte hinter ſich laſſen.   Des
erſten Lugdunenſiſchen †) Bezirkes Zierde iſt
Lugdunus, (Lyon) dann Cabillonus, (Chalons an der Saone) Senones (Sens), Bitu-
rigä (Beurges) und Auguſtodunum, (Autün)
von alten Zeiten her wegen ſeiner hohen Mauern berühmt.

J 3

ſtädte gleichen Namen, mit
der Völkerſchaft hatten, worinn ſie lagen, und daß man
z. B. anſtatt Auguſta Tau-
rinorum kurz Taurini ſagte.
*) B. 16. Kap. 11.
**) Das erſte Belgien
begrif den größten Theil vom
heutigen Luxemburg, Trier
und Lothringen, nebſt den
drei Biſthümern : das
zweite ſüdlich von Cha-
lons für Marne an, alles
Land zwiſchen der Seine und
Maas bis an den Ocean.
Mannert S. 160.
***) heißt als Provinz
Maxima Sequanorum, und
ihr Bezirk ergiebt ſich aus
den im Texte genannten
Städten. Mannert S. 190.
†) Seit Auguſts Einthei-
lung enthielten beide Lugdunenſiſche Provinzen
nur das, was zwiſchen der
Loire, Seine und Marne,
und der Saone liegt. Man-
nert S. 135.

rühmt. Im zweiten Lugdunensischen. Gebiete stellen sich Rotomagi (Rouen), Turini,
(Touraine) Mediolanum (Evreur) und Tri-
cassini (Troyes) dem Auge dar. Auf den Grajischen und Poeninischen Alpen lieget außer andern
weniger merkwürdigen Oertern auch Aventicum,
(Avenche) jetzt eine öde, vor alten Zeiten aber schöne
Stadt, wie die halbstehenden Gebäude noch immer
beweisen. Dies sind die schönsten Provinzen, und
die schönsten Städte Galliens. In Aquitanien,
welches nach dem Pyrenäischen Gebirge, und dem
Hispanischen Ocean hinliegt, ist die erste Provinz
die Aquitanische, (im engern Verstande) welche
mit vielen großen Städten pranget, von denen ich,
mit Uebergehung vieler andern, nur Burdegala,
(Bourdeaux) Arverni (Clermont) Santones
(Saintes) und Pictavi (Poitiers) als die ausge-
zeichnetesten nennen will. Den so genannten neun
Völkerschaften dienen Ausci (Auch) und
Vasata (Bazas) zur Empfehlung. Im Nar-
bonensischen Gebiete sind die vorzüglichsten
Städte Elusa *) Narbona (Narbonne) und
Tolosa (Toulouse). Der Viennensische Di-
strict ist stolz auf viele schöne Städte, unter denen
Vienna (Vienne) Arelate (Arles) und Va-
lentia (Valence) die wichtigsten sind, denen noch
Massi-

---

*) Ist gewiß verschrieben, sagt Mannert S. 64. und muß Nemausus (Nis-mes) heißen: denn Ammian zählt in der Narbonensischen Provinz, welche zu seiner Zeit bloß auf der Westseite der Rhone lag, nur drey Städte, und unter diesen zuerst Elusa. Nemausus konnte er unter diesen dreien unmöglich vergessen, und Eluse (Eusa) gehört nicht zur Provinz.

Maſſilia (Marſeille) beizufügen iſt, welche Stadt
als Bundsgenoſſin durch ihre Macht Rom ſelbſt
mehr als einmal in bringenden Nöthen unterſtützt hat.
Zunächſt an dieſe gränzen die Salluvier*), Ni-
cäa (Nice), Antipolis (Antibes) und die Stoe-
chadiſchen Inſeln **). Und weil uns einmal
der Faden unſerer Geſchichte in dieſe Gegenden leitet, ſo würde einen ſo berühmten Fluß, als der
Rhodanus (Rhone) iſt, ſtillſchweigend zu übergehen, eben ſo ungerecht als unſchicklich ſeyn. Dieſer
Fluß ſtrömt ſchon von ſeinen auf den Poeniniſchen Alpen befindlichen Quellen an ſehr waſſerreich, und
wenn er dann über ſteile Waſſerfälle auf ebenen Boden herabkommt, geht er, zu einem förmlichen ſtarken Strome gebildet, in beſchatteten Ufern hin, ſtürzt
ſich hierauf in den ſo genannten Lemaniſchen
(Genfer-) See, ohne ſich mit dem Waſſer deſſelben zu vermiſchen ***), beſtreicht vielleicht nur
beide Seiten des trägeren Sumpfes, und wühlt ſich,
um einen Ausgang zu finden, eine neue Bahn mit
ſchneller Gewaltſamkeit. Wenn er, ohne an Waſ-
ſermenge und Kraft etwas zu verlieren, aus dieſem
See heraus kommt, fließt er durch Sapaudia

J 4   (Sa-

*) Von der Drúance bis
an die Küſte; hatten weſt-
lich die Rhone, und reichten öſtlich bis über Aix hinaus. M. S. 85.
**) Heut zu Tage: Por-
querolles — Porto-
cros und dú Levant,
wozu noch zwei kleinere,
Ribaudas und Bagu-
eaux kommen. Man dehnte
bei den Römern aber auch
den Namen der ſtoechadi-
ſchen Inſeln weiter aus,
und begrif darunter alle die
kleinen Eylande, welche
längſt der Küſte der heutigen Provence, auch vor
Marſeille liegen. Mannert.
S. 99.
***) Eine kleine Unrich-
tigkeit, die doch Ammian
mit andern Schriftſtellern
des Alterthums gemein hat.

(Savoien) und das Sequanerland: (s. oben)
in weiterer Entfernung läßt er bei seinem Laufe, die
Viennensische Provinz zur Linken, die Lugdunensi-
sche zur Rechten, setzt nachher seinen Weg in weiten
Krümmungen fort, und nimmt dann den Arar,
auch Sauconna (Saone) genannt, der aus dem
ersten Germanien herfließt, in sein Bett auf. Hier
fängt sich auch eigentlich Gallien an, und von hier
aus pflegt man die Entfernung der Oerter nicht mehr
nach tausend Schritten, sondern nach Leugen *)
zu messen. Der Rhodanus, durch andere in ihn gefallene Ströme bereichert, wird von hier an für die
größten Schiffe tragbar, welche doch der heftigen
Stürme wegen oft eine gefährliche Fahrt haben: hat
er dann die ihm von der Natur vorgezeichnete Laufbahn vollendet, so vereinigen sich seine schäumenden
Wellen durch einen weiten Meerbusen, ad Gra-
dus (Gras) genannt, und von Arelate (Arles)
ohngefähr achtzehn Milliarien entfernt, mit dem
Gallischen Meere. Doch genug von der Lage der
Gallischen Städte, um von der körperlichen Beschaffenheit und den Sitten der Einwohner noch etwas
sagen zu können.

Kap. 12.

Alle Gallier sind hohen Wuchses, haben weiße Ge-
sichtsfarbe, und sehr blondes Haar, sind ihres stie-
ren Blickes wegen fürchterlich anzusehen, zanksüch-

tig

*) Diese Leugen verhiel- Milliarien wie a. zu z. S.
ten sich zu den Römischen B. 16. K. 1a.

tig und bis zur Inſolenz übermüthig.   Auch dem
einzelnen Manne,   der in Geſellſchaft ſeines Wei-
bes, die noch mehr Muth und blaue Augen hat,
einen Streit beginnt, kann kaum eine ganze Schaar
Fremder widerſtehen, am wenigſten dann, wenn
das Weib den Nacken in die Höhe werfend in Wuth
geräth, die weißen ungeheuren Arme ſchwingt, und
ihre Fauſtſchläge, mit Fußtritten vermiſcht; wie
Pfeile, von der gedrehten Sehne geſchnellt, fliegen
läßt.   Fürchterlich und drohend iſt größtentheils ihre
Stimme, ſie mögen ruhig oder im Zorne ſprechen:
doch hält die ganze Nation außerordentlich auf zier-
lichen Putz und Reinlichkeit, und man wird in ihrem Lande, vorzüglich bei den Aquitaniern, keinen
Mann, nicht einmal eine Frau, wäre ſie auch noch
ſo arm, antreffen, die, wie es in andern Ländern
der Fall iſt, ſchmutzig und in Lumpen einherginge.
Zum Kriege iſt jedes Alter geſchickt, und mit gleichem Muthe geht der Alte und der Mann in die
Schlacht hin: denn gegen Froſt und anhaltende
Arbeiten abgehärtet, hat er ſelbſt die fürchterlichſten
Gefahren verachten gelernt: nie hat auch jemals ein
Gallier aus Furcht vor Kriegsdienſten, ſich, wie in
Italien gebräuchlich iſt, den Daumen abgeſchnitten,
welche Art von Leuten man im Scherz Murci *)

J 5   nennt.

---

*) Ueber dieſe Art Leute
hat man alte und neue Ge-
ſetze. Das Wort iſt nicht
Celtiſch, ſondern Lateiniſch,
und heißt verſtümmelt,
ein träger feiger Schwäch-
ling. Dieſe Bedeutungen
vorausgeſetzt, in denen doch
eigentlich kein Scherz liegt,
ſollte ich allenfalls ſpott-
weiſe überſetzt haben: ich
wäre aber noch mehr geneigt,
anſtatt iocaliter — lieber
localiter, d. i. in der Landesſprache, (Italiens nämlich)
anzunehmen, welches Wort
auch

nennt. Die Nation liebt den Wein bis zur Leidenschaft, weiß auch viele weinähnliche Arten von Ge-
tränken zu bereiten: einige vom niedrigen Pöbel, deren Sinne durch beständige Trunkenheit benebelt
sind, welcher Zustand, nach Cato's Meinung, eine
Art von freiwilliger Raserei ist, laufen überall wütend umher: und es scheinet dadurch die Wahrheit
dessen bestätiget zu werden, was Cicero in seiner
Vertheidigungsrede für Fontejus sagt: „Die Gal-
„lier werden künftig den Wein etwas dünner trin-
„ken, was sie vorher für Gift hielten." [c])

Uebri-

auch B. 19. K. 12. in diesem
Sinne vorkommt. Zu wei-
terem Unterricht über diese
Muros verweise ich auf
Menage Amönitates Juris
S. 12 — 27. der Leipz. Aus-
gabe von 1738.

*) Wir haben diese Rede
nur verstümmelt, und die
hier angeführte Stelle ist
zum Unglück gerade mit verloren gegangen. Fontejus
mochte wohl den Galliern
den Weingenuß etwas er-
schwert haben, und meine
wörtliche Uebersetzung dürfte
sich etwa so paraphrasiren
lassen: Sonst hätten die
Gallier geglaubt, Gift trin-
ken zu müssen, wenn man
ihnen vermischten Wein ge-
boten hätte; jetzt werden sie
nun wohl etwas Wasser zu-
setzen — desto besser — dafür werden sie auch bei Sin-
nen bleiben. — Daß die
Gallier durstige Seelen gewesen, bezeugt auch Diodor
Sic. B. 5. K. 26. den ich

außer Cäsar, überhaupt über
Gallische Sitten nachzulesen
bitte. Eine Parallele zwischen alten und neuen Galliern würde mich hier zu
weit führen: aber eine alt-
fränkische Sitte hätte Ammian immer noch mit be-
merken mögen, die Sitte —
daß ächte Gallier sich es zur
Ehre machten, die Zurück-
zahlung ihrer ausgeliehenen
Kapitalien in der Unterwelt
erst zu begehren. Dieß erzählen Valerius Mar. B. 2.
K. 6. und Mela B 3. K. 2.
und bill.g sollte die Natio-
nalversammlung den einhei-
mischen Gläubigern wenig-
stens eine so löbliche Natio-
nalsitte zu Gemüthe führen,
und nicht minder billig eine
erklecksliche Belohnung dem
Nachweiser einer so ergiebi-
gen Hülfsquelle bei dringenden Geldnöthen, doch ohn-
maßgeblich, weil er ein Deutscher ist, noch in dieser Welt
zahlbar, dekretiren.

Uebrigens ſind Galliens Provinzen, beſonders die an Italien gränzenden, von den Römern nach und nach mit leichter Mühe in Beſitz genommen worden: den erſten Verſuch machte Fulvius (Flaccus; nachher ſchwächte ſie Sertius (Calvinus) in kleinen Gefechten, und ihre Eroberung vollendete Fabius Maximus, der ſich durch die Ausführung eines ſo mühvollen Geſchäftes, als die Bezwingung der ſo kriegeriſchen Allobroger war, einen eigenen Beinamen verdiente *). Gallien im Ganzen, nur die der Sümpfe wegen unzugänglichen Provinzen ausgenommen, bezwang, wie Salluſtius **) erzählt, Cäſar nach einem zehnjährigen Kriege, und nach mehreren, bald gewonnenen, bald verlorenen Schlachten, und verband es mit Rom zu ewigem Freundſchaftsbunde. Meine Abſchweifung iſt, ich geſtehe es, etwas lang geworden, ich kehre alſo zu andern Begebenheiten zurück.

Kap. 13.

Nach Domitians grauſamer Ermordung (B. 14. K. 7.) war ſein Nachfolger in der prätoriſchen Präfectur Muſonian geworden, ein Mann in beiden Sprachen (der Lateiniſchen und Griechiſchen) gleich beredt, wodurch er ſich auch zu höherem Glück, als ſich außerdem vermuthen ließ, aufgeſchwungen hatte. Weil nämlich Conſtantin gern genauere Kenntniß von den abergläubigen Manichäi-

---

*) Nicht der Beiname Maximus, den er ſchon vorher führte, ſondern Allobrogicus.

**) Steht nur in den Bruchſtücken, und warum verwies Ammian nicht lieber auf Cäſarn ſelbſt?

nichäischen und andern Secten zu erhalten wünschte
und ihm doch Niemand gehörige Auskunft darüber
geben konnte, so wählte er endlich diesen Mann,
den man ihm als guten Kenner in diesem Fache empfohlen hatte, gab ihm auch, weil er ihm seine Geschicklichkeit gar bald bewährte, anstatt des bisher
geführten Namens Strategius, nun den Namen
Musonian. Von dieser Zeit an durchlief er schnell
die Laufbahn vieler Ehrenstellen, und stieg endlich bis
zur Würde eines Präfecten empor: war zwar übrigens ein Mann, der viel Einsicht besaß, die Provinzen nicht eben drückte, und Gelindigkeit mit ein-
schmeichelndem Betragen verband, nur daß er sich
bei jeder Gelegenheit, und besonders in Rechtsstrei-
tigkeiten zu seiner Schande so ganz zu der niedrigen
Leidenschaft, Geld zu nehmen, verleiten ließ: —
einer Leidenschaft, die er außer vielen andern Fällen
vorzüglich bei den Untersuchungen über den Tod des
Theophilus (B. 14. K. 7.) consularischen Statthalters in Syrien, verrieth, den auf tückisches Anstiften des Cäsar Gallus, eine Schaar gemischten
Pöbels bei einem Aufruhr in Stücken zerrissen hatte:
denn diese Untersuchungen fielen so aus, daß Arme,
die doch bei dem Vorfalle, wie man gewiß wußte,
nicht einmal in der Stadt gewesen waren, zum Tode
verurtheilt wurden, hingegen die wahren Anstifter
dieser abscheulichen That, ihres Reichthums wegen,
bloß ihr Vermögen, nicht aber das Leben verloren.

Nicht besser als er war Prosper, der anstatt
des Generals der Reiterei, welcher sich damals in
Gallien befand, die Armee unter sich hatte, bis zur

Nie-

Niederträchtigkeit feig war, und wie der Komiker *) ſagt, die feineren Kunſtgriffe zu ſtehlen verſchmähte, und ohne Schaam öffentlich raubte.

Während daß dieſe Männer in freundſchaftlichem Einverſtändniß ſich durch gegenſeitige Zuwendung jeder Art Gelderwerbes bereicherten, beunruhigten die an den Flüſſen [Euphrat und Tigris] angeſtellten Perſiſchen Feldherrn, (denn ihr König hatte an den äußerſten Gränzen ſeines Reiches zu thun) in einzelnen Korps unſere Provinzen, und konnten ihre Einfälle in Armenien, bisweilen auch in Meſopotamien deſto kecker ausführen, je emſiger die Römiſchen Feldherren die ihnen untergebenen Provinzen auszuplündern beſchäftiget waren.

*) Plautus im Epidikus Act. 1. Scene 1. Vers 10.

Sechs=

Sechszehntes Buch.

Inhalt.

Kap. 1. Cäsar Julians Lob. — Kap. 2. Er greift die Alamannen an, macht viele nieder, der Rest wird gefangen genommen oder zerstreut. — Kap. 3. Er erobert das von den Franken weggenommene Kölln wieder, und macht daselbst Frieden mit dem Könige der Franken. — Kap. 4. wird aber von den Alamannen in Senones, (Sens) belagert. — Kap. 5. Julians moralischer Charakter. — Kap. 6. Arbetio, der General, wird verklagt, und losgesprochen — Kap. 7. Julian wird von seinem Oberkammerherrn Eutherius bei dem Kaiser gegen die Beschuldigungen Marcells vertheidiget. Lob des Eutherius. — Kap. 8. Hofränke und Habsucht am Hofe des Constantius. Kap. 9. Friedensunterhandlungen mit den Persern. — Kap. 10. Constantius hält mit der Armee einen triumphähnlichen Einzug in Rom. — Kap. 11. Julian greift die Alamannen auf den Inseln des Rheines, wohin sie sich und ihre Habe geflüchtet hatten, muthig an. — Kap. 12. geht dann auf die Könige derselben, welche Gallien belästigten, los, und schlägt ihr Heer bei Straßburg.

Kap. 1.

N. C. Geb.) In dieser Lage befand sich nach dem
356. Willen des Schicksals das Römische Reich, als Cäsar Julian, der sich jetzt in Vienne aufhielt, im achten Consulat des Kaisers Constantius

tius nun auch zum erſtenmale ſeinen Namen in das
Verzeichniß der Conſuln aufgenommen ſah, der ihm
eigenen Lebhaftigkeit gemäß nur von Schlachtenge-
wühl und Feindemetzeln träumte, ſchon im Geiſt die
Bruchſtücke der Provinz wieder ſammlete, und nichts
mehr wünſchte, als ſich nur endlich vom günſtigen
Glück in ſeinen Wirkungskreis hingeſtellt zu ſehen.
Weil demnach die großen Thaten, durch die er in
Gallien mit eben ſo viel Tapferkeit als Glück alles
wieder auf guten Fuß ſetzte, viele Heldenthaten älterer Zeit überwiegen, ſo will ich ſie einzeln der
Reihe nach aufzählen, und jede Spannkraft meiner
mäßigen Talente, wenn ſie anders überhaupt dazu
hinreichen, in Bewegung ſetzen. Was ich von ihm
erzählen werde, und ſo erzählen werde, daß ich der
Unwahrheit nicht den Schmuck des Witzes leihe, ſondern die lautere Wahrheit, auf augenſcheinliche Beweiſe gegründet, vollſtändig vortrage, wird freilich
näher an die Lobrede zu gränzen ſcheinen. Aber günſtige Beſtimmung zu einem ruhmvollen Leben ſcheint
nun einmal dieſen jungen Mann von der edlen Wiege
an bis zu dem letzten Athemzuge begleitet zu haben.
Durch die ſchnellſten Fortſchritte zeichnete er ſich im
Kriege und Frieden ſo vortheilhaft aus, daß er an
Klugheit für Veſpaſians Sohn *), für einen zweiten Titus galt, daß er auf der Kriege rühmlicher
Laufbahn mit einem Trajan Schritt hielt, an
Herzensgüte einem Antonin, an richtiger und
gründlicher Philoſophie einem Marcus gleich kam,
nach dem er überhaupt in Handlungen und Sitten
ſich

*) Iſt ſicher eine vom Rande in den Text geſchlichene Gloſſe.

ſich zu bilden ſuchte. Weil auch, wie **Tullius** *)
ſagt, mit erhabenen Verdienſten es eben die Be-
wandniß hat, wie mit Bäumen, an denen uns nur
die Höhe ergötzt, nicht Stamm und Wurzel; ſo wurden zwar die erſten Proben ſo vortreflicher Talente
des jungen Mannes damals durch ſo vielerlei Umſtände in Schatten geſtellt, und verdienten dennoch
in der That ſeinen nachherigen vielen und bewunderns-
würdigen Thaten aus dem Grunde vorgezogen zu
werden, weil er in frühern Jünglingsjahren, wie
Erechtheus **), den **Minerva** in ihrem Heiligthum einſam erzog, nicht aus Zelt und Lager, vielmehr aus den friedlichen Schatten der Akademie in
die Staubwolken der Schlachten hingeriſſen ward,
Germanien bezwang, den Provinzen am ganzen rauhen Ufer des Rheines hin die Ruhe wiedergab, und
bald mordſchnaubender Könige Blut vergoß, bald
ihre Hände in Feſſeln ſchlug.

Kap. 2.

Jndem er den Winter geſchäftvoll in der vorher
genannten Stadt (Vienne) zubrachte, erhielt er unter mehreren fliegenden Gerüchten auch die Nachricht, daß die Feinde auf die Mauern der Stadt
Auguſtodunum (Autûn), die zwar einen anſehnli-
chen Umfang, aber durch ihr Alter verwittert

(**V.** 15.

---

*) Jn **Cicero's** drittem
Buche vom Redner K. 46.
ſteht ſo etwas ähnliches:
Ammian ſcheint aber die
Stelle aus dem Gedächtniß
angeführt zu haben.

**) Einer der erſten Stif-
ter Athens, Minervens
Pflegeſohn, in ſo fern er
der glückliche Erfinder nütz-
licher Künſte war.

(B. 15. K. 11.) nicht viel Halt mehr hatten, einen plötzlichen Angrif gethan, die darin liegende Beſatzung unthätig geblieben, und blos die
Veteranen ſo wachſam geweſen, zu Vertheidigung
der Stadt hinzueilen, und dadurch die Erfahrung zu
beſtätigen, daß ein hoher Grad von Verzweiflung
dem Abgrunde der äußerſten Gefahr oft glücklich
auszuweichen lehret.   Ohne demnach von ſeiner
Sorgſamkeit nachzulaſſen, und ohne auf die ſklaviſche
Schmeichelei der Hofleute zu achten, die ihn zu Vergnügungen und Schwelgerei verleiten wollten, kam
er nach getroffenen gehörigen Anſtalten am vier und
zwanzigſten Junius in Auguſtodunum an, und beſchloß mit völliger Kraft und Einſicht eines alten er-
fahrnen Generals den überall umherſchweifenden
Feind, ſobald er ihm in den Weg käme, anzugreifen. Bei dem darüber gehaltenen Kriegsrathe, zu
dem man auch, um in der Wahl des ſicherſten Weges nicht zu fehlen, einige der Gegend kundige Männer zog, waren die Meinungen getheilt: einige be-
haupteten, er müſſe durch Arbor *). . . . andere, durch Sedelaucum (Saulieu) und Cora
gehen. Weil aber auch einige vom weiten erwähn-
ten, daß kurz vorher der General des Fußvolkes
Silvan (B. 15. K. 5.) einen zwar kürzern, aber
der dichten finſtern Wälder wegen gefährlichern Weg
mit

*) In den Handſchriften
ſind einige Silben herausgefallen, und der Ort muß
auf alle Fälle unbeträchlich
geweſen ſeyn, weil ich weder in den alten Itinerarien,
noch bei den Erdbeſchreibern
denſelben finde. Das darauf
folgende Cora iſt auch ein
kleiner Flecken geweſen (auch
ein Fluß dieſes Namens) in
der Gegend von Aurerre.

mit vieler Mühe genommen habe, so war dies für
den Cäsar ein Antrieb mehr, der Kühnheit des tapfern Mannes desto getroster nachzuahmen. Um
keine Zeit zu verlieren, nahm er blos die Cata-
phractarien und Ballistarien *) mit sich,
die doch den General am wenigsten zu schützen ein-
gerichtet zu seyn schienen, und kam auf jenem Wege
glücklich nach Autosiodorum (Auxerre). Hier
ruhte er auf wenige Tage, seiner Gewohnheit nach,
mit der Armee aus, und setzte dann seinen Zug in
der Tricassiner Land fort: die Feinde stürzten zwar
schaarenweise auf ihn an; aber wenn der Fall eintrat,
daß er ihre Ueberlegenheit fürchten mußte, verwahrte
er sich gegen sie durch dichtgeschlossene Flanken, andere erlegte er durch glückliche Ueberfälle von gut gewählten Anhöhen, einige ergaben sich aus Furcht
selbst, die übrigen, deren ganze Sorge nur Rettung des Lebens war, mußte er, weil er ihnen mit
seiner schwergerüsteten Mannschaft nicht folgen konnte, entrinnen lassen. Seine Hoffnung, ihren Angriffen gewachsen zu seyn, ward dadurch nicht wenig bestärkt, und nach vielen Gefahren kam er so
unvermuthet bei Tricassä (Troyes) an, daß man
ihm bei näherem Anrücken die Thore, obgleich aus
Furcht vor der Menge umherschweifender Feinde
nicht ohne ängstliche Bedenklichkeit öffnete. Nur so
lange, bis seine entkräfteten Soldaten sich erholt
hatten, hielt er sich hier auf, ging dann, weil Zaudern

*) Cathaphractarien wa-
ren ganz geharnischt, und
Ballistarien hatten die
Kriegsmaschinen zu besor-
gen, machten auch, wie unsers Artilleristen ein eignes
Korps aus.

dern nicht in seinem Plane lag, nach Remi (Rheims)
wo er der ganzen Armee, mit Lebensmitteln auf einen Monat versehen *), sich zu versammeln, und
seine Ankunft zu erwarten befohlen hatte. Diese
Armee hatte Marcell vom Ursicin übernommen,
aber auch der letztere hatte Befehl, bis zu Ende des
Feldzuges in der Gegend zu bleiben. Anfangs waren die Meinungen sehr verschieden, endlich beschloß
man durch Decem Pagi (Dieuse bei Metz) die
Alamannen anzugreifen, und der Soldat zog mit
mehr als gewöhnlichem Muthe in gedrängten Schaaren hin. Weil das feuchte und neblichte Wetter
auch die nächste Aussicht hinderte, so umgingen die
Feinde, durch bessere Kenntniß der Gegend unterstützt, Julians Armee in einem Seitenwege, griffen
zwei Legionen des Nachzuges an, und würden sie
fast ganz niedergemacht haben, wenn nicht ihr plötzlich erhobenes Feldgeschrei Unterstützung herbeigezogen hätte. Ueberzeugt, daß er überall keinen Marsch
antreten, oder über einen Fluß gehen könnte, ohne
die Feinde in einem Hinterhalte zu treffen, fing er
an, ein sehr behutsamer Zauderer zu werden — eine
vorzüglich gute Eigenschaft großer Feldherren, die
den Armeen Glück und Rettung schafft. Weil er
hörte, daß die Feinde Argentoratum, (Straßburg) Brocomagus, (Brümat) Taberna
(Rhein-Zabern), Saliso (Selz), Nemetä

K 2   (Speyer)

---

*) Im Texte steht nichts weiter als Vehementem. . . . und die dann folgende kleine Lücke hat Valois durch mensis elbaria ergänzt, und er schien mir glücklich ergänzt zu haben. Vielleicht wäre doch commeatus in Rücksicht auf den kleinen Raum, den die Lücke giebt, das bessere.

(Speyer), Vangiones *) (Worms) und Mogontiacus (Mainz) in Besitz hätten, aber doch
nur in den umliegenden Gegenden kampirten: (denn
vor den Städten selbst hüten sie sich wie vor Gräbern mit Netzen umstellt so stand er im Begriff,
mit Besitznehmung von Brocomagum den Anfang zu
machen, als ihm in der Nähe dieser Stadt ein Heer
Germanier entgegen kam, und ein Treffen anbot.
Er stellte also seine Armee in einen halben Mond,
und die Feinde sahen sich durch diese Stellung in der
Schlacht von beiden Seiten in gefährlichem Drange,
einige wurden gefangen, andere in der Hitze des
Treffens niedergemacht, die übrigen suchten ihre Rettung in der Schnelligkeit ihrer Füsse.

Kap. 3.

Weil er in der Folge keinen weitern Widerstand
vor sich sah, beschloß er die vor seiner Ankunft in
Gallien zerstörte Stadt Agrippina (Kölln) wieder zu
erobern. In dem ganzen Striche dahin ist weder
Stadt noch Kastell zu sehen, ausgenommen das
Städtgen Rigomagum (Rheinmagen) bei Con-
fluentes (Coblenz), einem Orte, der seinen Namen daher hat, weil daselbst der Fluß Mosella
(Mosel) in den Rhein fällt, und einem einzelnen Thurme bei Kölln selbst. Er rückte auch
wirk-

*) Nach einer schon oben gehörten. Für Speyer hätte
bemerkten Gewohnheit der Ammian auch Noioma-
damaligen Zeit, die Städte gue, und für Worms,
mit dem Namen des Vol- Borbetomagus setzen
kes zu belegen, zu dem sie können.

wirklich in Agrippina ein, und ſetzte ſeinen Zug nicht
eher fort, als bis. er die verrauchende Wut und die
Furchtſamkeit der Fränkiſchen Könige dazu benutzt
hatte, den Bund eines wenigſtens für jetzt dem
Staate nützlichen Friedens zu befeſtigen, und eine ſo
wichtige Stadt wieder in ſichern Beſitz zu nehmen.
Ueber dieſe Erſtlinge ſeiner Siege fröhlich zog er durch
das Land der Treverer, um die Winterquartiere
in Senones (Sens) zu nehmen, einer Stadt, die
er ſeinen Abſichten gemäß fand.   Hier, wo er die
ganze Laſt anſtrömender Kriege auf ſeinen Schultern
fühlte, durchkreuzten mancherlei Sorgen ſeinen Kopf,
unter ihnen vorzüglich dieſe, wie er die aus den gewöhnlichen Gränzſtädten entwichenen Soldaten in
dieſe freilich gefährlichen Orte zurücklocken, die wie
der Roms Ruhm verſchworenen Nationen zerſtreuen,
und einer Armee, die in ſo verſchiedene Gegenden
vertheilt werden müßte, es nie an dem gehörigen Un-
terhalte fehlen laſſen möchte.

Kap. 4.

Noch war er kummervoll mit dieſen Gedanken be-
ſchäftigt, als ihn ein zahlreiches Korps von Feinden,
jetzt von beſſerer Hoffnung, die Stadt zu erobern
belebt, angriff, und dieſe Hoffnung auf die von Ueberläufern gehörte Nachricht gründete, daß er keine
Leibgarden (Scutarier und Gentilen) bei ſich, dieſelben vielmehr in die kleinern Städte umher verlegt habe, um ſich ihre Verpflegung zu erleichtern,

K 3   Da

Da aber *) — — Er ließ also die Thore fest verwahren, die schwächern Theile der Mauer ausbes-
sern, war selbst mit seinen Kriegern bei Tag und
Nacht auf den Thürmen und Zinnen gegenwärtig,
und knirschte vor innerer Wut, daß er, so gern er
wollte, einen Ausfall bei so geringer Mannschaft
nicht wagen dürfe. Nach dem dreißigsten Tage zogen die Feinde traurig ab, und gestanden sich selbst
ihre traurige Unbesonnenheit, die Belagerung der
Stadt unternommen zu haben. Dieß war Glück;
Schande hingegen, daß der General der Reiterei,
Marcell, dem Thronfolger bei dieser Gelegenheit
nicht zu Hülfe eilte, ob er gleich mit seinen Truppen
in den nächst umliegenden Gegenden stand, und der
Stadt, auch wenn sie den Fürsten nicht in ihren
Mauern gehabt hätte, durch Vorrücken mit seinem
Korps die Leiden der Belagerung hätte ersparen sollen! Von dieser Furcht befreit, richtete nun der
immer thätige Cäsar seine ganze Aufmerksamkeit darauf, dem Soldaten, nach so langen Beschwerlichkeiten eine Ruhe zu gönnen, die bei ihrer Kürze dennoch dauernd genug wäre, neue Kräfte zu sammeln,
obgleich das Land umher, mehr als einmal verwü-
stet, den traurigsten Anblick der äußersten Dürftig-
keit gäb, und nur sehr wenige Lebensmittel liefern
konnte. Doch auch diesem Uebel half er durch seine
rastlose Thätigkeit ab, und von angenehmer Hoffnung
besserm Glücks belebt, hob sich sein Geist nur desto mehr,
um auf die Bahn noch größerer Thaten hinzuschreiten.

Kap. 5.

*) Lücke im Texte, durch ren zu seyn scheint.
die aber nicht eben verlo-

Kap. 5.

Die erste, und bei weitem die schwerere war, daß
er sich selbst die Pflicht der Mäßigkeit auflegte, und
ihr so standhaft treu blieb, als wäre er an jene Gesetze über den Aufwand gebunden, welche aus Ly-
kurgs Rhetren und (Solons) Axonen nach
Rom herüber genommen, lange genug beobachtet,
nach und nach unter die alten Moden gerechnet,
endlich doch vom Dictator Sylla wieder eingeführt
worden *). Julian fand bei diesem Neuchmen den
Grundsatz Demokrits wahr: daß Glück die lek-
kere, Tugend die mäßige Tafel deckt. Eben so
richtig dachte Cato von Tusculum, dem die
Enthaltsamkeit des Lebens **) den Namen Cruso-
rius gab, wenn er von seinen Zeiten sagte: „Groß
„ist die Sorge für den Magen, groß die Sorglosig-
„keit in Absicht auf Tugend.“ Vorzüglich aber stu-

K 4   dierte

---

*) Rhetren sind eigent-
lich Orakel, die Lykurg vom
Delphischen Apoll erhalten
zu haben vorgab, um seinen
Anordnungen desto mehr
Nachdruck zu geben: her-
nach nannte man seine Ge-
setze überhaupt so. Axo-
nen hießen Solons Gesetze,
weil sie auf hölzerne Tafeln
geschrieben waren. Solons
Name steht eigentlich nicht
im Texte, war auch nicht
nöthig, weil man sich bei
Axonen nur Solon, so wie
bei Rhetren nur Lykurg
dachte. Weil indeß der
letzte einmal in den Text
gerathen ist, wollte ich ihr

Deutlichkeit wegen dem er-
stern auch gerne seine Ehre
geben. Zum Nachlesen über
Rhetren und Axonen schlage
ich Potters griech. Archäo-
logie Th. 1. S. 403. und
293. vor, und über die Römischen Aufwandgesetze verweise ich auf Fr. Platner de
legibus Romanor. sumtu-
ariis L. 751.

**) Nicht gerade die Ent-
haltsamkeit. Ammian nimmt
aber das Wort Censorius
nach dem Sprachgebrauche
seiner Zeit, wo man sich
einen würdigen, tugendhaf-
ten Mann überhaupt dabei
dachte.

dierte Julian den Küchenzettel fleißig, den Constantius, wie ein Stiefvater, der den Sohn auf die Akademie sendet, mit eigener Hand geschrieben, und sich
die ungebührliche Freiheit, den Aufwand für des Cäsars Tafel zu berechnen, genommen hatte: folgsam
verbot er also Phasanen und Vulven und Euter für
seine Tafel aufzusuchen, und war mit der schlechtesten, nächsten besten Kost des dienstleistenden Soldaten zufrieden.

Diese Mäßigkeit machte auch, daß Julian seine
Nächte unter dreierlei Pflichten theilte, die Ruhe
und Staat und Musen von ihm heischten: — eine
Gewohnheit, die wir auch von Alexander dem
Großen in der Geschichte bemerkt finden, nur
daß unser Cäsar noch weiter ging. Jener ließ nämlich eine ehrne Schale in Form einer Muschel an
sein Ruhebette stellen, den Arm legte er über dasselbe
heraus, und in der Hand hielt er eine silberne Kugel,
die, wenn fester Schlaf die Spannkraft der Nerven
erschlaffen ließe, durch ihren Anklang im ehernen
Becken ihn wieder ermunterte. Julian hingegen war
ohne ein solches Hülfsmittel im Stande aufzuwa-
chen, so oft er wollte, und ohne Ausnahme stand er
um Mitternacht auf, nicht aus weichen Federn, oder
seidenen Decken von buntem Glanze strahlend, sein
Lager war vielmehr eine Matratze, und eine Sisyre,
(Thierhaut) in der gemeinen Aussprache auch Si-
surne genannt *). Sein erstes Geschäft war ein

stilles

*) Ammian scheint also den Pronuntiation zu suchen.
Unterschied zwischen diesen Auf den Unterschied, den
zwei Wörtern nur in der die Grammatiker angeben,
kann

ſtilles Gebet an Merkur, der, wie die Mythologie ſagt, als flüchtiger Weltgeiſt, die Seelen in
Thätigkeit ſetzt: dann forſchte er mit ſpähendem Blicke
den Mitteln nach, wie etwa den ſo mannchfaltigen
Gebrechen des Staats abzuhelfen wäre. Wann dieß
als das Wichtigere und Ernſthaftere abgethan war,
dann machte er weitere Ausbildung des Geiſtes zu
ſeiner Beſchäftigung, und unglaublich iſt es, mit
welchem Eifer er den Weg zu erhabener Kenntniß der
wichtigſten Wahrheiten aufſpürte, ſtets neue Nahrung für den immer höher aufſtrebenden Geiſt ſuchte,
und alle Theile der Philoſophie mit prüfender Unterſuchung umfaßte. Wenn ſeine geſammleten Kenntniſſe höherer Wiſſenſchaften bis zur Vollkommenheit
gediehen waren, ſo verachtete er doch auch die geringern nicht, liebte *) vielmehr, obgleich mit geringerer Neigung, die Dichtkunſt und die Beredtſam-
ſamkeit, (wie ſeine Reden und Briefe, in denen
Würde mit ungeſchmückter Anmuth glücklich verbunden iſt, beweiſen) auch jede Art von vaterländiſcher
und auswärtiger Geſchichte. Ueberdies beſaß er

K 5 auch

---

kann ich mich hier nicht ein-
laſſen, ob mir gleich das,
was Gronov über Herodot
4, 109 Valkenär über Am-
monius S. 205. und Ruhn-
ken über Timäus S. 231.
der zweiten Ausgabe beige-
bracht haben, nicht unbe-
kannt iſt.

*) Im Texte ſcheint ein
Zeitwort zu fehlen, weil doch
das vorhergehende despexit
unmöglich auf poëticam und
rhetoricam fortgehen kann.

In der Ueberſetzung mußte
ich auf alle Fälle noch ein
Zeitwort einſchieben, und
dies leitete mich auf die
Muthmaßung, daß vielleicht
hinter rhetoricam das Wort
amavit herausgefallen und
anſtatt: nec humiliora de-
ſpexit, poëticam et rhetoricAM (VT oſtendit oratio-
num — comitas) zu leſen
ſeyn möchte rhetoricam amavit, ut &c.

auch hinlängliche Fertigkeit, sich lateinisch auszudrücken. Und wenn es wahr ist, was mehrere
Schriftsteller erzählen, daß König Cyrus, der ly-
rische Dichter Simonides, und Hippias, der
subtileste Sophist sich ihr außerordentlich starkes Gedächtniß durch medicinische Tränke verschaft haben:
so muß man glauben, daß Er, jetzt in reifen Jünglingsjahren das ganze Faß der Gedächtnißkunst, wenn
es je eines gab, ausgeleert haben müsse. Dies sind
die Beweise seiner nächtlichen Mäßigkeit und Bestre-
bung nach Verdiensten.

Was er die Tage über für zierliche und witzige
Reden geführt, seine Anstalten zu Schlachten, seine
Thaten in Schlachten selbst, die besseren Einrichtungen, die er in bürgerlichen Angelegenheiten eben so
edeldenkend als freimüthig traf — will ich künftig
am gehörigen Orte durch einzelne Beispiele bewähren. [Jetzt nur einige]. Weil der Philosoph, nun
einmal Fürst, nothwendig auch mit den Vorübungen
des kleineren Dienstes im Lager nicht unbekannt bleiben durfte, und er also auch die Kunst, im Schwert-
tanze (Pyrrhicha) taktmäßig nach dem Tone der
Flöte aufzumarschieren lernen mußte, wandte er,
unter öfterer Berufung auf Plato, das alte Sprichwort auf sich an: „Man legt den Packsattel dem Stiere
„auf — eine Last, die gar nicht zu seinen Schultern
„paßt." Bei einer Feierlichkeit wurden die Staatsagenten in das Audienzgemach berufen, um Geld in
Empfang zu nehmen: weil nun einer von ihnen
nicht, wie gewöhnlich, mit ausgebreitetem Feldrock,
sondern mit beiden hohl gehaltenen Händen, die Zahlung

lung zu empfangen da ſtand, ſagte Julian: „Daß
„doch die Agenten ſich beſſer aufs gierige Rauben,
„als aufs beſcheidene Nehmen verſtehen!“ Von den
Eltern eines entführten Mädchens angegangen, hatte
er den überwieſenen Frevler des Landes verwieſen;
weil aber jene ſich an ihren Rechten gekränkt glaub=
ten, und ſich beklagten, daß er dem Verbrecher nicht
die Todesſtrafe zu erkannt hätte, war ſeine Ant=
wort dieſe: „Mag man doch nach ſtrengem Rechte
„meine Gelindigkeit tadeln: aber der Regent muß
„durch Befolgung der Geſetze, die ihm ſein ſanftes
„Herz vorſchreibt, ſich über andere erheben.“ Oft
ward er, wenn er eben im Begriff ſtand, zu einem
Feldzuge aufzubrechen, noch mit Klagen über erlit=
tenes Unrecht angelaufen, er empfahl aber den Statt=
haltern der Provinzen die Unterſuchung: wann er
zurückkam, erkundigte er ſich dann nach der Entſchei=
dung eines jeden Rechtsfalles, und milderte die
Strafen für Vergehungen mit der ihm eigenen Ge=
lindigkeit. Ueberhaupt, die Siege ausgenommen,
durch die er die oft geſchlagenen, und dennoch mit
ungeſchwächtem Starrſinn vom neuen angreifenden
Barbaren bändigen mußte, ergiebt ſich der Beweis,
daß er für die faſt athemlos mit dem äußerſten Man=
gel kämpfenden Gallier Wohlthat geweſen, vorzüg=
lich auch daraus, daß er bei ſeinem erſten Einrücken
in dieſe Provinzen jeden Einwohner mit einem Tri=
but von fünf und zwanzig Goldſtücken angeſetzt fand,
bei ſeinem Abzuge aber nur ſieben auf die Perſon
hinterließ, mit denen ſie auch alle Unterthanenpflich=
ten beſtreiten konnten, aber auch dagegen mit dem
wenig=

willigsten Frohlocken sich seiner, als der heitern Sonne
freuten, die mit heiteren Strahlen aus grauser Finsterniß hervortritt. Endlich ist auch bekannt, daß
er bis zum Ende seiner Regierung und seines Lebens
die nützliche Einrichtung beibehalten habe, daß durch
die so genannten Indulte die Reste der Tribute nicht
zu hoch anwüchsen. Sein Grundsatz war, daß er
dadurch doch nur den Reichern eine Güte thäte, weil
man, wie bekannt, überall Zwangsmittel genug hat,
die Aermeren sogleich beim ersten Ausschreiben der
Steuern das Ganze ohne Nachlaß bezahlen zu lassen.

Bei einer so gelinden Regierung, die jedem guten Fürsten zum Muster dienen könnte, loderte doch
die Wut der Barbaren immer vom neuen auf. So
wie wilde Thiere, durch Nachläßigkeit ihrer Hüter an
Raub gewöhnt, selbst dann, wenn man ihnen anstatt sorgloser Wächter wachsamere und stärkere giebt,
sich nicht abtreiben lassen, sondern von Hunger wild
gemacht, ohne Rücksicht auf ihr Leben, Heerden,
groß und klein, anfallen: so giengen auch jene, wenn
sie den vorherigen Raub verzehrt hatten, mehrmals
auf neue Beute aus, streckten sogar die räuberischen
Fäuste dann schon vor sich her, wenn sie ihren Raub
noch nicht einmal erreichen konnten *).

Kap. 6.

Dies waren die Begebenheiten dieses Jahres in
Gallien, die, so zweifelhaft auch anfangs die Hoffnung

*) Eine weitere Schil- ich B. 25. Kap. 4. 5. nach-
derung der Verdienste und zusehen.
des Charakters Julians bitte

nung war, dennoch am Ende so glücklich ausfielen.
Am Hofe des regierenden Kaisers gab es neidische
Kläffer, die dem Arbetio die Absicht Schuld gaben, sich auf den Thron schwingen zu wollen, wozu
er bereits alles, was zum Glanz eines Kaiserhofes
gehöre, im Voraus angeschafft habe. Einer seiner
zudringlichsten Gegner war der General (Comes)
Verissimus, der als schrecklicher Schreyer, ihm
öffentlich vorwarf, daß er vom gemeinen Soldaten
an sich zu einer so hohen Stufe bei der Armee aufge-
schwungen, (B. 15. K. 5) auch mit dieser, als für
ihn noch immer zu niedrig, nicht zufrieden, nach
der Kaiserwürde strebe. Vorzüglich aber hatte er
einen gefährlichen Feind an einem gewissen Dorus,
ehemals Feldarzt bei der beschildeten Garde (Scutarier), nachher unter Magnenz Aufseher der öffentlichen Kunstwerke zu Rom *), der schon ehemals,
wie ich bereits erzählt habe **), den Stadtpräfect
Adelphius der Aufstrebung nach höheren Dingen
bezüchtigt hatte. Es kam auch wirklich zur Untersuchung, aber die Hauptsache ward immer hingehal-
ten, bis sich nähere Beweise der Klage ergäben: doch,
ehe man sich's versah, gaben die Hofkammerherren,
wie durchgängig die Sage ging, ohne weitere For-
malitäten einstimmig der Sache ihre Entscheidung:
die Personen, die man als Mitschuldige gefangen gesetzt
hatte,

---

*) Nitentium rerum Cen-
turio. Diese Herren hat-
ten eine Schaarwache unter
sich, welche besonders bei
Nacht patrouilliren mußte,
um die Beschädigung der

öffentlich aufgestellten Bildsäulen und anderer Kunst-
werke zu verhüten.
**) Muß in einem der
verloren gegangenen Bücher
gestanden haben.

hatte, wurden ihrer Fesseln entledigt, Dorus verschwand, und Verissimus verstummte plötzlich, wie der Schauspieler, sobald der Vorhang im Theater fällt.

Kap. 7.

Zu eben der Zeit erhielt auch Constantius die Nachricht, daß Marcell dem in Senones belagerten Cäsar keinen Entsatz zugesichert habe, (Kap. 4.) gab ihm also den Abschied, und den Befehl zu seiner Familie zurückzukehren: worüber der Mann, sich höchst beleidigt fand, und einen Plan ir der Julian anlegte, in der festen Meinung, des Kaisers Ohr, wie immer, auch für seine Verläumdung offen zu finden. Aber kaum war er abgereist, als ihm der Oberkammerherr Eutherius nachgesandt ward, um seine erdichteten Beschuldigungen zu widerlegen. Jener wußte dies nicht, erschien also gar bald in Mailand, lärmte und polterte mit leerem Geschwätz eines Tollhäuslers, beschuldigte dann, im Staatsrathe vorgelassen, den Julian des Frevels, und fing schon an, um sich hierüber noch weiter auszubreiten, seine Schwungfedern in stärkere Bewegung zu setzen: denn seine lebhafte Gesticulation machte ihn wirklich einem Fliegenden ähnlich. Noch trug er seine unverschämten Erdichtungen vor, als Eutherius auch um Audienz bat, und nicht nur sogleich vorgelassen ward, sondern auch nach erhaltener Erlaubniß, freimüthig zu sprechen, in bescheidenem, sanftem Tone bewies, daß man die Wahrheit durch Lügen verdunkele. Obgleich

gleich der General (Marcell) absichtlich, wie man
zu vermuthen Grund habe, gezaudert, so habe Julian dennoch durch seine wachsame Thätigkeit nicht
nur die Belagerung in Senonés (Sens) lange aus-
gehalten, sondern auch die Feinde zum Abzuge ge-
nöthiget: und daß derselbe dem Schöpfer seines Glük-
kes, so lange er lebe, treu und gewärtig bleiben
werde, dafür sey er (Eutherius) bereit, mit seinem
Kopfe zu haften.

Weil ich einmal vom Eutherius spreche, will ich
doch etwas Weniges von demselben beifügen, das
vielleicht um so mehr unglaublich scheinen mag, weil
selbst ein Numa Pompil oder Sokrates, wenn sie
von einem Verschnittenen etwas Gutes erzählten, und
ihre Behauptung selbst durch einen Eid bekräftigten,
dennoch kaum den Verdacht der Unwahrheit von sich
ablehnen dürften. Aber unter Dornen wächst doch
immer auch eine Rose, und unter Thieren der Wild-
niß giebt es doch immer auch einige zahme. Ich will
also kurz die Umstände seines Lebens, so viel ich davon weiß, angeben. Er war in Armenien von
freien Eltern gebohren, ward aber in zarter Jugend
von angränzenden Feinden gefangen, der Mannheit
beraubt, und an Römische Handelsleute verkauft,
die ihn an Constantius Hof brachten: hier wuchs er
nach und nach zum Jüngling auf, gab die besten
Beweise seiner Tugendliebe und Geschicklichkeit, genoß einen für seine damalige Lage hinreichenden Unterricht, besaß ausnehmenden Scharfsinn, die schwe-
resten und streitigsten Wahrheiten zu fassen oder aus-
zugrübeln, seine Gedächtnißkraft war unermeßlich,

er

glühte vor Begierde, andern nützlich zu werden, und
war mit dem Talent, immer den treffendsten Rath
zu geben, so reichlich begabt, daß weiland Kaiser
Constans, wenn er dem jetzt zur Reife männlicher
Jahre gediehenen jungen Manne in dem, was er
ihm zu seinem Ruhme und Vortheile rieth, gefolgt
hätte, gewiß keine, oder doch sehr verzeihliche Fehler begangen haben würde. Als Oberkammerherr
nahm er sich auch bei Julian die Freiheit, ihm
über seine Anhänglichkeit an Asiatische Sitte, und
daher entstandnen Leichtsinn gute Lehre zu geben.
Nachher begab er sich zur Ruhe, ward aber bald
wieder zurückgerufen, um im Palast zu wohnen,
blieb aber seiner gesunden Denkart, und vorzüglich
seiner Festigkeit des Geistes so treu, liebte die so
schätzbaren Tugenden der Redlichkeit und der Enthaltsamkeit so innig, daß er nie, er müßte denn
eines andern Glück und Leben retten zu können geglaubt haben, den Vorwurf, ein Geheimniß verrathen zu haben, oder einer unersättlichen Habsucht,
wie andere seines Standes, sich zu Schulden kommen ließ. Natürlich also, daß er sowohl vorher,
wenn er sich nur zuweilen, doch vom Geräusche des
Hofes entfernt, in Rom aufhielt, als auch nachher, da er in höhern Jahren seine Wohnung auf immer daselbst nahm, von seinem guten Gewissen
überall begleitet, aller Stände Achtung und Liebe
genoß, und noch genießt: da doch sonst diese Art
Menschen, wenn sie sich auf ungerechten Wegen
Reichthümer erworben haben, in abgelegene Winkel
sich zurückziehen, und lichtscheu dem beleidigten

Volke

Volke unter die Augen zu treten nicht wagen mögen.
Mit welchem Verschnittenen früherer Zeiten ich diesen Mann vergleichen dürfte, wüßte ich in der That
nicht, so oft ich auch die Geschichtbücher der Vorwelt darüber nachgeschlagen habe. Allerdings hat
es auch bei den Alten, obgleich äußerst wenige treue
und vernünftige Verschnittene gegeben, aber Eine
Makel, Eine Untugend hing ihnen doch immer an:
denn bei den Vorzügen, die sie sich entweder durch
eigenen Fleiß erworben, oder von der Natur erhalten hatten, waren sie doch immer entweder habsüch-
tig, besaßen einen Hang zur Grausamkeit, waren
geneigt andern zu schaden, trieben die Partheilichkeit für ihre Freunde zu weit, oder brüsteten sich,
zu stolz auf ihre Macht: aber von einem so ganz in
aller Betrachtung untadelhaften Manne dieser Art
gestehe ich nirgends etwas gelesen oder gehört zu haben, und darf mich deshalb kühn auf das gültige
Zeugniß unseres Zeitalters berufen. Sollte dennoch
ein krittelnder Kenner der ältern Geschichte den Me-
nophilus, des Pontischen Königes Mithrida-
tes Verschnittenen als Gegenbild desselben aufstellen wollen, so würde ich ihn bitten, zu bedenken,
daß die einzige rühmliche Handlung, die man von
ihm erzählt, doch nur durch die äußerste Noth veranlaßt ward. In einem entscheidenden Treffen von
den Römern unter Pompejus Anführung besiegt,
war dieser König ins Kolchische Reich geflohen, und
hatte seine erwachsene Prinzessin Drypetina, weil
sie von einer schweren Krankheit befallen war, in

Ammian Marcell. ıster B.   X   dem

dem Kaſtell **Synhorium** *) den treuen Händen
Menophils empfohlen: dieſer ſparte kein Heilmittel,
ihre Krankheit zu heben, und nach völlig hergeſtell=
ter Geſundheit derſelben wünſchte er nichts mehr, als
ſie mit gewiſſenhafter Treue in des Vaters Arme zu=
rück zu liefern: weil aber **Manlius Priſcus,**
des Pompejus Unterfeldherr (Legat) die kleine Fe=
ſtung, in der er ſich mit ihr befand, belagerte, und
ihm die Beſatzung kapitulieren zu wollen ſchien, ſo
nahm er, um dem Vater Schande, und der Königs=
tochter Sklavenſtand und Entehrung zu erſparen,
erſt ihr das Leben, und ſtieß dann ſich ſelbſt das
Schwert in die Bruſt **). Doch ich kehre zu mei=
ner eigentlichen Geſchichte zurück.

Kap. 8.

Nachdem nämlich **Marcell,** weiter zu ſchaden
außer Stand geſetzt, in ſeine Geburtsſtadt **Serdi-**
ca †) zurückgegangen war, nahm man am Hofe
des Kaiſers die Behauptung ſeiner geheiligten Maje=
ſtät zum Vorwande, die ſchändlichſten Ungerechtig=
keiten zu begehen. Es durfte nur jemand über das
Pfeifen einer Spitzmaus, wegen eines über den Weg
gelaufenen Wieſels, oder über eine andere ähnliche
Vorbedeutung einen Zeichendeuter befragt, oder auch
ein ſchmerzſtillendes Zaubermittel (welche doch ſelbſt
die wahre Arzneikunſt nicht verſchmäht) von einem

alten

---

*) Auf der Gränze zwi=
ſchen Groß= und Klein=Ar=
menien, worauf ſich auch der
Griechiſche Name bezieht.
**) Dieſes Geſchichtchen
ſteht auch bei Valer. Max.
B. 1. K. 8.
†) Heut zu Tage Sophia
in Bulgarien.

-alten Weibe genommen haben, so sah er sich, so un=
begreiflich ihm auch dies scheinen mochte, deswegen
angegeben, vor den Richterstuhl geführt, und zum
Tode verurtheilt.

Ungefähr in diese Zeit fällt auch folgende Begeben=
heit. Eine Dame hatte sich über ihren Gemahl,
mit Nahmen Danus *), nur um ihm ban=
ge zu machen, einiger Kleinigkeiten wegen sich
beschweret: dem unschuldigen Manne beizukom=
men lauerte, aus welchem Grunde, weiß ich nicht,
schon längst Rufin, der, wie ich vorhin erzählte,
einige durch den Staatsagenten Gaudentius erhal=
tene Nachrichten bei Hofe anbrächte, und dadurch
die Hinrichtung des damaligen consularischen Statt=
halters in Pannonien Africanus nebst seinen Gä=
sten veranlaßt **), jetzt aber durch sein kriechendes
Wesen noch immer in dem Posten des ersten General=
adjutanten beim prätorischen Präfect ***) sich zu
erhalten gewußt hatte. Durch prahlende Verspre=
chungen hatte er das gewandte Weiblein erst zu ehe=
licher Untreue, dann zu einer für sie selbst gefährli=
chen Schandthat durch den Rath verleitet, daß sie
durch ein Gewebe von Lügen gegen ihren unschuldi=
gen Mann die Klage beleidigter Majestät anbringen,

L 2 und

*) Ein im Texte befindli-
cher Hiatus ist vermuthlich
durch einen Amtsnahmen
auszufüllen, und aus den
Worten: ihm bange zu
machen, scheint sich zu ergeben; daß er sich beigehen
lassen, der Frau Gemahlin
nicht immer ihren Willen zu
thun.

**) B. 15. K. 3. wo doch
Ammian nicht gerade von
Hinrichtung spricht:

***) Auch dieser Umstand
erklärt sich aus B. 15. K. 3:
denn eigentlich machten diese
Generaladjutanten noch zwei
Jahren einem andern Platz.

und vorgeben sollte, er hätte eine purpurne Decke aus
Diocletians Gruft entwandt, hätte sie in seinem
Hause verborgen, und der Theilnehmer wären meh=
rere. Nachdem man so den Plan auf das Verder=
ben anderer angelegt hatte, flog nun der Mann, in
Hoffnung sich höher zu schwingen, zum Hoflager
des Kaisers hin, um seine Lästerungen, wie gewöhn=
lich, in Thätigkeit zu setzen. Auf dieses Anbringen
bekam Mavortius, der damalige prätorische Prä=
fect, ein Mann des festesten Charakters, Befehl,
gegen den Verbrecher mit strenger Untersuchung zu
verfahren, wozu ihm als Beistand im Verhören der
Schatzmeister der Staatskasse Ursulus, auch ein
sehr ernster Mann zugegeben ward. Man trieb dem
damals herrschenden System bei Hof gemäß die Un=
tersuchung so weit man konnte: weil man aber selbst
durch Foltern mehrerer Personen nichts herauszu=
bringen vermochte, und die Richter über ein Urtheil
sehr verlegen waren: so schöpfte endlich die unter=
drückte Wahrheit neuen Athem, im Nothdrange gab
das Weib den Rufin als Anstifter des ganzen Kom=
plots an, ohne selbst ihre Schande als Ehebreche=
rin zu verheelen: und sobald man nachgesehen, was
die Gesetze in dergleichen Fällen verordneten, wur=
den beide, wie unparteiische Gerechtigkeit es heischte,
zum Tode verurtheilt. Constantius brauste auf diese
Nachricht vor Zorn hoch auf, klagte laut, der Mann
habe nur deshalb sterben müssen, weil er ein wach=
samer Hüter seines Lebens gewesen wäre, und sandte
sogleich reitende Eilboten ab, mit dem drohenden Be=
fehl an Ursulus, sogleich zum Hoflager zurückzu=
kommen.

kommen. Er kam, drängte ſich unerſchrocken durch
die abwehrende Menge, trat in das Audienzzimmer
ein, trug den ganzen Zuſammenhang der Sache mit
freier Zunge und freiem Muthe vor, brachte durch
dieſen edlen Trotz geſchwätzige Schmeichler zum
Schweigen, und rettete den Präfect und ſich aus
einer augenſcheinlichen Lebensgefahr.

Damals ereignete ſich auch in Aquitanien eine
Begebenheit, von der man weit und breit ſprach.
Ein ausgelernter Schurke *) ward zu einem prächtigen und geſchmackvollen Gaſtmahle, wie ſie in jenen Gegenden ſehr gewöhnlich ſind, eingeladen, ſah
hier an einem Paar linnenen Ueberzügen über Tiſch-
polſter ſo breite Purpurkanten, daß ſie durch die
Kunſt der Tafeldecker im Zuſammenlegen aus Einem
Stücke zu beſtehen ſchienen, ſah auch die Tafel mit
ähnlichen Tafeltüchern belegt: er hob alſo mit beiden
Händen einen Streif in die Höhe, rufte aus, dies
ſey der Vordertheil eines kaiſerlichen Kriegsrockes,
fing dann im ganzen Hauſe nach dem Reſte dieſes
vorgeblichen Kaiſergewandes nachzuſuchen an, und
gab dadurch Anlaß, daß eine reiche Familie um ihr
ganzes Vermögen kam. Eben ſo hämiſch verfuhr
ein Staatsagent in Spanien auch bei einem Gaſtge-
bote: denn da er die bei eintretendem Abend Licht in
die Zimmer bringenden Bedienten den gewöhnlichen
Geſang anſtimmen hörte **), ſo gab er dem, was

L 3 bloß

*) Iſt vielleicht mehr ſtar-
kes, als gutes Deutſch, aber
die ganze Geſchichte recht-
fertiget dieſen Ehrentitel.

**) Zum Unglück hat ſich
von dem Liedchen im Terte
nur das kleine Fragment:
Vincamus ſerun — erhal-
ten,

blos Gebrauch war, eine tückische Deutung, und
machte ein edles Haus unglücklich.

Dergleichen Vorfälle wurden deshalb immer gewöhnlicher, weil Constantius so äußerst furchtsam
war, daß er immer ein Schwert hinter sich glaubte,
wie Dionys, Siciliens Despot, welcher mit eben
diesem Fehler behaftet, nicht nur seine eigenen Töch-
ter die Kunst, ihm den Bart abzunehmen lehren
ließ, um nicht einem Fremden die Glättung seines
Kinnes anvertrauen zu dürfen: sondern auch das
kleine Seitengebäude, in dem er schlief, mit einem
tiefen Graben umzog, und mit einer Brücke, die
man aus einander nehmen konnte, belegte, und dann
die ausgehobenen Pfosten und Breter eigenhändig in
sein Schlafgemach trug, und mit Anbruch des Tages, um ausgehen zu können, wieder zusammen
zimmerte. Zu diesen landverderblichen Ränken gaben mächtige Männer am Hofe gar oft den Ton selbst
an, in der Absicht, mit dem Vermögen der Verurtheilten das ihrige zu vermehren, und von den eingezogenen Landgütern derselben Gelegenheit zu nehmen,
auch die daran stoßenden Felder anderer an sich zu
reißen. Die Geschichte giebt uns nämlich die zuverläßige Nachricht, daß Constantin zuerst den
Gaum der Höflinge angebracht, Constantius
hingegen dieselben mit dem Marke der Provinzen ge-
mästet habe: unter dem letztern glühten in der That
die ersten Männer jedes Standes von unersättlicher
Begierde, sich zu bereichern, ohne auf Recht oder
Billig-

ten, aus dem sich nichts   heißen hätte: Das Licht ver-
machen läßt, es wäre denn, treibt die finstere Nacht
daß es etwa im Ganzen ge- u. s. w.

Billigkeit zu ſehen: Am meiſten deßhalb berüchtiget waren unter den Civilrichtern der prätoriſche Präfect Rufin, unter den militäriſchen der General der Reiterei; ferner der Oberkammerherr Euſebius, der Quäſtor. . . . anus *), und in Rom die Gebrüder Ancier, die als ächte Enkel ihren Stammvätern mächtig nacheiferten, und bei immer wachſendem Reichthume doch nie genug bekommen konnten **).

Kap. 9.

Die Perſer hatten indeß im Orient mehr durch liſtige Raubereien, als durch förmliche Gefechte in ſchnellen Angriffen, wie ſonſt ihre Sitte iſt, Menſchen und Vieh weggetrieben: bisweilen gewannen ſie, durch ihre Schnelligkeit begünſtigt, oft verloren ſie, durch die Menge unſerer Kriege übermannt, einigemal ließ man ihnen nicht einmal Zeit, ſich nach Beute nur umzuſehen. Muſonian, der prätoriſche Präfect, ein Mann, der, wie ich ihn vorhin beſchrieb, (B. 15. K. 13.) viele gute Eigenſchaften und Fähigkeiten beſaß, aber beſtechbar, und, wo er Geld ſah, leicht von beſſeren Grundſätzen abzubringen war, hatte durch einige in ſchleichenden Ränken erfahrne Kundſchafter die Abſicht der Perſer ausgeforſcht, zog auch über dieſen Punkt den kommandirenden General (Comes) in Meſopotamien, Caſſian, einen durch mehrere Feldzüge und beſtandene Gefahren abgehärteten Mann zu Rathe. Sobald

L 4   beide

*) Valeſius räth auf Lu- wähnt auch Zoſimus B. 6.
cillian.   K. 7. und andere Schrift
**) Dieſer Anicier er- ſteller derſelben Zeit.

beide Männer durch einstimmige Versicherung der Kundschafter zuverläßig erfuhren, daß Sapor in den äußersten Gränzen seines Reiches schon viele seiner Unterthanen in Schlachten aufgeopfert, und dennoch der feindlichen Nationen sich kaum erwehren könne; ließen sie den Tamsapor, der die Persische Armee in den unsere Gränzen berührenden Provinzen anführte, ingeheim durch Soldaten, die sie selbst nicht kannten, besprechen, ob er nicht gelegentlich an den König schreiben, und ihm rathen wolle, doch endlich einmal mit dem Römischen Kaiser Frieden zu machen, um sich dadurch von allen Seiten freiere Hand zu verschaffen, über die hartnäckigen Rebellen herzufallen. Tamsapor ging wirklich darauf ein, und begründete seinen Vertrag an den König darauf, daß Constantius, in die gefährlichsten Kriege verwickelt, den Frieden als Geschenk annehmen würde. Aber ehe diese Briefe bis zu den Chioniten und Eusonern, in deren Gränzen Sapor im Winterquartiere stand, hinkamen, verfloß eine sehr lange Zeit.

Kap. 10.

Indem man im Morgenlande und in Gallien diese Einrichtungen, so gut es die Lage der Umstände erlaubte, traf, kam dem Constantius, als hätte er den Janustempel einmal wieder geschlossen, und alle seine Feinde gedemüthigt, die Lust an, Rom zu sehen, um einen Triumph, den er nach Magnentius Tode über keinen nahmentlichen Feind halten könn

konnte, wenigſtens über Römerblut zu halten. In
der That konnte er kein einziges gegen Rom kriegen-
des, von ihm perſönlich bezwungenes Volk, keinen
von ſeinen Generalen tapfer erfochtenen Sieg anführen, nirgends hatte er die Gränzen des Reiches erweitert, nie war er der erſte, oder auch nur einer der
erſten geweſen, der dringender Noth muthig entgegen getreten wäre: er wollte nur einen langgedehnten
Zug, von Gold ſtarrende Fahnen und ſchöngepußte
Trabanten dem friedlichen Volke zum Beſten geben,
das doch dieſes oder ein anderes Spectakel zu ſehen
weder hoffte, noch begehrte. Der Mann mochte vermuthlich nicht wiſſen, daß einige ältere Fürſten in
Friedenszeiten ſich an dem Gefolge der Lictoren be-
gnügten, dann aber, wenn Drang der Schlacht ſie
zu Thätigkeit aufforderte, der eine bei brauſender
Winde Wuth ſich einem kleinen Fiſcherkahne vertraute, (Julius Cäſar) ein anderer, nach der De-
cier Beiſpiele, ſein Leben für den Staat freiwillig
aufopferte, (Claudius Gothicus) ein dritter das
feindliche Lager, unter ſeine niedrigſten Krieger ge-
miſcht, recognoſcirte, (Galerius Maximian) andere
durch glänzende Unternehmungen ſich ſo vortheilhaft
auszeichneten, daß von ihren rühml.chen Thaten noch
jetzt die dankbare Nachwelt ſpricht.

Nach vielen koſtbaren Zurüſtungen, die ich jetzt
nicht aufzählen mag *), brach er in dem Jahre, da

L 5 Dr ſi-

*) Valeſius vermuthet,
daß die im Texte befindliche Lücke vielleicht mit dem
bloßen Tage auszufüllen ſey,
ſuppliert alſo aus Idatii

Faſtis: IV. Kal. Maias, welches allerdings weiterhin in
dieſem Kap. durch die An-
gabe der Zeit des Aufent-
halts, und des Tages der
Ab-

Orsitus zum zweitenmale Stadtpräfect war, auf, ging durch Ocriculum, (Otricoli im Kirchenstaat) und setzte dann, stolz auf die ihm überall wiederfahrende Ehre, von furchtbaren Schaaren, als führe er eine Armee zur Schlacht hin umgeben, unter starrem Gaffen der Städtebewohner seinen Zug fort. Nahe vor Rom selbst kamen ihm die Senatoren entgegen: er sah ihre Verbeugungen, und die ehrwürdigen Gesichter patricischer Abkunft mit heiterer Miene, und glaubte, nicht wie jener Cyneas, des Pyrrhus Gesandter *), sich in einer zahlreichen Versammlung von Königin zu befinden, sondern das Asyl der ganzen Welt vor sich zu sehen **). Dann richtete er seinen Blick auf das Volk umher, staunte, daß alles, was Menschen hieße, mit solcher Geschwindigkeit nach Rom zusammengeströmt sey: und als könne er wenigstens durch Waffen-Glanz den Euphrat und Rhein schrecken, bestieg er, und nur er allein unter vorherziehender doppelter Fahnenreihe den goldnen Wagen, von Edelsteinen aller Art so glänzeud, daß wechselnder Farben Spiel das Auge blendete. Unter dem gemengten Zuge vor ihm her befan-

---

Abreise. IV. Kal. Junias bestätigt wird. Aber eben diese Angabe bestimmt ja den Tag der Ankunft zugleich mit. Indessen kann es immer seyn, daß Ammian so gefällig seyn wollen, seinen Lesern die Mühe, dreißig Tage zurückzurechnen, zu ersparen. Auf alle Fälle fehlt dennoch ein Zeitwort, das ich in praeteritam zu treffen glaubte.

*) Justinus B. 18. K.] 2. Florus B. 1. K. 18.

**) Vielleicht hat sich Ammian der Stelle Cicero's von den Pflichten B. 2. K. 8. erinnert, und nur den kleinen Unterschied zwischen einem Senator zu Cicero's u. einem zu Constantius Zeiten dabei vergessen.

befanden sich auch Drachengestalten †) von Purpur
gewebt, auf goldenen und mit Edelsteinen besetzten
Querstangen an Lanzen befestigt, die aus ungeheuren Rachen Feuer von sich zu hauchen, vor Wut zu
zischen schienen, und die langen Windungen ihrer
Schweife den Winden preis gaben. Dann kamen
auf beiden Seiten eine doppelte Reihe bewaffneter
Krieger, mit Schilden und Helmbüschen in hellem
Glanze spiegelglatter Panzer strahlend: in einigem
Abstande wechselten mit ihnen geharnischte Reiter ab,
bei den Persern Clibanarier *) genannt, mit
Panzern gedeckt, deren Rand von Stahl war, mehr
leblosen Bildsäulen, von Praxiteles Hand ge=
formt, als lebenden Menschen ähnlich: dünngeschla-
gene Ringel schmiegten sich über jedes Glied, über
jede Biegung des Körpers, und wo ein Gelenk sich
krümmen mußte, paßte sich die geschmeidige Rüstung, aus Einem Stück gemacht, der kleinsten Be=
wegung an. Der freudige Aufruf seines Kaisernah-
mens, den Berge und Gestade im Widerhall zurück=
gaben, setzte ihn in starre Bewunderung, aber er
behielt auch jetzt die Steifheit bei, die man bißher
in den Provinzen an ihm gewohnt gewesen war. So
klein er auch von Statur war, beugte er sich doch
etwas, indem er durch das hohe Thor fuhr, sah,

als

†) Eine Art von Fahnen,
die die Römer außer ihren
Legionenadlern in späterer
Zeit von andern Nationen
annahmen. Ammians deut-
liche Beschreibung überhebt
mich einer weitläuftigern Note, und außer den Schriftstellern vom Röm. Kriegs-
wesen habe ich besonders in
den Lettres de Cuper. S. 32.
angenehme Nachricht darü-
ber gefunden.

*) Das Wort ist nicht
persisch, wohl aber die Erfindung. S. Salmas. ad
Scriptores Hist. Aug. T. I.
p. 1019.

als trüge er ein eisernes Halsband, mit stierem Blick
immer auf Einen Punkt vor sich hin, ohne das Ge=
sicht auf die rechte oder linke Seite zu wenden: saß
da, wie eine wahre Bildsäule, ohne beim Anstoß des
Rades aus seiner Lage zu rücken, ohne sich des Spei=
chels zu entledigen, ohne Wangen oder Nase zu
trocknen oder zu kratzen, ohne die geringste Bewe=
gung mit der Hand zu machen.   Dies war nun
wohl Ziererei: indessen glaubte man doch, so wie in
vielen andern Vorfällen seines vorhergegangenen Le=
bens den Beweis eines ihm vorzüglich verliehenen Ta=
lentes ausharrender Geduld zu finden.   Daß er aber
die ganze Zeit seiner Regierung hindurch weder je=
manden im Wagen neben sich sitzen lassen, noch ei=
nen, der nicht aus der kaiserlichen Familie war, zum
Gehülfen im Consulat angenommen, wie doch vere=
wigte Kaiser vor ihm thaten, und dergleichen Ge=
wohnheiten mehr, welche er, zur höchsten Würde
im Staat erhoben, für gebührende Observanz hielt,
übergehe ich, weil ich sie bereits an ihrem gehörigen
Orte angeführt zu haben mich erinnere.

Nachdem er endlich in Rom selbst, dem Wohn=
sitze der Weltherrschaft, und alles dessen, was groß
und edel heißen mag, seine Einfahrt gehalten hatte,
und bei der großen Rednerbühne ankam, staunte er
über den Markt, der noch jetzt die sprechendsten Be=
weise ehemaliger Macht aufwies: von allen Seiten,
wohin sein Blick traf, durch dicht auf einander ge=
drängte Wunder geblendet, hielt er an den Adel in
der Curie, an das Volk vom Tribunal eine kurze
Anrede, begab sich dann unter vielfachem Jubel in

den

den Palast, seine Freude entsprach ganz seinen Wünschen, und selbst dann, wann er Ritterspiele gab,
machte ihm die treuherzige Geschwäßigkeit des gemeinen Volkes ein Vergnügen, das, ohne eben frech
zu werden, doch auch jetzt die ihm eigene Freimüthigkeit nicht verläugnete. Doch auch Er hatte so viel
Achtung für dasselbe, daß er sich in den gehörigen
Gränzen seiner Würde hielt: denn er ließ nicht, wie
in andern Städten sein Gebrauch war, die Spiele,
wann es ihm einfiel abbrechen, überließ vielmehr,
wie es Sitte war, ihr Ende dem Zufalle. Wenn er
dann in einem Bezirke von sieben Hügeln die bergan
und auf ebenem Boden liegenden Theile der Stadt oder
der Vorstädte in Augenschein nahm, verdunkelte jeder neue Gegenstand den Eindruck alles dessen, was
er vorher gesehen hatte. So übertraf des Tarpe-
jischen Jupiters Tempel in seinen Augen jeden andern so weit, als Erde vom Himmel absteht:
so die Bäder, wie Provinzen im Kleinen gebaut:
so die dichte Steinmasse des Amphitheaters aus
Tiburtinischen Quadersteinen so hoch aufgethürmt,
daß kaum ein menschliches Auge dessen oberste Höhe
erreichte: das Pantheon, in weitumfassender
Rundung zu ansehnlicher Höhe gewölbt: erhabene
Säulen, mit inneren Wendeltreppen bis zur Spiße
hinauf, wo kolossalische Bildsäulen vormaliger Kaiser
standen: so der Stadttempel, der Markt der
Friedensgöttin, des Pompejus Theater,
das Odeum, das Stadium, und andere
Schönheiten, die der ewigen Stadt Ruhm erhö-
heten

heten *). Aber wie er endlich an Trajans Markte
ankam, einem Platze, mit dem, in der weiten Welt
keiner sich messen darf, dem, wie ich glaube, selbst
Götter ihren bewundernden Beifall, nicht versagen
würden, stand er ganz mit staunendem Blick und
staunender Seele vor den gigantesken Parhien da, die
sich unmöglich beschreiben lassen, und mit einer Größe
ausgeführt sind, an die sich ein menschlicher Geist
nie wieder wagen wird. Die Hoffnung, etwas dem-
ähnliches zu unternehmen, gab er nun freilich ganz
auf, doch erklärte er sich, Trajans Pferd wenigstens,
das in der Mitte des Einganges stand, und den
Kaiser selbst trug, nachmachen zu wollen, und nach-
ahmen zu können. Der neben ihm stehende Prinz
Hormisda, dessen Flucht aus Persien ich vorher
erzählt habe **), nahm sich die Freiheit, mit einer
tiefen Verbeugung nach seiner Landesart die Bemerkung zu machen: „Besser wäre es doch wohl, wenn
„Ihre Majestät, vorausgesetzt, daß Sie können,
„vorher einen solchen Stall aufführen ließen: denn
„billig muß doch das nachgemachte Pferd eben so
„weit ausgreifen, als das Original, das wir hier
„vor uns sehen." Eben dieser Prinz gab auf die
Fra=

---

*) Eine Erklärung dieser
Schönheiten Roms und die
Berichtigung einiger Am-
mianischen Hyperbeln würde
mich hier zu weit führen.

**) Diese Geschichte hat
in einem der verloren ge-
gangenen Bücher Ammians
gestanden, denn sie ist im
Jahre 323. vorgefallen, doch
hat sie uns Josimus B. 2.
K. 27. vergl. mit B. 3.

K. 13. erhalten, auch ver-
weiset der verdienstvolle neue
Herausgeber desselben, Herr
Dr. Reitemeier auf Zonaras
B. 13. K. 5. der das Mäh-
chen wieder mit andern Umständen erzählt. Uebrigens
werden wir den Hormisda
und seinen Sohn, gleiches
Nahmens, weiterhin im Am-
mian mehrmals wieder fin-
den.

Frage, was denn Er von Rom hielte, die Antwort:
Am besten habe ihm die gemachte Erfahrung gefal=
len, daß die Menschen auch hier sterblich wären *).
Ob nun gleich so viele Herrlichkeiten den Kaiser mit
staunender Bewunderung erfüllten, so konnte er doch
seinen Unwillen über die entweder ohnmächtige oder
neidische Fama nicht bergen, die, so gern sie auch
sonst Alles über die Gebühr zu vergrößern pflege,
doch den Ruhm von Roms Schönheiten nicht im ge=
hörigen Detail habe bekannt werden lassen: und nach
langer Ueberlegung beschloß er die Zierden der Stadt
durch einen im großen **) Circus aufzurichten=
den Obelisk, dessen Geschichte und Form ich an einem
schicklichern Orte angeben will ***), zu vermehren.

Zu derselben Zeit war auch Helena, des Con=
stantius Schwester und Julians Gemahlin, von vor=
gespiegelter Zärtlichkeit geblendet, in Rom angekom=
men, im Grunde aber hatte sie eine tückische Fein=
din an Eusebien, der Kaiserin, die für ihre Per=
son von je her unfruchtbar, jene durch einen listigen
Betrug einen Trank zu nehmen verleitete, der die
Kraft hatte, jedes Kind, mit dem sie schwanger
ging, abzutreiben ****). Kurz vorher hatte sie ein
Knäb=

*) Anstatt *placuisse* möchte
Valois lieber *displicuisse* le=
sen, und Gibbon 4,296.
tritt ihm bei. Allerdings
ist für Rom das Kompli=
ment schmeichelhafter: Al=
les gefällt nur in Rom vor=
trefflich — nur Schade, daß
auch Römer sterben —
**) Für proximo habe ich
mit Valesius maximo ohne

Bedenken in den Text ge=
nommen, zumal da es durch
B. 17, K. 4. bestätigt wird.
***) Buch 17. Kap. 4.
****) Gibbon 4,296 über=
läßt es den Aerzten zu be=
stimmen, ob ein Gift oder
Trank dieser Art vorhanden
sey, und ist überhaupt ge=
neigt, Eusebien zu entschul=
digen.

Knäblein, von dem Helena in Gallien entbunden ward, dadurch aus der Welt geschafft, daß sie die Hebamme bestach, das Kind gleich nach der Geburt durch zu tiefe Abschneidung der Nabelschnur zu tödten: so sorgfältig suchte man zu verhüten, den tapfern jungen Mann in Kindern fortleben zu sehen.

So sehr übrigens der Kaiser seinen Aufenthalt in der glänzendsten Stadt der Welt bei ganz ungestörter Muße und Vergnügen noch länger fortzusezzen gewünscht hätte, so ward er doch durch eben so oft wiederholte als zuverläßige Nachrichten in Angst gesezt, daß die S u e v e n in Rätien eingefallen, daß die Q u a d e r Valerien, und die S a r m a t e n, eine auf Raubereien ausgelernte Nation, das o b e r e Mösien, und das z w e i t e P a n n o n i e n plündernd verwüsteten *). Hierüber bestürzt, ging er am dreißigsten Tage nach seiner Ankunft am acht und zwanzigsten Mai aus Rom ab, und eilte durch Trident nach Illyricum hin. Von hier aus besetzte er M a r c e l l s Stelle mit S e v e r, einem durch Erfahrung im Kriege und reife Einsicht bewährten Mann, entbot auch den U r s i c i n zu sich. Dieser empfing des Kaisers Briefe mit großem Vergnügen, und kam in Begleitung einiger seiner Officiere nach Sirmium nach langer Ueberlegung der besten Maaßregeln auf den Fall, wenn es mit den Persern, wie M u s o n i a n Hoffnung machte, zum Frieden käme, ward er als erster Feldherr vom neuen im Orient angestellt: die

ältere

---

*) Die S u e v e n kommen im Ammian, so viel ich weiß, nicht weiter vor, sind aber sonst bekannt genug. Von dem Kriege gegen die Quader und Sarmaten sehe man B. 17. K. 12. 13. u. B. 19. K. 11.

älteren ſeines Gefolges wurden zu wirklichen Officiers-
ſtellen befördert, wir jüngern bekamen Befehl, in
jedem Auftrage, den er uns thun würde, das Wohl
des Staates befördern zu helfen *).

Kap. 11.

N.C.Geb.) Julian hatte bei den Senonen ſehr un-
357. ruhige Winterquartiere gehabt, aber im neuen Jahre,
in dem Conſtantius ſein neuntes, Er ſein zweites
Conſulat antraten, und die Drohungen der Germanen ihn von allen Seiten umtönten, brach er, durch
glückliche Vorbedeutungen ermuntert, nach Remi
(Rehms) auf, und ſein Muth war um ſo freudiger,
weil Sever die Armee anführte, ein Mann, der
weder zankſüchtig noch anmaßend, vielmehr durch
langen Dienſt zur Mäßigung gewöhnt war, dem
er, wie er hoffte, nur mit gutem Beiſpiele vorge-
hen dürfe, um an ihm den folgſamſten Unterfeldherrn zu haben. Von einer andern Seite war Barbatio, der nach Silvans Tode die Stelle eines Generals der Reiterei erhalten hatte, aus Italien auf
Befehl des Kaiſers mit fünf und zwanzigtauſend
Mann bei den Rauraken (bei Baſel) eingetroffen. Man hatte nämlich zu Ausführung des ent-
worfenen Planes die ſorgfältigſten Vorkehrungen getroffen, die Allamannen, die ſeit einiger Zeit mit
mehr als gewöhnlicher Wut ihre Streifereien
immer weiter ausdehnten, mit Hülfe einer zweiten
ihnen

*) S. B. 14. K. 7. Note.
Ammian. Marcell. 1ſter B.   M

ihnen entgegen gestellten Armee in die Mitte zu nehmen, und wie in das Innere einer Zange zusammen-
gedrängt auf einmal niederzumachen. Schon stand
man im Begrif, einen so wohl angelegten Plan auszuführen, als die Läter *), eine wilde, in heimlichen Ueberfällen sehr geübte Völkerschaft, sich zwischen unsern beiden Lagern hinschlichen und Lugdu-
num (Lyon) ganz unvermuthet überfielen, auch
ganz gewiß Plünderung und Brand über diese Stadt
gebracht haben würden, wenn man sie nicht durch
schnelle Verschließung der Thore noch zurückgetrieben,
und genöthigt hätte, blos an der Beute, die sie auf-
ser der Stadt fanden, sich begnügen zu lassen. Auf
die Nachricht von diesem Ueberfalle ließ Julian drei
Trupps leichter und tapferer Reiter eiligst aufsitzen,
um die drei Wege zu besetzen, auf denen seiner Vermuthung nach die Räuber den Rückweg nehmen
müßten: und sein Plan gelang ihm. Alle, die auf
diesen Wegen durchziehen wollten, wurden niedergemacht, man bekam das geraubte Gut ganz unversehrt wieder, und nur die brachten ihr Leben davon,
die sich durch Barbations Linien zogen. Daß man
sie hier entkommen ließ, kam daher, weil der Tribun Bainobaudes und Valentinian, nachher Kaiser, die mit ihrer Reiterei an den Paß der-

selben

---

*) Sind ursprünglich Gal-
lier gewesen, dann einmal
aus dem Lande vertrieben,
und vom Kaiser Maximian
wieder in ihre Wohnsitze ein-
gesetzt worden, wie Valesius
beweiset. Indessen scheint
nach der Zeit wieder eine
Veränderung mit ihnen vor-
gegangen zu seyn, oder ein
Theil von ihnen ist in Deutschland zurückgeblieben, denn
Ammian nennt sie weiterhin
in unserm Kap. Germanen,
Sie kommen auch B. 20.
K. 8. und B. 21 K. 13. vor.

ſelben Gegend beordert waren, vom Cella, Oberſten der beſchildeten Garde, welcher in Barbations
Gefolge mit zu Felde gegangen war, den Weg, wo
die Germanen, nach eingezogenen Berichten, zurück wollten, zu beſetzen behindert wurden. Nicht
genug, daß der unthätige und auf Julians Ruhm
im höchſten Grad neidiſche Feldherr des Fußvolkes
wiſſentlich dieſen Befehl zum Nachtheile der Römer
gegeben hatte (denn Cella berufte ſich darauf, als
man ihn zur Verantwortung zog), ſo täuſchte er
noch den Conſtantius durch einen falſchen Bericht,
und gab vor, jene Tribunen wären eigentlich gekommen, die unter ihm ſtehenden Truppen aufzuwie-
geln, und hätten nur den Auftrag, für das Ganze
mitzuwirken, zum Vorwande genommen: weshalb
ſie auch wirklich ihrer Aemter entſetzt, dienſtlos zu
ihren Familien zurückkehrten.

Zu eben derſelben Zeit hatten die dießſeit des
Rheines wohnenden wilden Volksſtämme, durch die
Ankunft unſerer Armeen in Furcht geſetzt, theils die
beſchwerlichen, und von Natur ſteilen Wege durch
Verhaue, zu denen ſie ungeheure Baumſtämme fäll-
ten, noch mehr verwahrt, theils auf die häufig im
Rhein befindlichen kleinen Inſeln ſich zurückgezogen,
und ſchmähten unter kläglichem Geheul auf Römer
und Cäſar. Dieſer, hierüber äußerſt erbittert, erbat ſich, um einige dieſer Leute zu greifen, vom Barbatio ſieben Schiffe, die er zur Unterlage von einer
Schiffbrücke bei etwa vorfallendem Uebergange über
den Rhein hatte verfertigen laſſen: aber Barbatio
ließ ſie, um ja von ſeiner Seite nicht hülfliche Hand

zu bieten, verbrennen. Julian erfuhr endlich durch
Aussage einiger neuerlich eingebrachten Spionen, daß
man jetzt im heißesten Sommer den Fluß durchwa-
ten könne: er ermunterte also einige leichte Hülfstruppen, sich unter Anführung des Tribuns der Cornuten, Bainobaudes *) zu einer, wenn das
Glück wohlwollte, glänzenden Unternehmung gebrauchen zu lassen. Sie thaten es, und kamen,
entweder über seichte Furten schreitend, oder auf untergelegten Schilden, die ihnen zu Kähnen dienten,
schwimmend auf die nächste Insel hinüber, gingen
ans Land, machten Mann und Weib, ohne Rück-
ficht auf Alter wie das Vieh nieder, bemächtigten
sich dann der leeren Kähne, ließen sich das Schwan-
ken derselben nicht hindern, den Strom zu gewinnen, überfielen noch eine ganze Menge von dergleich-
chen Inseln, und kehrten dann, des Mordens satt,
mit reicher Beute, die ihnen doch zum Theil die Heftigkeit des Stroms entriß, beladen, ohne einen
Mann zu verlieren, ins Lager zurück. Diese Nachricht bewog die übrigen Germanen, ihre Sicherheit
nicht weiter unzuverläßigen Inseln anzuvertrauen,
vielmehr ihre Lebensbedürfnisse, Früchte und Habe,
wie sie sich bei wilden Völkern denken läßt; mehr
landeinwärts zu schaffen. Julian schritt nun zu dem
Geschäft, die Schanze Tres Tabernä (Rhein-
zabern), welche die Feinde vor nicht langer Zeit mit
unbezwinglicher Hartnäckigkeit zerstört hatten, wieder herzustellen, überzeugt, daß er durch ihren Auf-
bau

*). Scheint von dem vor- ten bitte ich die Note zu
her genannten verschieden zu 15, 5. nachzusehen.
sehn, und über die Cornu-

bau die gewöhnlichen Einfälle der Germanen in die
innern Theile Galliens vereiteln könnte: er beendigte
auch das Werk über Vermuthen ſchnell, und brachte
Lebensmittel für die einzulegende Beſatzung von den
fruchtvollen Feldern der Feinde, freilich nicht ohne
Gefahr und mit gewaffneter Hand, auf ein ganzes
Jahr zuſammen.   Doch nicht nur ſeine neue Schanze,
auch ſich ſelbſt verſorgte er bei dieſer Gelegenheit mit
Lebensbedürfniſſen auf zwanzig Tage.   Ueberhaupt
genoſſen ſeine Krieger ihren Lebensunterhalt mit meh=
rerem Appetite, wenn ſie ſich ihn durch eigene Fauſt
errangen, noch immer erbittert, daß ſie von dem
ihnen neuerlich zugefahrenen Proviant deswegen
nichts geſchmeckt hatten, weil Barbatio, in deſſen
Gegend dieſer Transport vorbeiging, einen Theil mit
eigenmächtigem Stolze für ſich behielt, den übrigen
Reſt aber auf einen Haufen zuſammenwerfen und
verbrennen ließ.   Ob dies der Mann blos aus toller
Unbeſonnenheit that, oder ob überhaupt mehrere, von
dem Winke eines Höheren geleitet, ſich ſo ganz ohne
Scheu dergleichen Schändlichkeiten erlaubten, iſt bis
auf den heutigen Tag ein Geheimniß.   Allgemeine
Sage war es wenigſtens damals, man habe bei Ju=
lians Erhebung gar nicht die Abſicht gehabt, Gal=
liens trauriger Lage abzuhelfen, vielmehr nur ihn
ſelbſt im Kriege mit ſo wilden Völkern hinopfern
wollen: und wie bald, (ſo wähnte man) wird der
junge Mann, beim erſten Waffenklang zurückbeben!
Aber indeß daß er einen Wall um ſein Lager her in
gehöriger Höhe gar bald zu Stande brachte, und ſeine
Soldaten theils an den Gränzen hin einen Kordon

M 3   gezo=

gezogen hatten, theils, um dem überall auflauern-
den Feinde nicht in die Hände zu fallen, mit möglichster Behutsamkeit auf Furagirung ausgingen, grif
ein Schwarm Barbaren mit einer Geschwindigkeit,
die selbst der Nachricht von ihrer Ankunft voreilte, den
Barbatio, der, wie ich vorher bemerkte, mit seiner
Armee auf Gallischem Boden in einem abgesonderten
Lager stand, ungestüm an, verfolgte die Fliehenden
bis Rauraci (Augst) und noch weiterhin, so weit sie
konnte, sah fast das ganze Gepäck, Pferde und Troß
in ihren räuberischen Händen, und kehrte dann in
ihre Gränzen zurück. Aber Barbatio — verlegte,
als hätte er seinen Feldzug aufs rühmlichste geendigt,
seine Soldaten in die Winterquartiere, und ging für
seine Person an das kaiserliche Hoflager zurück, um,
seiner Gewohnheit nach, Kabalen wider den Thronfolger zu schmieden.

Kap. 12.

Kaum hatte sich die Nachricht von diesem schändlichen Rückzuge verbreitet, als die Könige der Alamannen, Cheodomarius und Vestralpus,
ingleichen Urius und Ursicinus, nebst Serapion, Suomarius und Hortarius *) ihre
gemeinschaftliche Macht in Ein Lager zusammenge-
zogen, und sich bei Argentoratum (Straßburg) setzten, in dem Wahne, auch Cäsar habe sich
in

*) Ich gebe jetzt absicht-   de aber fünftig, wo es geht,
lich diese Namen mit ihren   dieselben ihrer Deutschheit
lateinischen Endungen, wer-   näher bringen.

in größter Beſtürzung zurückgezogen, der doch jetzt
deſto eifriger an Befeſtigung ſeines Lagers arbeiten
ließ. Daß jene Könige ſo zuverſichtlich die Köpfe
höher trugen, daran war ein Ueberläufer von der
beſchildeten Garde ſchuld, der aus Furcht vor der
Strafe über ein begangenes Verbrechen, nach dem
Rückzuge ſeines fliehenden Feldherrn zu den Feinden
übergegangen war, und die beim Julian zurückge-
bliebene Armee auf dreizehntauſend Mann ſtark angegeben hatte. Stärker war auch wirklich Julians
Mannſchaft nicht, ſo wild auch die Feinde ihre Wut
zu Gefechten von allen Seiten aufboten. Weil der
Ueberläufer ſeine Ausſage mehrmals betheuerte,
glaubten ſie ſich zu höheren Gedanken berechtiget,
und ließen dem Cäſar in gebieteriſchem Tone durch
abgeordnete Geſandte befehlen, Länder zu verlaſſen,
die ihre tapfere Fauſt erobert hätte: aber Julian,
der keine Furcht kannte, war über dieſen Antrag
eben ſo wenig aufgebracht, als betreten, lächelte
nur über den Stolz der Barbaren, behielt die Geſandten bis zur Vollendung ſeiner Schanzen bei ſich,
und nichts konnte ſeinen ſtandhaften Muth erſchüttern.

Der betriebſamſte Anſtifter, der alle übrigen verhetzte, überall das große Wort führte, und zu den
gefährlichſten Unternehmungen aufmunterte, war
König Theodomar, ein Mann mit hochgewölb-
ten Augenbraunen und hohen Geiſtes über ſein bis-
heriges Glück. Allerdings hatte er den Cäſar Decentius in einem förmlichen Treffen beſiegt, viele
und mächtige Städte zerſtört oder geplündert, und

weil

weil er keinen Widerstand fand, sich seit langer Zeit
jede Ausschweifung in Gallien erlaubt. Noch mehr
wurde seine Zuversichtlichkeit durch die neuliche Flucht
eines Römischen Feldherrn bestärkt, dessen Armee
der seinigen an Zahl und Tapferkeit überlegen war:
denn die Alamannen fanden bei Besichtigung der Ab-
zeichen auf den Schilden, daß (Barbations) Krieger gerade diejenigen wären, die ihnen ihre Streifereien ins Land vorzüglich gewehrt, immer sie in Furcht
erhalten, und wenn sie sich ja einmal mit ihnen ein-
gelassen, mit vielem Verluste zerstreut hätten. Bei
dem allen war der sorgsame Cäsar doch etwas ängstlich, weil Barbatio sich gerade bei den dringendsten
Umständen der Gefahr entzogen, er hingegen mit
einer zwar tapfern, aber doch geringen Mannschaft
mehr als einer zahlreichen Nation entgegen treten
sollte.

Schon strahlte die Sonne mit ihrem Glanze am
Horizont herauf, als er unter Trompetenklang das
Fußvolk mit langsamem Schritt ausrücken ließ, beide
Flügel durch Cavallerie deckte, und unter die letzten
auch bepanzerte Reiter und Bogenschützen, eine
furchtbare Art von Kriegern, mischte. Weil aber
von dem Orte, wo die Römische Armee ausrückte,
bis zu dem Lager der Feinde die Entfernung vierzehn
Leugen, oder ein und zwanzigtausend Schritt betrug: so fand er es rathsamer und sicherer, die vor-
ausgegangenen leichten Truppen wieder einzuberufen,
worauf er dann auf die gewöhnliche Art Stille gebie-
ten ließ, und das truppweise umherstehende Heer mit
der ihm eigenen freundlichen Miene so ansprach:

„Schon

„Schon in Rückſicht auf unſer gemeinſchaftliches
„Wohl, ich will nicht ſagen Rettung, fühlt euer
„Cäſar, deſſen Muth nichts weniger als niederge-
„ſchlagen iſt, ſich dennoch nothgedrungen, euch, ge-
„liebte Mitſtreiter, zu ermahnen und zu bitten, daß
„ihr bei dem beſten Vertrauen auf männliche, kraft-
„volle Tapferkeit, dennoch, um gegen die uns dro-
„henden Gefahren auszuhalten, lieber den Weg der
„Behutſamkeit, als einer gefährlichen Uebereilung
„einſchlagen möchtet.   Daß der junge, muntere
„Krieger, wenn er in der Gefahr ſelbſt ſich befindet,
„muthig, bis zu Kühnheit muthig ſeyn müſſe, iſt
„ganz in der Ordnung; aber wenn es die Umſtände
„nothwendig machen, muß er ſich auch zu Bedächt-
„lichkeit leiten laſſen.   Meine Meinung, vorausge-
„ſetzt, daß ſie euren Beifall erhält, und mit eurer ſo
„gerechten Erbitterung gegen die Feinde verträglich
„iſt, will ich euch kürzlich angeben.   Schon neigt
„ſich der Tag zum Mittage hin: vom ermüdenden
„Marſche entkräftet erwarten uns ſteinichte und dun-
„kle Wege: der Mond iſt im Abnehmen, und auf
„eine ſternenhelle Nacht dürfen wir eben ſo wenig
„rechnen: der Boden vor uns hin iſt durch Sonnen-
„gluht ausgedörrt, und keine Quelle könnte uns ein
„Labſal bieten.   Laßt uns aber auch annehmen, daß
„unſer Hinzug noch ſo bequem wäre — wie? wenn
„die Feinde in ganzen Schwärmen, durch Ruhe
„und Speiſe und Trank geſtärkt, auf uns anſtürzen,
„was ſollen wir dann beginnen? Mit welcher Mun-
„terkeit werden wir, mit unſern durch Hunger und
„Durſt und Ermüdung hingewelkten Gliedern ihnen

„ent-

„entgegenstreben können? Weil demnach eine zweck-
„mäßige Anordnung schon oft den bedenklichsten Ge-
„fahren abgeholfen hat, und mehr als einmal, wenn
„man einen guten Rath mit gutem Willen aufnahm,
„der bereits sinkende Grund mit Hülfe der Götter
„neue Festigkeit bekam, so laßt uns jetzt, von Wall
„und Graben und ausgestellten Vorposten gedeckt,
„ausruhen, Schlaf und Kost genießen, wie sie unsere
„Lage uns bietet, und dann, wenn anders die Göt-
„ter ein so zuversichtliches Versprechen begünstigen,
„mit unsern Legionenadlern zum Triumph, mit un-
„sern Fahnen zum Sieg beim ersten Anbruch des Ta-
„ges hinziehen."

Ohne den Schluß der Rede ganz abzuwarten,
bissen alle die Zähne auf einander, lärmten wild auf,
schlugen, um ihre Begierde nach Schlacht zu zeigen,
mit den Lanzen an die Schilde, und baten, man
möchte sie doch gegen den bereits sichtbaren Feind
hinführen, den sie mit festem Zutrauen auf den Beistand eines Gottes vom Himmel, auf ihren eigenen
Muth, und auf die erprobten Fähigkeiten ihres glücklichen Feldherrn zu schlagen hofften: und wie der Erfolg zeigte, mußte ein wohlthätiger Genius ihnen
erschienen seyn, der, so lange seine Erscheinung dauerte, ihre Seelen mit Kampflust erfüllte. Noch mehr
Kraft erhielt diese Lebhaftigkeit durch die Beistimmung einiger Generale, besonders des prätorischen
Präfects Florentius, dessen Meinung dahin ging,
daß wenn man allerdings viel wage, dennoch eine
Schlacht aus gutem Grunde jetzt, da die Feinde
vereint beisammen stünden, rathsam zu seyn schiene:

denn

denn wollte man warten, bis ſie ſich etwa wieder
verliefen, ſo würde der Soldat, den jugendliche
Wärme ohnedem zu Unruhen geneigt mache, kaum
von einem Aufſtande zurückzuhalten ſeyn, würde
vielmehr aus Verdruß über einen vermeintlich entriſ-
ſenen Sieg vielleicht die unbeſonnenſten Unternehmungen wagen.   Noch mehr gründete man die Hoffnung eines glücklichen Erfolges auf eine doppelte
Bemerkung: man erinnerte ſich des vergangenen
Jahres, wo bei den Streifereien des Römiſchen Heeres jenſeit des Rheines, theils kein Gallier ſich
blicken laſſen, der Haus und Hof beſchützt, oder
ſich uns zur Wehr entgegengeſtellt hätte; wo die
Feinde nur die Zugänge durch dichte Verhaue überall
verwahrt, und bei ſtrenger Winterzeit, faſt von allen
Lebensmitteln entblößt, ſich dennoch tief ins Land
zurückgezogen hätten; theils weil ſie beim Einrük-
ten des Kaiſers in ihr Gebiet, ohne ſich zu wehren
oder nur ſehen zu laſſen, ſogleich geneigt geweſen
wären, demüthig um Frieden zu bitten. Freilich
zog man hierbei die Verſchiedenheit der Umſtände in
keine Betrachtung: das Jahr vorher ſetzte man den
Feinden mit einer dreifachen Armee zu: der Kaiſer
drang durch Rätien, der nicht weit von ihm ſtehende
Cäſar erlaubte ihnen nirgends durchzubrechen, und
ihre Gränznachbaren, jetzt mit ihnen entzweit, halfen ihren von beiden Seiten umringten Landsleuten
beinahe ſelbſt auf den Nacken treten. Aber nach ab-
geſchloſſenem Frieden war der Kaiſer zurückgegangen,
mit den benachbarten Völkern lebten die Feinde nach
abgethanem Zwiſt in friedlicher Einigkeit; und der ſo

äußerſt

äußerst schimpfliche Rückzug des Römischen Feldherrn
erhöhete die der Nation eigene Wildheit nur noch mehr.
Ueberdies machte ein anderer Vorfall die Lage der
Römer noch bedenklicher. Zwei Brüder, beide Könige einzelner Völkerschaften, hatten, durch den
im vorigen Jahre ihnen vom Constantius zugestandenen Frieden in engere Gränzen beschränkt, dennoch,
sich zu empören oder nur zu regen sich nicht ge-
trauet. Nachdem man aber den einen von ihnen,
Gundomad, weil er mächtiger und treu gegen uns
gesinnt war, tückisch umgebracht hatte, trat sein
ganzes Volk zu unsern Feinden über: und sogleich
stießen auch Vadomars Unterthanen, wie er vorgab, aus eigenem Betrieb zu dem Heere der krieg-
führenden Barbaren.

Weil demnach Officiere und Soldaten einstimmig
den gegenwärtigen Zeitpunkt für den günstigsten zu
einer Schlacht hielten, und von ihrem hartnäckigen
Entschluß nicht abgiengen, so trat der erste Fahnenträger als Sprecher auf: „So geh dann, glücklich-
„ster Cäsar, der Bahn nach, die dir ein günstiges
„Schicksal vorzeichnet: in dir haben wir endlich den
„Mann gefunden, dem zur Seite Tapferkeit und
„Einsicht fechten. Stelle dich an unsere Spitze als
„glücklicher und muthiger Feldherr, und bald sollst
„du die Erfahrung machen, wie viel der Soldat un-
„ter den Augen seines heldenmüthigen Generals,
„eines persönlichen Zeugen seiner Thaten, unter dem
„Beistande der Götter, und unter solchen Ermunte-
„rungen zu thun vermag.“ Jede verzögernde Ein-
wendung ward nun abgewiesen, die Armee rückte
vor-

vorwärts, und kam am ſanften Abhange eines Hügels an, der, mit reifem Korne bewachſen, nicht
weit vom Ufer des Rheines ablag: auf die Spitze
deſſelben hatten die Feinde drei Reiter ausgeſtellt, um
die Römiſche Armee zu beobachten, und ihnen das
Anrücken derſelben ſogleich bekannt zu machen: dieſe
eilten auch augenblicklich davon, doch ward ein Fußgänger, der ihnen nicht folgen konnte, beim ſchnellen
Vorrücken der Unſrigen aufgegriffen, und ſagte aus,
daß die Germanen drei Tage und drei Nächte zugebracht hätten, über den Rhein zu gehen. Unſere
Feldherren ſahen ſie auch bald in geringer Entfernung ſich in dichte Haufen drängen, ſie machten
alſo auch Halt, um dem erſten Treffen *) die Feſtigkeit einer unerſchütterlichen Mauer zu geben: auch
die Feinde waren bedächtlich genug, nicht ſogleich
vorzurücken. Weil ſie die Ausſage des vorher er-
wähnten Ueberläufers gegründet, und unſre ganze
Reiterei auf dem rechten Flügel ſich entgegengeſtellt
fanden, ſo drängten auch ſie alles, was bei ihnen
für Kern der Reiterei galt, auf ihrem linken Flügel
zuſammen. Doch miſchten ſie auch hin und wieder
leichte Fußgänger unter dieſelben, und dies war in
der That ein kluger, wohlüberdachter Einfall. Sie
wußten nämlich, daß ein noch ſo geſchickter Krieger

zu

*) Zwar paradieren im
Texte Antepilani, Haſtati,
& Ordinum primi, mit
welchen Namen doch den
wenigſten meiner Leſer gedient geweſen ſeyn würde.
Genug, daß meine Ueber-
ſetzung auf Ammians Zeiten
paßt: denn in frühern Zeiten hatten freilich die Soldaten der erſten Linie im
Treffen andere Benennun-
gen, welches hier weiter
auszuführen wider die Kürze
wäre, durch die ſich meine
Noten vorzüglich empfehlen
ſollen.

zu Pferde, wenn er auf einen unserer völlig geharnischten Reiter traf, zwar bei angezogenem Zaum und Schild mit der rechten Hand die Lanze schwingen, dennoch aber dem ganz mit Eisen bedeckten Gegner nichts anhaben, der Fußgänger hingegen, wenn der Gegner nur immer der nächsten Gefahr ausweicht, auf der Erde unbemerkt hinschleichen, das Pferd seitwärts durchbohren, den Reiter, ehe er sich's vermuthet, vom Pferde stürzen, und dann mit leichter Mühe niedermachen könne. Dies war ihre Stellung auf dem linken Flügel, den rechten legten sie in einen unbemerkten Hinterhalt. Die vornehmsten Heerführer den sämmtlichen streitbaren und wilden Nation waren Chnodomar und Serapio, die mächtigern unter den übrigen Königen. Chnodomar, schändlicher Anstifter des ganzen Krieges trug auf dem Wirbel einen feuerrothen Haarbusch, und führte den linken Flügel, wo die Schlacht am hitzigsten zu werden schien, kühn und trotzend auf seiner Fäuste Kräft: Schaum troff vom Gebiß des hohen Rosses, furchtbar war der Anblick, wenn er, sich im Sattel bebend, die Lanze einsetzte, ausgezeichnet durch seiner Waffen höhere Schönheit, vorher ein muthiger gemeiner Krieger, jetzt bei weitem der geschickteste General der Germanen. Auf dem rechten Flügel kommandirte Serapio, ein junger Mann, mit seinem Barte kaum völlig in Ordnung, aber über sein Alter thätig: sein Vater Mederich, Chnodomars Bruder, war, so lange er lebte, der treuloseste Mann gegen uns gewesen, und weil er lange Zeit als Geisel sich in Gallien aufhalten mußte, hatte er sich

eini-

einige Kenntniß von Griechischen Mysterien erworben, und deßhalb seinem Sohne, in seiner Landessprache vorher Agenarich genannt, den Namen Serapio gegeben *) Beiden folgten noch fünf Könige, die nächsten an Macht nach ihnen, zehen Königssöhne, eine lange Reihe von Magnaten, und ein Heer, fünf und dreißigtausend Mann stark, aus verschiedenen Nationen, theils für Sold, theils durch Verpflichtung zu künftig zu erwiederndem Beistande zusammengebracht.

Schon setzte sich Sever, der Römer Feldherr unter fürchterlich schmetterndem Trompetenklang in Bewegung, stieß aber auf verdeckte Defileen, von feindlichen Schaaren vollgepfropft, die nach dem angelegten Plane aus ihrem Hinterhalte schnell hervorbrechen, und das Gewühl der Schlacht vollenden sollten. Sever machte unerschrocken Halt, getraute sich aber doch, weil er den im Hinterhalte liegenden Feind nicht übersehen konnte, weder zurück noch vorwärts zu gehen. Sobald dies Julian gewahr ward, erschien er, immer in den größten Gefahren am muthigsten, von zweihundert Reitern umgeben, und ermunterte in vollem Jagen das Fußvolk zur Tapferkeit, die ein so hitzig beginnendes Gefecht heischte. Weil theils die zu weit ausgedehnte Linie, theils die zu gedrängte Stellung der beisammen stehenden Korps

ihn

---

*) Daß von Marseille aus Griechische Sitten und Gottheiten in Gallien eingeführt worden, ist bekannt. Was die Gottheiten betrifft, darf ich mich nur auf Cäsar vom Gallischen Kriege berufen, welcher unter andern B. 6. K. 18. erzählt, daß die Gallier ihren Ursprung vom Dis (Pluto) hergeleitet hätten. Lindenbrog verweist in der Note auf Pithous Adversarien B. 1. K. 3. und dieser behauptet, Serapis, von dem Serapion gebildet ist, sey kein anderer als Pluto.

ihn die Armee im Ganzen anzureden hinderte,
und er überdieß den schweren Vorwurf nicht auf sich
laden mochte, sich ein Vorrecht anzumaßen, das der
Kaiser sich allein vorzubehalten schien; so ritt er,
zwar mit gehöriger Vorsicht, doch ohne sich die umher fliegenden Pfeile kümmern zu laffen, an die einzelnen Korps heran, und belebte Bekannte und
Unbekannte, bald mit diefen, bald mit jenen Ermun-
terungen zu tapfern Thaten. „Gekommen, fagte er
„zu den einen, gekommen ift er, der fchicklichfte Zeit-
„punkt zur Schlacht, längft von mir und euch ge-
„wünfcht, von euch felbft durch faft empörende Un-
„geduld herbeigeführt." Kam er in die zweite Linie
des Treffens, dann fprach er fo: „Sehet, Kame-
„raden, der längft gehoffte Tag ift da, der uns ins-
„gefammt auffordert, uns entehrende Schandflecke
„zu tilgen, und Römifcher Majeftät den ihr eigenen
„Ruhm wiederzugeben. Sehet, hier ftehen fie vor
„euch, die Barbaren, von Wut, und höchftem Toll-
„finn zu ihrem Verderben hergetrieben, um durch
„unfere ftarke Fauft zu fallen." Traf er dann beim
Anordnen der Schlacht auf alte geübte Krieger, fo
ermunterte er fie auf folgende Art: „Auf, tapfere
„Männer! laßt uns durch zweckmäßigen Muth die
„unferen Heeren zugefügte Schande rächen — eine
„Schande, die allein mich zu Annehmung des Cä-
„farnamens nach langer Weigerung beftimmen konn-
„te." Diejenigen endlich, von denen er vermuthen
konnte, daß fie das Zeichen zum Angrif zu hitzig fordern, und durch ihren ungeftümen Geift die befte Anordnung vereiteln würden, fprach er in folgenden
Wor-

Worten an: „Laßt euch rathen, Freunde! verfolgt
„die fliehenden Feinde nicht zu hitzig, um den Ruhm
„des kommenden Sieges nicht zu mindern, aber kei-
„ner fliehe auch, als im Fall der höchsten Noth.
„Flöhet ihr, so würde ich euch gewiß eurem Schicksal
„überlassen: aber beim Einhauen in den fliehenden Feind
„werde ich mich selbst nicht ausschließen, nur muß
„uns behutsame Bedächtlichkeit auch hierbei leiten.‟

Unter mehrmaliger Einprägung dieser und ähnlicher
Ermahnungen hatte er den größern Theil seiner Armee
dem ersten Treffen der Feinde entgegengestellt, als
plötzlich ein wildes Lärmen des Alamanischen Fußvolkes sich erhob, und alle einstimmig mit zornigen
Geberden aufschrien, die Königssöhne müßten absitz-
zen, und, wie sie, zu Fuß fechten: denn, liefe die
Schlacht unglücklich ab, so müsse der arme gemeine
Krieger aushalten, die Prinzen hingegen könnten sich
leicht retten. Chnodomar war der erste, der auf
diese Forderung vom Pferde sprang, und die übrigen
folgten seinem Beispiele ohne Verzug nach, denn alle
sahen den Sieg schon als gewiß in ihren Händen.

Die Trompete gab nun, wie gewöhnlich, das
Zeichen zum Angriff, und von beiden Seiten rückte
man mächtig zur Schlacht an. Das Vorspiel machte
man durch Pfeilwerfen, und die Germanen, die mehr
rasch als überlegsam heraneilten, flogen, das Schwert
in der Rechten, mit gräßlichem Feldgeschrei auf unsere Reiterei an: von mehr als gewöhnlicher Wut
sträubte sich ihr fliegendes Haar empor, und wildes
Feuer blitzte ihnen aus den Augen: aber der stand-
hafte Römer deckte den Scheitel durch das vorgehal-

tene Schild, oder schreckte den Feind durch Schwert=
hiebe, oder toddrohender Pfeile Schwung zurück.
Drängte sich dann im Getümmel der Schlacht die
Reiterei in dichte Rotten zusammen, suchte das Fuß=
volk seine Flanken besser zu decken, oder sich in der
Fronte durch dichtverschrobene Schilde zu sichern:
dann stieg eine dichte Staubwolke nach der andern
empor, und das Gewühl nahm zu, wenn die unfri=
gen hier widerstanden, dort sich zurückziehen mußten.
Zwar suchten auch einige erfahrne Krieger unter den
Barbaren, aufs Knie gesenkt, durch vorgehaltene
Schilde ihren Gegner bloß abzuwehren, aber die Er=
bitterung war zu groß, und bald traf Faust an Faust,
und Schild an Schild zusammen: die Luft ertönte
von dem mächtigen Aufschreien der Jubelnden oder
der Sterbenden. Aber indem unser linker Flügel tie=
fer vordrang, mit überwiegender Kraft die zahlreich=
sten Schaaren der Feinde zurücktrieb, und immer hit=
ziger auf den Feind losging, hatte sich wider alles
Vermuthen die Reiterei auf dem rechten Flügel in
größter Unordnung zurückziehen müssen: die voraus=
fliehenden hinderten die folgenden selbst, die Legionen
öffneten sich zu ihrem Schutze, aber kaum hatten
sie sich hinter denselben wieder gesammelt, als sie
von neuem vorrückten. Der ganze Vorfall kam daher:
die geharnischten Reiter hatten, indem sie einmal ihre
Reihen und Glieder vom neuen ordneten, bemerkt,
daß ihr Anführer leicht verwundet, und einer ihrer
Kameraden über den Hals des stürzenden Pferdes
herabgesunken, unter der Last der schweren Rüstung
erdrückt da lag: jeder suchte sich also zu retten, so

gut

gut er konnte, und sie würden unser Fußvolk selbst
überritten, und die Unordnung allgemein gemacht
haben, wenn nicht die Infanterie, dichter geschlossen,
sich gegenseitig unterstützt, und wie Mauer gestanden hätte. Sobald Julian in der Ferne sah, daß
die Reiterei ihre Rettung nur in der Flucht suche,
ritt er in vollem Jagen hin, und stand bald als ein
mächtiger Damm vor ihren Augen. Man erkannte
ihn bald an der auf einer höhern Lanze befestigten
Purpurfahne in Gestalt eines Drachen, dessen vor
Alter gleichsam abgestreifter Balg der Winde Spiel
war *): aber nur der Tribun eines einzigen Trupps
blieb stehen, und ging, vor Schaam und Furcht er-
bleicht, in das Treffen zurück. Unter solchen Umständen pflegt man nicht leicht hitzig zu seyn: auch
Julian war es nicht, seine Verweise waren durch
Sanftheit gemäßiget: „Wohin, wohin, tapfere
„Männer? ihr wisset ja, daß man durch Flucht nie
„etwas gewann, als die Schande eines thörichten
„und vergeblichen Unternehmens. Kommt, wir
„wollen zu unseren Streitgenossen zurück, um we-
„nigstens in so fern an ihrem Ruhme Theil zu neh-
„men, daß wir sie in ihrem muthigen Kampfe fürs
„Vaterland nicht unbesonnen verlassen.“ Durch
diesen bescheidenen Ton brachte er sie alle zu ihrer
Pflicht zurück, und ahmte dem ältern, freilich noch
glänzendern Beispiele eines Sulla nach, der im
hitzigen Treffen mit Mithridats General, Ar-
chelaus, von seinen ermüdeten Soldaten verlassen,

in

*) Valesius versteht dies von Bändern, und ich — weiß
von den umher flatternden nichts Besseres.

in die erste Linie hinflog, die Fahne ihrem Träger aus
den Händen riß, und zu den Feinden mit den Worten hinüberwarf: „Nun so geht, freilich eurer Pflicht
„gemäß bestimmt, an den Gefahren eurer Führer
„Theil zu nehmen; — aber, wenn man euch fragt,
„wo euer Feldherr blieb, dann sagt auch die reine
„Wahrheit: von uns verlassen, blieb er in Böotien,
„mit Verlust seines Lebens für uns alle fechtend."

„Weil es den Alamannen gelungen war, unsere
Reiterei zu werfen, und in die Flucht zu treiben, so
griffen sie nun auch die erste Linie der Infanterie an,
in der Hoffnung, die Bestürzung über das Schicksal
der Reiterei würde ihnen den Sieg sehr leicht machen.
Nun ward das Gefecht allgemeiner, und der Sieg
blieb lange Zeit unentschieden. Die Braccaten
und Cornuten, (B. 15. K. 5.) durch lange Erfahrung in Schlachten geübt, schreckten schon durch
ihren Anzug, und erhoben ihr gräßliches Feldgeschrei *), das sich in voller Hitze der Schlacht mit
dumpfem Gemurmel anhob, dann nach und nach
stärker, und endlich so laut ward, wie die Welle,
die sich am Felsen bricht. Unzählige Pfeile flogen
pfeifend durch die Luft einher, der von beiden Heeren
sich erhebende Staub benahm alle Aussicht, und
machte, daß Waffen an Waffen, Mann gegen Mann
zu stehen kamen. Die Barbaren, zu ungestüm und
zu erbittert als daß sie hätten Glied halten sollen,
loderten wie Flammen auf, und suchten die Brust-
wehr

---

*) Barritus, welches
Wort auch Ammian im Texte
hat, wie denn unsere Stelle
für dieses Feldgeschrei der
alten Deutschen klassisch ist.
Man vergleiche euch Tacitus
Germanien K. 3.

wehr von Schilden, hinter der ſich die Unſrigen wie
hinter einem Sturmbache deckten, durch wiederholte
Schwertſtreiche aus ihren Fugen zu rücken. Dies
bemerkten die Bataver, und das ſo genannte königliche Korps *) (eine furchtbare Mannſchaft, die
jeden, dem ſie half, wenn es nur irgend möglich
war, aus der augenſcheinlichſten Gefahr rettete),
und eilten ſogleich zu Unterſtützung ihrer Mitſtreiter
herbei: lauter tönten die Trompeten, und die Streiter boten ihre ganze Kraft und Eifer auf. Hitzig
und mit tiefem Athemzug eilten die Alamannen zum
Gefecht heran, und wähnten nichts Geringeres, als
im erſten Anfall der Wut alles vor ſich her niederzumachen. Noch immer warf man große und kleine
Wurfſpieße gegen einander, noch immer flogen Pfeile,
mit Eiſen beſchlagen, vom klirrenden Bogen: an
mehreren Orten ward man auch handgemein, ging
mit kurzem Säbel auf den Feind los, ſpaltete Panzer mit hauendem Schwert, und der Verwundete
raffte ſich, ſo lange er noch einen Tropfen Blut in
ſich fühlte, vom Boden auf, um deſto hitziger zu
kämpfen. Beide Theile hielten einander ziemlich das
Gleichgewicht: die Alamannen waren ſtammhafter
und höheren Wuchſes, die Unſrigen durch öftere Ue-
bung gewandter: jene wild und ſtürmiſch, dieſe ru-

N 3 higer

*) Weil bei Ammian die
Eruler mit den Batavern
gemeiniglich' in Geſellſchaft
vorkommen, z. B. B. 20.
K. 1. 4. B. 27. K: 1. 8.
ſo wäre Valois faſt geneigt
geweſen, auch hier anſtatt
der im Texte ſtehenden Reges — Erulos zu ſetzen.

Weil aber die Handſchriften
über Reges insgeſammt ei-
nig ſind, ſo behält er es
um ſo mehr bei, weil in
der Notitia Imperii Occi-
dent. S. 1466. wirklich ein
Truppenkorps unter dem
Namen Regii vorkommt.

biger und bedachtsamer: jene auf körperliche Größe
trotzend, diese voll Zuversicht auf ihren Muth. Ward
der Römer von überwiegender Macht zurückgedrängt,
so ermannte er sich doch bald wieder: und der Alla-
mann, wenn er die Nerven durch Müdigkeit abge-
spannt fühlte, ließ sich aufs linke Knie nieder, und
forderte noch in dieser Stellung den Feind auf, was
doch gewiß der höchste Grad von frevelnder Hartnä-
kigkeit ist. Auf einmal kam im Verfolge der Schlacht
ein ganzer Trupp Alamannischer Magnaten, unter
ihnen auch Könige, hinter ihnen ein Zug ihres Heeres angesprengt, drangen auch in der That tiefer
als andere vor ihnen in unsere Linien ein, und bahn-
ten sich einen Weg bis zu der Legion der Prima-
nen, welche in unserem Lager jedesmal den Mittelpunkt und Kern der Armee ausmacht, und das Prätorische Lager heißt: aber unsere Leute verstärkten
nur ihre Linie, schlossen sich enger zusammen, standen wie Thürme unerschütterlich fest da, stellten mit
erneuertem Muthe das Treffen wieder her, beugten
dem Hiebe des Feindes aus, oder bedeckten sich nach
Art der Mirmillonen *), ohne sich doch die Gelegenheit entgehen zu lassen, jedem Feinde, der in
der Hitze Blöße gab, das Schwert in die Seite zu
stoßen. Die Feinde hingegen, wahre Verschwender
ihres Blutes, um nur den Sieg zu erkämpfen, boten alle ihre Kräfte auf, unsere Linie zu sprengen.
In einer langen Reihe lagen die Erschlagenen da,
durch

---

*) So hießen Gallische Fechter, deren Kunst darinn bestand, durch geschickte Wendung des Schildes ih-rem Gegner, der ihnen ein Netz über den Kopf zu werfen suchte, auszuweichen.

durch immer wachsenden Muth der Römer erlegt,
und dennoch schritten die noch lebenden Feinde über
ihre todten Brüder hin: aber endlich machte das zu-
nehmende Wimmern der Sterbenden ihr Herz weich,
und ihre Hände kraftlos. Ermüdet von so mühvollen Gefechten, sammleten sie nun ihre ganze That-
kraft einzig zur Flucht, und eilten auf verschiedenen
Wegen mit möglichster Geschwindigkeit hin, nur ihr
Leben davon zu bringen, — eilten, wie Schiffsvolk
und Steuermann im wütenden Seesturm sich jedem
Winde gern überlassen, um nur bald Land zu sehen:
aber, daß Lebensrettung mehr zu wünschen als zu
hoffen war, wird jeder eingestehen, der Zuschauer der
Scene war. Die Güte der helfenden Gottheit entschied für unsern Sieg, und wenn unser Soldat im
Nachhauen das umgebogene Schwert nicht mehr zum
Hiebe brauchen konte, stieß er es dem Feinde in die
Eingeweide, und wenn er auch Wunde auf Wunde
schlug, konnte doch sein Ingrimm nicht durch Blut
versöhnt, nicht die Faust des vielfachen Mordens
satt, nicht sein Herz zum Erbarmen gerührt werden,
den flehentlich erbetenen Pardon zu geben. Tödtlich
verwundet lagen die meisten da, und sie hatten keinen Wunsch weiter, als ihre Leiden durch beschleu-
nigten Tod geendigt zu sehen: andere blickten, mit
dem Tode ringend, noch einmal mit gebrochenem
Auge nach dem letzten Lichtstrahl auf. Hier hing
ein vom balkendicken Geschoß zerschmetterter Kopf
kaum noch an der Haut der Kehle; dort waren andere auf dem kothigen und schlüpfrigen Boden in ihrer
Brüder Blut hingestürzt, und wurden, ohne durch das

Schwert

Schwert verwundet zu seyn, unter der Menge
über sie herfallender Leichen erdrückt. Wenn demnach
auf der einen Seite alles über Erwarten glücklich
ging, und der Sieger im muthigen Verfolgen die
Spitze des Schwertes durch oft wiederholte Stöße
abgestumpft sah, und überall auf glänzende Helme
und Schilde trat: so befanden sich hingegen die Be=
siegten im äußersten Nothdrange, und durch aufge=
thürmte Leichen am Fliehen gehindert, suchten sie
nun ihre Rettung, die einzige, die ihnen noch übrig
war, in dem Strome, der nah hinter ihrem Rücken
hinfloß. Und weil die Unsrigen sich selbst durch ihre
schwere Rüstung im Nachsetzen nicht ermüden ließen,
so glaubten einige Feinde, sich durch ihre Geschick=
lichkeit im Schwimmen retten zu können, und spran=
gen in den Strom: Julian, dessen schnelle Einsicht
selbst auf blos mögliche Fälle Bedacht nahm, kam
sogleich, von Tribunen und andern Heerführern be=
gleitet, herbei, und verbot aufs strengste, daß kei=
ner der Unsrigen in der Hitze des Verfolgens sich un=
terstehen sollte, den Feinden in den wirbelnden Strom
nachzuspringen. Man that also wenigstens, was
man durfte, trat ans Ufer, und warf alle Arten
von Geschoß auf die Germanen, die, wenn sie auch
durch schnelles Schwimmen den Pfeilen entgingen,
doch durch ihrer Rüstung Schwere bis auf den Grund
des Stromes hinabsanken. Und so wie im Theater
nach aufgezogenem Vorhange wunderbare (tragische)
Scenen sich dem Auge darbieten, so konnte man auch
hier, ohne für sich selbst fürchten zu dürfen, Auf=
tritte mancher Art sehen: — sehen, wie des

Schwim=

Schwimmens Unkundige ſich an die Meiſter im
Schwimmen anhingen, wie andere, von Flüchtigern
abgeſtoßen, ſich wie Klötze umhertrieben, und dann,
als hätten ſie an dem gewaltigen Strome einen
neuen Feind, von ſeinen Fluten umhüllt, verſchlungen wurden; — ſehen, wie einige auf untergelegten
Schilden ſchwimmend *) den ſteil aufgethürmten
Wogen in ſchiefer Richtung auswichen, und nach
vielen Gefahren am jenſeitigen Ufer ankamen. Schäumend von Barbarenblut ſtaunte der Rhein ſelbſt,
ſeine natürliche Farbe entſtellt, und ſeinen Strom
mehr als gewöhnlich anſchwellen zu ſehen.

König Chnodomar hatte indeß Gelegenheit geſun-
den, über ganze Schichten von Erſchlagenen zu entkommen, und eilte, von einigen Trabanten begleitet, mit reißender Geſchwindigkeit nach dem Lager
hin, welches er vorher nicht weit von den Römiſchen
Kaſtellen Tribunci und Concordia entgegen zu
ſtellen Muth genug gehabt hatte **). Hier wollte

N 5   er

---

*) Clypeis vectos. Ich
habe vectos beibehalten, weil
einige Völker in der That
ſich die Fertigkeit erworben
hatten, auf ihre Schilde gelegt über Flüſſe zu ſetzen, wie
wir kurz vorher Kap. 11. ein
Beiſpiel geſehen haben. Aber
in dieſer Eil, in dieſem Gewühl, bei ſo hoch gehenden
Wellen ſich auf das Schild
zu legen? — Vielleicht hat
Ammian rectos geſchrieben;
wenigſtens läßt ſich dann die
Sache weit leichter erklären:
Sie hielten die Schilde vor
ſich, und ſchritten (meati-
bus) den Wellen in ſchiefer
Richtung entgegen.

**) Celeritate rapida pro-
perabat ad caſtra, quae pro-
pe Tribuncos & Concor-
diam munimenta Romana
fixit intrepidus. Auch hier
habe ich vom Texte, wie ich
ihn fand, nicht abweichen
wollen, ob ich gleich geſtehe,
daß mir das Intrepidus hier
nicht ſo recht gefällt. Wie
wäre es, wenn man ſtatt
deſſen in Triboccis läſe?
Mannert, S. 232. ſeiner
Geographie, getraut ſich
den Ort Tribunci, den auſſer

er die Schiffe, die er schon längst auf den Nothfall
in Bereitschaft halten ließ, besteigen, und sich tief
im Lande verbergen. Weil er aber, um in sein eigenes Land *) zu kommen, nothwendig über den
Rhein mußte, so suchte er mit verhülltem Gesicht,
um nicht erkannt zu werden, sich rückwärts in einem
kleinen Umwege durchzuschleichen **). Schon war
er nahe am Ufer, als er noch noch einen sumpfigen
Teich vor sich fand: und ob er gleich denselben um-
gehen wollte, sank doch sein Pferd in den weichen
Boden ein, — er stürzte, half sich aber auf, und
suchte sich, so feist er war, auf einen nahen Hügel
zu retten. Man erkannte ihn bald (denn man hatte
ihn bei seinem vorhergehenden großen Glück nur zu
gut kennen gelernt), und sogleich setzte ein Trupp
der Unsrigen, von einem Tribun angeführt, in vollem Laufen nach, war aber so vorsichtig, die wald-
dichte Anhöhe nur rund umher zu besetzen, aus Furcht
bei geradem Vordringen im dunkeln Walde eine Falle
gelegt zu finden. Chnodomar, der weiter keine Hoffnung

---

ser Ammian kein Schriftsteller hat, nicht ganz sicher in
den Distrikt der Tribokker
zu setzen. Wie, wenn also
mein Vorschlag diese Be-
denklichkeit höbe? Wie, wenn
selbst Concordia, wie schon
Surita zu den Itinerarien
vermuthete, auch in diese
Gegend gehörte?

*) Valesii Ausgabe, von
Gronov besorgt, hat tento-
ria, ich folge aber mit Vergnügen der Ernestischen Lee-
art: territoria, weil dieses
Wort, das auch B. 16. K. 2.
vorkommt, das hier einzig

passende zu seyn scheint. Der
bescheidene Mann hat eine
so glückliche Conjectur ganz
ohne Geräusch aufgenommen,
und selbst im Glossar nichts
darüber bemerken wollen.

**) So erkläre ich mir
hier: sensim pedem retulit,
theils, weil ich bei der gewöhnlichen Bedeutung von
pedem referre das sensim
mit der vorhergehenden celeritate rapida nicht recht
vereinbar fand, theils weil
der König beim Vorwärts-
fliehen die Verhüllung nicht
nöthig gehabt hätte.

nung vor ſich ſah, erſchien nun ganz allein, und
ergab ſich: ſeinem Beiſpiele folgten dann ſeine Begleiter, zweihundert an der Zahl, und drei ſeiner
vertrauteſten Freunde, deren jeder lieber die Hände
den Feſſeln darbot, als die Schande auf ſich kommen
laſſen wollte, ſeinen König zu überleben, oder, wenn
es ſeyn müßte, nicht für ihn zu ſterben. Und, ſo
wie es in der Art des rohen Barbaren iſt, im Glück
aufzubrauſen, und im Unglück zu kriechen, ſo ging
auch jetzt Chnodomar, fremder Willkühr Sklav und
todtenbleich und vom böſen Gewiſſen ſtumm gemacht
einher. Welcher himmelweite Abſtand von dem Manne,
der vorher wildes Schrecken und Jammer überall
verbreitete, frohlockend über Galliens Aſchenhaufen
wandelte, und mit neuen Verherrungen drohte!

Alles war nun durch Hülfe der höchſten Gottheit
glücklich geendigt, der ſiegreiche Soldat ward bei
ſchon ſich neigendem Tage durch Trompetenklang
zurück entboten, lagerte ſich am Ufer des Rheines,
und nachdem man einige Reihen mit Schilden be-
wehrter Männer zur Sicherheit einen Kreis um das
Lager ziehen laſſen, erquickte man ſich durch Speiſe
und Schlaf. Von Römiſcher Seite waren in dieſem Treffen zweihundert und drei und vierzig Gemeine, und vier Officiere geblieben *): nämlich zwei
Tribunen der Cornuten, Bainobaudes und La-
ipſo,

---

*) Eine Angabe, die frei-
lich etwas ruſſiſch lautet;
indeß muß man geſtehen,
daß Ammian noch ſehr be-
ſcheiden gegen Zoſimus
iſt, der B. 3. K. 3. nicht
weniger als hundert und
zwanzigtauſend Menſchen auf
dem Schlachtfelde bleiben,
oder im Strome ertrinken
läßt.

ipſo, Jnnocentius, Anführer der geharniſch-
ten Reiter, und noch ein Titulartribun, deſſen Name mir nicht beifällt: von den Alamannen hingegen
fand man ſechstauſend auf dem Schlachtfelde, und
unzählige Leichname trieben den Fluß hinab. Julian, den dieſe glückliche Schlacht noch mehr als
Helden bewährte, und in dem man den verdienſtvol-
len Mann noch weit mehr als General ehrte, ward
von der Armee einſtimmig zum A u g u ſt ernannt,
aber er verwieß den Soldaten dieſen Leichtſinn nach-
drücklich, und betheuerte eidlich, daß er dieſen Ehren-
namen nie erwartet, nie anzunehmen entſchloſſen
ſey. Um die Freude des Heeres über den glücklichen
Sieg zu erhöhen, ließ er Chnodomaren in voller Verſammlung vor ſich bringen: er erſchien mit einer tiefen Verbeugung, warf ſich dann demüthig auf die
Knie, bat in ſeiner Landesſprache um ſein Leben,
und ward mit der beſten Hoffnung entlaſſen. Einige
Tage nachher ward er nach des Kaiſers Hoflager,
und von da nach Rom gebracht, wo er in den auf
dem Cöliſchen Berge für ausländiſche Soldaten
angelegten Kaſernen an der Schlafſucht ſtarb.

So glücklich nun auch Julian ſo viele und ſo
wichtige Thaten ausgeführt hatte, ſo gab es doch
an Conſtantius Hofe noch immer Leute, die ihn,
blos um dem Kaiſer Hof zu machen, verläumdeten,
und ihn ſpöttiſch Victorin deswegen nannten, weil
er, obgleich mit aller Beſcheidenheit, ſeine Befehle
als General gern mit Erwähnung ſeines Sieges über
die Germanen zu begleiten pflegte. Dagegen blies
man durch die übertriebenſte und dennoch ungegrü-
detſte

detste Lobpreisung, bei der doch Prahlerei offenbar durchschien, den ohnedem zum Stolz geneigten Kaiser noch mehr auf, und was nur auf dem Erdkreise vorfiel, maß man seinem glücklichen Einfluß bei. Durch so windige Schmeicheleien verleitet, log er jetzt und nachher in seinen Hofberichten der Welt dreist genug Thaten vor: — er allein (und war doch oft in einer ganz andern Gegend), er allein habe gefochten, und gesiegt, und fußfällige Könige fremder Nationen von der Erde aufgehoben. Vor andern war dies der Fall im Orient: denn wenn ein General, während daß Er in Italien sich aufhielt, einen Sieg wider die Perser erfocht, geschahe doch in der oft sehr weitläufigen Nachricht des Generals gar keiner Erwähnung, der Kaiser sandte vielmehr die mit Lorbeer umwundenen Briefe, nicht ohne Kosten der Unterthanen, in die Provinzen, und erzählte mit ärgerlicher Prahlerey daß er selbst an der Spitze der Armee gefochten habe *). Man findet sogar noch in den Archiven die Nachricht von dem Siege über die Germanen, [in der in der That hochtrabende Worte nicht gespart sind **)], um den ganzen Hergang zu erzählen, und den Constantius bis zum Himmel zu erheben: denn ob er gleich von Straßburg damals vierzig Tagemärsche entfernt war, so beschreibt er doch das Treffen, will die Armee zur

Schlacht

---

*) In der ganzen Stelle spricht wohl mehr Ursicins Adjutant, als der unbefangene Historiker. Seit Augusts Zeiten war es ja üblich, daß die regierenden Kaiser, die sich das so genannte Auspicienrecht allein vorbehielten, alle Siege, die ihre Cäsaren oder Feldherren erfochten, sich zuschrieben.

**) Das in Klammern geschlossene soll eine im Texte befindliche Lücke ausfüllen.

Schlacht gestellt, in der ersten Linie gefochten, die
Feinde in die Flucht getrieben haben — vor ihn soll
man Chnodomaren als Gefangenen gebracht haben,
und — welche Ungerechtigkeit! keine Sylbe von
Julians Thaten, die er so gern ganz in Dunkelheit begraben hätte, wenn Fama nicht gewohnt wäre,
Heldenthaten laut werden zu lassen, so zahlreich auch
die Menge derer ist, die sie in Schatten zu stellen
sich bemühen.

Sieben

Siebenzehntes Buch.

Inhalt.

Kap. 1. Julian gehet über den Rhein, plündert und sengt und brennt in den Kantonen der Alamannen, stellt Trajans Colonie wieder her, und gesteht den Feinden einen Waffenstillstand auf zehen Monathe zu. — K. 2. Er schließt sechshundert Franken, die im zweiten Germanien alles verheerten, ein, und nöthiget sie durch Hunger, sich zu ergeben. — Kap. 3. Er sucht den Galliern den schweren Tribut zu erleichtern. — Kap. 4. Auf Befehl des Kaisers Constantius wird zu Rom im großen Circus ein Obelisk aufgerichtet: überhaupt von Obelisken und Hieroglyphen. — Kap. 5. Kaiser Constantius und Sapor der Perser König arbeiten durch Briefwechsel und Gesandte vergeblich an einem gegenseitigen Frieden — Kap. 6. die Juthunger, eine Alamannische Völkerschaft, verwüsten Rätien, werden aber von den Römern in einer Schlacht besiegt. — Kap. 7. Nikomedien durch ein Erdbeben zerstört: verschiedene Arten der Erdbeben. — Kap. 8. Die Salier, ein Fränkisches Volk, ergeben sich an Julian freiwillig: die Chamaver hingegen schlägt er, macht eine große Menge zu Gefangenen, und bewilligt Frieden den Uebrigen — Kap. 9. Er stellt drei von den Barbaren an der Maas niedergerissene Schanzen wieder her, muß aber von seinen Soldaten bei eingetretener Hungersnoth Schmähungen und Drohworte sich gefallen lassen. — Kap. 10. Suomar und Hortar, Könige der Alamannen, erhalten nach Zurückgabe der Gefangenen, vom Julian den Frieden. — Kap. 11. Julian

Julian wird ungeachtet seines Wohlverhaltens in Gallien am Hofe des Kaisers von Neidern lächerlich gemacht, unthätig und feig genannt. — Kap. 12. Constantius zwingt die von ihren Sklaven aus dem Lande vertriebenen Sarmater, ingleichen die Quaden, beider Pannonien und Mösiens Verwüster, Geißeln zu geben und die Gefangenen auszuliefern: giebt auch den Sarmatern Wohnsitze, Freiheit und einen König wieder. — Kap. 13. Hingegen erlegt er die Limiganten, Sarmatische Sklaven, in einer großen Schlacht, zwingt sie auszuwandern, und hält eine Anrede an seine Soldaten. — Kap. 14. Die Römischen Gesandten kommen, ohne etwas ausgerichtet zu haben, aus Persien zurück, weil Sapor auf Zurückgabe Armeniens und Mesopotamiens besteht.

Kap. 1.

Nach glücklicher Beendigung der bisher erzählten mannichfaltigen Begebenheiten sah der heldenmüthige junge Mann nach gewonnener Schlacht bei Straßburg nun zwar ohne Sorgen den Rhein in seinen Ufern wieder ruhig fließen, um aber auch der Besorgniß, daß wilde Raubvögel die Leichname der Erschlagenen verzehren möchten, abzuhelfen, ließ er alle, Freund und Feind, begraben, und kehrte nach Entlassung der Gesandten, die vor der Schlacht, wie wir oben erzählten, mit stolzen Anträgen bei ihm angelangt waren, nach Tres Tabernä (Rheinzabern) zurück. Von hier aus ließ er sämmtliche Gefangene und übrige Beute nach Mediomatrici (Metz) bringen, mit dem Befehl, sie bis zu seiner Rückkehr aufzubewahren; denn seine Absicht war,

war, nach Moguntiacum (Mainz) aufzubrechen, hier eine Brücke zu schlagen, und die aus unfern Provinzen, bis auf den letzten Mann vertriebenen Barbaren nun in ihrem eigenen Lande heimzu-
suchen: und ob er sich gleich anfangs durch die Wi-
dersetzlichkeit der Armee behindert fand, so mußte er
sie doch durch Beredsamkeit und einschmeichelnde Vorstellungen bald willfährig zu machen. Durch neue
Beweise seiner Tapferkeit zu neuer inniger Liebe aufgefordert, folgten sie gern dem Manne, der an allen
ihren Gefahren Theil nahm, sich als trefflicher General geltend zu machen gewußt hatte, und, wie die
Erfahrung lehrte, mehr von sich selbst, als von dem
Soldaten zu fordern gewohnt war. Bald kam man
auch an dem vorher genannten Orte an, schlug eine
Brücke über den Fluß, und rückte in der Feinde Land
ein. Diese, vor der über sie einbrechenden Gefahr
überrascht, hatten zwar gerade jetzt am wenigsten
sich in der bisher genossenen Ruhe gestört zu sehen
geglaubt; indessen in der Angst klug genug, von dem
unglücklichen Schicksale ihrer Landsleute auf ihr eigenes zu schließen, stellten sie sich, um nur der Heftigkeit des ersten Sturmes auszuweichen, als ob sie
Frieden wünschten, ordneten auch einige Gesandten
mit gemessenen Aufträgen zu Abschließung eines
Freundschaftsbundes ab: aber der Himmel weiß,
was ihnen einfiel, oder sie antrieb, ihre Gesinnung
zu ändern, denn in möglichster Eil hatten sie ihre
Gränznachbarn zum Beistande aufgeboten, und die Unsrigen würden einen schweren Stand mit ihnen bekommen haben, wenn sie sich nicht zurückgezogen hätten.

Ammian. Marcell. 1ster B.   O   So-

Sobald Julian gewissere Nachricht darüber hatte, schiffte er noch bei später Nacht achthundert Mann auf kleinen, aber flüchtigen Fahrzeugen ein, mit dem Befehl, so schnell als möglich, den Strom auf- und abwärts ans Land zu gehen, und alles, was ihnen vor die Hand käme, mit Feuer und Schwert zu verwüsten. Der von dieser Seite angelegte Plan machte, weil bei Sonnenaufgang sich die Feinde auf den Spitzen der Berge sehen ließen, ihn und seine Krieger desto muthiger, die Anhöhen hinaufzurücken: man traf zwar hier keinen Feind an, (denn die Feinde hatten Julians Vorrücken erwartet, und sich zurückgezogen), aber man sah in der Ferne große Wolken von Rauch — ein Beweis, daß die Unsrigen wirklich gelandet wären, und ihre Verheerungen glücklich betrieben. Desto schreckhafter war der Anblick für die Germanen: sie zogen sich sogleich aus dem Hinterhalte, den sie an engen und waldichten Wegen unserer Armee gelegt hatten, und eilten mit fliegenden Schritten über den Main hin, um ihre Brüder zu retten. Wie es beim Schrecken zu gehen pflegt, hatten die einen, von unsern schnell aufsprengenden Reitern, die andern durch ansegelnde bemannte Schiffe überrascht, zwar, der Gegend kundig, durch schleunige Flucht sich selbst gerettet: aber ihre Flucht gab auch unseren Kriegern desto weiteren Spielraum, daß sie ohne Schonung Vieh und Früchte aus ländlichen Wohnungen in Menge wegführten. Auch schleppte man die Einwohner als Gefangene fort, und zündete dann sämmtliche, sehr ordentlich nach Römischer Art gebaute Häuser an. Zehntausend Schritte,

Schritte, nach ungefährer Schätzung, war man vorgedrungen, als man bei einem fürchterlich dunklen
Walde ankam, und weiter vorzurücken um somehr
Anstand nahm, weil man durch Aussage eines Ueberläufers erfuhr, daß eine zahlreiche Menge Feinde in
unterirdischen Höhlen, und hinter vielen sich durch-
kreuzenden Gräben sich verborgen hielte, um den günstigsten Zeitpunkt, zu einem Ueberfalle zu erlauren.
Nun waren zwar unsere Krieger muthig genüg, sich
mehr zu nähern, fanden aber durch einen Verhau
von Eichen- und Eschen- und Tannenstämmen die
Wege überall dicht verwahrt. Sie gingen daher
mit behutsamen Schritten zurück, bemerkten aber zu
ihrem großen Verdruß, daß sie nicht anders als durch
weite und steile Umwege weiter vorrücken könnten.
Weil man auch bei eingetretener strenger Witterung
eine so gefährliche Unternehmung vergeblich unternommen haben würde, (denn die herbstliche Tag-
und Nachtgleiche war vorbei, und der in diesen Gegenden häufig fallende Schnee bedeckte bereits Berge
und Fluren) so schritt man zu einem andern nicht
weniger wichtigen Werke. Man benützte nämlich
die Zeit, wo man keinen Widerstand befürchten durfte, das auf Alamannischem Grund und Boden ehemals vom Trajan angelegte, und nach seinem Namen benannte, seit langer Zeit aber gewaltsam zerstörte Kastell [c]) in der Geschwindigkeit wiederherzu-

O 2   stellen:

---

*) Ohne Zweifel mit Co-
lonia Trajana einerlei,
die blos in Antoniens Itinerar. und Der Peutingeri-
schen Tafel vorkommt. Heut
zu Tage Kelln im Clevi-
schen. Mannert S. 218.
führt unsere Stelle nicht an,
glaubt aber, daß Trice-
simä B. 18. Kap. 2. eben
auch diesen Ort bedeute.

stellen: legte dann für jetzt hinlängliche Besatzung
hinein, und versorgte es aus dem Innern des feindlichen Landes mit Lebensmitteln. Die Feinde, überzeugt, daß dies so schleunig aufgeführte Werk zu
ihrem Verderben gereichen müßte, hielten aus Furcht
übler Folgen in aller Eil eine Volksversammlung,
und ließen unter Versicherung tiefster Unterwürfigkeit durch Gesandte um Frieden bitten: den ihnen
auch, doch bestens verklausulirt, Julian auf zehen
Monate zugestand, und außer mehreren deßhalb angegebenen Bewegungsgründen, vorzüglich darauf
sorgsamen Bedacht nehmen zu müssen glaubte, daß
er das wider Erwarten ohne Hinderniß erbaute Kastell, nun doch auch durch Geschoß und andere Anstalten in haltbaren Stand setzen müsse. Auf diese
Friedenszusage erschienen von den Königen, die den
bei Strasburg geschlagenen Alamannen Hülfe zugeführt hatten, die drei wildesten, jetzt das erstemal
voll ängstlicher Furcht, und schworen nach Landessitte
den ihnen vorgesprochenen Eid ab, daß sie keine Unruhen anfangen, vielmehr Bund und Treue bis auf
den von uns selbst festgesetzten Tag halten, auch an
unserem Kastell sich so wenig vergreifen wollten, daß
sie vielmehr, sobald die Besatzung in Bedürfniß äus-
serte, die Lebensmittel auf eigenen Schultern herbeizuschaffen bereit wären — was sie dann auch, vielleicht mehr von Furcht als Redlichkeit getrieben,
treulich hielten.

Ueber diesen Krieg, der an Denkwürdigkeit eine
Vergleichung mit den Punischen und Teutonischen
(Cimbrischen) aushielt, und noch dies voraus hatte,

daß

daß er mit so geringem Verluste für die Römer verbunden war, ließ nun freilich Julian sein freudiges
Selbstgefühl laut genug werden, und man hätte das
Vorgeben seiner Verläumder leicht wahr finden können, daß er sich nur deswegen mehr angestrengt
habe, um lieber eines rühmlichen Heldentodes zu sterben, als, ihrem Wunsche gemäß, sich wie seinen
Bruder Gallus als Missethäter zum Tode verdam-
men zu lassen, wenn er nicht auch nach Constantius Tode sich gleich, und über seine Heldenthaten
allgemein bewundert geblieben wäre.

Kap. 2.

Alles war nun, so gut es die Umstände erlaubten,
hier auf festen Fuß gesetzt; aber indem Julian in die
Winterquartiere zurückging, fand er eine nicht unbe-
trächtliche Nachlese von schwerer Arbeit vor sich.
Sever, General der Reiterei, hatte, indem er über
Agrippina, (Cölln) und Juliacum (Jülich) nach
Remi (Reims) ging, einzelne Korps Fränki-
scher leichter Truppen, sechshundert Mann stark,
wie sich nachher ergab, in Plünderung der jetzt von
ihrer Besatzung entblößten Städte angetroffen. Zu
diesem kühnen Frevel hatte sie die günstige Gelegenheit ermuntert, daß, weil Julian im Innern des
Alamannerlandes beschäftigt wäre, sie ohne Widerstand sich mit fetter Beute beladen könnten: aber
aus Furcht vor der zurückkehrenden Armee hatten sie
zwei schon seit langer Zeit verlassene Schanzen in
Besitz genommen, um sich, so gut sie könnten, zu

ver-

vertheidigen. Julian, über diesen unerwarteten Vorfall betroffen, behielt in Besorgniß übler Folgen,
wenn er, ohne ihren Frevel zu bestrafen, diese Gegend verließe, ein Korps seiner Armee zurück, um
ihre Schanzen einzuschließen. Der Fluß Mosa
(Maas) ging nahe an diesen Schanzen hin, und
die Blokade verzog sich in den Monaten December
und Januar auf vier und fünfzig Tage, weil die
unbiegsamen Barbaren sich mit unglaublicher Hartnäckigkeit wehrten. Julian, dessen Aufmerksamkeit
nichts entging, fürchtete, sie möchten etwa einmal
die Dunkelheit der Nacht benutzen, über den zuge-
frorenen Fluß zu gehen, ließ also alle Tage vom
Untergange der Sonne bis zum Anbruche des Tages
seine Soldaten auf kleinen Wachtschiffen *) auf= und
abfahren, um das Eis zu zerschlagen, und jeden
Ausweg den Feinden zu erschweren. Diese Erfin=
dung wirkte: die Feinde, durch Hunger und Nacht=
wachen und äußerste Noth entkräftet, ergaben sich
freiwillig, und wurden sogleich nach dem kaiserlichen
Hoflager abgeführt. Zwar rückte ein Schwarm
Franken vor, um ihre Brüder zu retten; aber
auf die Nachricht, daß diese sich hätten ergeben
müssen, und bereits weiter gebracht wären, gingen
sie, ohne etwas zu unternehmen zurück, und Julian
verließ auch diese Gegend, um seinen Winteraufent=
halt in Paris zu nehmen.

Kap. 3.

---

*) Lusoriæ naves, wa=
ren Schiffe, welche die Römer auf Strömen in solchen
Ländern hielten, die an feindliche Völker stießen, Obser=
vationsschiffe. Am besten
beschrieben finde ich sie bei
Saumaise über die Historia
Augusta B. 2. S. 767. ff.

Kap. 3.

Weil man befürchten mußte, daß mehrere Nationen mit verſtärkter Macht zuſammentreten würden,
ſo machte einem ſo bedächtigen Manne, als Julian
war, die Ueberlegung, wie ungewiß doch immer das
Glück im Kriege ſey, nicht wenig Sorge. So ge=
ſchäftvoll und kurz auch der Waffenſtillſtand war,
ſo glaubte er doch jetzt den bedrängten Einwohnern
Galliens vielleicht Erleichterung verſchaffen zu kön=
nen, wenn er die Berechnungen ihrer Abgaben ge=
nauer einſähe. Weil der prätoriſche Präfect Florentius nach reiflicher Ueberlegung befunden zu
haben vorgab, daß er den bei der Kopfſteuer ſich er=
gebenden Ausfall nicht anders als durch eine neue
Auflage zu decken wüßte, ſo erklärte ſich Julian,
der dergleichen Kniffe ſchon kannte, daß er alles in
der Welt eher thun, als ſo etwas geſtatten würde.
Er wußte zu gut, daß man durch dergleichen Vor=
kehrungen, oder richtiger geſagt, Umkehrungen, den
Provinzen tödtliche Wunden ſchlüge, die ſchon man=
ches Land in die äußerſte Armuth geſtürzt hätten:
und in der That hatte man, wie ich nachher erzäh=
len werde, die Provinz Illyricum auf dieſem Wege
völlig zu Grunde gerichtet. Florentius ſchrie nun
freilich gewaltig auf, daß er, dem doch der Kaiſer
ein ſo wichtiges Amt vertrauet habe, nun auf einmal
für einen Betrüger gelten ſolle: aber Julian bedeu=
tete ihn mit aller Freundlichkeit, und bewies ihm
durch eine in das kleinſte Detail gehende Berechnung,
daß die bisherige Kopfſteuer zu nöthiger Unterhal=

tung der Armee nicht nur hinreiche, sondern sogar
noch Ueberschuß gebe. Man legte ihm zwar kurz
nachher einen neuen Plan zu Erhöhung der Abgaben
vor, aber er warf ihn an die Erde, ohne ihn lesen,
vielweniger unterzeichnen zu wollen. Der Kaiser
selbst gab ihm auf einen Bericht des Präfects in einem Briefe die Weisung, daß er durch dergleichen
Krittelei den Florentius nicht in Mißkredit bringen
möchte: aber er schrieb zurück, man würde froh
seyn müssen, wenn die Provinzialen bei überall verheerten Ländereien den gewöhnlichen Tribut geben
könnten, geschweige daß man ihnen eine neue Auflage zumuthen sollte, die man von so armen Leuten
selbst durch Bedrohung des Todes nicht würde er-
pressen können. So bewirkte dann jetzt und nachher
dieser einzige Mann durch seine Standhaftigkeit, daß
Niemand den Galliern, etwas außer den gewöhnli-
lichen Abgaben mit Unrecht abzudringen sich erkühnte.
Ein ganz ungewöhnlicher Fall war es auch, daß Julian von einem prätorischen Präfect durch Bitten so
viel erhielt, daß er ihm das durch vielfache Unglücksfälle ganz niedergedrückte zweite Belgien zu
freien Händen *), und sogar auf die Bedingung
überließ, daß kein Unterbedienter des Präfectes,
oder des Präses jemanden durch Zwangsmittel zur
Zahlung anhalten sollte. Diese wohlthätige Erleichterung hatte auch in der That bei allen, die er in
seinen Schutz nahm, die gute Folge, daß sie, ohne
sich

---

*) Nämlich nur in Rück-
sicht auf die Abgaben, um
an dieser Provinz die Probe
zu machen, daß die Ein-
wohner gern gäben, wenn
sie billig behandelt würden.

ſich mahnen zu laſſeu, noch vor den geſetzten Ter‐
minen ihre Zahlung leiſteten.

Kap. 4.

Während daß man Galliens Schickſal erträglicher
zu machen anfing, ward bei Orfitus noch fortdauern‐
der Stadtpräfectur ein Obelisk zu Rom im großen
Circus aufgeſtellt, von dem eine kleine Nachricht, wie
ich hoffe, hier nicht am unrechten Orte ſtehen ſoll.
Schon in den älteſten Zeiten gab es eine Stadt, de‐
ren Mauren ein eben ſo herrliches Werk, als ihre
hundert Thore berühmt waren. Ihre Erbauer nenn‐
ten ſie deshalb Hekatompyli *) und die Provinz
Thebais hat noch jetzt von ihr den Namen. Dieſe
Stadt war zu der Zeit, da Karthago ihre Macht
auszubreiten anfing, von Puniſchen Heerführen ein‐
mal unvermuthet überfallen und zerſtört worden:
nach ihrer Wiederherſtellung bemächtigte ſich der Per‐
ſiſche König Kambyſes, ein habſüchtiger und grau‐

D 5　　　　　ſamer

*) Welches Wort eben die
100 Thore ausdrückt, aus
deren jedem zu Kriegszeiten
200. Mann mit Streitroſſen
und Streitwagen ausgezo‐
gen ſeyn ſollen. Dieſe Sage
gründet ſich auf Homers Ilia‐
de B. 9 v. 383. 384. Schon
Mela erklärt in ſeiner Erd‐
beſchreibung B. 1. K. 9.
dieſe 100 Thore für ſo viel
Hofhaltungen von Fürſten;
(centum portas, ſive, ut
alii aiunt, centum aulas,
totidem olim principum
domos) und Herr Ritter
Michaelis in ſeinem Etwas
von der älteſten Geſchichte
der Pferde und Pferdezucht rc.
S. 33 — 41. für — Pferde‐
ſtälle. Bruce in ſ. Reiſen,
(Volkmanniſche Ueberſ. B. 1.
S. 180. und 192.) ſagt: die
alten Bewohner von Theben
hätten unläugbar in den Hö‐
len der Berge gelebt, und
nicht minder wahrſcheinlich
ſey es, daß die gedachten
100 Thore, die in Hölen
ausgehauen und verziert ge‐
weſen, als ein Wunder der
damaligen Zeit betrachtet
worden, auch noch jetzt den
Namen Beeban el Me‐
luke, d. i. Thore der Kö‐
nige führten.

famer Fürft, so lange er lebte, derselben bei seinem
Einfalle in Aegypten, und beraubte sie ihrer beträcht=
lichen Reichthümer, ohne selbst die Weihgeschenke in
Tempeln zu verschonen. Aber indem er selbst unter sei=
nen plündernden Soldaten mit umher wütete, verwik=
kelte er sich in sein weites Gewand, fiel zur Erde,
der Dolch, den er an der rechten Hüfte trug, fuhr
über diesem schnellen Hinstürzen aus der Scheide, und
verwundete ihn fast tödtlich. Lange Zeit nachher
hatte Cornelius Gallus, unter Oktavians Re=
gierung Statthalter (Procurator) Aegyptens, diese
Provinz durch viele Unterschleife ausgesogen: und
weil er nach seiner Zurückkunft über seine Beträge=
reien und Ausplünderung der Provinz gerichtlich be=
langt ward, stieß er, aus Furcht vor dem aufge=
brachten Adel, dem der Kaiser die Untersuchung über=
tragen hatte, sich selbst das Schwert in die Brust.
Dieser Mann war, wenn ich nicht irre, Eine Per=
son mit dem Dichter Gallus, den Virgil am Ende
seiner bukolischen Gedichte doch einigermaßen in sanf=
tem Klagetone beweinet *) •

In jener Stadt also fand ich außer großen Baf=
fins, und verschiedenen kolossalischen, Aegyptische
Gottheiten vorstellenden Kunstwerken auch mehrere
noch stehende Obelisken, andere aber liegend und
zertrümmert, zu welchen die Könige der Vorzeit,
stolz auf Bezwingung einer Nation, oder auf sonst
eine glückliche Begebenheit ihres Landes, die Steine
aus

---

*) Ueber diesen Mann als   zusehen, und über den Dich=
Statthalter bitte ich Dio   ter Fabricii Bibl. lat. edit.
Caßius B. 51. K. 17. und   Erneft. T. I. p. 425.
B. 53. K. 13. und 23. nach=

aus tiefen Bergen, oder in fernen Landen hatten aus-
hauen, und den Himmelsgöttern zu Ehren aufstellen
lassen. Ein Obelisk besteht übrigens aus einem sehr
harten Steine (Granit), und erhebt sich in Kegel-
gestalt nach und nach zu einer großen Höhe: weil
das Ganze einen Sonnenstrahl vorstellen soll, so
wird er immer schmaler, und geht allmählich nach
seinen vier Seiten, alle von Künstlerhand geglättet,
in eine scharfe Spitze aus. Die unzähligen Figuren,
Hieroglyphen genannt, welche man auf allen
Seiten eingeschnitten findet, behaupten von je her
ihr ehrwürdiges Ansehen als uralter Weisheit Denk-
mahle. Durch die eingegrabenen vielerlei Arten von
Vögeln und andern Thieren, sogar aus andern Welttheilen, wollte man das Andenken merkwürdiger Begebenheiten auch bei der Nachwelt mehr verbreiten,
und jeder von diesen Prachtkegeln stellte ein gethanes
oder wirklich ausgeführtes Gelübde alter Könige dar.
Wenn man jetzt durch eine festgesetzte und leicht zu
übersehende Zahl von Buchstaben jede Idee, die nur
in die menschliche Seele kommen mag, auszudrücken
im Stande ist, so kannten doch die alten Aegyptier
diese Schriftart nicht: jeder einzelne Buchstabe bezeichnete vielmehr einzelne ganze Namen und Wörter, bisweilen auch ganze Sätze. Um einen Begriff
zu geben, will ich für jetzt nur zwei Beispiele beifügen. Durch die Figur eines Geiers drücken sie
das Wort Natur aus, und zwar aus dem Grunde,
weil die Naturkündiger behaupten, daß es unter diesen Vögeln keine Männchen gebe: eine Honig berei-
tende Biene ist ihnen Bild eines Königes, und

der

der geheime Sinn ist, daß ein Regent sich zwar an=
genehm machen, aber auch nicht ohne Stachel seyn
dürfe. Gleiche Beschaffenheit hat es mit unzähli=
chen andern Vorstellungen.

Weil nun die Schmeichler, wie gewöhnlich, dem
Ehrgeize des Constantius immer neue Nahrung zu
geben suchten, und ihm, immer einer lauter als der
andere, vorstellten, daß zwar Kaiser Octavian
Augnst zwei Obelisken aus der Aegyptischen Stadt
Heliopolis hätte nach Rom schaffen, und den
einen im großen Circus, den andern auf dem Mars=
felde aufrichten, den dritten aber nach seiner Zeit
erst herübergebrachten, weil er bei der ungemeinen
Größe desselben zu viel Schwierigkeiten gefunden, we=
der berühren, noch von seiner Stelle verrücken lassen:
so will ich für diejenigen, denen es vielleicht noch un=
bekannt ist, bemerken, daß jener ältere Kaiser, ob
er gleich schon einige von ihrer Stelle nehmen lassen,
doch an diesem sich nicht habe vergreifen wollen, weil
er dem Sonnengott eigenthümlich gewidmet, in
dem inneren Raume eines prächtigen Tempels auf=
gestellt, und gleichsam der König der übrigen war.
Kaiser Constantin hingegen sah kein Bedenken,
diese ungeheure Masse von ihrem Gestell abheben zu
lassen, und glaubte mit Recht, daß er gewiß der
Götterverehrung nicht zu nah trete, wenn er dies
Wunderwerk aus dem Einen Tempel nähme, um es
in Rom, des ganzen Erdkreises Tempel wieder hin=
zustellen: doch blieb anfangs der abgehobene Stein
lange liegen, bis man die nöthigen Anstalten, ihn
weiter zu bringen, getroffen hatte. Man schaffte
ihn

ihn hernach den Nil herab bis nach Alexandrien, wo man ein Fahrzeug von nie gesehener Größe erbaute, das dreihundert Ruder fortbringen sollten. Alles war schon gehörig vorbereitet, als durch Kaiser Constantins Tod der betriebsame Eifer erkaltete: jetzt erst brachte man ihn zu Schiffe über das Meer und in die Fluten des Tiberstromes, der gleichsam ängstlich sich fast nicht getraute, das ihm von dem kaum dem Namen nach bekannten Nilstrom zukommende Pfand, über seine gefährlichen Krümmungen hinweg in die Stadt, des Heiligthums künftige Pflegerin, ohne Schaden zu überliefern. Man setzte ihn in einem nach Alexandern benannten Dorfe (Vicus Alexandri) ab, welches dreitausend Schritte von Rom abliegt, schob ihn dann sanft auf niedrigen Wagen fort, und brachte ihn endlich durch das Ostieusische Thor und über den großen Stadtteich in den großen Circus. Nun fehlte es nur noch am Aufrichten, das man doch kaum für möglich hielt: doch man führte Balkengerüste bis zu einer gefährlichen Höhe auf; man glaubte einen Wald von Maschinen vor sich zu sehen, man legte ungeheuer starke und lange Seile an, die wie vielfach zusammengedrehte Fäden in einem Gewebe einen dichten Vorhang unter dem Himmel hinzogen: an diesen Seilen ward dann der mit Bilderschrift verzierte Steinfels nach und nach in die leere Luft erhoben, hing lange schwebend, und stand endlich von vielen tausend Menschenhänden durch große Winden, wie sie in Mühlen gebräuchlich sind, mitten im Circus aufgestellt da. Oben darauf setzte man eine Kugel von Bronze, mit glänzenden Goldblechen belegt:

legt: weil aber diese kurz nachher vom Blitze getroffen ward, nahm man sie ab, und setzte eine, ebenfalls mit Golde plattierte Fackel auf, die viele Flammen um sich verbreitete. In den folgenden Zeiten °)
hat man noch mehrere dergleichen Obelisken aus
Aegypten herübergebracht, wovon einer im Vati-
can, der andere in dem Gallusischen Lustgar-
ten, zwei an Augusts Gruft errichtet sind °°). Die
auf dem alten, im großen Circus stehenden Oblisk
befindliche Schrift will ich nach Hermapions Erklärung, die er in Griechischer Sprache giebt, hier
beifügen °°°). Auf der Südseite steht folgendes:

Erste

---

*) Nach Augusts Regie-
rung, versteht sich.

**) Noch jetzt sind in
Rom 5. größere, und meh-
rere kleine Obelisken zu sehen. Der unsrige heißt
der Lateranensische, ist der
höchste unter allen, und
ward auf Sixtus 5. Befehl
durch Fontana im Jahr
1588. von neuem aufgerichtet. Außer demselben ist
der vom Kaiser August im
Marsfelde errichtete noch
vorzüglich zu merken, dessen
Schatten die Sonnenhöhe,
das Zunehmen und Abneh-
men der Tage und Nächte
anzeigte, und über den der
verstorbene Prof. Bose in
Wittenberg mit der dorti-
gen Theolog. Facultät einmal eine kleine Fehde bekam.

***) Ammian hat den
Griechischen Text Herma-
pions, der, wie Kircher
will, zu Kaiser Augusts Zei-

ten gelebt hat, beibehalten.
Hier ist der Ort nicht, wo
ich mich auf eine Auseinan-
dersetzung der Aegyptischen
Götterlehre einlassen konnte;
das einzige, was ich thun
kann, ist Angabe einiger Bücher, aus denen man sich am
besten hierüber unterrichten
kann, und die Erklärung
der in unserer Aufschrift vorkommenden eigenen Namen.
Wem also Jablonski ge-
lehrtes Werk: Pautheon
Aegyptiorum, Frankfurt
an der Oder 1750. zu müh-
sam zu lesen seyn sollte, dem
wollen wir Savary Zu-
stand des alten und neuen
Aegyptens, Th. 3. S. 294.
ff. empfehlen. Weniger künstlich, aber desto richtiger hat
Gatterer in 2 vortrefflichen
Abhandlungen von der Theo-
gonie der Aegyptier im 7. B.
der Commentarien der Göt-
ting. Societät gehandelt.

Auch

Erſte Reihe.

Helios dem Könige Rameſtes. Dir verlieh ich das Glück, über die weite Welt mit Fröhlichkeit zu herrſchen. — Helius liebt dich und Apoll. — Mächtiger, der Wahrheit Freund, Herons Sohn, von Göttern ſtammender Bilder des Erdkreiſes, von Helios vorzüglich geliebt, durch Ares tapferer König Rameſtes, deſſen heldenmüthigem Unternehmungsgeiſt die ganze Erde untergeordnet iſt — König Rameſtes, Helios Sohn, deſſen Leben Aeonen währt.

Zweite Reihe.

Apoll der Mächtige, wahrer Verleiher des Diadems, Aegyptens ruhmvoller Beſitzer, dem des Helios Stadt ihren Glanz verdankt, der die übrige Welt erſchaffen, und die in Helios Stadt aufgeſtellten Götter ehrt, des Helios Liebling.

Drit-

Auch verdienen Meiners Verſuch über die Religionsgeſchichte der älteſten Völker, und Zoega über einige Symbole und Gottheiten der alten Aegyprier im 7. St. der Gött. Biblioth. der alten Litteratur und Kunſt S. 1. ſ. verglichen zu werden. — Was die eigenen Namen betrifft, ſo iſt Rameſtes unſtreitig kein anderer, als der bekannte Eroberer Seſoſtris, der auch bei Tacitus Annal. B. 2. K. 60. Rhamſes heißt. — Hephäſtus, Aeg. Phthas, Lat. Vulkan iſt bei den

Aegyptern in Aſtronomiſcher Beziehung Vater der Götter, in ſo fern er nämlich Symbol des Feuers, des Lichtes iſt. — Ohne Licht läßt ſich die Sonne nicht denken, alſo iſt Helios ſein Sohn, der Aegypt. Oſiris, der aber nicht ſowohl Sonne, als Sonnenjahr bedeutet. Helios Sohn iſt Apoll, Aeg. Horus, und unter dieſem iſt die täglich ſcheinende Sonne gemeint. Ares iſt Mars — Ammon iſt Jupiter, Heron iſt Herkules Aeg. Oſom.

Dritte Reihe.

Apell, mächtiger Sohn des Helios, überall seine Strahlen verbreitend, vom Helius vor andern geliebt, und vom tapfern Ares herrlich begabt. — Deine Verdienste wirken auf ewige Zeiten fort. — Dich liebt Ammon, der den Phönixtempel so herrlich schmückte. — Dir haben die Götter lange Lebenszeit verliehen. — Apoll, mächtiger Sohn Herons, Weltkönig Ramestes, durch seine Siege über fremde Völker Aegyptens Erhalter. — Ihn liebt Helios, ihm theilten die Götter eine lange Reihe von Lebensjahren zu. — Weltkönig ist Ramestes, und lebt Aeonen lang.

Eine andre zweite Reihe.
(auf einer andern Seite).

Gott Helios, des Himmels großer Beherrscher. Dir verließ ich ein Leben, dessen du nie satt werden sollst. — Apoll, der mächtig über Diademe schaltet, dem keiner zu vergleichen ist, deren Bildsäulen in diesem Reiche Aegyptens Regenten aufstellten, des Helios Stadt schmückten, und den Helios selbst, des Himmels Beherrscher. Vollendet hat dieses schöne Kunstwerk des Helios Sohn, der König, lebend Aeonen lang.

Eine andre dritte Reihe.

Ich, Gott Helios, des Himmels Beherrscher, gab Ramestes, dem Könige, Macht und Gewalt über Alles. — Ihn hat Apoll, der wahrheitliebende Regent

Regent der Zeiten, und Hephäſtus, der Götter
Vater vor andern lieb, aus Liebe zu Ares. — König, immer freudenvoll, des Helios Liebling.

Erſte Reihe auf der Oſtſeite.

Der Stadt des Helios großer Gott, der Himmelsbe-
wohner Apoll, der Mächtige, Herons Sohn, dem
Helios half, den die Götter ehrten, der ganzen
Welt König, den Helios vor andern liebt, durch
Mars ein tapferer König, den Ammon liebt, und
der Alles beſtrahlende zum König auf Aeonen beſtimmte *).

Kap. 5.

N. C. Geb.) Indem man unter Datians und Ce-
358. realis Conſulat Gallien durchgängig auf beſſern
Fuß zu ſetzen ſich angelegen ſeyn ließ, und furcht-
volle Erinnerung des Vergangenen die Hitze der Barbaren abſtumpfte, befand ſich Perſiens König noch
immer an den äußerſten Gränzen ſeines Reiches,
hatte mit den Chioniten und Gelonen, ſehr
kriegeriſchen Nationen, den Bund der Freundſchaft
geſchloſſen, und ſtand im Begrif, in ſeine Reſidenz
zurückzukehren, als ihm Tamſapor die Nachricht zu-
ſchrieb, daß Roms Regent um Frieden bäte. In
der Vermuthung, daß ein ſolcher Entſchluß blos in
dem Gefühle der Schwäche des Reiches ſeinen Grund

haben

*) Wahrſcheinlich ſind ſol-   in der Hälfte dieſes ewigen
cher Reihen zwölf geweſen: Einerley mehr als zu viel
aber Ammian hat uns ſchon   gegeben.

Ammian Marcell. 1ſter B.   P

haben könne, trug er den Kopf um so höher, und so
schmeichelhaft das Wort Friede seinen eigenen Ohren
klang, so waren doch seine Bedingungen nichts weniger als einladend. Er schickte nämlich einen gewissen Narseus als Gesandten mit Geschenken an
Constantius, und gab ihm zugleich ein Schreiben
mit, in dem der Mann auf allen Zeilen dem ihm
eigenen Stolze treu blieb, und seines Herzens Meinung ohngefähr so ausgedrückt hatte:

„ Sapor, der Könige König, der Sterne Ge-
„ noß der Sonne und des Mondes Bruder, entbie-
„ tet dem Cäsar Constantius, seinem Bruder, sei-
„ nen freundlichen Gruß. Zu Freude und hohem
„ Wohlgefallen gereicht es uns, dich endlich einmal
„ auf besserem Wege zu finden, und die Bemerkung
„ zu machen, daß du der Stimme unverfälschter
„ Redlichkeit Gehör gegeben, und durch Erfahrung
„ dich hast belehren lassen, wie vieles Unglück hart-
„ näckige Habsucht schon so oft angerichtet hat.
„ Weil demnach die Sprache der Wahrheit frei und
„ ungebunden seyn muß, und bei Fürsten die Worte
„ ihres Mundes mit den Gedanken ihres Herzens im
„ Einklange stehen müssen: so will ich meine Wil-
„ lensmeinung um so kürzer fassen, je öfter ich das,
„ was ich zu sagen nöthig finde, schon vorher zu
„ erkennen gegeben habe. Daß zu meiner Vorfah-
„ ren Zeit die Gränzen unsers Reiches bis an den
„ Fluß Strymon und Macedonien reichten, bezeugt
„ selbst die ältere Geschichte Roms: und so darf ich
„ doch wohl auf Wiederherstellung derselben dringen,
„ ich — ohne Stolz sey es gesagt — den höherer
„ Glanz

„ Glanz und eine lange Reihe ausgezeichneter Ver-
„ dienſte über ältere Könige erheben. Doch weit
„ mehr noch gilt bei mir das freudige Bewußtſeyn,
„ das ich mir von Jugend auf, zur Regel machte,
„ nie etwas zu thun, das mich in der Folge gereuen
„ dürfte: Ich beſtehe demnach auf der Zurückgabe
„ Armeniens und Meſopotamiens, die man meinem
„ Großvater durch liſtige Ränke entriſſen hat. Bei
„ uns fand nie der Grundſatz Beifall, über dem ihr
„ euch ſo ſehr wohlzugefallen pfleget, als ob, ohne
„ den Unterſchied zwiſchen wahrer Tapferkeit und li-
„ ſtigen Wendungen zu beachten, der Ruhm eines
„ Krieges nur von ſeinem glücklichen Ausgange ab-
„ hange. Wenn du alſo geneigt biſt, gutem Rathe
„ zu folgen, ſo opfere, um die übrigen Provinzen
„ deſto ſicherer zu beherrſchen, einen kleinen Theil
„ deines Landes auf, der dich viele Sorgen und Blut
„ koſten könnte: bedenke reiflich, daß auch Meiſter
„ der Heilkunſt bisweilen brennen und ſchneiden,
„ oder ganze Glieder abnehmen, um die übrigen ge-
„ ſund zu erhalten, — daß ſelbſt Thiere dies zu
„ thun pflegen, und ſobald ſie merken, warum man
„ ihnen nachſtellt, ſich deſſelben freiwillig entledi-
„ gen, um ohne Furcht leben zu können. Wenig-
„ ſtens will ich hiermit erklärt haben, daß, wenn
„ dieſe meine Geſandtſchaft nichts ausrichten ſollte,
„ ich nach verfloſſener Winterruhe, mit meiner gan-
„ zen Macht dir ſo ſchnell, als ich kann, entgegen
„ eilen werde, und die Hoffnung eines guten Erfol-
„ ges auf mein Glück und auf ſo billige Friedens-
„ vorſchläge im Voraus gründe. “

Lange erwog man den Inhalt dieß Briefes, und beantwortete ihn dann mit freimüthiger Offenheit, und dennoch wohl bedachtem Ausdrucke so:

„Constantius, Sieger zu Wasser und Land, im=
„mer August *), entbietet seinem Bruder Sapor,
„dem Könige, seinen Gruß. So gern ich an deinem
„Glück und Wohlergehen, als künftiger Freund,
„wenn du willst, den vergnügtesten Antheil nehme:
„so vermag ich doch deine unbiegsame, und immer
„weiter greifende Habsucht auf keine Weise zu billi=
„gen. Mesopotamien und Armenien forderst du
„als dir gehörig zurück, und giebst mir den Rath,
„dem doch so wohlbehaltenen Körper einige Glieder
„abzunehmen, um seine Gesundheit auf die Zukunft
„zu sichern, — ein Rath, den ich lieber sogleich
„ganz von der Hand weise, als nur auf irgend eine
„Art mich darauf einlasse. Höre also die Stimme
„der Wahrheit, die nicht in Gaukelei gehüllt, son=
„dern lauter, und durch keine Drohung zu schrecken
„ist. Mein prätorischer Präfect hat in der Mei=
„nung, ein gemeinnütziges Werk zu stiften, mit
„deinem Feldherrn durch einige Unterhändler von
„geringer Bedeutung, ohne mein Wissen, über ei=
„nen Frieden handeln lassen. Wir sind nicht dawi=
„der, werden ihn auch nicht verschmähen, nur muß er
„mit Ehre und Anstand verträglich seyn, und unserer

„Regen=

*) Dieß ist das erstemal, daß Semper Augustus in der Geschichte vorkommt. Daß man dies durch Alle= zeit Mehrer des Reiches übersetzt, ist bekanntlich ein Fehler, zuweilen sogar bit= tere Ironie gewesen. Con= stantius gab sich wahrschein= lich diesen Namen besonders deswegen, weil ihn Sapor in seinem Briefe nur Cäsar genannt hatte.

„ Regentenpflicht und Majestät keinen Eintrag thun
„ wollen. Thörigt wäre es ja doch und entehrend,
„ zu einer Zeit, wo die Reihe unserer Thaten aller
„ Ohren füllt, so vielfach auch der Neid sie zu ver-
„ stopfen strebt: — zu einer Zeit, wo nach Bezwin-
„ gung der Usurpatoren das ganze Römische Reich
„ sich unter unsern Zepter beugt, Provinzen hinzu-
„ geben, die wir, so lange unsre Herrschaft nur in
„ des Orients Gränzen eingeschränkt war *), uns
„ doch immer unangetastet zu erhalten wußten.
„ Wollte man doch endlich einmal aufhören, uns so
„ verbrauchte Schreckbilder vorzuhalten, da es so
„ unbezweifelt wahr ist, daß wir nicht aus Feigheit,
„ vielmehr aus Mäßigung bisweilen uns lieber nur
„ vertheidigen, als der angreifende Theil seyn woll-
„ ten, und daß wir, sobald man uns angreift, un-
„ sere Provinzen als wohlthätige Pfleger aufs ta-
„ pferste zu schützen wissen, durch Erfahrung und
„ Geschichte belehrt, daß, wenn einige Treffen ei-
„ nigermaßen Roms Macht erschütterten, dennoch am
„ Ende eines jeden Krieges der Gewinn immer auf
„ unserer Seite blieb. „

Der Gesandte trat also, ohne etwas ausgerichtet
zu haben, seine Rückreise an (denn man konnte der
zügellosen Begehrlichkeit des Königes jetzt weiter
keine Antwort geben), und wenige Tage nachher
folgten ihm der Unterstatthalter (Comes) Prosper,
und der Tribun und Staatssecretär (Notar) Spe-
ctatus, denen man auf Musonians **) Vor-

P 3   schlag

---

*) So lange Constantius   **) Des prätorischen Prä-
Bruder noch lebten.   fectes S. B. 16. K. 9.

schlag auch den Philosophen Eustathius, einen
Meister in der Ueberredungskunst, zugab, um Briefe
und Geschenke von Seiten des Kaisers zu überreichen,
und alle Kunstgriffe aufzubieten, die Zurüstungen des
Königes so lange hinzuhalten, bis man diese nördlichen Provinzen in den möglich besten Vertheidigungsstand gesetzt hätte.

Kap. 6,

Bei so bedenklichen Aussichten hatten die Juthunger *) eine an Italien gränzende Alamannische Völkerschaft, den ihnen auf dringende Bitte
zugestandenen Bund und Frieden vergessen, streiften
in Rätien herein, verwüsteten alles vor sich her,
und wagten sich sogar, was sonst ihre Art nicht ist,
an unsere Besatzungen in Städten. Um sie zurückzutreiben, ward der an Silvans Stelle zum General
der Infanterie ernannte Barbatio mit einem starken
Korps abgesandt, ein Mann, der zwar für seine
Person nichts weniger als Held war, aber doch durch
seine geläufige Zunge seine Soldaten zur Tapferkeit
so glücklich zu beleben wußte, daß er mit ihnen eine
große Menge Feinde erlegte, und nur wenige der
Gefahr durch Flucht entgingen, auf der sie, wenn
sie ihnen gelang, doch nichts als Thränen und Klagen

*) Sind von den B. 31.
K. 3. 4. 5. vorkommenden
Greuthungen zu unter-
scheiden, welche Scythen von
Abkunft waren. Die Wohn-
sitze der Juthungen giebt

Ammian selbst so deutlich an,
daß er uns eine weitere Note
erspart. S. Saumaise über
die Historia Augusta B. 2.
S. 363. 364. 670.

gen zu den Ihrigen zurückbrachten.   Dieſer Schlacht
ſoll, wie man verſichert, Nevita, nachher Conſul,
damals Anführer einer Eskadron Reiter beigewohnt,
und ſich ſehr tapfer gehalten haben.

Kap. 7.

Gerade um dieſe Zeit hatten auch fürchterliche Erdbeben in Macedonien, Aſien und Pontus durch wiederholte Stöße viele Städte und Gebirge erſchüttert.
Unter vielfachen Denkmahlen der traurigſten Verwü-
ſtung zeichnete ſich vorzüglich Nikomedien, die
Hauptſtadt Bithyniens aus, deren Einſturz ich nach
ſeinen Umſtänden eben ſo kurz als wahr erzählen will.

Am vier und zwanzigſten Auguſt zogen ſich bei
Anbruch des Tages dichte, ſchwarze Wolken über
den Himmel hin, und verwandelten den kurz vorher
noch heitern Tag in finſtere Nacht: kein Sonnen-
ſtrahl blickte durch, ſelbſt das, was man ganz nah
vor ſich oder neben ſich ſah, ſchwand vor dem um-
nebelten Blicke dahin, und grauenvolle dicke Finſterniß brütete über der Erde.   Die höchſte Gottheit
ſelbſt ſchien tödtliche Blitze zu ſchleudern, und die
Winde aus ihren Angeln zu heben, — und auf einmal erhob ſich der Sturm mit mächtiger Wut, von
ſeinen kräftigen Stößen heulten getroffene Berge,
donnerte die am Geſtade ſich brechende Welle: dann
folgten glühende Wirbelwinde, die mit ſchrecklichem
Beben der Erde verbunden, Stadt und Vorſtädte
in einen Steinhaufen verwandelten.   Weil die meiſten Häuſer am Abhange des Berges lagen, ſtürzte

eins

eins über das andere hin; und gaben, indem sie
stürzten, einen fürchterlichen Widerhall. Dann ertönten Stimmen aller Art durch einander von den
Spitzen der Berge herab, ängstlich rufend nach Gat-
ten und Kindern, nach geliebten Verwandten und
Freunden. Nach zwei Stunden endlich, und etwas
weniges darüber öffnete der entwölkte und heitere
Horizont die traurigste Ansicht. Einige waren, von
der Schwere über sie stürzender Häuser gepreßt, unter dieser Last sogleich erstickt: hier sah man einige,
bis an den Hals verschüttet, die noch zu retten gewesen wären, hülflos sterben: dort hingen andere
auf vorspringenden spitzigen Balken gespießt. So
lag eine ganze Menge Menschen, den Augenblick
vorher noch lebend, jetzt durch einander in ganzen
Schichten von Leichen da. Bei einigen Häusern
hatte sich nur der Giebel gesenkt, ihre Bewohner
waren unbeschädigt geblieben, und starben vor Angst
und Hunger. Unter diesen war auch Aristänet *),
der als Vicestatthalter der vom Constantius neuerlich angelegten, und, zu Ehren seiner Gemahlin
Eusebien, Pietas benannten Diöces angestellt
war, und nach langer Qual auf die angeführte Art
starb. Andere liegen noch jetzt, so wie die Lasten
der Häuser über sie herfielen, unter den Ruinen begraben. Einige hatten eine Quetschung am Kopfe
erhalten, oder ein Stück Schulter, oder ein Bein
verloren, schwebten zwischen Todesfurcht und Lebens-
lust, rufen andere, die ein ähnliches Schicksal traf,

zu

---

*) Von ihm haben wir am besten herausgegeben von
noch zwei Bücher Briefe, Ubresch, Zwoll 1749. 8.

zu Hülfe, und die Antwort war — Betheurung der
Unmöglichkeit. Der größere Theil der Tempel und
Häuſer und Menſchen würde vielleicht noch immer
zu retten geweſen ſeyn, wenn nicht plötzlich hervor-
brechende Feuerflammen funfzig Tage und Nächte
durch alles, was Feuer fängt, verzehrt hätten.

Doch ich glaube, eine kurze Angabe der Muth-
maßungen, die die Alten über Erdbeben hatten, ſoll
hier nicht am unrechten Orte ſtehen: denn in das
Geheimniß gewiſſer Wahrheit hierüber haben nicht
nur wir bloße Liebhaber der Naturkunde, ſondern
auch die größten Phyſiker nach langen Nachtwachen
und ewigen Zänkereien noch immer eindringen können.
Man bemerkt deshalb auch in den Ritual- und Au-
gurbüchern (und die Prieſter halten ſehr genau über
dieſe Vorſchrift), daß man, wenn der Gott, der das
Erdbeben verhing, ſich nicht beſtimmen läßt, ſich
ja in Acht nehmen müſſe, durch Verwechſlung ſeines Namens mit dem Namen eines andern Gottes
ſich an ihm zu verſündigen. Erdbeben entſtehen alſo,
nach den verſchiedenen Meinungen der Naturkundigen, über die ſich Ariſtoteles ſelbſt nur ſchwan-
kend erklärt, entweder, wenn in engen Erdhölen,
welche die Griechen Syringen (Pfeifen) nennen,
angehäuftes Waſſer einen gewaltſamen Ausweg ſucht:
oder wenigſtens, wie Anaxagoras behauptet,
wenn heftige Winde im Innern der Erde eingeſchloſ-
ſen ſind, die, wenn ſie eine dichte Erdrinde über
ſich, und nirgends einen Ausgang finden, diejenigen Theile der Erde in ſchwankende Bewegung ſetzen,
in die ſich ihre Dünſte gezogen haben. Daher be-

P 5

merkt

merkt man gemeiniglich bei einem Erdbeben auf der
Oberfläche der Erde eine Windstille, weil die Winde
im Innern der Erde beschäftigt sind. Anariman-
der sagt, die Erde bekomme, entweder durch zu
große Sonnenhitze vertrocknet, oder von zu lange an-
haltendem Regen durchwässert, größere Spalten, in
welche von der Erde herein zu viel und zu heftiger
Wind eindringe, und durch starken Luftzug die erschütterte Erde aus ihrer Lage rücke. Dies ist die
Ursache, daß die Erdbeben in solche Zeiten fallen,
wo die Atmosphäre mit heißen Dünsten erfüllt, oder
die Erde durch anhaltendes Regenwetter zu sehr durchwässert ist. Daher kommt es auch, daß die alten
Dichter und Mythologen dem Neptun, aller feuchten
Substanzen Beherrscher auch die Namen Ennosi-
gäus und Seisichthen *) gegeben haben.

Uebrigens giebt es vier Arten von Erdbeben.
Einige sind Brasmatiä, welche die Erde mit
mehr Gewalt erschüttern, und ungeheure Erdmassen
wie in einem Aufsude in die Höhe treiben: auf
diese Art ist in Asien Delos aus dem Abgrunde des
Meeres emporgestiegen, und Hiera, Anaphe
und Rhödus, welche in ältern Zeiten auch Ophiu-
sa und Pelagia genannt, und einmal mit einem
Goldregen gesegnet ward, ingleichen Eleusin in
Böotien, und im Tyrrhenerlande Vulcanus, und
andere Inseln mehr. Andere Erdbeben heißen Kli-
matiä, welche in schiefer Richtung Städte,

Ge-

*) Beides heißt Erschüt- zu ersparen, die den Grie-
terer. Auch bei den folgen- chischen Benennungen ent-
den Benennungen der Erd- sprechende Idee blos — durch
beben will ich, um Noten den Druck unterscheiden.

Gebäude und Berge ebnen: noch andere Chasma-
tiä, welche durch heftige Erschütterung, plötzlich
Erdschlünde eröffnen, und ganze Striche Landes
verschlingen, wie im Atlantischen Meere eine Insel,
(Atlantica) größer als Europa, im Krissäischen Meerbusen Helife und Bura, in Cimizien, einem
Landstriche Italiens, die Stadt Succumum bis
zu den tiefsten Klüften nah am Erebus hinabgesun-
ken, in ewige Nacht vergraben sind. Zu diesen drei
Arten von Erdbeben kommen noch die Mykema-
tiä, bei denen sich ein fürchterlicher Ton hören läßt,
wenn die Elemente aus ihren Fugen gerückt, plötzlich sich erheben, und so wie sich die Erde wieder
senkt, auch selbst sich senken, in welchem Falle nothwendig Krachen und Sausen stärker als Stierge-
brüll auf der Erde ertönen müssen. Doch ich komme
wieder zu meiner Geschichte.

Kap. 8.

Julian richtete bei seinen Winterquartieren in Paris seine ganze Aufmerksamkeit darauf, den Alamannen zuvorzukommen, die jetzt zwar noch nicht in Ein
Heer vereiniget, aber doch seit der Schlacht bei
Straßburg bis zur Wut kühn und wild waren: und
seine ängstliche Betriebsamkeit ward bei dem langen
Harren auf den Monath Julius, in dem er von Gallien aus etwas zu unternehmen im Stande war,
noch mehr gespannt. Er konnte nämlich nicht eher
ausrücken, als bis beim Eintritt des mildern Sommers Schnee und Reif schmolzen, und die Zufuhr

aus

aus Aquitanien möglich ward. Doch nicht leicht
wird eine Schwierigkeit so groß seyn, die ein erfin-
derischer Geist nicht zu besiegen wüßte, und so schien
auch dem Cäsar unter mancherlei Planen, die ihm
durch den Kopf gingen, der beste der, die Feinde,
ohne die Jahreszeit zu erwarten, unvermuthet zu
überfallen. Hierüber mit sich einig, ließ er auf
zwanzig Tage Brod, so viel man auch im Stand-
quartiere verzehrt hätte, damit sich's hielte, bis zu
der Härte des so genannten Zwiebacks zurichten, und
jeder Soldat trug seine Portion willig. Voll guter
Zuversicht, mit diesem Vorrathe einstweilen auszü-
reichen, trat er unter eben so glücklichen Vorbedeutungen als vorher, seinen Marsch an, und hoffte
in einer Zeit von fünf oder sechs Monathen zwei dringende Feldzüge zu endigen. Die ersten, die er angrif, waren die F r a n k e n, und zwar die so genannten S a l i s c h e n F r a n k e n *), die schon in altern
Zeiten sich die kühne Freiheit genommen hatten, in
T o r i a n d r i e n **) auf Römischem Grund und Boden sich niederzulassen. Bei seiner Ankunft in T u n-
g r i (Tongern), fand er eine Gesandtschaft von ihnen, welche ihn noch in den Winterquartieren zu
treffen geglaubt hatten, mit Friedensanträgen, auf
den Fall, daß man sie, als ruhige Leute, in ihren
vorgeblich rechtmäßigen Besitzungen nicht angriffe
oder beunruhigte. Julian ließ sich mit ihnen zum
Schein

---

*) Zwischen der Maas und
Schelde.

**) Die Toriandri wohn-
ten im heutigen Seeland
und dem nördlichen Theile
von Flandern, welches da-
mals noch zusammenhängen-
des, aber mit Sümpfen
durchschnittenes Land war.
Mannert. S. 174.

Schein auf Prüfung ihrer Vorſchläge ein, entwarf
aber dagegen verfängliche Bedingungen, verſprach in
der Gegend, wo er jetzt ſtand, ihre Beantwortung
abzuwarten, und entließ ſie mit reichlichen Geſchen=
ken. — Kaum aber waren ſie abgereiſet, als er ihnen
nachzog, den General S e v e r am Ufer hingehen
ließ, dann plötzlich ihr ganzes Land überfiel, und
alle wie ein ſchnell einbrechendes Sturmwetter ſo ſehr
in Schrecken ſetzte, daß ſie, anſtatt Widerſtand zu
thun, ſich lieber zu demüthigen Bitten bequemten,
welches dann auch bei ihm die Wirkung that, daß
er ſeinen Sieg mit Strenge zu verfolgen nicht rath=
ſam fand, und ihre Ergebung mit Habe und Kindern
annahm.   Dann fiel er über die C h a m a v e r *),
die nicht minder als jene, ſich auf Römiſchem Grund
und Boden angeſiedelt hatten, mit ähnlicher Ge=
ſchwindigkeit her, machte viele nieder, ließ die nach
vielem Widerſtande lebendig gefangenen in Feſſeln
legen, die übrigen aber, die in der Angſt ihr Heil
in ſchleuniger Flucht ſuchten, für jetzt, um die Sol=
daten nicht durch einen weiten Marſch zu ermüden,
zu den Ihrigen entrinnen: weil aber kurz nachher
Geſandte von ihnen erſchienen, um Begnadigung ih=
res Landes baten, und ſich ihm demüthig zu Füßen
warfen, ſo geſtand er ihnen den Frieden mit der Ver=
ſicherung zu, daß ſie auf dem Rückzuge in ihr Land
nichts zu fürchten haben ſollten.

Kap. 9.

*) Eine Sächſiſche Völker=
ſchaft an der Mündung des
Rheins ſeßhaft, gingen dann
über den Rhein, um die Sa=
lier aus Batavien zu vertrei=
ben. S. Joſimus B. 3. K. 6.
und daſelbſt Reitemeier und
Heyne.

Kap. 9.

Alles ging ihm demnach nach Wunsche, und weil
seine Aufmerksamkeit nichts unbeachtet ließ, was zu
Gründung des Glückes seiner Provinzen nur irgend
dienen konnte, so glaubte er, die günstigen Umstände
benützen zu müssen, drei in gerader Linie an den Ufern
der Maas ehemals angelegte, längst aber von den
erbitterten Barbaren niedergerissene Schanzen wieder
herzustellen: — eine Arbeit, mit der er um so eher
zu Stande kam, weil er bis zu Beendigung dersel=
ben die Armee nicht weiter vorrücken ließ. Um aber
einem so weisen Entschluß bei aller Eilfertigkeit den=
noch auch Dauer zu geben, mußte jeder Soldat von
seinem Brode, das er beim Abzuge auf siebzehn
Tage *) erhielt, einen Theil für diese Schanzen zu=
rücklassen, weil Julian glaubte, er würde diesen Ab=
gang leicht durch die Ernte im Chamaverlande erse=
zen können. Aber der Erfolg entsprach dieser Er=
wartung nicht. Die Feldfrüchte waren noch gar
nicht reif, der Soldat hätte von seinen Portionen
abgeben müssen, sah keinen möglichen Ersatz dieses
Abganges vor sich, fing also an, mit empörenden
Drohungen und Schmähreden den Julian anzugrei=
fen, nannte ihn den Asiatischen Weichling, den Grie=
chischen Stutzer; nannte ihn sogar Betrüger, und
bei eingebildeter Weisheit großen Thoren. Im=
mer giebt es bei Armeen Leute mit fertigen Zungen,
die

*) Auf einen halben Mo=   saubon über die Hist. Augusta
nath Brod mitzunehmen war   B. I. S. 999.
überhaupt gewöhnlich S. Ca=

die denn auch jetzt ihrem Herzen ziemlich laut auf
mancherlei Art Luft machten: „Wo wird man uns
„ noch hintreiben? Vom neuen finden wir die Hoff=
„ nung unſre Lage verbeſſert zu ſehen, getäuſcht —
„ haben ſo lange äußerſt beſchwerliche Strapazen bei
„ Schnee und grauſamer Winterſtrenge erdulden
„ müſſen, und jetzt, welche Schande! jetzt, wo
„ wir dem Feinde den letzten Reſt geben ſollen, läßt
„ man uns vor Hunger, der langſamſten Todesart,
„ hinſchwinden. Nicht iſt dies, wir ſchwören es
„ hoch und theuer, die Sprache des Aufruhres —
„ wir ſprechen nur für unſer Leben; nicht Gold,
„ nicht Silber begehren wir, das man ohnedem ſeit
„ langer Zeit unſern Händen und Augen ſo weit ent=
„ rückte, als wären wir überwieſene Miſſethäter,
„ die ſo vielen Beſchwerlichkeiten und Gefahren nicht
„ für, ſondern wider das Vaterland ſich unterzogen
„ hätten. “ In der That waren auch dieſe Klagen
nichts weniger als ungegründet. Bei ſo vielen glück=
lichen Unternehmungen, oder auch oft ſehr bedenklicher
Lage hatte der Soldat für ſeinen Schweiß im Galli=
ſchen Kriege ſich, ſeitdem Julian in dieſe Provinz
gekommen war, kein Geſchenk oder auch nur eine
Belohnung verdienen können: und dies kam daher,
weil Julian ſelbſt nie etwas — zu verſchenken hatte,
und Conſtantius ihm dergleichen ſonſt gewöhnliche
Geſchenke zu reichen nicht erlaubte. Und daß mehr
Kabale als zäher Geiz daran Schuld war, ergab
ſich daraus, daß Julian, der einmal einem, wie ge=
wöhnlich, um einen kleinen Beitrag zu Abnahme ſei=
nes Bartes bittenden gemeinen Soldaten eine Klei=

nigkeit

nigkeit gegeben hatte, darüber die schimpflichsten
Grobheiten von dem Geheimdenschreiber Gauden=
tius hören mußte, welcher schon lange als spioni=
render Beobachter aller seiner Haudlungen sich in
Gallien aufhielt, in der Folgezeit aber, wie ich am
gehörigen Orte erzählen will, auf seinen Befehl hin=
gerichtet ward ᶜ).

Kap. 10.

Julian hatte indeß durch allerhand schmeichelnde
Vorstellungen den Geist des Aufruhres gedämpft,
war auf einer Schiffbrücke über den Rhein gegangen,
und stand schon auf Alamannischem Grund und Boden,
als der General der Reiterei Sever, ein vorher so
muthiger und thätiger Krieger, in Unthätigkeit hin=
welkte. Ein Mann, der vorher ganze Armeen und
einzelne Männer zu muthigem Kampf ermunterte,
erschien jetzt zu so verächtlicher Furchtsamkeit herab=
gesunken, daß er jedes Gefecht widerrieth — viel=
leicht aus Vorgefühl seines herannahenden Todes: wie
man denn in Tagetischen Büchern °°) liest,

daß

*) Dieser Mann ist schon vorher einigemal als Staats=agent da gewesen. B. 15. K. 3. und B. 16. K. 8. Als Spion Julians erscheint er wieder B. 21. K. 7. und seine Hinrichtung wird B. 22. K. 1. erzählt.

**) Haben ihren Namen von einem gewissen Tages, der einem Etruskischen Land=mann, indem er pflügte, aus der Erde entgegenwuchs, dann seinen Spruch anhob, und das um ihn her ver=sammlete Volk die Wahrsa=gerkunst lehrte, welche dann in Bücher verfaßt wurde. Des ganzen Mährchens spot=tet Cicero, von der Divina=tion B. 2. K. 27. Die=ser Tages kommt auch unten B. 21. K. 1. vor, die Bü=cher heißen auch sonst die Acherontischen, und die B. 25, Kap. 2. genannten Tarqui=tianischen sind ähnlichen In=haltes gewesen.

daß Perſonen, die vom Blitze getroffen werden ſollen, kurze Zeit vorher ihre Sinne ſo abgeſtumpft
fühlen, daß ſie Donner, oder andere noch ſtärkere
Töne nicht hören. Selbſt den Marſch betrieb er
wider ſeine Gewohnheit ſo wenig eifrig, daß er vielmehr den muthig vorausgehenden Wegweiſern die
härteſten Strafen androhen ließ, wenn ſie nicht alle
einmüthig ihre Unkunde der Wege verſicherten: worauf ſie denn auch, durch ein ſo nachdrückliches Verbot geſchreckt, ſich nicht weiter ſehen ließen.

Ein Glück war es bei dieſer Zögerung, daß der
Alamannen König Suomar mit ſeinem Gefolge
ganz unvermuthet erſchien, und anſtatt, wie vorher,
ſeine Erbitterung gegen die Römer bis zur Wut zu
treiben, vielmehr jetzt einen Schatz zu finden glaubte,
wenn man ihm nur ſein Land zu behalten erlaubte.
Weil demüthiger Blick und demüthiger Aufzug für
ſeine Aufrichtigkeit zu ſprechen ſchienen, ſo ließ man
ihn näher kommen, ermunterte ihn, ruhig und ge-
troſten Muthes zu ſeyn, worauf er dann, ohne den
geringſten Vorbehalt, mit gebeugtem Knie um Frieden bat. Dieſen erhielt er auch, mit der Verſicherung zwar, alles Vergangene vergeſſen zu wollen,
doch auf die Bedingungen, daß er unſere Gefangenen zurückgäbe, auch unſere Armee, ſo oft es nöthig
wäre, mit Lebensmitteln verſorgte, und ſo gut wie
jeder andere Lieferant Empfangſcheine für das zum
Magazin gebrachte Getreide annehmen ſollte, um
ſie zur geſetzten Zeit als Belege vorzeigen zu können,
widrigen Falles aber, und bis er die Lieferung wirklich geleiſtet, Zwangsmittel zu gewärtigen hätte.

Ammian. Marcell. 1ſter B. 8 A. Nach.

Nach diesem so weislich getroffenen, Abkommen mit Suomar mußte man nun auf den andern Kanton des Königes Hortar losgehen, und weil zu dieser Unternehmung nichts zu fehlen schien, als Wegweiser, so hatte Julian dem Obersten der beschildeten Garde Nestica, und dem Charietto *), einem vorzüglich tapfern Manne aufgetragen, sich alle mögliche Mühe zu geben, einen Gefangenen aufzutreiben, und vor ihn zu bringen: man war auch bald so glücklich, einen jungen Alamannen einzubringen, der sich gegen versprochenen Pardon einen Wegweiser abzugeben gern erbot. Seiner Führung folgte die Armee, sah sich aber bald durch einen von hohen Bäumen angelegten Verhau an weiterem Vorrücken behindert. Durch weite Umwege und Krümmungen der Berge kam man doch endlich im Lande an, der erbitterte Krieger setzte die Dörfer in Brand, trieb Vieh und Menschen weg, und machte jeden, der sich wehren wollte, ohne Schonung nieder. Der König, niedergeschlagen über die Verwüstungen seines Landes, in dem er Schaaren von feindlichen Legionen, in den verbrannten Dörfern kaum noch eines Hauses Spur, und überall nichts als die gänzliche Vernichtung seines Glücks vor sich sah, bat nun auch um Begnadigung, versprach jede Bedingung einzugehen, und betheuerte eidlich, alle Gefangene auszuliefern, weil man vorzüglich auf diesem Punkte bestand: doch behielt er nachher die meisten zurück, und sandte nur einige wenige. Dies regte Julians gerechten Unwillen

*). War ein Franke von in Deutschland vor, und Geburt, kommt B. 27. K. 1. auch Zosimus, rühmt ihn als kommandirender General B. 3. K 7.

ten auf, daß er, als der König das gewöhnliche Geſchenk im Empfang zu nehmen erſchien, vier Begleiter deſſelben, die ihm ihrer Tapferkeit und Treue
wegen vor andern ſchätzbar waren, nicht eher entließ, als bis alle Gefangene eingetroffen waren.
Doch der König ward auch ſelbſt zu einer Audienz
entboten, machte mit ſchüchternem Auge eine tiefe
Verbeugung, fühlte ſich durch ſeines Siegers Blick vom
neuen beſiegt, und mußte ſich eine harte Bedingung
gefallen laſſen: dieſe nämlich, daß er, weil es nach
ſo vielen glücklichen Siegen billig wäre, die von Barbaren zerſtörten Städte wieder aufzubauen, Wagen
und Baumaterialien auf ſeine und ſeiner Unterthanen
Koſten herbeiſchaffen ſollte. Nach gethanem Verſprechen, dieſe Bedingungen zu erfüllen, und beigefügten Betheurungen, jede Treuloſigkeit, die er ſich zu
Schulden kommen ließe, mit ſeinem Blute büßen zu
wollen, bekam er Erlaubniß, in ſein Land zurückzukehren. Getreidelieferungen ihm, wie Suomaren,
zuzumuthen war deswegen unmöglich, weil ſein gänz-
lich verwüſtetes Land dergleichen aufzubringen nicht
im Stande war.

So mußten dann dieſe ſonſt ſo übermüthigen Könige, die lange genug durch Römerbeute ſich zu bereichern gewußt hatten, den gebeugten Nacken unter
das Joch Römiſcher Obermacht ſchmiegen, und ge-
horchten, als wären ſie zinsbar gebohren und erzogen, unſern Befehlen mit geduldiger Unterwürfigkeit. Nach Beendigung des ganzen Geſchäftes vertheilte Julian ſeine Armee in die gewöhnlichen Kantonen, und ging in ſein Winterquartier zurück.

Q 2   Kap. II.

Kap. 11.

So wie diese Nachrichten an Constantius Hoflager von Zeit zu Zeit ankamen (denn der Thronfolger mußte wie jeder gemeine Subaltern über alle seine
Unternehmungen an den Kaiser einberichten), war
jeder, der etwas bei Hofe galt, ausgelernter Schmeichler genug, um an den weisesten Entwürfen und den
glücklichsten Ausführungen eine lächerliche Seite zu
finden, und sich die lautesten Ausbrüche des geschmack-
losesten Witzes ohne Ende zu erlauben: „Mehr
„Ziege als Mensch macht er sich durch seine Siege
„nur verächtlich,“ — ein Tadel, der seinen langen Bart traf — man gab ihm die Namen des ge-
schwätzigen Maulwurfes, des Affen im Purpurge-
wande, des Griechischen Sylbenstechers. Nicht genug, mit diesen und ähnlichen Scurrilitäten des Kaisers Ohr, das überhaupt an dergleichen Hoffchran-
zenwitz Vergnügen fand, zu füllen, erlaubte man
sich, auch in den unverschämtesten Ausdrücken Julians
wirkliche Verdienste in Schatten zu stellen, ihn als
feig und furchtsam, als Stubengelehrten zu schil-
dern, der ganz alltägliche Thaten mit gleißenden
Worten aufzuputzen verstände. Doch Julian war
nicht der erste, den dieses Schicksal traf. So
wie immer das höchste Verdienst dem Neide am meisten ausgesetzt zu seyn pflegt, so finden wir, daß
von je her den glorreichsten Heerführern die Bos-
heit, durch ihre glänzenden Tugenden beleidigt, Fehler und Laster, die kein Vernünftiger fand, andich-
tete. So beschuldigte man einen Cimon, Miltia-

des

des Sohn, der Unmäßigkeit (im Weingenuß), ihn, der am Eurymedon, einem Fluß in Pamphylien, eine unzählige Schaar Verſer erlegte, und dieſes ſeit langen Zeiten ſo übermüthige Volk demüthig um Frieden zu bitten zwang: ſo mußte Scipio Aemilian ſich von boshaften Neidern der Schläfrigkeit bezüchtigen laſſen, er, der durch emſige Thätigkeit zwei auf Roms Untergang erbitterte und dabei ſo mächtige Städte zerſtörte. Auch am Pompejus ſuchten unbillige Verläumder Fehler aufzuſpüren, und weil ſie zu gegründetem Tadel keine Gelegenheit fanden, ſo bemerkten ſie, blos um ihn zu höhnen, doch zweierlei wahre Kleinigkeiten: die eine, daß er ſich angewöhnt hätte, immer mit dem einen Finger den Kopf zu kratzen: die andere, daß er eine Zeit lang, den Fuß um einen Schaden zu bedecken, mit einer weißen Binde umwunden gehabt habe. Jenes, ſagten ſie, ſey Mangel an Aufmerkſamkeit auf ſich ſelbſt, dieſes ein Beweis für ſeine Neuerungsſucht: und es ſey völlig einerlei, ſetzten ſie hämiſch den lahmen Grund hinzu, welchen Theil ſeines Körpers er mit dem Ehrenzeichen königlicher Würde (Diadem) bekleidete; und dies that man gegen einen Mann, für deſſen höchſten Heldenmuth und ſorgſamſten Patriotismus die ruhmvollſten Beweiſe ſprachen.

Während der Zeit hatte zu Rom Artemius, der Vice-Stadtpräfect dieſes Amt völlig an Baſſus Statt übernommen, der kurz nach Erhebung zu dieſem Amte eines natürlichen Todes geſtorben war. Außer einigen unter ſeiner Amtsverwaltung vorfallenden Unruhen und Empörungen wüßte ich dennoch

noch

noch keine Begebenheit, die bemerkt zu werden verdiente.

Kap. 12.

Der Kaiser hatte bisher des Winters Ruhe in Sirmium genossen, als die unangenehme Nachricht sich mit jedem Tage bestätigte, daß die Sarmater[*] und Quaden als Gränznachbarn und einander an Sitten und Rüstung ähnlich, sich vereinigt hätten, in getheilten Korps beide Pannonien und das eine Mösien[**] anzugreifen. Diese Völker, mehr zum kleinen Kriege, als zu Schlachten in offenem Felde geschickt, führen sehr lange Lanzen, ihre Panzer sind aus geschabten und geglätteten hornichten Substanzen[***] zusammengesetzt, die auf einer Unterlage von Leinwand wie Federn über einander liegen: ihre Pferde sind größtentheils Wallachen, in der Absicht, daß sie bei dem Anblick einer Stute in

---

[*] Hier sind diejenigen gemeint, die sich unter Constantin dem Großen nach ihren Kriegen mit den Gothen und von ihren eigenen Sklaven, den Limiganten, Kap. 13. aus ihrem Reiche vertrieben, zu ihren deutschen Hülfsgenossen den Quaden (in Mähren, bis gegen den Gran) ihre Zuflucht nahmen, und ohne Bedenken zu Mitbesitzern einer überflüßigen Strecke von wüstem und ungebautem Lande aufgenommen wurden. Gibbon B. 4. S. 194.

[**] Beide Pannonien zusammen begriffen nicht nur Ungarn, sondern auch einen Theil von Niederösterreich, Steiermark, Krain und Kroatien. Mösien ist ein Theil Serbiens und Bulgarien.

[***] Besonders von Pferdehufen. Pausanias beschreibt einen solchen Panzer in seiner Beschreibung von Attica K. 21. (Kühn. S. 50. Goldhagen S. 89.) und vergleicht ihn mit grünen Fichtenzapfen.

im Brunſt geſetzt nicht durchgehen, oder im Hinterhalt wild durch lautes Wiehern ihren Reiter verrathen. Im Verfolgen oder Fliehen dehnen ſie ihre
Züge weit aus einander, ſie reiten auf flüchtigen und
ſehr geſchmeidigen Pferden, führen überdies Ein,
bisweilen auch zwei Handpferde bei ſich, um durch
Umtauſchung die Kräfte derſelben zu ſchonen, und ſie
durch abwechſelnde Ruhe neue Munterkeit ſammeln
zu laſſen.

Kaum war alſo die Tag- und Nachtgleiche im
Frühlinge vorüber, als der Kaiſer mit einem ſtarken Korps unter günſtigen Glückes Leitung an dem
Fluſſe Iſter (Donau) ankam, zwar den Strom wegen des bereits zergangenen Schnees ausgetreten antraf, dennoch aber an einem bequemen Orte über
eine Schiffbrücke ging, und nun als Verwüſter über
der Feinde Land herfiel. Dieſe hatten einen ſo ſchnellen
Ueberfall nicht erwartet, ſahen ganze Schaaren eines
kriegeriſchen Heeres, das nach ihrer Meinung bei dieſer Jahreszeit kaum zuſammengebracht werden können, bereits hinter ihrem Nacken, hatten weder Muth
frei aufzuathmen, noch Stand zu halten, ergriffen
alſo, um einem ganz unerwartet kommenden Tode
zu entgehen, insgeſammt die ſchleunigſte Flucht.
Eine große Menge derſelben, von Furcht ſelbſt am
Fliehen gehindert, wurde niedergemacht, und wer
durch Flüchtigkeit dem Tode entging, verkroch ſich
in Thälern und Bergen, und mußte ſein Vaterland
verwüſten ſehen, das man gewiß retten konnte, wenn
der Eifer, ſich zu wehren, eben ſo groß geweſen
wäre, als der Eifer, zu entfliehen. Dieſes Schick-

R 4 ſal

fah, betraf den Theil Sarmatiens, der nach dem zweiten Pannonien hinliegt: eben so muthig verwüstete
auch der stürmende Soldat das feindliche Land um
Valerien *), sengte und brennte und raubte alles,
was ihm auf seinem Wege aufstieß. Ueber den immer weiter greifenden Verlust gerührt, und überzeugt, daß Verkriechen nichts helfe, kamen die Sarmaten auf den Einfall, mit drei abgesonderten Korps
unsere etwas sorglose Armee an einem Orte zu überfallen, wo sie von ihren Waffen keinen Gebrauch machen, der Pfeilmenge nicht widerstehen, selbst die
Flucht, den letzten Ausweg beim Drange der Noth
nicht ergreifen könnten. Sogleich erschienen auch,
uns, den Sarmaten in ihrer Noth beizustehen, die
Quaden, schon oft ungetrennte Theilnehmer ihrer
Gefahren: aber auch ihnen half ihr freundschaftli-
cher Muth nichts, auch sie stürzten sich dadurch nur
in einen Abgrund von Unglück. Viele wurden niedergemacht, und wer entkam, hatte seine Rettung
der besseren Kunde der gebirgichten Gegend zu danken.

Ein so glücklicher Erfolg munterte Muth und
Kräfte bei unserer Armee noch mehr auf, mit mehr
gedrungenen Schaaren selbst in das Land der Quaden hinzueilen: die aber von dem erlittenen Verluste
auf den kommenden schließend ein demüthiges Gesuch um Frieden besser fanden, und den Muth faßten, dem Kaiser selbst, der in dergleichen Fällen
mehr als zu gelind war, unter Augen zu treten. An
dem zu Festsetzung gewisser Bedingungen bestimmten
Tage erschien demnach ein königlicher Prinz Zizais,
ein

*) S. B. 19. K. 11.

ein junger Mann von anſehnlichem Wuchs, ordnete
ſeine Sarmaten, wie ſonſt zur Schlacht, ſo jetzt zu
demüthiger Stellung, warf dann ſelbſt, ſobald er
den Kaiſer erblickte, die Waffen von ſich, und fiel
mit ganzem Leibe, wie ein Todter zu Boden hin.
Die vor Furcht ſtockende Zunge verſagte ihm ihre
Dienſte, wo er ſie am meiſten bedurfte, er verſuchte
es einigemal, brachte es aber, vom Schluchzen gehindert, nie über einige Worte, deſto mehr bemit-
leidete man ihn, und erlaubte ihm, ſich zum Vortrage ſeines Begehrens Zeit zu nehmen. Endlich
kam er wieder zu ſich, man bat ihn aufzuſtehen,
und nach völliger hergeſtellter Sprachfähigkeit bat er
dann fußfällig um Nachſicht und Verzeihung für ſein
Vergehen. In eben dieſer Abſicht mußte auch ſein
Gefolge näher treten; das bisher, ſo lange das
Schickſal ihres Anführers noch unentſchieden war,
ganz ſprachlos da geſtanden hatte; ſobald er aber
vom Boden aufzuſtehen ermuntert ward, und ihnen
das längſt erwartete Zeichen, ihre Bitten mit den
ſeinigen zu verbinden, gab, warfen alle auf einmal
Schilde und Waffen weg, formten die Hände zum
Bitten, und bemühten ſich, ſelbſt den Prinzen in
mancherlei Aeußerungen tiefſter Unterwürfigkeit zu
übertreffen. Als Königsſohn hatte er außer andern
Sarmaten auch die untergeordneten kleinern Könige
Rumo, Zinafor und Fragiled, und mehrere
Magnaten mitgebracht, alle, wie er, der guten
Hoffnung voll, ihre Bitten erhört zu ſehen. Die
Freude über die ihnen zugeſtandene Begnadigung ward
ſo lebhaft, daß ſie ihre bisherigen Feindſeligkeiten
durch

durch Annahme auch der drückendsten Bedingungen
zu vergüten versprachen, und sich und Habe und
Weib und Kind und ganzes Land der Römischen
Macht mit freudigem Muthe überließen. Doch
Gnade überwog die Strenge der Gerechtigkeit: man
erlaubte ihnen, in ihre Wohnsitze getrost zurückzugehen, nur sollten sie unsere Gefangenen zurückge-
ben. Dies thaten sie, stellten die verlangten Geißeln,
und versprachen, unsere Befehle in Zukunft aufs
schleunigste zu befolgen. Durch dieses Beispiel von
Gelindigkeit ermuntert, eilten auch mit allen den Ihrigen die Prinzen Arahar und Usafer herbei.
Beide gehörten zu den wichtigern Magnaten des Landes, waren Heerführer ihrer Völkerschaft, und der
eine hatte einen Theil der Transjugitaner *)
und Quaden, der andere einige Sarmaten unter seinen Befehlen, — Völker, deren Gränznachbarschaft
auch beiden gleiche Wildheit der Sitten gab. Weil
der Kaiser befürchtete, der gemeine Soldat möchte
unter dem Vorwande eines zu schließenden Bünd-
nisses zu den Waffen greifen, befahl er, sie sollten
sich in besondere Korps theilen, und die Sprecher
für die Sarmaten indeß abtreten, bis man die Bitten
Arahars und der Quaden abgethan hätte. Diese
erschienen also nach ihres Landes Sitte mit gebeugtem Körper, vermochten ihre schweren Vergehungen
nicht zu entschuldigen, und wenn man ihnen vorher
nicht einmal Unterpfänder ihrer Treue hatte zumuthen dürfen, so waren sie jetzt, in furchtsamer Erwartung des traurigsten Schicksales sehr froh, Geißeln

*) Wahrscheinlich über den Hercynischen Bergen.

feln geben zu dürfen. Nach Abschluß eines so billigen Vergleiches ward Usafer vorgelassen, um
seine Bitten vorzutragen, wobei Arahar mit zudring-
lichem Ungestüm darauf bestand, der ihm zugestan-
dene Friede müsse auch diesem zu gut kommen: denn,
wenn er auch weniger wäre als er, so wäre er doch
sein Freund, und immer gegen seine Befehle folgsam
gewesen. Doch nach reifer Ueberlegung fand man
für gut, die Sarmaten, von je her Klienten der
Römer, von fremder Gewalt unabhängig zu machen, — eine Erklärung, die sie die zum Unterpfande
zu haltender Ruhe geforderten Geiseln mit freudiger
Dankbarkeit zu stellen bereitwillig machte. Nun
drängten sich auf die Nachricht, Arahar sey begna-
diget, ganze Schaaren von gemeinem Volk und Königen stromweise herzu, und baten dringend, sie
durch das an ihre Kehle gesetzte Schwert an Eides
Statte zu künftiger Treue zu verbinden *). Aber

auch

*) Suspendi s jugulis
suis gladios obsecrautium,
Bekanntlich hat Hadrian Valois einige Seiten seiner Vorrede zu Widerlegung der
Noten Lindenbrogs ange-
wandt, welcher diese Stelle
aus dem Gebrauche erklärt,
daß demüthig bittende mit
bloßem Schwerte an, oder
mit einem Stricke um den
Hals erschienen wären. Valois will das nicht zugeben,
und versteht es so: sie baten,
man möchte mit dem wider
sie erhobenen Schwerte ein-
halten. Daß suspendere
diese Bedeutung habe, brauchte er nun wohl nicht so mühsam zu beweisen; ich bin aber
doch immer noch mehr ge-
neigt, Lindenbrogen zu folgen, und nehme die ganze
Handlung symbolisch: sie erklärten sich theils für straf-
fällige Missethäter, theils
versprachen sie heilig Treue
auf die Zukunft, widrigen-
falls sie den Tod verwirkt
haben, und diese Erklärung
eben durch das an ihre Kehle
gehaltene Schwert betheuren
wollten. Die Beweise, die
Lindenbrog anführt, sind
freilich aus dem mittlern
Zeitalter genommen, aber

es

auch sie erhielten die gebetene Verzeihung, brachten dann die Söhne der Vornehmen aus dem Innern ihrer Länder als Geiseln mit eben so unerwarteter Geschwindigkeit herbei, als befohlnermaßen unsere Gefangenen, deren Verlust sie nicht minder schmerzte, als der Verlust der Ihrigen.

Alles war auf diese Weise abgethan, als man seine Sorgfalt auf die Sarmaten vorzüglich zu richten begann, die überhaupt mehr Mitleiden als Zorn verdienten, auch in der That bei jetziger Gelegenheit unendlich gewannen, und die Meinung als wahr bestätigten, daß es in der Hand der Fürsten liege, Vernichter oder Schöpfer des Glücks ihrer Unterthanen zu seyn. Mächtig und ruhmvoll waren ehemals dieses Landes Bewohner gewesen, aber ihre Sklaven bewaffneten sich in einer geheimen Verschwörung zu einem treulosen Aufstande. Bei wilden Nationen gilt nur immer das Recht des Stärkern, und so behielten die Sklaven, an Macht überlegen, über ihre Herren, denen es doch auch an nichts weniger als an Muthe gebrach, die Oberhand. Im Drange der Noth lange unentschlossen, hatten sie endlich zu den weit von ihnen wohnenden Victohalen *) ihre Zuflucht genommen, in der Meinung, daß es, wenn man einmal unter zweien Uebeln wählen müsse, doch

immer

---

er konnte einen nähern aus Ammian selbst haben, denn B. 21. K. 5. wo ebenfalls von einem Eide die Rede ist, finde ich ausdrücklich: Gladiis cervicibus suis admotis sub exsecrationibus diris juravere.

*) Kommen im Jul. Capitolin, Leben Antonin. Philos. K. 14. in Verbindung mit den Marcomannen vor, scheinen also ihren Sitz in der Gegend von Böhmen gehabt zu haben.

7

immer beſſer ſey, ſich fremden Beſchützern zu unter-
werfen, als eigenen Sklaven zu gehorchen. Jetzt
nach erhaltener Begnadigung und Bundeserrichtung
mit den Römern, ſtellten ſie ihr Schickſal mit den
kläglichſten Worten vor, und baten, ſie als freie
Mannen in Schutz zu nehmen: welches denn auch
die Wirkung hatte, daß der Kaiſer, durch ihr unver-
dientes Schickſal gerührt, ſie zuſammenberufen ließ,
und im Angeſicht der ganzen Armee im huldreichſten
Ausdrucke erklärte, daß ſie künftig von Niemanden
als von Ihm und den Feldherren der Römer abhängig ſeyn ſollten. Um auch dem Werthe ihrer wieder-
hergeſtellten Freiheit ein glänzenderes Anſehen zu geben, ſetzte er den Zizais als König über ſie, der,
wie der Erfolg lehrte, einer ſo ausgezeichneten Würde
durch ſeine Talente ſowohl, als durch ſeine Treue
Ehre machte. Uebrigens ließ man doch nach allen
dieſen ſo rühmlichen Begnadigungen keinen von der
Stelle, als bis die verlangte Auslieferung aller unſerer Gefangenen vollzogen war. Dann erſt brach
man mit dem Lager nach Bregetio *) auf, um
die unter den in dieſer Gegend wohnenden Quaden
noch lodernde Kriegsflamme mit Thränen oder mit
Blut zu löſchen. Aber ein königlicher Prinz Wi-
trodor, des Königes Widuar Sohn, ein untergeordneter König Agilimund, nebſt andern Magnaten und Richtern mehrerer Völkerſchaften, ſahen
kaum unſere Armee im Mittelpunkte ihres Reiches

und

---

*) Soll der heutige Flek. S. 88. dem ich überhaupt
ken Szöny unfern Comörn in Beſtimmung der Derter
ſeyn S. von Prandau krit. dieſer Gegend folge.
Geſchichte Wiens 1789.

und Vaterlandes, als sie fußfällig die weitern Vor-
schritte unsers Heeres abzuwenden gut fanden, und
nach zugesagter Begnadigung sich willig zu allem bequemen, ihre Kinder, den vorgeschriebenen Bedingungen gemäß, als Geiseln überlieferten, und bei
gezogenen Dolchen, die sie für Götter ehren, den
Bund der Treue schworen.

Kap. 13.

Alles war demnach in dieser Gegend mit erwünsch-
tem Erfolg abgethan, als das gemeine Beste einen
schleunigen Hinzug gegen die Limiganten, ehemals Sarmatische Sklaven zu erfordern schien; denn
Schande war es, daß man sie so lange ungestraft
so viele Schändlichkeiten hatte begehen lassen. Als
hätten sie nicht schon Frevel genug begangen, hatten
sie beim Aufbruch der freien Sarmaten auch für
sich die Gelegenheit günstig gefunden, in die Römischen Provinzen einzubrechen, um in diesem Frevel
wenigstens einmal mit ihren ehemaligen Herren und
jetzigen Feinden einverstanden zu seyn. Bei dem
allen beschloß man doch, auch gegen sie gelinder zu
verfahren, als es die Größe ihrer Verbrechen heischte,
man wollte ihre Bestrafung auf Verpflanzen in entlegene Gegenden einschränken, um sie dadurch außer
Stand zu setzen, unsere Provinzen zu beunruhigen,
ob ihnen gleich das eigene Bewußtseyn so lange ge-
triebener Ruchlosigkeiten ein weit härteres Schicksal
prophezeien mußte. Daß man ihnen einen schweren
Kampf bereite, entging ihrer Vermuthung nicht,
aber

aber ſie waren auf alle Fälle mit Liſt mit Schwert,
oder auch Bitten gefaßt. Doch der erſte Anblick unſerer Armee wirkte auf ſie wie Donnerſchlag, ſie
machten ſich die fürchterlichſten Vorſtellungen, und
baten um ihr Leben, mit dem Verſprechen, einen
jährlichen Tribut und ihre beſte junge Mannſchaft zu
geben, auch für ihre Perſon als Sklaven zu dienen:
bereit hingegen, wie ſie durch Geſticulation und Mie-
nen zu erkennen gaben, alles abzuſchlagen, wenn
man ſie anderwärtshin verpflanzen, und aus einem
ſichern Lande vertreiben wollte, das ſie nach Vertrei-
bung ihrer Herren ſo ruhig beſeſſen hätten. In ihrer Gegend ergießt ſich nämlich in ſchlängelndem
Laufe der Fluß Parthiskus (Theis) und fällt
dann in die Donau. Wo er allein und unaufgehal-
ten fließt, geht er nach und nach in einer langen und
breiten Fläche hin, die aber, je näher er ſeinem
Ausfluß kömmt, ſich immer mehr in die Enge zieht.
Daher ſind ſeine Anwohner vor den Anfällen der Römer von der einen Seite durch die Donau, von der
andern vor dem Angriffe wilder Völker durch ihn ſelbſt
geſichert: überdies macht der von Natur ſumpfige
Boden und die oft austretenden Ströme die Gegend
moraſtig, alles iſt mit Weiden bewachſen, und man
muß des Landes ſehr kundig ſeyn, wenn man ſich
durchfinden will: auch bildet der Hauptſtrom (Donau) ganz nahe an des Parthiskus Mündung eine
völlig vom Lande geſchiedene Inſel. Vom Kaiſer
ſelbſt aufgemuntert, kamen die Feinde mit der ihnen
eigenen Brutalität an das dieſſeitige Ufer herüber,
wie der Erfolg lehrte, nicht aus Bereitwilligkeit. Be-

fehle

fehle anzunehmen, vielmehr um nicht den Schein zu
geben, als fürchteten sie sich vor unsern Soldaten:
trotzig standen sie da, und man konnte in ihren Augen lesen, daß sie sich blos um Befehle zu verschmähen, den Unsrigen genähert hätten. Um diesem wenigstens möglichen Falle zuvorzukommen, vertheilte
der Kaiser die Armee unbemerkt in mehrere Korps,
und ließ die flüchtig umher schwärmenden Feinde
näher einschränken. Er selbst stand mit einem geringen Gefolge, doch von seinen Trabanten gedeckt, auf
einer Anhöhe, und redete den Feinden freundlich zu,
sich nicht so ungestüm zu betragen: sie aber, in ängstlicher Verlegenheit, konnten zu keinem bestimmten
Entschlusse kommen, suchten List mit Wut, und Bitten mit Kampflust zu vereinigen, warfen endlich,
um sich zu einem Angrif auf die Unsrigen einen nähern Weg zu bahnen, ihre Schilde absichtlich weit
von sich, um dadurch Gelegenheit zu bekommen, sich,
wenn sie dieselben wieder aufzunehmen hingingen,
ohne anscheinenden Verdacht einer List einen weitern Spielraum zu erschleichen.

Schon begann es Abend zu werden, die bereits
eintretende Dämmerung verstattete keinen Verzug
mehr, als unsere Krieger ihre Fahnen hoben, und
einen hitzigen Angrif auf die Feinde thaten: diese hingegen auch sich zusammenrotteten, und in einem gedrungenen Haufen gegen den, wie gesagt, auf einer
Anhöhe stehenden Kaiser ihre ganze Macht richteten,
und mit fürchterlichen Blick und fürchterlicher Stimme
auf ihn andrangen. Eine so sinnlose Raserei brachte
unsere Armee zur äußersten Erbitterung, und indem
jene

jene auf den Fürsten hitzig ansetzten, sprengte man
in einer vorn spitzig zugehenden Stellung, welche der
gemeine Soldat Saukopf zu nennen pflegt, dieselben durch einen muthigen Angriff aus einander:
auf dem rechten Flügel hieb unser Fußvolk die Infanterie der Feinde nieder, und auf dem linken fielen unsere Reiter über die feindlichen her. Die Leibwache
vor und um den Kaiser wehrte jeden Angriff auf ihr
behutsam ab, stieß die Andringenden nieder, und
hieb dann in die Fliehenden ein: die nach dem hartnäckigsten Gefecht fallenden Feinde gaben in fürchterlichem Gebrüll zu erkennen, nicht ihr Tod, nur
das Glück der Unsrigen sey es, was sie schmerze:
außer den Todten lagen viele mit abgeschnittenen
Fußsehnen, und also außer Stand zu fliehen andere
mit abgehauenen Aermen da: einige waren zwar un-
verwundet, aber durch die Last der über sie hinstür-
zenden niedergedrückt, und trugen ihre Quaal mit diesem Schweigen. Bei so vielfachen Scenen des Todes sah man doch keinen einzigen, der um Pardon
gebeten, die Waffen von sich geworfen, oder um
Beschleunigung seines Todes gebeten hätte: alle hielten, auch beim größten körperlichen Schmerz, ihre
Schwerter fest; ihr Trost war, sich mehr durch fremde
Uebermacht, als durch ihres eigenen Gewissens Vorwürfe gebeugt zu sehen, bisweilen brummten sie auch
heimlich in den Bart, unser Sieg sey nicht Verdienst,
nur Glück.

So war im Zeitraum einer halben Stunde eine
so wichtige Schlacht entschieden, und der Wilden
eine so große Zahl hingestreckt, daß von unserer Seite

Ammian. Marcell. 1ster B.　　　R　　bloß

blos der Sieg ein Beweis für ein vorgefallenes Gefecht war. Kaum waren die feindlichen Krieger niedergehauen, als man schon in ganzen Schaaren die
Verwandten der Gebliebenen, alle Alter und Geschlechte durch einander aus ihren elenden Hütten
herbeischleppte, die ohne die geringste Spur ihres
bisherigen Uebermuthes sich zu den niedrigsten Sklavendiensten erboten. So wenig Zeit gehörte dazu,
ganze Berge von Erschlagenen, ganze Schaaren von
Gefangenen vor unsern Augen zu sehen. Die Hitze
unserer Armee ward indeß durch die Vortheile des
Sieges nur noch mehr erhöhet, und man setzte den
Zug fort, um auch diejenigen zu vertilgen, die aus
der Schlacht entronnen, oder in ihre Zelte geflohen
waren. Sobald man nach Barbarenblut dürstend
tiefer ins Land kam, riß man die ärmlichsten Hütten
nieder, und ermordete ihre Bewohner, die selbst in
Häusern, vor dichten Balken erbaut, ihr Leben
nicht retten konnten. Endlich stand alles in so vollem Brande da, daß keiner sich weiter verbergen
konnte; alle Lebensmittel waren ihnen versagt, und
es blieb ihnen kein Ausweg übrig, als entweder sich
trotzig in die Flamme zu stürzen, oder, wenn man
derselben entwich oder entkam, einer andern grausamen Todesart, dem Schwert der Feinde entgegen
zu gehen. Einige waren zwar so glücklich gewesen,
dem Schwert sowohl als dem allgemeinen Brande zu
entgehen, und stürzten sich in die wirbelnden Wellen
des nahen Stromes, in der Hoffnung, sich durch ihre
Geschicklichkeit im Schwimmen an das jenseitige Ufer
zu retten; aber die meisten ertranken im Strome, an

dere

dere wurden durch Pfeile erlegt, ſo daß der breite Strom
von der Menge des ihm beigemiſchten Blutes ſchäum=
te. So benutzten Erbitterung und Tapferkeit der Sie=
ger; ei Elemente zugleich, die Sarmaten zu vertilgen.

Weil man aber, mit dem allen noch nicht zufrie=
den, einmal beſchloſſen hatte, dieſem Volke alle Hoff=
nung allmäliger Erholung, oder auch nur eines küm=
merlichen Lebens zu entreißen, ſo zündete man alle
noch übrigen Häuſer an, führte ganze Familien ge=
fangen fort, und brachte dann Schiffe zuſammen,
um auch die jenſeit des Stromes mehr landeinwärts
wohnenden Völkerſchaften heimzuſuchen. Um den
Muth der Kämpfer nicht verrauchen zu laſſen, ließ
man leichte Truppen auf Booten unbemerkt den Fluß
hinangehen, die dann auch die Sarmaten bald in ih=
ren Schlupfwinkeln überraſchten. Anfangs ließen
ſich dieſe durch die Bauart der Kähne und Art zu
rudern täuſchen, die Ankommenden für die Ihrigen
zu halten: aber, wie dann die ſchon von fern blin=
kenden Waffen ihnen die Annäherung des längſt ge=
fürchteten Unglücks verkündigten, ſuchten ſie ſich in
ihren Sümpfen zu retten: auch dahin ſetzten ihnen
die Unſrigen hitzig nach, wußten auch da ſich einen
Weg zum Siege zu bahnen, wo kaum ein feſter Fuß=
tritt, noch weniger ein förmlicher Angriff ſich als
möglich denken ließen. Nachdem man die Amicen=
ſer faſt ganz aufgerieben oder zerſtreut hatte, ging
man ohne Verzug auf die Picenſer, von den an=
gränzenden Gegenden ſo benannt, los, bei denen
man doch beſſere Maaßregeln zu ihrer Vertheidigung
antraf, weil das Gerücht von dem Unglück ihrer übri=

2.:   R 2   gen

gen Landsleute sich bis zu ihnen verbreitet hatte.
Um sie zu unterjochen — eine Unternehmung, die
in der That gefährlich war, weil man der Wege nicht
kundig, sie dennoch, in viele Winkel zerstreut, auf-
suchen mußte — nahm man die Taifalen und die
freien Sarmaten dabei zu Hülfe. Weil die
Beschaffenheit der Gegend die Theilung der Truppen
nothwendig machte, übernahmen die Römer die an
Mösien, die Taifalen die an ihr Land gränzende, und die
freien Sarmaten die ihnen entgegen liegende Gegend.

Die Limiganten, durch die neuerlichen Beispiele ihrer unterjochten oder erlegten Landsleute ge-
schreckt, schwankten lange zwischen dem Entschluß,
sich entweder zu wehren, oder um Gnade zu bitten;
und für beides hatten sie nicht unbedeutende Bewe-
gungsgründe. Endlich behielt doch auf dringende
Vorstellung der Alten im Volke der Entschluß, sich
zu ergeben, die Oberhand: und so flocht sich ein
neuer Lorbeerzweig in unsere Siegeskrone durch die
demüthige Unterwerfung eines Volkes, das vorher
mit gewaffneter Hand sich aus dem Sklavenstande
gerissen, jetzt aber, so viel das Schwert verschont
hatte, in bittendem Töne den Nacken vom neuen unter das Joch ihrer jetzt mächtigen Herren beugte, die
sie vorher als besiegt und wehrlos verachtet hatten. Sobald man ihre Ergebung angenommen hatte,
verließen sie ihre Bergfesten, kamen in großer Menge
vor dem Römischen Lager an, und zerstreuten sich
auf den weiten Ebenen umher mit Eltern und Weibern und Kindern, und den geringen in Eil zusam-
mengeräfften Habseligkeiten. Man hatte geglaubt,

eine

eine Nation, die freche Ungebundenheit für Freiheit
hielt, würde eher den Tod wählen, als ſich zur Aus-
wanderung zwingen laſſen; aber ſie erklärten ſich
doch, Befehle und andere ruhige und ſichere Wohnſitze anzunehmen, wo ſie von Krieg und Aufruhr un-
geſtört zu bleiben hoffen dürften. Man hoffte durch
die Bewilligung ihrer Bitte alle ihre Wünſche zu befriedigen; einige Zeit blieben ſie auch ruhig, aber die
ihnen eigene Wildheit riß ſie nachher zu ihrem Verderben zu einer Frevelthat hin, die ich an einem
ſchicklichern Orte erzählen will *).

Durch dieſen ſo glücklichen Feldzug ward die der
Provinz Illyricum ſo nöthige Sicherheit auf doppelte
Weiſe befeſtiget, und ſo ſchwer auch beides war, ſo
kam doch des Kaiſers Muth glücklich damit zu Stande. Er hatte nämlich die bisher (von ihren Sklaven) vertriebenen Sarmaten, deren unruhigem Geiſte
man freilich auch nicht ganz trauen durfte, die ſich
aber, wie man hoffte, künftig beſcheidener betragen
würden, nach langer Zeit wieder in ihre ehemaligen
Wohnſitze zurückgeführt, und dann, um ſeine Güte
gegen ſie zu vollenden, nicht einen unedlen König über
ſie geſetzt, vielmehr einen von ihnen ſelbſt vorher gewählten Prinzen durch gleich vortreffliche Gaben
des Geiſtes und Körpers ausgezeichnet. So eine
ſchöne Kette edler Thaten ſah Conſtantius, jetzt
über alle Furcht erhaben, und von dem ihn lieben-
den Heere einſtimmig, und zwar zum zweitenmale
mit dem Ehrennahmen des Sarmatiſchen, als
dieſes Volkes Beſiegers belegt, vor ſich, als er kurz

R 3 vor

*) S. unten B. 19. K. 11.

vor seinem Abgange die ganze Armee zusammen kommen ließ, die Tribune betrat, und von Fahnen,
Legionenadlern und einer glänzenden Schaar von
Staatsbeamten umgeben, die Versammlung, die
den Redner jederzeit gern hörte, so ansprach:

„ Ermuntert durch die Erinnerung rühmlicher
„ Thaten, die dem tapfern Manne über alles Ver-
„ gnügen geht, will ich jetzt, treue Vertheidiger des
„ Römerstaates! mit geziemender Bescheidenheit al-
„ les das in wenigen Worten zusammenfassen, was
„ wir, von der Gottheit zu Siegern, in diesem
„ Kriege bestimmt, theils vor den Schlachten, theils
„ in der Hitze des Gefechtes selbst glücklich ausge-
„ führt haben. Was ist wohl rühmlicher, und was
„ verdient wohl mit mehrerem Grunde auf die Nach-
„ welt gebracht zu werden, als wenn der Soldat
„ sich seiner tapfern Faust, der Feldherr sich seines
„ denkenden Kopfes freuet? In Illyricum wütete
„ der Feinde Frevel, in dem stolzen, und dennoch
„ so eitelen Wahne, unsre Abwesenheit, durch die
„ zum Schutz Italiens und Galliens geführten
„ Kriege veranlaßt, benutzen zu können: mehr als
„ einmal fielen sie in die äußersten Gränzen un-
„ serer Provinzen ein, und verwüsteten alles vor sich
„ her, höhlten Baumstämme zu Fahrzeugen aus, oder
„ wadeten zu Fuß durch die Ströme, nicht in re-
„ gelmäßigem Gefecht, mit Waffen und tapferer
„ Faust zu fechten geschickt, nur, wie Straßenräu-
„ ber, sich in Hinterhalt zu legen gewohnt, und
„ durch tausenderlei listige Ränke von ihrer ersten
„ Entstehung an schon unseren Vorfahren furchtbar.

„ Alles

„ Alles dies duldeten wir in der Entfernung, ſo
„ lange wir konnten, in der Hoffnung, dergleichen
„ im Ganzen nicht eben gefährlichen Streifereien
„ durch die Thätigkeit unſerer Feldherren gewehrt zu
„ ſehen. Aber nachdem jener Frevel mit jedem Tage
„ höher ſtieg, und unſre Provinzen mehr als ein-
„ mal in die traurigſte Lage verſetzte, verwahrten
„ wir die Zugänge auf dem Rätiſchen Gebirge,
„ gründeten mit wachſamer Sorgfalt Galliens Si-
„ cherheit, und kamen dann, den Rücken frei, in
„ Pannonien an, um, der Beſtimmung einer ewi-
„ gen Gottheit gemäß, den wankenden Grund die-
„ ſer Provinzen zu befeſtigen: — machten, wie ihr
„ wiſſet, die beſten Voranſtalten, zogen dann mit
„ eintretendem Frühling aus, um an die ſchwierig-
„ ſten Geſchäfte wirkliche Hand zu legen. Das erſte,
„ uns beim Anlegen einer Schiffbrücke vor der Menge
„ feindlicher Pfeile zu ſichern, gelang uns mit leich-
„ ter Mühe, wir ſahen der Feinde Land, betraten
„ es, und erlegten die bis zum letzten Athemzug
„ hartnäckig ſich wehrenden Sarmaten ohne großen
„ Verluſt von unſerer Seite: wir rieben die mit glei-
„ cher Frechheit als Bundsgenoſſen der Sarmaten
„ auf die Schaaren edler Legionen anſtürzenden Qua-
„ den völlig auf, nöthigten ihnen nach vielfachem
„ kläglichem Verluſte, den ſie bei ihren Streifereien
„ und wütendem Beſtreben ſich zu wehren, erlit-
„ ten, das Geſtändniß unſerer überwiegenden Ta-
„ pferkeit ab, zwangen ſie, die Fäuſte, vorher zum
„ Kampfe bereit, nach weggeworfenen Waffen un-
„ ſern Feſſeln darzubieten, endlich in demüthigen

Bit-

„ Bitten die einzige Rettung ihres Lebens zu suchen,
„ und sich einem gütigen August zu Füßen zu wer-
„ fen, von dessen Glück in Schlachten sie so viele
„ Beispiele überzeugt hatten. Wir ließen diese, zo-
„ gen gegen die Limiganten an, besiegten auch sie
„ mit gleicher Tapferkeit, erlegten derselben eine
„ große Menge, und zwangen die übrigen, ihres
„ Lebens Rettung in entlegenen Sümpfen zu suchen.
„ So war auch dieser Feldzug glücklich geendiget,
„ und nun schien der Zeitpunkt da zu seyn, bei unsern
„ Siegen Mäßigung eintreten zu lassen. Wir nö-
„ thigten demnach die Limiganten, in weit entfern-
„ ten Gegenden ihre Wohnsitze zu nehmen, um sie
„ außer Stand zu setzen, sich zu unserem Schaden
„ zu empören: wir schenkten Tausenden das Leben,
„ wir gaben, überzeugt, daß es rühmlicher sey,
„ fremden Völkern Könige zu geben, als zu nehmen,
„ den freien Sarmaten den Zizais zum Regenten,
„ einen Mann, der uns gewiß immer in Treue zu-
„ gethan bleiben wird; und wir glaubten, dieser
„ Feierlichkeit noch mehr Glanz zu verschaffen, wenn
„ wir ihnen gerade den Fürsten gäben, den sie lieb-
„ ten, den sie selbst vorher schon zu ihrem König er-
„ kohren hatten. Eine vierfache Belohnung, in
„ Einem Feldzuge verdient, ist uns und dem Staate
„ zu Theil geworden: wir haben an verderblichen
„ Räubern Rache genommen, und euch sind zu eu-
„ rem Theile gefangene Feinde in Menge als Skla-
„ ven zugefallen; und der Tapfere muß mit dem
„ zufrieden seyn, was er sich durch Schweiß und
„ muthige Faust erkämpfte. Wir sind auf vielerlei

„ Art

,, Aro im Stande, euch Güte zu thun, unſere Schatz
,, kammer iſt wohl gefüllt: und euch — iſt euer Ei-
,, genthum geſichert; ſoll euch, wenn es von unſern
,, Bemühungen und unſerer Tapferkeit abhängt, im-
,, mer geſichert bleiben. Dieß muß immer die
,, Denkungsart eines guten Fürſten, immer die
,, Folge ſeiner glücklichen Unternehmungen ſeyn.
,, Endlich bringe ich auch ſelbſt die Beute eines frem-
,, den Wortes aus dieſem Kriege zurück, den nun
,, ſchon zweimal verdienten Beinahmen Sarmatic
,, cus, einen Nahmen, den ihr mir alle einſtimmig,
,, und ohne den Vorwurf der Arroganz zu fürchten,
,, nicht unverdient gegeben habet. "

Durch dieſe Rede, und vorzüglich den Theil derſelben, wo ſie ſich zu künftiger Verbeſſerung ihrer
Umſtände Hoffnung gemacht ſah, fühlte ſich die Verſammlung zu mehr als gewöhnlicher Munterkeit belebt, alles erhob ſich zu feierlicher Lobpreiſung des
Kaiſers, rufte, wie gewöhnlich, die Gottheit ſelbſt
zum Zeugen an, Conſtantius ſey der Unüberwind-
liche, und ging dann freudig in die Zelte zurück. Auch
der Kaiſer begab ſich wieder in ſeine Burg, ruhte
noch zwei Tage aus, ging nach Sirmium im Trium-
phe, und das Heer in die ihnen angewieſenen Gegenden zurück.

Kap. 14.

Um dieſe Zeit hatten auch Prosper, Specta-
tus, und Euſtathius als Abgeſandte an den
Perſiſchen Hof, wie ich vorher gemeldet habe
(Kap. 5.) dem König bei ſeiner Rückkehr nach Kte-

ſiphon

siphon aufgewartet, und ihre Briefe nebst den Geschenken von Seiten des Kaisers überreicht. Ihr Antrag war Friede, doch unter der Bedingung, daß Alles beim Alten bliebe, und sie kannten ihre Vollmacht zu gut, als daß sie den Vortheilen oder der Majestät des Römerstaates etwas zu vergeben geneigt gewesen seyn sollten; vielmehr bestanden sie darauf, die Grundlage eines Bundes der Freundschaft sey die, daß es über Veränderung der bisherigen Lage Armeniens und Mesopotamiens dabei gar nicht zur Sprache käme. Sie schoben ihre Rückreise von einer Zeit zur andern auf, weil sie aber den König äußerst hartnäckig auf Zurückgabe dieser Provinzen bestehen, und vom Frieden immer mehr abgeneigt sahen, gingen sie zurück, ohne etwas ausgerichtet zu haben. Nachher wurden, um einen gleichen Versuch, doch auf gleiche Bedingungen zu machen, der Kommandeur der Haustruppen Lucillian (B. 14. K. 11.) und Procopius, damals Staatssecretär (Notar) abgesandt, welcher letztere sich in der Folge durch die Nothwendigkeit wider seinen Willen zu einer Empörung gedrungen sah. (B. 26. K. 5—10).

Achtzehn=

Achtzehntes Buch.

Inhalt.

Kap. 1. Cäsar Julian läßt sich Galliens Wohlstand sehr angelegen seyn, und hält auf strenge Rechtspflege. — Kap. 2. er setzt die Kastelle am Rhein in guten Vertheidigungsstand, geht über den Fluß hinüber; demüthiget die feindselig gesinnten Alamannen, und zwingt fünf Könige derselben, um Frieden zu bitten, und unsere Gefangenen auszuliefern. — Kap. 3. Barbatio, Feldherr des Fußvolkes und seine Gemahlin werden auf Constantius Befehl enthauptet. — Kap. 4. Sapor, König von Persien macht fürchterliche Anstalten zu einem Kriege wider die Römer. — Kap. 5. Antonin ein Gardeofficier Protector geht zu Sapor über, und reizt ihn noch mehr zum Kriege wider die Römer auf. — Kap. 6. Ursicin, der im Orient kommandirende General, wird zurückberufen; befindet sich schon in Thracien, bekommt aber Befehl, nach Mesopotamien zurückzugehen, wo er den anrückenden Sapor durch Ammian verkundschaften läßt. — Kap. 7. Sapor rückt nebst den Königen der Chioniten und Albaner in Mesopotamien ein, die Römer setzen ihre eigenen Dörfer in Brand, nehmen die Landleute in die Städte herein, und befestigen die diesseitigen Ufer des Euphrats durch Schanzen und Kordons. — Kap. 8. Siebenhundert Reiter aus Illyricum werden von den Persern unvermuthet überfallen, und in die Flucht getrieben, wobei doch Ursicin und Ammian entkommen. — Kap. 9. Beschreibung der Stadt Amida. — Kap. 10. zwei Römische Kastelle ergeben sich an Sapor.

Kap. 1.

R. E. Geb.) 359. Dies waren die Begebenheiten, die in verschiedenen Welttheilen im Zeitraume Eines Jahres vorfielen. Gallien befand sich zwar

zwar schon seit einiger Zeit in einer weit glücklichern
Lage, als vorher, aber in dem Jahre, da die zwei
Brüder Eusebius und Hypatius sich durch das
vielbedeutende Wort Consul doch erhaben sahen*),
entschlug sich Julian, durch eine Reihe glücklicher
Heldenthaten berühmt, jetzt in den Winterquartieren
einmal der Sorgen des Krieges, traf mit eben so
rühmlicher Sorgfalt die nützlichsten Anstalten, um
die Provinzen in bessern Wohlstand zu setzen; sorgte
besonders dafür, daß der Tribut für keine Provinz
zu drückend würde, daß der Mächtigere sich nicht an
fremdem Gute vergriffe, daß Männer, die sich nun
auf Kosten des Publicums zu bereichern suchten, nicht
überall ihre Hände im Spiel hätten, oder irgend ein
Richter ungestraft auf dem Seitenwege der Ungerechtigkeit sich betreten ließe.   Dem letztern Miß-
brauche beugte er dadurch mit leichter Mühe vor,
daß er selbst, wo die Wichtigkeit der Sache oder der
Personen es heischte, die Streitigkeiten zu schlichten
übernahm, und sich in Ziehung der richtigen Gränz-
linie zwischen Recht und Unrecht nichts irren ließ.
Ich könnte mehrere schöne Handlungen von ihm bei
dergleichen Rechtsfällen anführen, doch Eine sey genug, als ein Beispiel, wie er sich in solchen Fällen
zu benehmen, oder mündlich zu entscheiden pflegte.
Numerius, kurz vorher Statthalter im Narbonensischen Gallien, ward der Veruntreuung öffentlicher Gelder beschuldiget, und Julian verhörte ihn

selbst

---

*) Unter Eusebius und
Hypatius Consulat — wäre
freilich eben dasselbe gewesen. Aber wie sonor klingt
von der Satz in Ammians
Munde, und so eine Schön-
heit durfte ich doch auf keine
Weise verloren gehen lassen.

ſelbſt mit mehr als cenſoriſcher Strenge bei offenen
Thüren: weil aber der Mann alle Vorwürfe ableug-
nete, und in keinem Punkte überwieſen werden konnte,
ſo trat Daphnidius, ein ſehr heftiger Redner,
und eben ſo hitziger Ankläger, ärgerlich, alle ſeine
Beweiſe erſchöpft zu ſehen, auf, und ſchrie: „Aber,
„ vortreflicher Cäſar! wird es wohl künftig noch ei-
„ nen Schuldigen geben, wenn man nur leug-
„ nen darf?“ Julian parodierte ihn aber mit ſanf-
tem Unwillen auf der Stelle ſo: „ Aber, wird es
„ wohl künftig einen Unſchuldigen geben, wenn
„ man nur anklagen darf?“ Dieſer, und andere
Fälle der Art waren doch gewiß Beweiſe ſeiner un-
parteiiſchen Gerechtigkeitsliebe.

Kap. 2.

Nun ſah er einen dringenden Feldzug vor ſich,
durch die Ueberzeugung veranlaßt, daß einige noch
feindſelig geſinnte Kantons der Alamannen vielleicht
kühn genug zu ſchädlichen Unternehmungen ſeyn
dürften, wenn man ſie nicht, wie ihre übrigen Landsleute unterjochte: nur wußte er nicht, wie er Kraft
oder Geſchwindigkeit genug anwenden ſollte, um,
ſobald ſich der ſchicklichſte Zeitpunkt zeigte, in ihr
Land unvermuthet einzufallen, und ſelbſt dem Gerüchte von ſeiner Ankunft zuvorzukommen.

Nach mancherlei Planen, die deshalb ihm durch
den Kopf gingen, beſtimmte er ſich endlich, einen
Verſuch zu machen, den der Erfolg auch als ſehr
glücklich rechtfertigte. Er ließ nämlich den Hario-

baudes

baudes, einen überzähligen Tribun, einen Mann von
bewährter Treue und Tapferkeit, ohne daß sonst eine
Seele etwas davon wußte, unter dem Titel eines
Gesandten zu dem jetzt mit ihm verbündeten (B. 17,
K. 10.) Hortar abgehen, um von da aus die Gränzen jener Alamannen, denen man einen Ueberfall zugedacht hatte, zu bereisen, und, weil er der Alamannischen Sprache völlig kundig war, auszuforschen, was sie etwa im Sinne hätten. Dieser war
muthig genug, einen so gefährlichen Auftrag zu übernehmen, und Julian selbst brach, sobald die Jahreszeit es zuließ, mit seiner von allen Orten her
zu diesem Feldzuge entbotenen Armee auf; glaubte
aber, vor allen Dingen in Zeiten dafür sorgen zu
müssen, daß er vor wirklichem Ausbruche des Krieges die längst vorher zerstörten Städte wieder in
Besitz nähme, und dann befestigte, auch anstatt
der niedergebrannten Kornspeicher neue erbaute, in
denen man das von den Britten gewöhnlich herübergebrachte Getreide verwahren könnte. Beides ward
über alle Erwartung schnell zu Stande gebracht.
Die Magazingebäude waren sehr bald unter Dach
gebracht, und mit hinlänglichen Vorräthen versehen,
auch nahm man sieben Städte: Castra Herculis (. . . .) Quadriburgium (Schenkenschanz) Tricesimä (Kellen) Novesium (Nuys)
Bonna (Bonn) Antunnacum (Andernach) und
Bingium °) (Wingen) in Besitz, und eine angenehme

*) Die neuern Benennun-   culis, bestimmt er nichts;
gen sind aus Mannert ge-   Tricesimä ist mit Colonia
nommen; über Castra Her-   Trajana (B. 17, K. 1.) einerlei

nehme Begebenheit mehr war, dies, daß der (prätorische) Präfect Florentius ganz unvermuthet
ankam, und nicht nur eine Verstärkung der Armee,
sondern auch auf lange Zeit hinreichende Vorräthe
von Lebensbedürfnissen mit sich brachte.

Das eine Geschäft war nun glücklich beendigt,
aber noch war ein anderes übrig, das keinen Aufschub litt, die Mauern der wieder eingenommenen
Städte zu einer Zeit in Vertheidigungsstand zu se-
zen, wo man noch keine Störung von Seiten der
Feinde zu besorgen hatte. Bei dieser Gelegenheit sah
man augenscheinlich, daß Barbaren aus Furcht, und
Römer aus Liebe zu ihrem Feldherrn das gemeine
Beste befördern halfen. Die Alamannischen Könige
ließen kraft des im vorhergehenden Jahre mit ihnen
getroffenen Vergleiches viele Baumaterialen mit ihrem eigenen Geschirr anfahren: und die Hülfstruppen, die sonst gewöhnlich sehr ungern an dergleichen
Arbeit gehen, wurden durch Julians freundliches
Zureden zu Folgsamkeit und fleißiger Arbeit so geneigt
gemacht, daß sie Baumstämme, funfzig Fuß und
darüber lang auf den Achseln ohne Murren herbeitru-
gen, und vorzüglich durch Behauen derselben gute
Dienste thaten.

Noch war man mit Beschleunigung dieser Arbeit
emsig beschäftiget, als Hariobaudes ankam,
und von dem, was er als Kundschafter bemerkt hatte,
Bericht erstattete. Der Erfolg war, daß man eilig
nach Mainz vorzurücken nöthig fand: hier bestanden

nur

nerlei, und hat jenen Nah-   dreißigste Legion darin lag,
men deswegen, weil die

nun Florentius und Severs Nachfolger, Lu=
picin, darauf, man müsse über die bei dieser Stadt
befindliche Brücke gehen; Julian hingegen widersetzte
sich diesem Vorschlage aufs eifrigste, und behauptete,
man dürfte friedlicher Völker Land nicht betreten,
weil die Erfahrung lehrte, daß die Ungebundenheit
des Soldaten, der nur immer alles, was ihm auf
seinem Wege vorkäme, verwüstete, schon zu man=
chem Friedensbruche Gelegenheit gegeben hätte.

Indeß hatten die Alamannen, auf die es mit die=
sem Feldzuge abgesehen war, in Erwägung der ih=
ren Gränzen sich nahenden Gefahr, den König Suo=
mar, seit einem Jahre unsern Bundsfreund, unter
vielen Drohungen dahin zu vermögen gesucht, daß
er den Römern das weitere Vorrücken verwehren
sollte: denn sein Land stieß an die jenseitigen Rhein=
gegenden. Weil er aber versicherte, er allein sey
dies zu thun nicht im Stande, so erschienen die
Feinde, in Eine Schaar versammlet, in der Gegend
von Mainz, um unserer Armee den Uebergang über
den Fluß mit aller Macht zu wehren. Jetzt sah man
sich überzeugt, wie zweckmäßig der doppelte Rath
des Cäsars gewesen sey, weder ein friedliches Land zu
drücken, noch im Angesicht eines streitbaren Volkes
eine Brücke mit Aufopferung vieler Menschen zu
schlagen, vielmehr einen bequemern Ort zum Ueber=
gange aufzusuchen. Die Feinde, klug genug, diese
Absicht zu vermuthen, zogen am jenseitigen Ufer
ganz ruhig hin, aber sobald sie vom weitem unserer
Seits Zelte aufschlagen sahen, brachten auch sie die
Nächte schlaflos zu, stellten Posten aus, und waren

äußerst.

äußerſt wachſam, jeden Verſuch der Unſrigen über
den Fluß zu gehen, zu vereiteln. Sobald aber uns
ſere Armee an dem dazu auserſehenen Orte ankam,
bezog man ein Standlager, von Wall und Graben
umgeben: und Julian befahl auf eine mit Lupicin
gehaltene Beſprechung einigen Tribunen, dreihuns
dert Mann leichte Truppen mit Pfählen bereit zu
halten, die doch weder Abſicht noch Ort ihrer Beſtimmung erfahren dürften. Dieſe brachte man noch bei
ſpäter Nacht zuſammen, und ſchiffte ſie auf vierzig
leichten Schiffen ein, denn mehrere hatte man damals
nicht, mit dem Befehl, den Fluß ſo ſtill hinabzufah-
ren, daß man ſelbſt die Ruder, ſo viel möglich, ein-
hielte, um die Feinde auf das Geräuſch im Waſſer
nicht aufmerkſam zu machen, und dann mit voller
Thätigkeit des Geiſtes und des Körpers, während
daß die Feinde nur auf unſere Wachfeuer hinſähen,
am jenſeitigen Ufer ans Land zu gehen.

Gerade an dieſem für die Römer ſo betriebſamen
Tage hatte der mit uns verbündete König Hortar,
nicht als Empörer gegen uns, ſondern noch immer
auch ſeiner Nachbarn Freund, alle Könige, Prinzen
und kleinere Fürſten zu einem Schmaus zuſammen-
gebeten, der nach deutſcher Sitte bis nach Mitternacht dauerte: die Unſrigen ſtießen unvermuthet auf
dieſe jetzt aus einander gehende Geſellſchaft, konnten
aber keinen davon erlegen, oder auch nur gefangen
nehmen, weil jeder mit Hülfe der Nacht und ſeines
Pferdes, wo ihn das Ohngefähr hintrieb, ſich davon machte: doch wurde der Troß und die Sklaven,

die ihnen zu Fuß folgten, wenige, die sich in der
Finsterniß verliefen, ausgenommen, niedergemacht.

Der Uebergang über den Strom machte, daß die
Römer, wie in den vorhergehenden Feldzügen, so auch
jetzt ihre Strapazen erleichtert zu sehen hoffen durf=
ten, sobald sie nur mit den Feinden handgemein wer=
den könnten; die feindlichen Könige und Truppen
hingegen, die noch immer mit aufmerksamem Eifer
eine Schiffbrücke zu verhindern suchten, geriethen
über diese Nachricht so sehr in Furcht und Schrecken,
daß sie sich einzeln zerstreut auf die Flucht begaben,
und ihre unbändige Wut vergessend hineilten, Weib
und Kind und Habe weiter ins Land hinein zu schaf=
fen.   Die fertige Brücke, über bekümmerter Feinde
Erwarten so schnell vollendet, hob nun von unserer
Seite alle Schwierigkeiten, unsere Armee erschien in
Feindes Land, und hielt beim Durchzug in Hortars
Gränzen die beste Mannszucht.   Aber sobald sie die
Länder der noch feindseligen Könige betrat, breitete
sie sich, Brand und Raub vor sich her, furchtlos
über alle Gegenden aus.

Alle eingezäunte dürftige Hütten waren nieder=
gebrannt, eine Menge Menschen war bereits erschla=
gen, noch sah man die einen unter dem Schwert fal=
len, die andern wehmüthig um Gnade bitten, als
man bei Capellatii, auch Palas *) genannt,
anfam,

---

*) In der Gegend von
Schwäbisch Hall oder im
Hohenlohischen.   Heinrich
deutsche Reichsgeschichte.
B. I. S. 144. Das bei
unserm Merseburg. Bi=
schof Dithmar. S. 345. der

fleißigen Ursinussischen Ue=
bers. vorkommende Palas. ist
nicht, wie Lindenbrog mein=
te, mit dem unsrigen einer=
lei, vielmehr nach Trier zu
setzen.

ankam, wo durch Gränzſteine die Scheidung der Alamannen und Burgundionen bezeichnet iſt, und
bezog ein Lager, in der Abſicht, die Unterwerfung
Makrians und Hariobaudes, zweier Könige
und leiblicher Brüder, welche bei Annäherung der
Gefahr ängſtlich um Frieden zu bitten gekommen waren, mit deſto mehrerer Sicherheit anzunehmen.
Kurz nach ihnen erſchien auch König Vadomar,
deſſen Land Rauraci (der Gegend von Baſel) entgegen liegt, berufte ſich auf Empfehlungsſchreiben
des Kaiſers Conſtantius, die ſehr zu ſeinen Gunſten
lauteten, und ward, wie billig, als ein vom regierenden Kaiſer ſchon längſt anerkannter Klient des
Römervolkes höflich aufgenommen. Makrian ward
nebſt ſeinem Bruder in unſer Lager hereingelaſſen,
ſtaunte unſere manchfaltigen Waffen und Rüſtungen
als nie vorher geſehene Schönheiten an, und bat um
ſeines Landes Schonung. Vadomar, mit unſern
Einrichtungen als Gränznachbar ſchon mehr bekannt,
bewunderte zwar auch unſere weitumfaſſende Anſtalten, geſtand aber doch, dergleichen von ſeiner Jugend an ſchon ſehr oft geſehen zu haben. Nach langer und ſorgfältiger Erwägung beſchloß man einſtimmig, Makrians und Hariobaudes Friedensgeſuch
zu bewilligen: Vadomaren hingegen, der nicht nur
für ſich Schutz ſuchte, ſondern auch als Bevollmäch-
tigter im Namen der Könige Urius, Urſicin und
Weſtralp auch für ſie Frieden zu erbitten ſchien,
konnte man vor der Hand nicht ſogleich beſtimmte
Antwort geben, weil man befürchten mußte, daß
Barbaren, wie gewöhnlich von zweideutiger Treue,

ſobald

sobald sie nach Abzug der Unsrigen wieder frei ath-
mefen, sich an einen Frieden, durch andere vermit-
telt, nicht binden möchten.　Weil sie aber, nachdem
man ihre Vorräthe und Wohnungen in Brand ge-
fetzt, und viele von ihnen gefangen genommen oder
niedergemacht hatte, nun durch eine eigene Gesandtschaft so demüthig baten, als hätten sie selbst dergleichen Grausamkeiten gegen uns verübt, so war
man mitleidig genug, auch ihnen den Frieden auf
gleiche Bedingungen zu bewilligen.　Unter diesen
Bedingungen war eine der ersten die, daß sie alle
bei ehemaligen Streifereien weggeführte Gefangene sogleich zur Stelle bringen sollten.

Kap. 3.

Während daß in Gallien durch der Gottheit Begünstigung alles so glücklich ging, erhob sich am Hoflager des Kaisers ein neuer Unglückssturm, der durch
einen geringen Umstand veranlaßt, zu vielen Thränen
und Klagen ausschlug.　Im Hause des damaligen
Generals der Infanterie, Barbatio, hatte sich
ein Bienenschwarm angelegt: ängstlich fragte er die
Zeichendeuter, was dies wohl bedeuten möge, und
erhielt die Antwort, dies sey Anzeige einer großen
Gefahr, und der Grund dazu sey leicht einzusehen,
weil man diese Thierchen, wann sie ihre Stöcke gebaut, und reichliche Beute eingetragen hätten, durch
Rauch und lärmender Cymbeln Klang zu vertreiben
pflegte *).　Dieser Mann hatte eine Gemahlin, mit
Nah-

---

*) Bienenschwärme bedeu-　man aus Jul. Obsequens an
ten allemal Unglück, wie　mehreren Orten lernen kann.
Auch

Nahmen Aſſyria, die die Gabe der Ueberlegſam-
keit eben ſo wenig, als die der Verſchwiegenheit beſaß. Er war zu Felde gegangen, und die Erinnerung an jene Prophezeiung erfüllte ſeine Seele mit
vielfachen traurigen Vorſtellungen, und Sie, von
weiblichem Leichtſinn geleitet, ließ durch eine geheimer Schrift kundige Kammerfrau, die aus Silvans
(B. 15. 5.) Hauſe in das ihrige gekommen war, zur
unſchicklichſten Zeit von der Welt einen Brief an ihren Gemahl ſchreiben, worinn ſie ihn unter Thränen
bat und beſchwor, er möchte, wenn er nach Conſtantius doch immer näher rückenden Lebensende hoffentlich ſelbſt auf den Thron käme, ſie doch ja nicht
etwa zurückſetzen, und ihr die regierende Kaiſerin.
Euſebia vorziehen, die in der That eine vor vielen
andern ihres Geſchlechtes ausgezeichnete Dame war.
Dieſer Brief ging ſo geheim als möglich ab, aber
die Kammerfrau nahm von dem, was ihr ihre Frau
dictirt hatte, Abſchrift, lief, nachdem alles im Hauſe
zur Ruhe war, noch in ſpäter Nacht zu Arbetio
mit demſelben hin, ward mit gieriger Erwartung ihres
Anbringens ſogleich vorgelaſſen, und kramte nun
ihre Papierchen aus. Eine Angabe der Art war bei
einem ſo geſchickten Ehrenräuber, wie Arbetio, Grund
genug, die Sache dem Kaiſer ohne Verzug zu hinterbringen: und ſogleich ward, wie gewöhnlich, die
Unterſuchung eben ſo eifrig angeſtellt als fortgeſetzt;
Barbatio geſtand, einen ſolchen Brief erhalten zu haben, und die Gemahlin ward durch augenſcheinliche

S 3   Be-

Auch ſollen ſie in neuern Zeiten daran haupſächlich ſchuld
ſeyn, daß Soubiſe die
Schlacht bei Roßbach verlor.

Beweise als Verfaſſerin deſſelben überführt, und
beide büßten dafür mit ihren Köpfen. Aber die Unterſuchung ſchlich auch nach ihrer Hinrichtung wie
Peſt fort, und Schuldige ſowohl als Unſchuldige
litten dabei. Unter den letztern war auch Valen-
tin, vorher erſter Leibgardiſt (Primicerius Prote-
ctorum) jetzt Tribun, der als vorgeblich Mitſchul-
diger, ob er gleich von der ganzen Sache nicht ein
Wort wußte, mehr als einmal die Folter überſtand,
in der Folge aber zu Vergütung unverdienter Schande
und Lebensgefahr zum Befehlshaber (Dux) in Illyricum erhoben ward.

Varbatio war übrigens ein Mann von rauhen
Sitten, trug ſich mit ſtolzen Planen, und war auch
deswegen gehaßt, weil er noch unter dem Thronfolger Gallus als Kommandeur der Haustruppen ſich
als treuloſen Verräther bewieſen hatte, und nach deſſen Tode, ſtolz auf den höhern Rang in der Armee,
ſeine Tücke auch gegen Julian fortſetzte, und zum
Abſcheu aller Rechtſchaffenen das ohnedem jedem Verläumder offene Ohr des Kaiſers als gefährlicher
Schwätzer füllte. Unmöglich konnte der Mann je
etwas von dem weiſen Spruche des alten Ariſtoteles gehört haben, der ſeinem zu Alexander hin-
gehenden Schüler und Verwandten Kalliſthenes
wiederholt die Regel gab, ſo ſelten als möglich, und
immer im gefälligſten Tone mit einem Manne zu
ſprechen, der das Recht über Leben und Tod auf
der Spitze ſeiner Zunge trüge. Um uns weniger zu
wundern, daß Menſchen, deren Seelen mit der Gottheit verwandt ſeyn ſollen, bisweilen Nutzen und

Scha-

Schaden ſo richtig zu unterſcheiden wiſſen, ſollten wir uns erinnern, daß ſelbſt vernunftloſe Thiere biſsweilen ihr Leben durch tiefes Schweigen zu retten pflegen, wovon ich ein ſehr bekanntes Beiſpiel anführen will. Wilde Gänſe, wenn ſie bei eintretender Wärme den Orient verlaſſen, und auf ihrem Zuge in die Abendländer in der Gegend des Gebirges Taurus, wo es viele Adler giebt, ankommen, nehmen aus Furcht vor dieſen ihnen überlegenen Vögeln kleine Steinchen in die Schnäbel, um ſich auch bei der dringendſten Veranlaſſung nicht den geringſten Laut entgehen zu laſſen, eilen in ſchnellem Fluge über dieſes Gebirge hin, laſſen dann die Steinchen wieder fallen, und ſetzen ihren Zug nun weniger furchtſam fort *).

Kap. 4.

Noch beſchäftigte man ſich in Sirmium emſig mit peinlichen Unterſuchungen, als die Fortuna des Orients ihre fürchterliche Trompete, großer Gefahren Verkünderin, hören ließ. Perſiens König, durch die vor kurzem bezwungenen wilden Völker nach mehr verſtärkt, und von übermenſchlichem Ehrgeiz für Erweiterung ſeines Reiches glühend, brachte Waffen und Heere und Lebensmittel zuſammen, bot ſelbſt die Manen des Schattenreiches zu Ausführung ſeiner Plane auf, ließ ſich von jedem Gaukler die Zukunft wahrſagen, und erwartete nur, mit dieſen Hülfsmitteln ausgerüſtet, des Frühlings erſte milde Witterung, um alles vor ſich her niederzutreten.

S 4   Wäh=

*) Aelian von der Natur der Thiere B. 5. K. 29.

Während daß erst Gerüchte, dann sichere Nachrichten hiervon ankamen, und allgemeine Furcht den
Bürger in banger Erwartung kommender Leiden ließ,
schmiedete die Hofkabale (um bildlich zu reden) immer Tag und Nacht auf ihrem gewöhnlichen Amboß
nach Gutdünken verschnittener Kammerherren fort,
und spiegelte dem ohnedem argwöhnischen und furchtsamen Kaiser den Ursicin so gefährlich als Medu-
sens Kopf vor, mit oft wiederholter Bemerkung,
daß dieser Mann nach Silvans Ermordung in Er-
mangelung eines bessern zum Feldherrn im Orient
gewählt, gewiß nach höhern Dingen strebe. Durch
so schändliche Schmähungen Ursicins suchte man
sich vorzüglich bei dem damaligen Oberkammer=
herrn Eusebius einzuschmeicheln, bei dem (wenn
ich die Wahrheit sagen soll) Constantius viel vermochte *). Noch wirkten zwei persönliche Ursachen
mit, den Ursicin zu stürzen: die eine, weil dieser
Mann der einzige war, der einen Eusebius entbehren
konnte, die andere, weil er ihm sein Haus in Antiochien auf sein zudringlichstes Begehren nicht hatte überlassen wollen. Wie eine Schlange von gesammletem
Gifte schwellend ihre zahlreiche Brut, noch kaum zu
kriechen vermögend, doch immer schon den giftigen
Zahn zu brauchen reizt; so brauchte Eusebius schon besser
erfahrne Haremswächter zu Unterhändlern, um während der Aufwartung bei Hofe unter vier Augen, mit
ihren klaren einschmeichelnden Knabenstimmchen dem
ohnedem nur zu offenen Ohr des Kaisers den guten

Nah-

---

*) Ein ziemlich bitterer Ammian in diesem Kapitel
Spott, wie denn überhaupt etwas warm wird.

Nahmen des tapferſten Mannes verdächtig zu ma=
chen: welchen Auftrag ſie dann auch im kurzen
meiſterlich vollzogen. Aergerlich über ſolche und
ähnliche Schurkereyen, denke ich oft mit Vergnügen
an Weiland Kaiſer Domitian zurück, der, ſo
wenig er auch ſeinem Vater und Bruder glich, viel=
mehr ſeines eigenen Nahmens Gedächtniß mit un=
auslöſchlicher Schande brandmarkte, dennoch ſich
durch ein allgemein gelobtes Geſetz berühmt machte,
in dem er unter den ſchärfſten Drohungen verbot, im
ganzen Umfange des Römiſchen Reiches irgend einen
Knaben zu entmannen °): und gewiß, hätten wir
dieſes Geſetz nicht, wer würde gegen der Kaſtraten
Schwarm aushalten können, die ſich jetzt bei ihrer
geringern Anzahl ſo unerträglich machen? Euſebius
ging dennoch jetzt behutſamer zu Werke, und wollte,
wie er vorgab, den Urſicin nicht, wie ehemals
(B. 15. K. 2.) nach Hofe entbieten, wo er alles
durch ſeinen Muth in Schrecken ſetzen könnte, wollte
ihm vielmehr bei mehr ſchicklicher Gelegenheit an das
Leben zu kommen ſuchen.

Indem man bei Hofe dieſe Gelegenheit mit ban=
ger Unruhe erwartete, ſtanden wir ſeit einiger Zeit
in Samoſata, ehemals der Hauptſtadt von Kom=
magene, und erhielten eine Nachricht über die andere
von neuen Unruhen und Empörungen, die wir nun
nach ihrer Folge erzählen wollen.

S 5   **Kap. 5.**

*) S. Sueton in Domi=
tians Leben. K. 7. Dio
Caſſius B. 67. K. 2. Phi=
loſtrat Leben Apollonius von
Tyane B. 6. K. 17.

Kap. 5.

Ein gewiſſer Antonin, vorher wohlhabender
Kaufmann, dann Rechnungsbeamter (Rationarius
Abparitor) bei Meſopotamiens Statthalter, jetzt bei
der Leibgarde angeſtellt, (Protector) ein ſehr gewandter und kluger, auch im ganzen Orient ſehr
bekannter Mann, war durch Vorſchuß an geldbe-
dürftige Große ſelbſt in Schulden gerathen, ſah
wohl ein, daß er bei Proceſſen gegen Mächtigere,
durch ungerechte Entſcheidung der Richter, die immer den Vornehmern mehr begünſtigen, noch mehr
verlieren würde, entſchloß ſich alſo, um nicht wider
den Stachel zu leken, den Weg der Gelindigkeit zu
wählen, ging in die unter der Decke eingeleitete In-
trigue, ſich als Selbſtſchuldner der Kaſſe zu erklären, glücklich ein, ſann aber ſeitdem auf gefährliche
Ränke, ſuchte ſich unter der Hand von der Lage des
Römerſtaates nach allen ſeinen Theilen zu unterrichten, und fertigte, weil er beider Sprachen kundig
war, genaue Berechnungen, was für Soldaten, wie
ſtark an jedem Orte, zu Friedenszeiten ſtänden, oder
im Kriege zum Schutz dieſer oder jeuer Provinz angeſtellt wären, bemühte ſich auch, durch unermüde-
tes Nachforſchen herauszubringen, ob für die gehörigen Vorräthe an Waffen, Lebensmitteln und andern Kriegsbedürfniſſen hinlänglich geſorgt ſey. Völlig von der innern Einrichtung des Orients unterrichtet, bemerkte er zugleich, daß der größte Theil
der Römiſchen Kriegsmacht jetzt in Illyricum vertheilt

theilt sey, wo sehr ernste Auftritte des Kaisers ganze
Aufmerksamkeit heischten: weil er aber doch den Ter-
min immer näher rücken sah, an dem er vermöge
der ihm mit Gewalt oder Drohungen abgedrungenen
Verschreibung als Selbstschuldner zahlen sollte, und
er von allen Seiten jeder Gefahr um so gewisser sich
ausgesetzt bemerkte, da der Director des kaiserlichen Fis-
cus zu Gunsten eines andern ohne Nachsicht auf Be-
zahlung drang, so war sein einziger Gedanke der,
sich mit Weib und Kindern und allem, was Liebe
und Freundschaft ihm werth machten, zu den Persern zu flüchten. Um die Vorposten zu täuschen,
hatte er sich in Hiaspis, einem Städchen, an dem
der Tigris hinfließt, ein kleines Grundstück um einen
geringen Preis gekauft. Durch diesen listigen Einfall
gewann er so viel, daß es keiner Seele einfiel, den
Besitzer eines Landgütchens mit einer zahlreichen
Hausgenossenschaft um die Ursache seines öftern Er-
scheinens an den äußersten Gränzen des Römergebie-
tes zu befragen; aber nun ließ er durch treue und
des Schwimmens kundige Vertraute mit Tamsapor, der in dieser Gegend als kommandierender General stand, und ihn persönlich kannte, geheime Unterredung pflegen, und kurz nachher sandte man ihm
aus dem Persischen Lager zu Unterstützung seines
Vorhabens eine hinlängliche Anzahl beherzter Männer mit Kähnen zu, auf denen er sich mit allem,
was ihm in seinem Hause werth war, einschiffte, bei
stiller Nacht über den Fluß setzte, und dem Scheine
nach, wie jener Zopyrus, Babylons Verräther,

aber

aber gerade in entgegengesetzter Absicht *), in Feindes Land hinüberging.

Während daß dieser Auftritt in Mesopotamien
vorfiel, stimmte der Hofklub einen zweiten Todten-
gesang über uns an, in der Meinung, jetzt eine
günstige Gelegenheit, dem tapfersten Feldherrn zu
schaden, gefunden zu haben. Anstifter und Verhez-
zer waren auch jetzt entmannte Kammerherrn, die,
immer hartherzig und gefühllos, sich für die Ent-
behrung zärtlicher Verbindungen dadurch schadlos zu
halten glauben, wenn sie volle Geldkisten, wie Väter geliebte Töchterlein umfassen können. Man hatte
nämlich die Maaßregeln so genommen, daß S a b i -
n i a n , ein alter welker aber sehr reicher Mann,
der übrigens weder Fähigkeit noch Muth zum Soldaten besaß, überdieß bisher in so unbemerkter Dunkelheit gelebt hatte, daß er auf die Würde eines Generals unmöglich Anspruch machen konnte, den ganzen Orient unter seinen Befehlen sähe; U r s i c i n hingegen als Feldherr des Fußvolks an Barbations
Stelle aus Hoflager zurückkommen sollte, wo man
ihm als einem zu Neuerungen von je her geneigten
unruhigen Kopf, wie man laut sagte, wichtige und
furchtbare Gegner auf den Hals zu hetzen gedachte.

Indem man an Constantius Hofe so saubere
Plane mit einer Leichtigkeit, als hätte man ein Trink-
gelag oder eine Komödie anzuordnen, ausführte,
und die Rollenvertheiler die Kaufgelder des in der

Geschwin-

*) Zopprus ging bekannt-
lich nach Babylon, um es
dem Darius in die Hände
zu spielen. Justin B. 1.

K. 10. Antonin hingegen,
um an seinem bisherigen
Vaterlande sich zu rächen.

Geſchwindigkeit neugewählten Feldherrn in den Häuſern der Mächtigen in Umlauf brachten, war Antonin indeß im Winterlager des Königs von Perſien
eingetroffen, ward mit großen Freuden aufgenommen, bekam Erlaubniß, den Turban (Tiare) zu
tragen, (eine Ehre, die bei den Perſern an des Königs Tafel zu erſcheinen fähig macht, und für ein
Verdienſt gilt, das Rath und Stimme in Staats-
verſammlungen zu geben berechtiget), eilte dann,
wie man zu ſagen pflegt, nicht mit Ruderſtangen
oder an Seilen borirt, das iſt, nicht mit geſuchten
oder dunkeln Wendungen *), ſondern mit vollen Segeln des Wohlwollens ſeinem neuen Vaterlande entgegen; und ſo wie ehemals M a h a r b a l Annibals
Langſamkeit tadelte, und ihm zwar die Kunſt zu ſie-
gen, nur nicht die Kunſt, ſeine Siege zu verfolgen,
zugeſtand **), ſo ermunterte auch Antonin ſeinen
neuen König oft und laut zu mehrerer Thätigkeit.
In derſelben Gegend erzogen, hatte er von allem, die
genaueſte Kundſchaft, und ſobald er nur erſt die Aufmerkſamkeit ſeiner Zuhörer gefeſſelt, ihr immer nach
etwas Angenehmen haſchendes Ohr gewonnen, und
ſie nicht gerade zu lautem Lobe, vielmehr nur nach
dem Beiſpiele der P h ä a k e r beim Homer ***) zu
ſtiller Bewunderung geſtimmt hatte, führte er ſie

uuu

---

*) Dergleichen Eigenhei-
ten darf der Ueberſetzer ſeinem Schriftſteller nicht rauben, zumal wenn dieſer, wie
hier der Fall iſt, ſeine Metapher fortführt. Die Auf-
hellung der Metapher durch
die geſuchten Wendungen iſt,
wo möglich, noch geſchmack-
loſer als die Metapher ſelbſt,
rührt aber wahrſcheinlich
nicht von Ammian ſelbſt her.
**) Livius B. 22. K. 51.
Florus B. 2. K. 6.
***) Odyſſee B. 13. V. 1.

nun auf die Geschichte der letzten vierzig Jahre zurück: gab ihnen zu bedenken, daß nach so vielen kriegerischen Vorfällen, besonders nach der so hitzigen nächtlichen Schlacht bei Hileja und Singara *), wo die Unsrigen in ganzen Schaaren niedergemacht wurden, die siegenden Perser dennoch, als stände ein Frieden vermittelnder Fecial **) vor ihnen, sich weder Edessens, noch der Brücken über den Euphrat bemächtigt hätten — sie, die von so mächtiger Waffengewalt unterstützt, und von so glänzenden Siegen ermuntert, einen so günstigen Zeitpunkt, wo in langen Bürgerkriegen tapferer Römer Blut immer von zweien Seiten geflossen wäre, zu weiterer Ausdehnung ihres Staates hätten benutzen sollen.

Durch diese und andere dergleichen Vorstellungen mußte dieser Ueberläufer, der auch beim vollen Pokal, bei dem die Perser, wie einst die alten Griechen über Krieg und andere ernste Geschäfte sich zu bereden pflegen, noch nüchtern blieb, den ohnedem hitzigen König nur noch mehr aufzureitzen, daß er sogleich nach geendigtem Winter voll Zuversicht auf seine Größe seine ganze Macht ins Feld stellte: wobei ihm Antonin überall in nöthigen Fällen seinen Beirath treulich versprach.

Kap. 6.

*) Diese Schlacht fiel 348. vor, und so tapfer sich auch die Römer anfangs hielten, so litten sie doch die Nacht darauf in einem Ueberfalle ungemein viel. Das Weitere f. bei Gibbon B. 4. S. 214—216.

**) Fecialen waren Kriegspriester, an denen man nach dem Völkerrechte sich nicht vergreifen durfte, am wenigsten dann, wann sie als Friedensvermittler zwischen beiden Armeen standen.

Kap. 6.

Um dieſe Zeit kam Sabinian, ſtolz auf die ſo eilfertig erhaltene Feldherrnſtelle in Cilicien an, und gab an ſeinen Vorgänger Urſicin die Briefe des Kaiſers ab, des Inhaltes, daß er, zu höherer Würde beſtimmt, ſo bald als möglich am Hofe erſcheinen ſollte, er, deſſen Gegenwart doch ſo dringende Umſtände und die wichtigſten Geſchäfte, wär'er auch in Thule *) geweſen, jetzt im Orient um ſo nothwendiger machten, da er die alte Kriegszucht, und die Art der Perſer, ihre Kriege zu führen, durch lange Erfahrung am beſten kannte. Dieſe Nachricht ſetzte die Provinzen in große Beſtürzung, die Städte und der Bürgerſtand nahmen, ihm Ehre zu bezeugen, einen Entſchluß über den andern, empfingen ihn überall mit dem lauteſten Zuruf ihrer Zufriedenheit, und waren faſt geneigt, ihren allgemein anerkannten Beſchützer mit gewaltſamer Hand zurückzuhalten, in der angenehmen Erinnerung, daß er mit ſo erbärmlichen Soldaten, die nie einen Feind geſehen, dennoch zehn Jahre hindurch ihre Provinz ohne einigen Verluſt erhalten hätte, — eine Erinnerung, die eine kummervolle Hinſicht auf die Zukunft, und die Nachricht noch ſchmerzhafter machen mußte, daß ſie in einer ſo bedenklichen Lage an ſeiner Statt einen Mann bekommen ſollten, der nicht die geringſte Kenntniß vom Kriege beſäße. Ich glaube gewiß, denn der Beweis iſt augenſcheinlich, daß die Fama äußerſt ſchnell durch die Luftregionen fliegt, denn nur ſie

konnte

*) D. i. am Ende der Welt.

koimte diese Nachricht so geschwind nach Persien bringen, um die gehörigen Maaßregeln zu veranlassen.

Nach vielen Ueberlegungen beschloß man, und
Antonin war selbst dafür, daß man nach Ursicins
Entfernung, bei einem so elenden Neuling von Feldherrn, nicht erst sich mit gefährlichen Belagerungen
vor Städten abgeben, vielmehr über den Euphrat
hinüberstürmen, und immer vorwärts dringen sollte:
käme man durch Geschwindigkeit dem Gerücht selbst
zuvor, so könne man Provinzen, die in allen bisherigen Kriegen (die unter Gallienus ausgenommen)
verschont geblieben, und bei so langem Friedensge-
nuß reich geworden seyn müßten, sehr leicht erobern,
wozu Er, unter Beistand der Götter, sich als einen
gewiß nicht unnützlichen Anführer angeboten haben
wolle. Dieser Plan erhielt allgemeinen Beifall und
Bestättigung, und eben so allgemein war der Eifer,
mit dem man nicht nur für jetzt die nothwendigsten
Anstalten betrieb, sondern auch den ganzen Winter
hindurch sich beschäftigte, Proviant, Rekruten,
Waffen und andere zu dem bevorstehenden Feldzuge
dienliche Bedürfnisse zusammenzubringen.

Wir hielten uns indeß noch einige Zeit jenseit des
Taurusgebirges auf, eilten dann, erhaltener Order
gemäß, nach Italien hin, und kamen beim Fluß
Hebrus (Mariza) an, der vom Gebirge der Odry-
sier herabkommt: hier fanden wir Briefe vom Kaiser, mit dem Befehl, sogleich ohne die geringste Ein-
rede, doch mit der Zurücklassung der Civilbedienten
nach Mesopotamien zurückzukehren, ohne uns doch
in irgend eine gefährliche Unternehmung einzulassen,

weil

weil die höchſte Gewalt daſelbſt bereits einem andern
übertragen wäre. Dies war eine Kabale in den Händen tückiſcher Höflinge geknetet, daß wenn die Perſer, in ihrer Hoffnung getäuſcht, in ihr Land zurück-
zögen, man dies dem neuen Feldherrn als große Hel-
denthat anrechnen, einen unglücklichen Feldzug hingegen zur Gelegenheit nehmen wolle, Urſicinen als
Verräther des Vaterlandes anzuklagen. Ohne Grund
alſo umhergetrieben blieben wir lange Zeit unentſchloſſen, gingen aber doch zurück, und fanden hier
am Sabinian einen Mann von ſehr widrigem
Charakter, von mäßiger Statur, aber noch kleineren und engeren Geiſtes, übrigens ſo ſchändlich entnervt, daß er mit ſeiner ſchwächlichen Geſundheit
kaum gegen den lauten Ton eines frölichen Gaſt-
mahles, geſchweige denn gegen das Getümmel einer
Schlacht auszuhalten ſich getraute.

Weil aber Kundſchafter und Ueberläufer einſtimmig und wiederholt die eifrigſten Anſtalten auf feindlicher Seite beſtätigten, ließen wir das kleine Männchen — gähnen, und eilten nach Niſibis (Neſibin)
hin, um die nöthigen Einrichtungen zu treffen, den
verſteckten Plan der Perſer auf dieſe Stadt zu vereiteln, und ſie vor einem unvermutheten Ueberfalle
zu ſichern. Indem wir im Innern der Stadt die
ſchleunigſten Vorkehrungen trafen, zeigten ſich Rauch-
ſäulen und Wachfeuer vom Tigris an bei Caſtra
Maurorum °), (Caphartita) Eiſara (. . . .)
und

---

*) Richtiger vielleicht Ca-   vielen Maulbeerbäume in der
ſtra Mororum, wegen der   Gegend. Bruns Handbuch

und den übrigen Gränzorten vorbei bis an die Stadt
heran in Einer Linie und häufiger als gewöhnlich, —
ein Beweis, daß verwüstende Schaaren bereits über
den Fluß gegangen wären. Um uns also nicht alle
Auswege abschneiden zu lassen, verließen wir schnell
die Stadt, rückten weiter vorwärts, und hatten etwa
zweitausend Schritte zurückgelegt, als wir einen Knaben von edler Bildung mit einer goldenen Kette am
Halse, etwa acht Jahr alt, mitten auf einer Anhöhe
sitzend und weinend antrafen. Sein Vater, sagte er,
sey ein vornehmer Mann, und die Mutter, vor dem
anrückenden Feinde ängstlich fliehend, hatte ihn im
Gewühl ihrer übrigen Begleitung allein zurückgelassen. Indem ich auf Befehl des von Mitleid gerühr-
ten Feldherrn (Ursicin) ihn vor mich aufs Pferd
nahm, und in die Stadt zurückbrachte, sah ich die
plündernden Feinde bereits um die ganze Stadt
her schwärmen. Die Angst eine Belagerung auszuhalten war nicht in meinem Geschmack, ich schob also
meinen Knaben in ein halboffenes Seitenpförtchen
hinein, und jagte dann fast athemlos mit flüchtigem
Pferde zu unserem Korps zurück, wäre aber den
Feinden beinahe in die Hände gefallen. Ein feindlicher Trupp setzte einem mit seinem Reitknecht fliehenden Tribun Abdigibus nach: der Herr stürzte mit
dem Pferde, man fragte also den allein gefangen
genommenen Knecht, gerade indem ich schnell vorbei-
jagte, aus, wie denn der neue General *) hieße,

und

der alten Erdbeschreibung,
ersten Bandes, zweiter Theil
S. 143. Der Ort kommt
noch einmal bei Ammian vor
S. 25, K. 7.

*) Im Texte stehet Ju-
dex: aber Ammian braucht
dies Wort mehrmals für
obrigkeitliche Person überhaupt, oder auch für Feldherr.

und wie ſie hörten, Urſicin ſey es, der kurz vorher
in die Stadt eingerückt wäre, und jetzt die Anhöhen,
Izala genannt, zu gewinnen ſuche, ſo hieben ſie
den Mann nieder, und mehr als einer ſetzte mir in
vollem Jagen nach.　Durch die Flüchtigkeit meines
Pferdes hatte ich nun zwar einen weiten Vorſprung
gewonnen, aber indem ich jetzt bei Amudis, einer
kleinen Schanze, unſere Pferde auf der Weide, und
ihre Reiter ſorglos auf der Erde hingelagert fand,
ſtreckte ich meine Arme vorwärts, und ſchwenkte dann
den äußerſten Zipfel meines Kriegsmantels in der
Luft, um durch dieſes gewöhnliche Zeichen die Ankunft
der Feinde zu erkennen zu geben: und nun eilte ich
mit ihnen gemeinſchaftlich, ſo ſehr auch mein Pferd
ermüdet war, davon.　Die größte Beſorgniß machte
uns der Vollmond, und die abhängige ebene Fläche,
die uns, wenn wir ins Gedränge kamen, keinen Ausweg zu unſerer Rettung darbot, und auf der weder
Baum noch Gebüſch, blos niedriges Gras zu ſehen
war.　Wir fielen alſo darauf, ein Packferd mit einer
brennenden und feſtgebundenen Laterne ganz allein,
frei und ohne Reiter unſer Hand hingehen zu laſſen,
während daß wir rechter Hand uns über das Gebirge
zu retten ſuchen wollten.　Wir glaubten, die Perſer
würden, in der Meinung, daß dieſes Talglicht dem
langſam marſchirenden General vorleuchte, ihren
Weg darauf zunehmen: und hätten wir nicht dieſe
Liſt gebraucht, ſo wären wir gewiß von den Feinden
übermannt und gefangen genommen worden.

　　Dieſer Gefahr entronnen kamen wir in einer wal-
digen mit Weinſtöcken und Obſtbäumen beſetzten Ge-

gend bei einer kleinen Stadt Mejakarire *) an,
die ihren Namen von ihren kalten Bädern hat: alle
Einwohner waren entflohen, und wir fanden blos
einen Soldaten in einem abgelegenen Winkel. Man
brachte ihn vor den General, und weil er in der Angst
alles durch einander sprach, und sich dadurch nur mehr
verdächtig machte, so ließ er sich endlich durch Drohungen dahin bringen, die reine Wahrheit zu beken-
nen: er sey, sagte er, aus Paris in Gallien gebürtig, habe unter unserer Reiterei gedient, wäre aber,
um der Strafe für ein Verbrechen zu entgehen, zu
den Persern übergegangen, wo er ein Weib genommen, Kinder erzeugt, und nach geprüfter Red-ich-
keit zum Kundschafter gegen uns ausersehen, den
Feinden freilich oft wahre und dienliche Nachrichten
zugebracht habe. Jetzt hätten ihn die Persischen Magnaten Tamsapor und Nohadar, die Anführer
des jetzt umherschweifenden Korps abgesandt gehabt,
und er sey so eben im Begriff gewesen, ihnen die eingezogenen Nachrichten zu überbringen. Noch mußte
er erzählen, was er von den gegenseitigen Anstalten
wußte, und ward dann auf der Stelle niedergemacht.

Unsere Besorgniß ward durch seine Nachrichten
nichts weniger als gemindert, wir eilten also, weil
dies unter unsern Umständen das Beste zu seyn schien,
nach Amida (Diarbekr) einer Stadt, die kurz

nach-

---

*) Kommt auch in der Notitia Imperii und beim Theophilus Simocatta vor, und ihr Name drückt in Syrischer Sprache die da-selbst befindlichen kaltenWas-ser aus. Auch heißt sie Em-maus oder Ammaus. Va-lois.

nachher durch ihr trauriges Schickſal mehr als zu ſehr
bekannt ward *). Unſere ausgeſandten Kundſchafter
brachten uns unter andern auch einmal ein mit Chif=
fern beſchriebenes, und in der Scheide eines Schwer=
tes verborgenes Stück Pergament zurück, das ihnen
Procopius, der, wie ich oben erzählte, (B. 17.
K. 14.) nebſt dem Comes Lucillian ſich als Ge=
ſandter bei den Perſern aufhielt, hatte zukommen
laſſen, und einen dunkeln Ausdruck abſichtlich ge=
wählt hatte, um ſich nicht auf den Fall, wenn etwa
die Ueberbringer gefangen würden, durch eine in
deutlichen Wörten verfaßte Schrift dem traurigſten
Schickſal auszuſetzen. Die Schrift ſelbſt lautete ſo:
„ Man hat die Geſandten der Griechen weit entfernt,
„ wird ſie vielleicht ſogar tödten, und der bejahrte
„ König, mit dem Helleſpont nicht zufrieden, wird
„ Brücken über den Granikus und Rynbar ſchla=
„ gen, und dann mit zahlreichen Schaaren Aſien
„ überſtrömen — ein König, der ſchon für ſich hiz=
„ zig und grauſam, auf Antrieb und Verhetzung des
„ Nachfolgers weiland Kaiſers Hadrians es nur noch
„ mehr wird. Alles iſt unwiederbringlich verloren,
„ wenn Griechenland ſich nicht wohl vorſieht. “
  Dieſer Text beſagte, wenn man die Hülle weg=
nahm, ſo viel, daß der Perſer König über die Flüſſe
Anzaba und Tigris gehen werde, und auf An=
trieb Antonins nichts Geringeres im Sinn habe,
als ſich zum allgemeinen Beherrſcher des Orients zu
machen.

T 3

Nach=

*) S. unten Kap. 9. B. 19. K. 1. ff.

Nachdem wir die Dunkelheit der Schrift mit vieler Mühe enträthselt hatten, faßten wir einen Entschluß, so gut er sich zu der Zeit anbot. Satrap über Corduene, welches unter Persiens Herrschaft stand, war jetzt ein gewisser Jovinian, der in jüngern Jahren unter Römern erzogen, es insgeheim noch immer aus dem Grunde mit uns hielt, weil er vom Schicksal als Geisel in Syrien zu bleiben bestimmt, dennoch von den Annehmlichkeiten edler Wissenschaften gereizt, nichts sehnlicher wünschte, als auf Römischen Grund und Boden zurückzukehren. Ich ward also nebst einem zuverläßigen Centurio zu demselben hingesandt, um genauere Kundschaft über die feindlichen Anstalten in dieser Gegend einzuziehen, und kam über ungebahnte Klippen und steile Abhänge bei ihm an. Sehen, Erkennen und freundliche Aufnahme war Eins, ihm allein vertraute ich die Ursache meiner Ankunft, und nun gab er mir einen verschwiegenen, der Gegend kundigen Mann mit, um mich auf einen weit entlegenen hohen Felsen zu begleiten, von dem ein scharfes Auge auf funfzigtausend Schritt weit alles bis auf die geringste Kleinigkeit überschauen konnte. Hier hielten wir uns zwei volle Tage auf, aber am dritten sahen wir bei Sonnenaufgang die ganze Gegend umher, so weit unser Horizont reichte, von unzählichen Schaaren besetzt, und an ihrer Spitze, den König, durch seines Gewandes Pracht leicht kenntlich. Ihm zur Linken ritt Grumbates, der Chioniten König, ein Mann im Mittelalter, und welken Ansehens, aber von hohem und edlem Geist, und durch

viele

viele Siege berühmt: zur Rechten der Albaner
König. nicht minder vom König geſchätzt, und durch
Verdienſte erhaben: hinter ihnen dann die andern
Heerführer, durch verſchiedene Würden und Aemter
ausgezeichnet, und endlich die ganze Heerſchaar, ein
Aushub der beſten Mannſchaft aus den nächſtliegenden Provinzen, und durch langen Dienſt zu jeder
Beſchwerde abgehärtet. Aber, wird man mich vielleicht fragen: Wie lange wirſt du, fabelnder Grieche, uns noch von jener Stadt Thraciens, Doris-
kum *), und von Armeen, truppweiſe aus Horden
herausgezählt, vorplaudern? Doch ich bin mir es
wahrhaftig bewußt, zu behutſam, oder vielmehr
die Wahrheit zu geſtehen, zu furchtſam zu ſeyn, um
etwas zu übertreiben; vielmehr erzähle ich nur das,
was ich durch glaubwürdige Zeugniſſe als ganz ſicher
und zuverläßig bewähren kann.

Kap. 7.

Die vorher genannten Könige waren bei Nineve **) einer großen Stadt in der Provinz Adia-
bene vorbei gezogen, hatten mitten auf der über
den Fluß Anzaba geſchlagenen Brücke Opferthiere

T 4   geſchlach-

*) Bezieht ſich auf eine
Stelle im Herodotus B. 7.
N. 59. wo erzählt wird, daß
Xerxes bei dieſer Stadt die
wahre Zahl ſeiner ungeheuren Armee dadurch heraus-
zubringen geſucht, daß er
zehntauſend Mann zuſam-
mengeſtellt, dann einen
Kreis um dieſelben gezogen,
und ſo nach zehntauſenden
immer fortgerechnet, bis die
ganze Armee nach und nach
in dieſem Kreis eingezählt
geweſen.
**) Ammian nennt hier
einmal dieſe Stadt nach dem
Namen, wie er in der H.
Schrift vorkommt. S. Note
zu B. 14. K. 8.

geschlachtet, und giengen dann, vergnügt über die in
dan Eingeweiden derselben gefundenen günstigen Vorzeichen über den Fluß hinüber: ich aber, überzeugt,
daß der Rest der Armee schwerlich innerhalb drei Tagen über den Strom gehen könne, kehrte eiligst zu
dem Satrapen zurück, ruhte bei ihm aus, und genoß
alle Höflichkeiten der Gastfreundschaft. Von hier
aus ging ich dann durch wüste und öde Gegenden,
über das Ungemach eines so gefahrvollen Weges durch
die Nothwendigkeit getröstet, zurück, kam früher als
man erwartet hatte, bei den Unsrigen wieder an,
und sprach den Furchtsamen neuen Muth ein, ob ich
ihnen gleich nicht verheelen konnte, daß die feindlichen Könige, ohne einen Umweg zu nehmen, über
eine Schiffbrücke gegangen wären. Sogleich wurden also reitende Eilboten an Cassian, kommandirenden General in Mesopotamien, und den Statthalter dieser Provinz Euphronius abgesandt,
mit Bitte, die Landleute anzuhalten, ihre Familien
und sämmtliches Vieh in Sicherheit zu bringen, die
mit einer schwachen Mauer versehene Stadt Carrä *)
eiligst zu verlassen, auch alles auf dem Felde stehende
Getreide in Brand zu setzen, um dem Feinde allen
Lebensunterhalt für Menschen und Vieh zu erschweren. Diese Befehle wurden auch sogleich vollzogen,
und das angelegte Feuer wütete mit solcher Macht
auf der Flur hin, sengte alles Getreide, im gelben
Halme bereits zur Reife schwellend, alle im besten
Wuchse stehende Pflanzen so rein weg, daß vom Ufer

des

*) Ist die schon bei Mo-   de Stadt Haran, welchen
ses B. 1. K. 11. vorkommen- Namen sie jetzt wieder hat.

des Tigris bis nach dem Euphrat her kein grünes Gräschen zu sehen war. Auch verzehrte dieses Feuer viele wilde Thiere, vorzüglich Löwen, die ehemals in dieser Gegend vielen Schaden anrichteten, aber nach und nach aufgerieben wurden, oder ihr Gesicht auf folgende Art verloren. Zwischen den in Mesopotamien häufigen Rohrgebüschen und Sträuchwerk schweifen Löwen in zahlloser Menge umher, die während des in derselben Gegend sehr gelinden Winters nicht leicht gefährlich werden: wann aber die wärmere Jahreszeit eintritt, werden sie in diesem dürren Erdstriche durch die Sonnenhitze und eine Art großer Mücken sehr geplagt, die in jenen Gegenden in ganzen Schwärmen überall umher fliegen. Weil nun diese Insecten besonders nach den Augen als feuchten und leuchtenden Theilen des Körpers zufliegen, und ihren Stachel tief in die Augenwinkel einstoßen, so werden die Löwen, der langen Pein müde, entweder von den Wellen der Flüsse, in die sie sich zu retten suchen, verschlungen, oder werden über den Verlust der Augen, die sie durch unablässiges Kratzen mit ihren scharfen Klauen selbst verletzen, bis zur Raserei wild: wäre dies nicht, so würde man sich im ganzen Orient vor der Menge dieser wilden Thiere nicht zu lassen wissen.

Während daß man die Feldfrüchte, wie ich vorher erzählte, in Brand setzte, wurden Tribunen und Protectoren abgesandt, um die diesseitigen Ufer des Euphrats durch Schanzen, Pallisaden und andere Vertheidigungsmittel zu sichern, auch an schicklichen Or-

T 5   ten,

ten, wo der Strom nicht zu tief wäre, schweres Ge=
schoß anzubringen.

Indem wir so eifrige Anstalten trafen, hatte S a=
b i n i a n, der so weislich erwählte Oberbefehlshaber
in einem so gefährlichen Kriege, zu einer Zeit, wo
er jeden Augenblick zu Abwendung der gemeinschaft=
lichen Gefahr hätte benutzen sollen, auf dem öffentli=
chen Begräbnißplatze vor Edessa, in dem Wahne,
nichts fürchten zu dürfen, wenn er nur Frieden mit
den Todten stiftete, mit einer Sorglosigkeit, die sich
nur bei einem von je her so unthätigen Manne den=
ken läßt, sich das Vergnügen gemacht, seine Solda=
ten einen Kriegstanz (Pyrriche) nach dem Takte be=
gleitender Instrumente, und mit theatralischer Ge=
sticulation ganz in der Stille aufführen zu lassen,
ohne zu bedenken, daß eine solche Handlung an und
für sich nicht minder als in Ansehung des Ortes eine
üble Vorbedeutung geben müsse. Wenn man der=
gleichen immer von üblen Folgen begleitete Dinge
mit ansieht, die für ihren Unternehmer eben so ent=
ehrend, als für den Geschichtschreiber traurig sind,
so können sie doch in der That jedem rechtschaffenen
Manne für die Zukunft zur Warnung dienen.

Die feindlichen Könige hatten sich indeß in N i si=
b i s, wo ihre Verheerung noch ganz erträglich war,
nicht aufgehalten: weil aber der Brand auf den Fel=
dern durch die dürre Nahrung, die er überall vor=
fand, sich immer weiter verbreitete, so setzten sie,
um Gegenden, wo sie kein Futter fänden, auszu=
weichen, ihren Marsch am Fuße des Gebirges durch
grasreiche Thäler fort. Nun kamen sie zu einem

klei=

kleinen Landhause, Bebase genannt; weil aber von
hier aus bis nach der Stadt Constantina *) hin,
welche hunderttausend Schritte davon entfernt liegt,
alles so dürr ist, daß man selbst in Brunnen nur
weniges Wasser findet, so standen sie nach langer
Unentschlossenheit dennoch voll guter Zuversicht
auf ihre abgehärtete Naturen im Begriff, diese Ge=
gend zu durchziehen, als ihnen ein sicherer Kund=
schafter die Nachricht brachte, daß der Euphrat durch
Thauwetter angelaufen, weit über seine Ufer ausge=
treten, mithin auf keine Weise zu passiren sey. In
ihrer Hoffnung wider Vermuthen getäuscht, erwar=
teten sie nun jeden günstigen Augenblick, den ihnen
etwa der Zufall darböte: jeder beeiferte sich, den
unglücklicher Weise verrückten Plan durch guten Rath
wieder einzuleiten, auch Antonin ward seine Mei=
nung zu sagen aufgefordert, und sein Rath war,
rechtsab zu marschieren: freilich müsse man einen
Umweg nehmen, man finde aber auch Gegenden vor
sich, die an allen Arten von Lebensunterhalt frucht=
bar, und von uns in der Meinung, daß jeder Feind
doch immer den nächsten Weg nehme, unversehrt
geblieben wären; und dann müsse man, wozu er
sich selbst als Anführer anbiete, die zwei Schanzen
Barzala und Laubia angreifen, wo der seinen
Quellen nähere Fluß seicht und schmal, von andern
in ihn fallenden Flüssen noch nicht angeschwellt, mit
leichter Mühe zu durchwaden sey. Dieser Vorschlag
erwarb seinem Erfinder allgemeinen Beifall, man
hat

---

*) Nach Bruns am an= das heutige Tela Mauza=
gef. Orte S. 138. ist es lat.

bat ihn, in einer ihm so gut bekannten Gegend den
Anführer zu machen, die ganze Armee brach auf,
und folgte ihrem Wegweiser willig nach.

Kap. 8.

Sobald wir dies durch sichere Kundschafter erfuhren, machten wir unsern Plan so, daß wir nach
Samosata (Schemisat) hineilen, daselbst über
den Fluß gehen, die Belegung der Brücken bei Zeug-
ma (Zefme) und Caperzana (. . .) abnehmen,
und wenn es das Glück wollte, die Feinde dadurch
an weiterem Vorrücken hindern wollten. Aber ein
trauriger Vorfall begab sich, dessen Schändlichkeit
man in ewige Vergessenheit begraben sollte. Zwei
Eskadrons Reiter, ohngefähr siebenhundert Mann
stark, welche vor kurzem aus Illyricum zu Mesopotamiens Unterstützung angekommen, und entweder
noch zu sehr entkräftet, oder zu furchtsam waren,
standen als Vorposten in derselben Gegend, verließen
aber aus Furcht eines nächtlichen Ueberfalles bei
anbrechendem Abend, wo man auch den unbedeu-
tendsten Fußsteig nicht aus der Acht lassen sollte, ihre
für den Staat so wichtige Schanzen, und zogen
sich tiefer ins Land zurück. Kaum machten die Perser die Bemerkung, daß die Unsrigen von Schlaf
und Wein benebelt wären, als sie zwanzigtausend
Mann stark, unter Anführung Tamsapors und
Nohodars ohne Widerstand ihren Marsch fort-
setzten, und sich hinter die hohen Hügel bei Amida
streitfertig in Hinterhalt legten.

Wir

Wir ſetzten indeß, unſerm Plane gemäß, unſern
Marſch nach Samoſata fort: aber kaum fing der
Tag an zu dämmern, als uns von einer Anhöhe
blinkender Waffen Glanz in die Augen fiel: ſogleich
erhub ſich ein lautes Geſchrei. die Feinde waren da,
wir gaben das gewöhnliche Zeichen zur Schlacht, und
machten in geſchloſſenen Gliedern Halt: denn in der
That war es eben ſo gefährlich, an Flucht zu denken, wo uns die Feinde zu nahe ſtanden, als ſich
mit einem, uns an Reiterei und Zahl der Mannſchaft
überlegenen Feinde in ein Gefecht einzulaſſen, bei
dem wir auch nichts als ſichern Tod vor Augen ſahen. Wie wir dann endlich doch, mit den Feinden
uns einzulaſſen gezwungen waren, und nur noch nicht
recht wußten, wie wir unſere Gegenwehr anordnen ſollten, wurden einige der Unſrigen, die zu voreilig angriffen, niedergemacht.

Beide Heere drangen nun gegen einander an,
Antonin zog mit großer Selbſtgefälligkeit vor ſeiner Schaar her, Urſicin erkannte ihn, ſprach ihn
in hartem Tone an, und nannte ihn einen ſchändli-
chen Verräther. Antonin nahm ſogleich die Tiare,
die er als Ehrenzeichen trug, vom Kopfe, ſprang
vom Pferde, und begrüßte mit einer ſo tiefen Verbeugung, daß er mit der Stirne faſt die Erde be-
rührte, den Urſicin als Patron und Gebieter, ſchlug
dann die Hände auf dem Rücken zuſammen, welches
bei den Aſſyriern für Zeichen bittender Demuth gilt,
und vertheidigte ſich ſo: „ Verzeihe, würdiger Ge-
„ neral, einem Manne, den Noth, nicht freier Wille
„ zu dem drang, was er ſelbſt für ſchändlich erkennt:

„ unge-

„ ungeſtüme Gläubiger haben mich, wie du ſelbſt
„ weißt, in dies Unglück geſtürzt, und ihrer Hab=
„ ſucht hat ja ſelbſt dein erhabener Stand, der mei=
„ nen Leiden gern abgeholfen hätte, nicht widerſte=
„ hen können. “ Indem er ſprach, entfernte er ſich
nach und nach, nicht mit uns zugewandtem Rücken,
ſondern immer mit der Miene der Beſcheidenheit, und
die Hand auf die Bruſt gelegt rückwärts gehend,
bis er uns endlich aus dem Geſicht verſchwand.

Alles dies war im Zeitraume einer halben Stunde
vorgefallen, als unſer zweites Treffen, welches mehr
bergan ſtand, aufſchrie, man ſehe eine andere Schaar
geharniſchter Reiter in der Nähe mit möglichſter
Schnelligkeit anrücken. Wie es im Nothdrange geht,
waren wir zweifelhaft, was wir abwehren müßten
oder könnten, aber die auf uns andringende Volks=
menge war ſo zahllos, daß wir, wo jeder den näch=
ſten Ausweg ſah, in völliger Zerſtreuung flohen.
Jeder ſuchte ſich von der vor Augen ſchwebenden
Gefahr zu retten, doch konnten wir es nicht vermei=
den, uns auch ohne geſchloſſene Glieder mit dem
Feinde einzulaſſen. Den Wunſch, unſer Leben zu
erhalten, hatten wir ganz aufgegeben; wehrten uns
aber deſto verzweifelter, und kamen endlich an den
hohen Ufern des Tigris an. Einige ſprangen gerade
in den Strom hinab, blieben aber, von Waffen be=
ſchwert, an ſeichten Orten im Schlamme ſtecken, an=
dere wurden vom wirbelnden Strome verſchlungen,
andere fochten zu Lande gegen den Feind mit wech=
ſelndem Glück fort, oder ſuchten ſich, durch der
Feinde dichte Schaaren geſchreckt, auf das nahlie=
gende

gende Taurusgebirge zurückzuziehen. Unter dieſen
befand ſich der General ſelbſt, der von einer ganzen
Schaar feindlicher Krieger umgeben, nebſt dem Tribun Aiadalthes und einem Reitknecht durch ſeines Pferdes Flüchtigkeit entkam.

Ich ſelbſt war von meinen Gefährten abgekommen, und ſah umher, wie ich mich etwa zu retten
vermöchte; Verennian *), der Officier der Haustruppen begegnete mir mit einem Pfeile in der Hüfte,
und indem ich ihm denſelben auf ſein ängſtliches Bitten herausziehen wollte, ſah ich von allen Seiten die
Perſer vor mir herziehen, ſchlich mich alſo mit kei-
chendem Athem nach der Stadt zurück, welche nach
der Gegend hin, von der man auf uns den Angriff
gethan hatte, auf einer Anhöhe lag, und nur auf
einem ſehr ſchmalen Wege zugänglich war, den eine
auf einer Klippe gebaute Mühle noch mehr beengte.
Hier blieben wir mitten unter Perſern, die in demſelben Augenblicke mit uns die Anhöhe erſtiegen hatten, bis zu Aufgang der Sonne am folgenden Morgen, ohne uns rühren zu können, und in ſo dichtem
Gedränge ſtehen, daß ſelbſt die Leichname der Sterbenden vor Volksmenge keinen Raum zum Nieder-
ſtürzen fanden, und daß ein Soldat vor mir mit ge-
ſpaltenem, durch einen ſtarken Säbelhieb in zwei völlig gerade Theile zerlegtem Scheitel, wie ein Klotz
eingeſperrt da ſtand. Ob nun gleich Pfeile und
Wurfſpieße aus allen Arten von Geſchoß von den
Thürnen der Stadt herabflogen, ſo gelang es mir
doch bald durch Näherung an die Mauer mich vor
ihnen

*) Heißt B. 15. K. 5. Verinian.

ihnen zu sichern; ich schlich mich endlich an der abs
gelegenen Seite in die Stadt ein, und fand sie mit
einer aus der benachbarten Gegend zusammenges
strömten Menge Manns- und Weibsvolkes überlas
den. Dies kam daher, weil gerade zu dieser Zeit
der in der Vorstadt alle Jahre gewöhnliche große
Markt außer fremden Verkäufern auch viele Landleute herbeigezogen hatte. Alles tönte indeß durch
einander, die einen beseufzten den Verlust der Ihrigen, andere schrien über eigene tödtliche Wunden,
viele rufen nach Weibern und Kindern, die sie im
Gedränge verloren hatten.

Kap. 9.

Diese Stadt (Amida), ehemals sehr geringen
Umfanges, hatte Constantius noch als Thronfolger zu eben der Zeit, da er noch eine andere Stadt
Antoninupolis anlegte, um den Anwohnern eine
sichere Zuflucht zu verschaffen, erweitert, und mit
Mauern und Thürmen umgeben: dann verlegte er
das Zeughaus für große Belagerungsmaschinen in
dieselbe; machte sie den Feinden furchtbar, und wollte
sie nach sich benennen. Von der Südseite bespült sie
der Tigris, der nicht weit davon entspringt, in ge-
krümmtem Laufe: nach Osten liegen die Ebenen Mesopotamiens, nach Norden hat sie den Fluß Nym-
phaus, und wird vom Taurusgebirge beschattet,
welches die Völkerschaften jenseits des Tigris von
Armenien trennt, und nach Westen stößt sie an Gu-
mathes

mathena °) ein Ländchen, von Natur sowohl als
durch den Fleiß seiner Bewohner fruchtbar, in welchem der kleine Ort Abarne liegt, der durch seine
warmen Gesundbrunnen berühmt ist. Mitten in
Amida selbst entspringt unter der Burg ein reicher
Quell, der zwar trinkbar, aber bei zu großer Sonnenhitze doch bisweilen faules Wasser giebt. Die gewöhnliche Besatzung dieser Stadt war die fünfte
Parthische Legion, nebst einer beträchtlichen
Zahl Eingebohrner. Jetzt aber hatten sich beim Einfall der Parther noch sechs Legionen in der Eil auf
verschiedenen Wegen hineingeworfen, und standen
als muthige Vertheidiger auf festen Mauern da:
nämlich die ehemaligen Legionen des Magnentius
und Decentius, welche der Kaiser nach geendigtem
Kriege als türkische und unruhige Köpfe in den Orient
verlegte, wo es immer auswärtige Kriege zu führen
giebt: ferner die dreißigste und zehnte Legion, auch Fortenses genannt, und die Su-
perventoren und Präventoren unter ihrem
Anführer, dem jetzigen Comes Aelian, welche als
junge Rekruten unter eben demselben, damals noch
Protector, einen Ausfall aus Singara thaten,
die im tiefen Schlafe liegenden Perser überfielen, und
größtentheils niedermachten, wie ich an einem andern Orte erzählt habe. Noch befand sich in der
Stadt der größere Theil der Comitum Sagitta-
riorum, welchen Namen einige Escadrons Reiterei, mit Pfeil und Bogen bewaffnet, führen, ganz
aus

---

*) Lindenbrog sagt, es müsse Cömagene heißen.

aus freigebohrnen Ausländern bestehen, und sich vor andern an Waffen und Tapferkeit auszeichnen *).

Kap. 10.

Indem der erste Sturm des feindlichen Angriffes diese unerwarteten Unglücksfälle über uns führte, nahm der König mit seinen Persern und andern unter ihm stehenden Völkern von dem kleinen Orte Bebase seinen Marsch, wie Antonin gerathen hatte, rechter Hand abwärts durch Horre, Mejakarire und Charcha, als wolle er Amida vorbeigehen, erfuhr aber bei seiner Ankunft in der Nähe der Römischen Kastelle Reman und Busan durch Ueberläufer, daß man in diese der hohen Lage wegen für sicher gehaltenen Bergfesten vieles Geld und Güter geschaft habe, auch außer anderem kostbaren Geräthe sich eine schöne Frau mit einer kleinen Tochter daselbst befände, die Gemahlin nämlich des Craugasius, eines Nisibeners, der in seiner Stadt Senatsfähig, durch Geburt, guten Namen und Ansehn einer der Ersten wäre. Der König, gierig auf fremdes Gut, griff also diese Schlösser in Zuversicht auf seine Uebermacht an: die Besatzung, über den uner-

an erwarteten Anblick mehrerer, auf verſchiedene Art
bewaffneter Nationen beſtürzt, ward an ſich ſelbſt,
und den zu ihnen Geflohenen zur Verrätherin, und
übergab nach bewilligtem freien Abzuge ſogleich die
Schlüſſel zu den Thoren: worauf man dann einrückte,
alle daſelbſt verwahrte Habe aufſuchte, auch die vor
Furcht bebenden Weibsperſonen, und an ihre Mütter ſich ſchmiegende Kinder, die bei ſo zartem Alter
ſchon ein ſo trauriges Schickſal erlebten, vor den
König führte. Sobald dieſer durch Erkundigung des
Craugaſius Gemahlin ausgefunden hatte *), und
ihre Furcht, ſich ihm zu nähern, bemerkte, bat er
ſie, nur getroſt zu kommen: Sie erſchien bis an das
Kinn mit einem ſchwarzen Schleier bedeckt, und Er
ſicherte ihr mit freundlicher Güte vom neuen die
Hoffnung zu, ihren Gemahl, ohne für ihre weibliche
Ehre etwas fürchten zu dürfen, wieder zu erhalten.
Dazu wirkte freilich die Nachricht mit, daß ihr Gemahl ſie außerordentlich liebe, und die darauf gegründete Hoffnung, daß er durch ihre Entlaſſung
vielleicht die Uebergabe von Niſibis ſelbſt erkaufen
könnte. Indeſſen befahl er doch auch andere nach
der Criſten Sitte Gott geweihte Jungfrauen **)
ungekränkt zu laſſen, und ſie in ihrem Gottesdienſt
nach ihrer Weiſe nicht zu ſtören, — ein Gelindig-

---

*) Um einen beſſern Zu-
ſammenhang herzuſtellen,
glaubte ich anſtatt: cuius-
dam coniux eſſet, Crau-
gaſii, comperiſſet — (aber
das mußte er ſchon) lieber
ſo zu leſen und interpungi-
ren zu dürfen: Quaenam

(oder ubinam) c. e. Crau-
gaſii, &c.

**) Schon im zweiten Jahr-
hundert finden ſich Spuren
vom geſellſchaftlichen Leben
Gott gewidmeter Jung-
frauen.

keit, die in der That nur listige Verstellung war; und bloß darauf abzwekte, daß alle, die vorher seine unmenschliche Grausamkeit schreckte, jetzt sich ihm ohne Furcht freiwillig in die Arme würfen, wenn er ihnen durch diese neuen Beispiele bewiese, daß er durch Menschengefühl und Sanftheit einen gemäßigten Gebrauch von seinem großen Glück zu machen wisse.

Neunzehn=

Neunzehntes Buch.

Inhalt.

Kap. 1. Sapors Aufforderung an die Stadt Amida, sich
zu ergeben, wird von der Besatzung durch Pfeile und
Dachziegel erwiedert. König Grumbates thut ein gleiches, wobei sein Sohn ums Leben kommt. — Kap. 2.
Die Stadt wird nun eingeschlossen, und in zwei Tagen
zweimal bestürmt. — Kap. 3. Ursicin ist bereit, die
Belagerer bei Nacht zu überfallen, welches doch Ge-
neral Sabinian nicht zugiebt. — Kap. 4. Die in der
Stadt entstandene Pest hört am zehnten Tage mit ei-
nem gelinden Regen auf. Ursachen und verschiedene
Arten der Pest. — Kap. 5. Die Belagerung dauert
fort, auch ersteigen die Feinde unter Führung eines
Ueberläufers, einen unserer Thürme durch einen Gang
unter der Erde — Kap. 6. Ausfall der gallicanischen
Legionen, wobei die Perser viel einbüßen. — Kap. 7.
Die Perser rücken mit Streitthürmen näher an die
Stadt, die Römer setzen sie aber in Brand — Kap. 8.
Nun versuchen die Perser einen muthigen Angriff über
die nah an der Mauer angelegten Dämme, und er-
obern die Stadt. Ammian entkommt bei Nacht, und
flieht nach Antiochien. — Kap. 9. Die Römischen
Feldherren werden entweder niedergemacht, oder mit
Fesseln belegt. Craugasius, der Nisibener, geht aus
Sehnsucht nach seiner Gemahlin zu den Persern über. —
Kap. 10. In Rom Aufruhr aus Besorgnis einer Hungersnoth. — Kap. 11. Die Limigantischen Sarmaten
täuschen den Kaiser durch verstellte Bitte um Frieden,
greifen ihn an, büßen aber ihren Frevel mit großem
Verluste. — Kap. 12. Am kaiserlichen Hofe werden
viele des Verbrechens beleidigter Majestät beschuldigt,
und hingerichtet. — Kap. 13. Lauricius, Statthalter
in Isaurien hemmt den überhand nehmenden Straßen-
raub.

Kap. 1.

Sahen sich unsere Gefangenen in trauriger Lage,
so war der König desto fröhlicher: und mehrere
dem ähnliche glückliche Vorfälle erwartend, brach er

U 3

mit

mit seinem Heere wieder auf, rückte dann allmählich
näher, und erschien am dritten Tage vor den Thoren Amida's. Beim ersten Aufglanz der Morgenröthe sahen wir, so weit das Auge reichte, überall
blinkende Waffen strahlen, und geharnischte Reiter
füllten Ebenen und Hügel. Der König selbst ritt
vor andern ausgezeichnet, vor der Fronte der Armee
her, sein Diadem war ein von Gold nachgebildeter
Widderkopf mit edlen Steinen besetzt, und noch mehr
Würde gab ihm die ihn begleitende Schaar Magnaten aller Art, und das übrige Gefolge aus mehreren
Nationen zusammengesetzt. Leicht ließ sich nun zwar
voraussehen, daß er einen Versuch machen würde,
der Besatzung den Antrag freiwilliger Ergebung zu
machen, zumal, da er sich nach Antonins Plane
eigentlich hier nicht lange aufzuhalten gedachte; aber
die himmlische Gottheit schien, um die Leiden des
ganzen Römerstaates in dem geringen Umfang Einer
Gegend zusammenzudrängen, dem hochaufbrausen-
den Manne den stolzen Gedanken selbst eingegeben zu
haben, er dürfe sich nur zeigen, so würden die Belagerten insgesammt, von Furcht entseelt, demüthig
zu seinen Füßen um Gnade bitten. Er erschien also,
von seinen Trabanten begleitet, vor dem Thore: weil
er sich aber zu keck so nahe heran wagte, daß man
jeden Zug seines Gesichtes deutlich bemerken konnte,
so warf man Pfeile und anderes Geschoß auf den
vorzüglich prächtig gekleideten Mann herab, unter
denen er gewiß erliegen mußte, wenn nicht der ge-
waltige Staub den Schützen auf der Mauer die freie
Aussicht benommen hätte. Blos ein Stück seines
                                        Talars

Talars ward ihm durch einen Dachziegel durchlö-
chert, und er rettete ſein Leben, um bald das Leben
unzählicher Menſchen aufzuopfern. Nun ſchmähte er
wütend, als hätten wir uns an einem Göttern ge-
weihten Tempel vergriffen, lärmte gewaltig, daß
man nach ihm, ſo vieler Könige und Nationen Gebieter geſchoſſen hätte, und traf die eifrigſten Anſtalten, die Stadt dem Erdboden gleich zu machen: weil
ihm aber ſeine vornehmſten Generale vorſtellten,
daß dieſe Hitze ihn von der rühmlichſten Laufbahn anderwärts auszuführender Thaten ableiten würde, ſo
ließ er ſich durch dieſe Vorſtellung, verbunden mit
der beſcheidenen Bitte anderer Magnaten, beſänftigen, und beſchloß, den folgenden Tag die Beſatzung
noch einmal zur Uebergabe auffordern zu laſſen.

Sogleich mit Anbruch des Tages erſchien alſo
der Chioniten König Grumbates, des ſtolzen
Zutranens voll, ſeine Abſicht glücklich zu erreichen,
von einer Schaar rüſtiger Trabanten umgeben, vor
dem Thore: aber ein geſchickter Schütze faßte ſeinen
Mann, ſobald er ihn durch einen Schuß erreichbar
fand, ſo richtig ins Auge, daß er mit einem von
der geſpannten Wurfmaſchine geſchoſſenen Pfeil dem
zur Seite des Vaters reitenden Sohne, einem Prinzen, der in den erſten Jünglingsjahren ſtand, und
ſich vor allen ſeines Alters durch trefflichen Wuchs
und Schönheit ausnahm, Panzer und Bruſt durchbohrte. So wie er ſtürzte, nahmen ſeine Landsleute
ſchnell die Flucht, glaubten ſich aber bald, um den
Leichnam nicht in unſere Hände kommen zu laſſen,
zur Rückkehr verpflichtet, und boten zahlreiche Schaa-

ren in fürchterlichen Dissonanzen zu den Waffen auf;
beren Ankunft ein hartes Gefecht veranlaßte, bei
bem die Pfeile dicht wie Hagel umherflogen.   Der
Kampf dauerte mit beiderseitigem großem Verluste
bis an den Abend fort, und schon brach die Nacht
ein, als man über Schichten der Erschlagenen und
über Ströme von Blut mit vieler Mühe und durch
die Finsterniß begünstiget, den Leichnam davon brachte.   So begann ehemals vor Troja über des Thessa-
lischen Feldherrn (Achill) entseelten Freund (Patro-
klus) ein harter Kampf.   Das königliche Haus war
über diesen Vorfall sehr betrübt, Vater und Magnaten über einem so unerwarteten Verlust so betroffen,
daß man alle gerichtliche Handlungen und militarische Unternehmungen aussetzte, um den jungen Mann,
durch seine Geburt verehrlich und von jedermann geliebt, nach Landessitte zu beklagen.   Er ward in
seiner gewöhnlichen Rüstung einhergetragen, und
dann auf einen geräumigen und hohen Paradebett
aufgestellt: um dieses standen zehen andere kleinere,
mit Nachbildungen von Leichen, durch Kunst so natürlich zubereitet, daß man wirklich Verstorbene vor
sich zu sehen glaubte.   Sieben Tage lang hielten die Männer zelt- und rottenweise den Todten-
schmaus, und tanzten bei kläglichen Trauergesän-
gen, um den Sohn ihres Königes zu beklagen;
die Weiber schlugen sich an die Brust, und
jammerten laut auf, die Hoffnung der Nation
in ihrer ersten Blüte abgemähet zu sehen; so wie
man der Venus Priesterinnen bei dem Feste des
Ad-

Adonis *) meinen sieht, welches nach geheimer
Deutung ein Sinnbild der reisenden Feldfrüchte seyn
soll.

Kap. 2.

Nach Verbrennung des Leichnams, und Samm
lung der Gebeine in eine Urne **), welche der Vater
in seinem Lande beisetzen zu lassen beschloß, ward
man in einem großen Kriegsrath einig, den Stein
haufen der niedergebrannten Stadt ein Sühnopfer
für des erlegten Prinzen Manen werden zu lassen,
denn Grumbates bestand darauf, nicht eher von der
Stelle zu gehen, als bis er den Schatten seines Soh
nes gerächt hätte. Noch zwei Tage ließ man den
Soldaten ausruhen, sandte nur überall hin streifende
Parteien aus, um die fetten und wohlangebauten
Felder umher zu verwüsten, und dann zog man eine
Linie beschildeten Fußvolkes fünf Mann hoch um die
Stadt: mit Anbruch des dritten Tages wimmelte
alles rund umher, so weit man sehen konnte, von
Reitern mit blanken Panzern, allmählig rückten sie
näher, und stellten sich auf die ihnen durchs Loos

ange

*) S. auch B. 22. K. 9.
Die Idee, die zeugende Kraft
der Natur im Pflanzenrei
che, besonders die Zeit des
Aufkeimens des in der Erde
so lange verborgenen Getrei
desaamens zu ehren, leitet
sich ursprünglich aus dem
Orient her; hernach hat
man in andern Ländern un
ter verschiedenen Namen
(beim Ezechiel das Weinen

über den Thammuz) dieses
Fest, das mit Klagen be
gann, und in Fröhlichkeit
endigte, begangen. Heyne
über Apollodor S. 826.
**) Valesius bemerkt mit
Recht, daß dies von den
Chioniten, nicht von den
Persern überhaupt zu ver
stehen sey, welche damals
wenigstens ihre Todten nicht
verbrannt hätten.

angewiesenen Posten. Die Perser schlossen nun die
Stadt in ihrem ganzen Umfange ein. Die Morgen=
seite, wo der Prinz zu unserm Unglücke geblieben
war, fiel den Chioniten zu. Die Vertä *)
bekamen die Mittagsseite zu besetzen, in der Gegend
nach Mitternacht standen die Albaner, und vor
dem Thore nach Abend nahmen die Segestaner,
vor allen als muthige Krieger bekannt, ihren Stand=
posten: mit ihnen zogen hochstämmige Elephanten
in ganzen Schaaren, schon durch ihre runzlichte Haut
widrig anzusehen, noch gefährlicher durch die auf
ihren Rücken sitzenden Krieger, langsam einher —
ein über alle Beschreibung gräßlicher und furchtbarer
Anblick, wie ich schon oft erzählt habe.

Eine so unermeßliche Volksmenge, längst schon
zum Ruin des Römerstaats aufgeboten, und jetzt
bereit, unsere Stadt zu vertilgen, vor unsern Augen
sehend, gaben wir alle Hoffnung, unser Leben zu
retten auf: nur es auf eine rühmliche Art zu endi=
gen, war unsre einzige Sorge, unser allgemeiner
Wunsch. Von Aufgang der Sonne bis zum sinken=
den Tage standen die Feinde unbeweglich, als wären
sie eingewurzelt, da, keiner wechselte nur den Fuß,
nirgends hörte man Menschenlaut, oder Wiehern der
Pferde: in eben der Ordnung, in der sie anrückten,
zogen sie am Abend wieder ab, um sich durch Speise
und

---

*) Aus dem in der Colber=
tinischen Handschrift stehen=
den Cuius ist Valesius fast
geneigt Cuni, oder Chu=
ni, d. i Hunnen für das
bessere zu halten. Ein Vor=
schlag, der sich immer em=
pfehlen müßte, wenn nicht
unten Kap. 5. Die Vertä
noch einmal vorkämen. Ue=
ber die übrigen hier genann=
ten Völker verweise ich der
Kürze wegen auf Gibbon
B. 4. S. 315.

und Schlaf zu erquicken, und noch war die Nacht
nicht völlig vorüber, als ſie, Trompeter vor ſich her,
mit einer fürchterlichen Heerſchaar die Stadt, die ſie
bald in ihren Händen zu ſehen hofften, umſtellten:
kaum hatte Grumbates eine mit Blut gefärbte
Lanze nach ſeines Landes und unſerer Fecialen Sitte. *)
nach uns herübergeworfen, als das feindliche Heer
die Schilde gegen einander ſchlug, und dann auf unſere Mauer pfeilſchnell anlief: dies war der Augenblick, von dem ſich der traurige Sturm des Krieges
in ſeiner ganzen Stärke erhob, indem die Feinde in
eiligſtem Anzuge hitzig zum Gefecht hereilten, die
Unſrigen hingegen all ihre Kraft und Muth zur Gegenwehr anſtrengten.

Ungeheure Steine aus Skorpionen **) ge-
ſchleudert, zerſchmetterten vieler Feinde Köpfe, andere wurden in ſo großer Menge von Pfeilen durchbohrt, oder auch durch Dachziegel verwundet, daß
ihre Leichname den Weg verdämmten, noch andre
eilten, vom Geſchoß getroffen, in ſchneller Flucht
zu den Ihrigen zurück. Nicht geringer war der Jammer, und der Todten Zahl in der Stadt: eine Pfeil-
wolke auf die andere verfinſterte durch ihre gedrängte
Menge die Luft, und die von den Perſern in Singara
eroberten Wurfmaſchinen verwundeten viele tödtlich.
Die Belagerten boten alle ihre Kräfte auf, waren
immer die erſten, die den ausgeſetzten Kampf vom
neuen begannen, und in hitziger Gegenwehr verwundet, machten ſie im Fallen das Uebel nur ärger,
riſſen,

*) Livius B. 1. K. 32. wo auch ihr Griechiſcher Na-
**) S. Buch 23. Kap. 4. me Onagri vorkommt.

tiffen, zerfleischt zur Erde gestreckt, die nächststehenden mit sich nieder, oder schrien, wenn sie noch lebten, nach Wundärzten, ihnen die im Körper steckenden Pfeile herauszunehmen. Das Metzeln dauerte, Schlag auf Schlag, solange es Tag war, fort, und selbst des spätern Abends Dunkel konnte die Wuth nicht abstumpfen, weil man von beiden Seiten mit der hartnäckigsten Erbitterung focht. Die während der Nacht ausgestellten Posten seufzten unter der Last ihrer Waffen, und die Hügel umher ertönten von gegenseitigem wildem Geschrei: die Unsrigen erhoben die Verdienste eines Kaisers Constantius, als des ganzen Erdkreises Gebieters, die Perser nannten ihren König Sapor Saan saan und Pyrosen, welche Wörter einen König der Könige und einen Sieger in ihrer Sprache bedeuten.

Noch bei des folgenden Tages Dämmerung bot die feindliche Trompete zu Fortsetzung hitziger Gefechte unzählbare Schaaren auf, schnell, wie Raubvögel, kamen die Feinde angeflogen, und der weiteste Blick in die Breite und in die Länge traf in Ebenen und Thälern überall auf blinkende Waffen wilder Völker. Das Kriegsgeschrei erhob sich, und nun stürzten alle in wildem Gewühl heran: unzählige Pfeile flogen von der Mauer, und, wie man hoffte, keiner ohne Wirkung, weil jeder auf dichtgedrängte Schaaren traf. Indeß waren die Leiden, die auch auf uns andrängten, so groß, daß wir, wie gesagt, nicht aus Liebe zum Leben so hitzig kämpften, vielmehr vor Begierde, eines Heldentodes zu sterben, glühten: und so wich auch diesen ganzen Tag bis an den Abend

kein

kein Theil dem andern; von beiden Seiten focht man
mit mehr Wut als Bedachtsamkeit. Hoch schrie auf,
wer Wunden empfing, und Wunden schlug, und in
der Hitze dachte keiner an einen Standort, der ihn
vor Wunden sichern könnte. Endlich machte die
Nacht dem Morden ein Ende, und beide Theile,
der Leiden müde, gewährten einander einen etwas
längern Stillstand. Aber selbst bei dieser uns zur
Ruhe vergönnten Zeit erschöpften dennoch fortgehende
Arbeiten, mit Schlaflosigkeit verbunden, die uns
noch übrigen Kräfte; und einen schrecklichen Anblick
hatten wir doch immer an den Blutströmen und den
bleichen Gesichtern der Sterbenden, denen sogar den
letzten Trost, den Trost des Begräbnisses zu geben
der Mangel an Raum uns hinderte, weil in dem
Umfange einer nicht allzugroßen Stadt sieben Legionen, ein gemischter Haufe von Fremden und Bürgern beiderlei Geschlechtes, auch noch einige andere,
doch wenige Bewaffnete, im Ganzen eine auf zwanzigtausend starke Menschenzahl, dicht zusammenge-
drängt waren. Jeder sorgte demnach für seine Wunden, so gut er selbst könnte, oder ließ sich, wenn
das Glück gut war, durch andere verbinden: durch
schweres Geschoß Verwundete kämpften mit dem Tode,
solange sie konnten, und starben endlich an Verblu-
tung: andere, von Pfeilen getroffen, hauchten ster-
bend den letzten Athem in die Luft: noch andern,
von zu vielen Wunden durchbohrt, versagten Aerzte
selbst alle Hülfe, um durch vergebliche Aushebung
der Pfeile ihre Schmerzen nicht zu vermehren: einige
zogen sich die Pfeile selbst heraus, und verursachten
sich

sich durch eine so gefährliche Kur-Qualen, trankiget
als der Tod selbst.

Kap. 3.

Indem man bei Amida von beiden Theilen mit solcher Erbitterung focht, fühlte Ursicin mehr als
jemals kummervoll das Unangenehme seiner Lage,
von einem andern abhängig zu seyn, suchte zwar den
Sabinian, der jetzt den Oberbefehl bei der Armee
hatte, aber noch immer auf Gräbern (B. 18. K. 7.)
umherkroch, mehr als einmal zu ermuntern, die
sämmtlichen leichten Truppen in ein Corps zu vereinigen, am Fuße des Gebirges unbemerkt hinzueilen, mit denselben dann, wenn das Glück günstig
wäre, die Vorposten aufzuheben, die ausgestellten
Pikets, welche die Stadt rings umher eingeschlossen
hielten, anzugreifen, oder wenigstens durch wiederholte Angriffe den hitzigen Belagerern auf mehr als
einer Seite zu thun zu geben.   Alles dies verwarf
Sabinian als gefährlich, schützte zwar öffentlich die
kaiserlichen Befehle vor, welche ausdrücklich dahin
lauteten, daß man alles, was man unternähme,
mit äußerster Schonung der Armee unternehmen
müsse; aber als tiefes Geheimniß verwahrte er in
seiner Seele den eigentlichen Grund seines Verfah-
rens, daß man ihm nämlich vom Hofe aus fest ein-
gebunden hatte, seinem von Ruhmbegierde glühenden
Vorgänger alle Gelegenheit, Ehre einzulegen, abzu-
schneiden, wenn sie auch wahrscheinlich für den Staat
vortheilhaft schiene.   So beschwersam war man zu

offen-

offenbarem Schaden der Provinzen, nur um die Nachricht nicht hören zu dürfen, daß der tapfere Kriegs-
held einer denkwürdigen That erster Angeber oder
Theilnehmer gewesen sey. Von so schmerzhaftem
Gefühl betroffen, schickte er zwar oft Kundschafter
zu uns herüber, (wiewohl es der zu dicht stehenden
Feinde wegen sich in die Stadt selbst einzuschleichen
sehr schwer war,) traf auch andere sehr nützliche,
nur immer vergebliche Vorkehrungen, und sah sich
überhaupt in der Lage eines durch Größe des Körpers und wilden Blick furchtbaren Löwen, der, weil
man ihm Klauen und Zähne ausbrach, die im Netz
verstrickten Jungen der Gefahr zu entreißen nicht
wagen darf.

Kap. 4.

In der Stadt, wo die umherliegenden Leichen zahlreicher waren, als daß man ihnen die letzte Pflicht
des Begräbnisses hätte erweisen können, kam zu
so vielem Elend noch die Pest hinzu, welche durch
faule Ausdünstungen modernder Körper, durch drük-
kende Sonnenhitze, und entkräftende Arbeiten entstand. Woher diese Krankheit in ihren verschiedenen
Arten entspringt, will ich doch bei dieser Gelegenheit
kurz angeben. Daß zu großer Frost oder Hitze, zu
große Feuchtigkeit oder Dürre pestartige Krankheiten
erzeugen, darüber sind berühmte Philosophen und
Aerzte einig. Daher kommt es, daß die Anwohner
an Sümpfen und feuchten Orten mit Husten und andern Zufällen, besonders an den Augen behaftet
sind,

sind, diejenigen hingegen, die an heißen Orten
wohnen, schleichende Fieberhitze empfinden. Aber
je mehr das Feuer andere Elemente an Wirksamkeit
übertrifft, desto schneller wird durch anhaltende Dürre
der Tod beschleuniget. Wir finden daher, daß in
dem zehnjährigen Kriege, den Griechenland, um
dem Fremdling die Verführung einer königlichen Gemahlin nicht ungestraft hingehen zu lassen, unter
vielen Beschwerden führte, auch eine Seuche unter
das Heer kam, und viele durch Apolls Pfeile, (denn
Apoll und Sonne sind Eins) erlegt wurden. Auch
jene Pest, welche nach Thucydides (B. 2. K. 47).
Erzählung im Anfange des Peloponnesischen Krieges
die Athener so hart angriff, entstand ursprünglich im
heißen Erdstriche Aethiopiens, von da sie allmählich
sich bis in das Attische Gebiet verbreitete. Einige
behaupten, daß am gewöhnlichsten die Luft, zuweilen doch auch das Wasser, von faulenden Leichnamen
oder ähnlichen Ursachen verdorben, die Gesundheit
angreife, oder auch ein zu schneller Wechsel der Witterung leichtere Krankheiten verursache. Andere versichern, daß die von schweren Dünsten verdickte Luft
durch Unterdrückung körperlicher Ausdünstung für
einige tödlich werde: dies war die Ursache, daß
außer Menschen auch andere Thiere nach Homers
Zeugniß plötzlich hinfielen, welches auch durch viele
nachherige Erfahrungen, wenn eine ähnliche Luft-
mischung eintrat, bestätigt wird. Die erste Gattung
der Seuche nennt man Pandemus, wann nämlich die Bewohner zu trockener Gegenden vor zu großer Hitze ersticken: die zweite heißt Epidemus, die

zu

zu gewiſſen Jahreszeiten eintritt, ſich auf die Augen
ſetzt, und die Säfte des Körpers verdirbt *): die
britte Loemodes, die auch gewiſſe Jahreszeiten
hält, aber durch ſchnelle Tödtlichkeit hinreißt. Eine
ſolche Peſt griff auch uns jetzt hart an, doch ſtarben
nur wenige von unmäßiger Sonnenhitze, und wo die
Volksmenge zu ſehr auf einander gedrängt war:
nach zehen Tagen fiel endlich in der Nacht ein ſanfter
Regen, der die dicken Dünſte zerſtreute, und den
Körpern Geſundheit und Schnellkraft wiedergab.

Kap. 5.

Indeß hatte der raſtloſe Perſer die Stadt mit Bruſtwehren, aus Weiden geflochten, umſtellt, und Dämme aufzuführen angefangen: auch errichtete man
hohe Thürme, oben mit Eiſen beſchlagen, und jeden mit einer Wurfmaſchine beſetzt, um die Beſaz-
zung von der Mauer zurückzutreiben: wobei doch
das kleine Gefecht zwiſchen Schleuderern und Bogenſchützen keinen Augenblick unterbrochen ward. Wir
hatten nämlich zwei Magnentianiſche Legionen bei
uns in der Stadt, die, wie ich oben erzählte, vor
kurzem aus Gallien angekommen waren, — in der
That tapfere, rüſtige Leute, vortrefflich zu Gefechten auf offenem Felde: var zu der Art, Krieg zu
führen, zu der wir uns jetzt gedrungen ſahen, hat-

teu

*) Concitat periculoſos
humores. Vielleicht tumo-
res, Peſtbeulen. Ueberhaupt
weiß ich nicht, ob die Aerzte
diese Beſchreibung der Peſt-
arten ganz ſchulgerecht finden werden: wenigſtens ety-
mologiſch richtig ſind ſie nicht.

ten sie so wenig Geschick, daß sie uns vielmehr der
Unruhen noch mehr machten. Maschinen, oder an=
dere Vertheidigungswerke aufführen zu helfen, war
ihre Sache nicht, sie wagten lieber die tollkühnsten
Ausfälle, fochten auch in der That auf das beherz=
teste, kamen doch aber auch nie anders als mit ver=
ringerter Zahl zurück: halfen uns überhaupt um
nichts mehr, als eine Hand voll Wasser hilft, die
der einzelne Mann bei einem allgemeinen Brande
herbeiträgt. Durch Verschließung der Thore, und
durch bittende Vorstellungen der Officiere unterließen
sie nun zwar die Ausfälle, knirschten aber vor Wut,
wie wilde Thiere, bis sich einige Tage darauf, wie
ich weiterhin erzählen will (K. 6.) ihre Thätigkeit
zu zeigen neue Gelegenheit fand.

(Jetzt fiel ein anderer Auftritt vor). Auf der
Mittagseite der Mauer, wo man die Aussicht auf
den daran hinfließenden Tigris hat, stand etwas
auswärts gerückt ein hoher Thurm, und unter dem=
selben war eine tiefe Felsenkluft, in die man nicht
ohne schwindelndes Grausen hinabsehen konnte: aus
dieser Kluft führten unter der Erde hin in gewölbten
Schwibbogen Treppen, in den Felsen eingehauen,
bis in die Mitte der Stadt hinauf; dieser Treppen
bediente man sich, um heimlich aus dem Strome
Wasser zu schöpfen: in allen festen Orten derselben
Gegend, die nah an Strömen liegen, habe ich der=
gleichen angetroffen, und sie sind mit vieler Kunst
angelegt. Durch diese finstern Gänge, die man der
tiefen Felsenkluft wegen nicht verwahren zu dürfen
geglaubt hatte, waren unter Anführung eines Uebe=
läufers

läufers aus der Stadt, ſiebzig Perſiſche Bogenſchüͤ-
zen von des Königs Leibregiment, alles gewandte
und kühne Männer, wegen Entlegenheit des Orts
ganz unbemerkt, mitten in der Nacht einzeln auf
das dritte Stockwerk des Thurmes heraufgeeilt: hier
hielten ſie ſich ſtill, aber mit Anbruch des Tages
ſchwenkten ſie zum Zeichen des anzuhebenden Gefechtes einen purpurfarbenen Kriegsmantel, und dann,
wie ſie bemerkten, daß ihre Streitgenoſſen rings um
die Stadt in Schaaren angeſtrömt wären, warfen
ſie die ausgelerten Köcher zu ihren Füßen, ſchrien
in gräßlichem Kriegsgeſchrei hoch auf, und warfen
ihre Pfeile mit vieler Geſchicklichkeit nach allen Seiten hin. Zugleich drängte die feindliche Heerſchaar
hitziger als nie vorher, gegen die Stadt an. Und
wir — anfangs in ſchwankender Unentſchloſſenheit,
ob wir zuerſt den auf dem Thurme ſtehenden Feinden,
oder der größern Menge, die auf angelegten Leitern
heranſteigend bereits nach den Zinnen unſerer Mauern
griff, wehren ſollten, entſchloſſen uns endlich zu
beidem: Fünf leichte Wurfmaſchinen wurden ſogleich
dem Thurme entgegen gerichtet, aus denen wir in
der Geſchwindigkeit hölzerne Pfeile ſo glücklich ſpielen ließen, daß oft zwei Mann auf einmal durchbohrt
wurden, und die Feinde, theils ſchwer verwundet
hinfielen, zum Theil auch, wenn ſie den rauſchenden
Pfeilen ausbeugen wollten, in die Tiefe ſtürzten,
und mit zerſtückten Gliedern auf Klippen hangend
ſtarben. Dieſe Arbeit war in der Geſchwindigkeit
glücklich abgethan, wir brachten unſere Maſchinen
an ihren gewöhnlichen Ort zurück, und konnten nun

mit

mit unserer gesammten Mannschaft die Mauern besto
sicherer vertheidigen. Vorzüglich erbitterte die schändliche Treulosigkeit des Ueberläufers unsere Soldaten
so sehr, daß sie, als hätten sie freien Spielraum
auf offenem Felde vor sich hin, die Wurfgeschosse
aller Art mit tapferer Faust so kräftig bedienten, daß
die auf der Mittagsseite stehenden Verten, durch
schwere Wunden zurückgetrieben, den Verlust vieler
ihrer Brüder beweinend nach ihren Zelten furchtvoll
zurückeilten.

Kap. 6.

Ein günstiges Lüftchen guter Hoffnung wehte uns
doch immer das Glück durch einen Tag zu, den wir,
ohne Verlust auf unserer Seite, aber zu desto größe-
rem Nachtheil für die Feinde zurücklegten: den Rest
desselben verwandten wir auf Ruhe und körperliche
Pflege, sahen aber am folgenden Morgen von der
Burg aus einen Zug unzählicher Menschen vor uns,
die aus dem eroberten Kastell Ziata nach dem feindlichen Lager herkamen. In diese Festung, die so ge-
räumig war, daß sie zehn Stadien im Umfange begriff, hatte sich eine große Menge Menschen von
allen Orten her zusammengefunden. Auch andere
feste Plätze hatte man die letzten Tage daher geplündert, und in Brand gesetzt, aus denen man jetzt
mehrere Tausende als künftige Sklaven herbeitrieb,
unter ihnen sogar viele von Alter entkräftete Männer
und bejahrte Weiber, die man, wenn sie aus verschiedenen Ursachen nicht mehr fort konnten, und
über

über den weiten Weg alle Lust zum Leben verloren, mit ausgeschnittenen Waden und Fußknöcheln liegen ließ.

Sobald unsere Gallischen Krieger diesen kläglichen Zug bemerkten, verlangten sie mit lobenswürdigem, aber unzeitigem Eifer, ihnen zu einem Gefecht mit den Feinden Erlaubniß zu geben, und bedrohten ihre wehrenden Obersten und Officiere mit dem Tode, wenn man sie noch länger zurückhielte. Wie wilde Thiere scharfen Gebisses in Käfichte gesperrt, und vom Aasgeruch noch wütender gemacht, sich in Hoffnung durchzubrechen, an dem sich drehenden Käficht *) die Köpfe zerstoßen; so suchten auch unsere Gallier die, wie ich oben sagte, verriegelten Thore mit Gewalt aufzuhauen. Was sie am meisten beunruhigte, war der Gedanke, sie würden, wenn die Stadt überginge, ohne eine glänzende That gethan zu haben, auch selbst ihren Tod finden: oder, hielte sich die Stadt, die Nachrede, nichts, das Gallischem Muthe entspräche, unternommen zu haben, zurücklassen: aber sie hätten bedenken sollen, daß sie aus ihren vorherigen Ausfällen, wenn sie die feindlichen Schanzarbeiten, wiewohl immer mit einigem Verlust der Ihrigen überfielen, schon beides, Tod und Ruhm zurückgebracht hatten **).

X 3   Wir

*) In diesen großen Käfichten war oben ein beweglicher Cylinder angebracht, der die Thiere, wenn sie aufsprangen, nicht festen Fuß fassen ließ. Saumaise über

die VII. August. S. 676, und über Solin. S. 167.

So paraphrasire ich, der Deutlichkeit wegen Ammians paria pertulerunt.

Wir waren indeß mit uns selbst nicht einig, was
wir thun, oder ihrer Wut entgegenstellen sollten.
Endlich fiel unser Entschluß, der doch auch von ihrer
Seite nicht ohne Widerspruch blieb, dahin aus, daß
man, weil sie sich nun einmal nicht wollten halten
lassen, ihnen nach einigen Stunden erlauben wolle,
die feindlichen Vorposten, die nicht weit über einen
Pfeilschuß entfernt standen, anzugreifen, und dann
allenfalls weiter vorzudringen. So viel war gewiß,
daß sie, wenn das Glück sie begünstigte, eine große
Niederlage unter den Feinden anrichten konnten.
Während daß sie ihre Anstalten zu dieser Unternehmung trafen, setzten auch wir alles zu muthiger Vertheidigung der Mauern in Bereitschaft, vertheilten
Geschäfte, Posten und Maschinen, um von allen
Seiten Steine und Pfeile werfen zu können. Gegen
die zwei hohen Erdwälle, von der Perser Fußvolk
aufgeführt, und andere zur Eroberung der Stadt
angelegten Werke, die doch nur langsam betrieben
wurden, hatten wir desto eifriger sehr hohe Boll-
werke, den feindlichen an Höhe gleich, und so fest,
daß sie auch die zahlreichste Bemannung faßten, auf-
geworfen.

Unsere Gallier ließen sich indeß nun nicht länger
halten, versahen sich mit Aexten und Schwertern,
und zogen durch ein Seitenpförtchen unter Begünstigung einer trüben, mondlosen Nacht, und unter
Gebeten an die Gottheit, ihnen Schutz und Glück
zu geben, aus. Mit zurückgehaltenem Athem schlichen sie dann vorwärts, drängten sich, wie sie den
Feinden näher kamen, zusammen, griffen in einem

muthi-

muthigen Anlaufe an, machten einige Vorposten nieder, drangen dann in die erste Linie des Lagers ein,
ermordeten die ganz sorglos schlafenden Feinde, und
der geheime Wunsch ihres Herzens war, dem König
selbst, wenn ihnen das Glück wohlwollte, in seinem
Zelte einen Besuch zu machen. Aber ihre noch so
leisen Fußtritte, noch mehr das Seufzen der Verwundeten weckten die Feinde bald: eilends sprangen
sie auf, jeder schrie zu den Waffen, und so stellten
sich unsere Krieger, ohne sich weiter vorwärts zu
wagen, in einen geschlossenen Haufen zusammen
denn rathsam war es nun doch nicht, weil einmal
diejenigen, die der Ueberfall galt, munter waren,
einer offenbaren Gefahr entgegen zu eilen, zumal da
bereits ganze Schaaren Perser von allen Seiten wütend angezogen kamen. Indessen blieben die Gallier,
iu Zuversicht auf körperliche Stärke und innern Muth
unerschüttert stehen, so lange sie konnten, und hieben nieder, was ihnen zu Leibe kam; weil aber auch
sie durch das Schwert, oder durch die von allen Seiten auf sie anfliegenden Pfeile Verlust erlitten, sich
iu einer sehr gefährlichen Lage in einen schmalen Raum
eingeengt, und der Feinde Zahl mit jedem Augenblick zunehmen sahen, so eilten sie, doch ohne den
Rücken zu kehren, der Gefahr zu entkommen, zogen
sich in der größten Ordnung, wie nach dem Takte
zurück, wurden freilich nach und nach aus dem Lager hinausgedrängt, und suchten sich dann, je dichter die Feinde auf sie anstürmten, und je lauter der
Trompeten Klang um sie her ward, so gut sie konnten,
zu retten. Aber auch aus der Stadt tönte ihnen er-

muntern-

munternder Trompeten Klang entgegen, man öffnete
die Thore, um sie sogleich aufzunehmen, wenn sie
sich bis dahin hielten: auch rauschten die Wurfma-
schinen, ohne daß man Pfeile schoß, um die feindlichen Vorposten, die den entblößten Mauern entgegen stauden, aber von dem Schicksal ihrer erlegten
Streitgenossen nichts wußten, zurückzuhalten, und
unsere tapfern Männer von dieser Seite vor Gefahr
zu sichern *). Durch Hülfe dieses Kunstgriffes
rückten die Gallier in der Morgendämmerung wieder
durch das Thor ein, freilich mit verminderter Zahl,
einige gefährlich, andere leicht verwundet, und mit
einem Verlust von vierhundert Mann, und doch immer mit dem Ruhme, daß sie nicht etwa einen R h e-
s u s, oder vor Troja's Mauern gelagerte Thra-
cier, sondern der Perser König, von hunderttausend Mann bewacht in seinem Zelte ermordet hätten,
wenn ihnen das Glück nicht abhold gewesen wäre.
Ihren Befehlshabern, als Anführern bei dieser Hel-
denthat ließ der Kaiser nach Zerstörung der Stadt
(Amida) auf dem Markte von Edessa Standbilder
in völliger Rüstung aufrichten, welche noch jetzt unversehrt zu sehen sind.

Als der helle Tag die Aussicht über die Todten,
unter denen sich auch Magnaten und Satrapen fanden, öffnete, und wildes Geschrei, von Thränen begleitet, Ausbruch des Gefühls über Verlust, mancherlei

---

*) Ich hoffe, durch meine
Uebersetzung in diese verdorbene, wenigstens verschobene
Stelle Licht genug gebracht
zu haben, ohne dem Texte

eben Gewalt zu thun, ob-
ich gleich gern gestehe, daß
mir selbst noch einige kleine
Zweifel vorschweben,

cherlei Art ward, hörte man die Könige selbst Schmerz
und Unwillen über die Vorposten außern, daß sie
die Römer hätten einbringen lassen. Man ward
deshalb über einen Waffenstillstand auf drei Tage von
beiden Seiten einig, der auch uns einmal frei aufzuathmen Gelegenheit gab.

Kap. 7.

Der ganze Vorfall hatte indeß bei den Feinden so
viel Staunen und Erbitterung erregt, daß sie, weil
Gewalt nichts vermochte, durch Schanzen und Maschinen den Streit fortzusetzen beschlossen, und voll
Muthes, wie ihn nur das hitzigste Gefecht erzeugen
kann, herbeieilten, um eines rühmlichen Todes zu
sterben, oder durch Zerstörung der Stadt den Schatten ihrer erschlagenen Brüder ein Todtenopfer zu
bringen.

Bei einem so allgemeinen Eifer, die nöthigen Zurüstungen zu machen, zeigten sie sich schon am frü-
hesten Morgen mit Maschinen und mit Eisen beschlagenen Thürmen in der Nähe, auf deren Oberfläche
Ballisten standen, um die tiefer stehenden Vertheidiger der Mauer von ihren Posten zu vertreiben.
Der grauende Tag zeigte dem Auge ein Gewebe ei-
serner Rüstungen, vor denen man keinen Himmel
sah, und dichtgedrängte Schaaren zogen nicht ohne
Ordnung, wie vorher, sondern unter gemäßigtem
Trompetenklang, ohne daß einer vorsprang, einher,
von oben durch Sturmdächer gedeckt, vor sich ge-
flochtene Schanzkörbe. Nachdem sie in der Nähe

eines

eines Pfeilschusses angekommen waren; konnte das
Persische Fußvolk mit den Schilden den aus unsern
Maschinen geschossenen Pfeilen nur mit Mühe aus-
weichen, und man stellte die Mannschaft weiter aus
einander; weil keine Art von Geschoß ohne Wirkung
blieb: auch der geharnischten Reiter Hitze kühlte sich
sehr ab, und ihr Rückzug gab den Unsrigen neuen
Muth. Weil dennoch die feindlichen, auf den mit
Eisen beschlagenen Thürmen stehenden Maschinen
unsere Mauern von der Höhe herab nur zu glücklich
bestrichen, so kostete uns diese Lage; der wir unserer
Seits nicht abzuhelfen vermochten, nicht wenig
Blut, bis endlich bei einbrechendem Abend beide
Theile sich Rast gaben, und wir den größten Theil
der Nacht mit Erfindung eines Mittels zubrachten,
wodurch wir jene Lage für uns weniger gefährlich
machen könnten.

Nach mancherlei Ueberlegungen bestimmten wir
uns zu einem Entschluß, wie ihn uns die dringende
Noth in der Eil nehmen ließ, den vier feindlichen
Ballisten eben so viel Skorpionen entgegen zu
stellen. Schon hatten wir sie behutsam, welches
nicht ohne viele Geschicklichkeit geschehen kann, von
ihrem Standorte weggewonnen, und standen im
Begriff, sie aufzustellen, als ein trauriger Morgen
für uns anbrach, der uns furchtbare Rotten von
Persern zeigte, begleitet von einem Elephantenzuge,
deren gräßlicher Ton und gräßliche Maschinen das
schreckhafteste sind, was Menschenseelen sich denken
können. Indem man uns so von allen Seiten durch
Waffen und Dämme und ungeheure Thiere gewaltig

zusetz-

zuſetzte, ließen die eiſernen Schleudern der Skorpionen von unſern Mauern runde Steine ſpielen, welche
die Fugen der Thürme aus einander trieben, und
Balliſten und Arbeiter niederſtürzten, daß einige
ohne weitere Verwundung im Fallen ihr Leben verloren, andere unter der Laſt der Thürme todt blieben. Die Elephanten trieben wir aufs kräftigſte dadurch zurück, daß wir ihnen überall mit Feuerballen
zuſetzten: denn ſobald ihnen dieſe auf die Haut kamen, kehrten ſie um, ohne ſich von ihren Reitern
halten zu laſſen: auch ſetzten wir die übrigen Werke
der Feinde in Brand, und das Gefecht ward durch
dies alles nur deſto lebhafter. Der Perſiſche König
ſelbſt, der ſonſt perſönlich ſich in das Gefecht zu miſchen nicht verbunden iſt, ſah ſich doch durch das
über ſein Heer einbrechende Ungewitter aufgefordert,
ein ganz neues und bisher ungewöhnliches Beiſpiel
der Tapferkeit dadurch zu geben, daß er ſich in die
dichten Schaaren gemeiner Krieger hineindrängte.
Weil aber die ihn umgebende Schaar ſeiner Begleiter ſeine Perſon auch in der Ferne nicht verkennen
ließ, ſo ſchoß man Pfeile in Menge auf ihn ab; viele
ſeiner Trabanten wurden erlegt, er aber entkam,
und eilte von einem Trupp zum andern, um Anordnungen zu treffen, bis er, ohne durch den traurigen
Anblick ſo vieler Todten und Verwundeten etwas von
ſeinem Muthe zu verlieren, endlich am Abend ſeinem Heere eine kurze Ruhe zu genießen erlaubte.

Kap. 8.

Kap. 8.

Aber auch nur die Nacht konnte das Gefecht unterbrechen, und kaum hatten wir uns durch kurzen Schlaf erquickt, als der König beim Anbruch der Morgenröthe, vor Zorn und Erbitterung schäumend, mit dem festen Vorsatze, seine Absicht auf Kosten der Gesetze der Menschlichkeit durchzusetzen, seine Völker vom neuen gegen uns aufbot. Seine Thürme waren, wie wir vorher bemerkten, in Brand gesetzt; man versuchte also, durch hohe Dämme nah an der Mauer seinen Endzweck zu erreichen, aber auch die Unsrigen dämmten und thürmten ihrer Seits auf, was sie könnten, um auf Werken von gleicher Höhe und mit gleichem Muthe die wirksamste Gegenwehr zu thun.

Lange blieb das blutige Gefecht unentschieden; Furcht eines augenblicklichen Todes belebte jedermann zu der herzhaftesten Vertheidigung, und der Streit war von beiden Seiten zur höchsten Anstrengung gediehen, als der unveränderliche Schluß des Schicksals endlich zwischen den kämpfenden Parteien entschied, und der von uns so mühsam aufgeführte Damm, wie durch ein Erdbeben erschüttert, einstürzte, den Raum zwischen der Mauer und dem feindlichen Damme wie eine breite Heerstraße oder Brücke den Feinden ebnete, ihnen das Eindringen in die Stadt ohne alle Hinderniß erleichterte, der größere Theil der unsrigen hingegen verschüttet, oder vor Entkräftung unthätig gemacht ward. Zwar eilte man von allen Seiten herbei, um eine so unerwartet einbrechen

brechende Gefahr abzuwenden: aber gerade durch
diese Eilfertigkeit hinderte einer den andern, und eine
so glückliche Aussicht befeuerte die Feinde zu desto
größerer Kühnheit. Alles, was Waffen trug, zog
sich auf Befehl des Königs in diese Gegend her, man
griff zu dem Schwert, Blut strömte von beiden Seiten, Leichname füllten des Grabens Zwischenraum,
gaben aber dadurch dem eindringenden Feinde nur
freiere Bahn, bis ihre hitzigen Schaaren in übermie-
gender Menge die Stadt erfüllten, die Unsrigen hingegen, aller Hoffnung sich zu wehren oder zu fliehen
beraubt, die wehrlosen nicht minder als die bewaffneten wie das Vieh niedergesäbelt wurden.

Schon war es mehr Nacht als Abend, und noch
kämpfte eine Menge der Unsrigen mehr muthig als
glücklich mit den Feinden, als Ich in einem entlegenen Theile der Stadt nebst zwei andern durch Dunkelheit der Nacht begünstigt, mich verbarg, durch
ein Pförtchen, das man nicht beobachten zu dürfen
glaubte, mich davon machte, und der rauhen Wege
kundig, und durch Gewandtheit meiner Gefährten
unterstützt, beim zehnten Meilensteine ankam. Hier
ruhten wir ein wenig aus, standen im Begriff, unsern Weg fortzusetzen, und ich wenigstens fühlte mich
durch einen so weiten Weg zu Fuß, zu dem ich als
Freigebohrner durch mehr zärtliche Erziehung nicht
gewöhnt war, fast zu Boden gedrückt, als mir
plötzlich ein schauderhafter Anblick aufstieß, der mir
aber bei meiner größen Ermüdung eine sehr willkom-
mene Erleichterung ward. Ein Mann vom Troß
ritt ein flüchtiges, wildes Pferd ohne Sattel, hatte
aber,

aber, um sich einigermaßen Haltung zu geben, wie
gewöhnlich, den Zügel, der zum Führen des Pfer=
des diente, fest um den linken Arm gewunden: das
Thier setzte ihn aber bald ab, und weil er sich vom
Zügel nicht loosmachen konnte, ward er über Stock
und Stein geschleift, hielt aber doch durch die Schwere
des zerstückten Leichnams das ermüdete Thier selbst
auf. Ich benutzte also diesen günstigen Umstand,
schwang mich auf das Packpferd, und kam mit mei=
nen Begleitern bei den warmen Schwefelbädern nach
einem beschwerlichen Ritte an. Brennenden Durst
litten wir vor Sonnenhitze, krochen lange umher,
um Wasser zu finden, entdeckten endlich einen ziem=
lich tiefen Brunen, zu tief wenigstens, um hinabzu=
steigen: Seile hatten wir auch nicht, aber die Noth=
wendigkeit, die beste Lehrerin im Nothdrange, brachte
uns auf den Einfall, die linnenen Kleider, die wir
trugen, in längliche Stücken zu zerschneiden: aus
diesen drehten wir ein langes Seil zusammen, und
knüpften die Unterlage *) des Helmes eines unserer
Begleiter unten an, ließen sie dann in den Brunnen
hinabfallen, sie zog Wasser wie ein Schwamm, und
löschte den uns quälenden Durst reichlich. Von hier
aus eilten wir, so schnell wir konnten, nach dem
Euphrat hin, um auf der Fähre, die seit langer Zeit
zur Ueberfahrt von Menschen und Vieh diente, das
jenseitige Ufer zu erreichen. Aber plötzlich wurden
wir einen in größter Unordnung fliehenden Zug Rö=
mischer

---

*) Cento. War eine Kap= Reihen desselben zu verhin=
pe von Filz, die man unter dern.
dem Helme trug, um das

mifcher Reiter gewahr, hinter ihnen eine noch gröf=
fere Schaar nachſetzender Perſer, von denen wir uns
nicht zu erklären wußten, wie ſie uns ſo geſchwind
auf den Nacken gekommen ſeyn könnten. Dieſes Bei=
ſpiel machte uns indeß begreiflich, wie jene Erden=
ſöhne nicht aus der Erde Schoos gewachſen, ſondern
ihre Exiſtenz ihrer außerordentlichen Schnelligkeit zu
verdanken hatten: — jene Erdenſöhne meine ich,
die, weil ſie an mehreren Orten ganz unvermuthet
zum Vorſchein kamen, den Namen S p a r t e n *) er=
hielten, und nach der Erzählung der alten Welt, die
gern alles durch Fabeln vergrößerte, aus der Erde
gewachſen ſeyn ſollten.   Beſtürzt über die gemachte
Entdeckung, ſahen wir ſchnelle Flucht als das ein=
zige Mittel uns zu retten an, ſuchten durch Gebüſch
und Wald die ſteileren Berge zu erklimmen, gelang=
ten dann nach M e l i t i n a **) einer Stadt in Klein=
Armenien, wo wir uns an einen reiſefertigen Gefähr=
ten anſchloſſen, und endlich in Antiochien ankamen.

Kap. 9.

Indeß beſchloſſen Sapor und ſeine Perſer, weil
weiter landeinwärts zu dringen der zu Ende gehende
Herbſt, und der Aufgang des Geſtirnes der Böcklein
nicht erlaubte, unſere Gefangenen und Beute vor ſich
her,

---

*) D. i. die aus den ge=
ſäeten Zähnen des von Kad=
mus erlegten Drachen aus
der Erde hervorgewachſenen
Menſchen, über die ich auf
Apollod. B. 3. K. 4. und Hey=
nens Noten S. 554 verweiſe.
**) Eine in ſpätern Zeiten
unter dem Namen M a l a t i a
ſehr bekannte Stadt, und
Vaterland des berühmten
Abulfaradſch.

her, in ihr Land zurückzukehren. Doch bemerke ich noch, daß außer dem Morden und Plündern in der zerstörten Stadt der Comes Aelian (B. 18. K. 9.) und die Tribunen, durch deren Thätigkeit sich die Stadt so lange gehalten, und die Perser so vielfachen Verlust erlitten hatten, auf eine unedle Art ans Kreuz geschlagen, Jacobus und Cäsius, Kriegszahlmeister des Generals der Reiterei *) und andere Officiere der Garde mit auf den Rücken gebundenen Händen fortgeführt, gebohrne Perser aber, die jenseit des Tigris her waren, denen man vorzüglich nachspürte, ohne Unterschied des Standes bis auf den letzten Mann niedergemacht wurden.

Aber für Craugasius Gemahlin, (B. 18. K. 10.) der man ohne die geringste unedle Zumuthung, als edler Dame alle Achtung erwies, war es doch immer ein trauriger Gedanke, ohne ihren Gemahl in eine neue Welt versetzt zu werden, so wahrscheinlich sie auch aus ihrer gegenwärtigen Behandlung schließen konnte, ihre Lage nichts weniger als verschlimmert zu sehen. Zärtlichkeit gegen ihren Gemahl, und Hinsicht auf die Zukunft füllten ihre Seele mit gleichem Kummer: Wittwenstand war für sie ein eben so trauriger Gedanke, als neue Vermählung. Sie sandte also einen ihrer zuverläßigsten Vertrauten ab, um sich über das Gebirge von Izala, zwischen den Bergfesten Maride und Lorne heimlich bis Nisibis durchzuschleichen, und ihrem Gemahl die mitgegebenen mündlichen Aufträge, und zugleich kleine Erinnerungen an geheime Scenen ihres

*) Numerarii adparitionis magistri equitum.

res ehelichen Lebens zu überbringen, um ihn durch diese Nachricht von ihrem Schicksal geneigt zu machen, ein glückliches Leben noch ferner mit ihr zu theilen. Mehr bedurfte es bei dem willigen Boten nicht, den Auftrag zu übernehmen; durch Wälder und Gebüsche kam er mit eilenden Schritten vor Nisibis an, wollte von seiner Dame nichts gesehen haben, äußerte vielmehr, sie sey wahrscheinlich todt — er sey froh, daß er für seine Person aus dem feindlichen Lager habe entrinnen können. Man nahm weiter keine Notiz von ihm, aber nun richtete er seinen Auftrag bei Craugasius aus: und auf erhaltene Versicherung, daß er, wenn es sich ohne Gefahr thun ließe, jedes Schicksal mit der Gemahlin zu theilen mit Vergnügen bereit wäre, machte sich der Bote wieder auf den Weg, um seiner Gebieterin eine so erwünschte Nachricht zurückzubringen Diese ließ dann sogleich durch den Feldherru Tamsapor demüthig beim König anfragen, ob er wohl, wenn es die Umstände erlaubten, vor seinem Abzuge aus dem Römischen Gebiete die Unterwerfung ihres Gemahls anzunehmen die Gnade haben würde.

Die eben so plötzliche Erscheinung als Abreise jenes Menschen, der als vorgeblich entronnener Gefangener, dennoch noch einmal kam, und eben so geschwind verschwand, erweckte bei dem General Cassian und andern obrigkeitlichen Personen in Nisibis Verdacht, und man suchte dem Craugasius durch die heftigsten Drohungen das Geständniß abzunöthigen, daß er um die Her- und Hinreise des Menschen wissen müsse. Aus Furcht, sich der Verrätherei be-

schuldigt zu sehen, und ängstlicher Besorgniß voll,
man möchte etwa durch einen Ueberläufer erfahren,
daß seine Gemahlin noch lebe, und mit vorzüglicher
Achtung behandelt würde, bewarb er sich zum Schein
um eine andere Gemahlin von vornehmer Geburt.
Unter dem Vorwande, die Bedürfnisse des Schmauses beim Beilager zu besorgen, begab er sich auf ein
achttausend Schritt von der Stadt entferntes
Landgut, setzte sich aber auf erhaltene Nachricht von der Ankunft einer Persischen Streifpar-
tei auf sein flüchtiges Pferd, entkam glücklich, ward auch, sobald er sich zu erkennen gab, mit
Freuden aufgenommen, und am fünften Tage darauf an Tamsapor eingeliefert. Dieser stellte ihn dem
König vor, er bekam Vermögen, seine gefangenen
Anverwandten und Gemahlin wieder, die er doch
einige Monate nachher verlor, und bekleidete nach
Antonin die nächste Stelle am Hofe, wiewohl nach
dem Ausdrucke eines vortreflichen Dichters: in einem weiten Abstande *). Antonin besaß mehr
Genie; lange Erfahrung hatte seinem Charakter mehr
Festigkeit gegeben, und was er unternahm, wußte
er durch die zweckmäßigsten Mittel auszuführen:
Craugasius hingegen war von Natur mehr zu edler
Offenheit gestimmt, ob er gleich nicht weniger für
verdienstvollen Mann galt. Doch dies gehört in die
Geschichte der Folgezeit.

Der

*) Longo proximus in- B. 5. V. 320.
tervallo. Aus Virgils Aen.

Der König ſelbſt, aus deſſen ruhigem Blicke man auch auf Gemüthsruhe hätte ſchließen ſollen, zum Schein auch höchſt vergnügt über Amidas Zerſtörung, fühlte doch tiefen Aerger im Innern ſeines Herzens kochen, daß er bei Belagerungen ſchon oft ſo traurigen Verluſt erlitten, und immer weit mehr Volk eingebüßt habe, als er von uns entweder gefangen bekommen, oder wenigſtens in verſchiedenen Schlachten erlegt hätte.

Dies war der Fall bei Niſibis und Singara geweſen: nicht glücklicher war er vor Amida, wo er nach einer mit ſeiner ganzen Heeresmacht unternommenen Belagerung in drei und ſieb,ig Tagen dreißigtauſend Mann verloren hatte: — eine Zahl, die ſich durch Berechnung des Tribuns und Staatsſekretärs Diſcenes ſehr leicht ergab, weil bei den Todten ſich der Unterſchied zeigte, daß die Unſrigen bald nach ihrem Hinſterben verfallen und in Verweſung gehen, ſo daß man nach vier Tagen keine Geſichtszüge mehr unterſcheiden kann: die Leichname der Perſer hingegen wie dürre Klötze eintrocknen, ohne daß ihre Glieder modern, oder ihre Säfte aufgelöſt werden — eine Folge ihrer mäßigen Lebensart, und des ſehr trockenen Himmelsſtriches, unter dem ſie gebohren ſind *).

Y 2   Kap. 10.

*) Daß auch zwiſchen den Hirnſchedeln eine Verſchiedenheit Statt gefunden, und z. B. die der Perſer ſehr dünn, die der Aegypter hingegen dicht geweſen, erzählt Herodotus B. 3. K. 12.

Kap. 10.

Während daß so vielerlei Unglücksstürme im äussersten Orient, einer dem andern folgten, sah die ewige Stadt (Rom) den Leiden einer nahen Hungersnoth entgegen, und der wild drohende Pöbel, der sich im Hunger das höchste aller Uebel denkt, schmähte den damaligen Stadtpräfect Tertull mehr als einmal, doch ganz ohne Grund: denn an ihm lag es nicht, daß die Schiffe nicht zur bestimmten Zeit mit den Lebensmitteln ankamen; vielmehr hatten ganz ungewöhnlich heftige Seestürme, und die widrigsten Winde dieselben in den nächsten Meerbusen einzulaufen genöthigt, aus denen sie sich ohne die augenscheinlichste Gefahr nicht heraus wagen durften, um den Hafen des Augusts *) zu erreichen. Der Präfect, durch wiederholten Auflauf bedrängt, sah, da einmal das Volk vom neuen weit heftiger wütete, als der drohende Mangel wirklich heischte, seiner Meinung nach kein Mittel, sein Leben zu retten, weiter vor sich, kam also auf den glücklichen Einfall, dem Pöbel, der, so wild er auch aufbraust, doch oft einen kleinen zufälligen Umstand zu beachten pflegt, seine kleinen Söhne preis zu geben. „ Sehet, sagte „ er, mit thränenden Augen, sehet da eure Mitbür= „ ger, die, was doch die Götter verhüten wollen, „ einerlei Schicksal mit euch dulden müssen, wenn „ nicht bald ein günstiger Glücksstern uns ausstrahlt. „ Glaubt ihr aber durch ihre Ermordung eure trau= „ rige Lage abzuwenden, nun so sind sie eurer Gewalt „ über=

*) Heißt auch in den Itinerarien der Stadthafen.

„ überlaſſen. “ Durch einen das Mitleiden ſo ſehr
erregenden Auftrit ward das Volk, das ſeiner Natur nach ſich leicht zu ſanftern Empfindungen ſtim-
men läßt, ruhig und ſtill, und ſah ſeinem kommenden Schickſale gelaſſen entgegen. Und kurz darauf
ward durch die Güte der Gottheit, die Röm von ihrem Urſprunge an zu Glück erhob, und ihr eine ewige
Dauer ſicherte, in dem Augenblicke, da Tertull in
Oſtia im Tempel der Caſtorum *) Caſtor
und Pollur) opferte; das Meer ruhig: der Sturm
ſetzte ſich in einen ſanften Südwind um, die Schiffe
ſegelten mit vollem Winde in den Hafen ein, und
füllten die Speicher mit Korn im Ueberfluß.

Kap. II.

Bei dieſen traurigen Vorfällen ward Conſtantius, deſſen einzige Sorge nur auf den ruhigen Genuß ſeines Winteraufenthaltes in Sirmium ging,
doch in ſeiner Ruhe durch eine ſchreckhafte Nachricht,
der er längſt mit Bangigkeit entgegen geſehen hatte,
geſtört, daß die Sarmatiſche Völkerſchaft der
Limiganten, die, wie wir vorher erzählten, (B. 17.
K. 12. 13.) ihre Herren aus ihren väterlichen Beſitz-

D 3   zungen

---

*) Der Stadtpräfect, oder
auch der Conſul zogen jähr-
lich einmal mit dem ganzen
Volke hinaus auf eine von
der Tiber gebildete Inſel,
und nach einem dem Caſtor
und Pollur gebrachten Opfer
machte man ſich unter Zelten
und Lauben ſehr luſtig. Die

Hauptſtelle davon ſteht bei
Aethikus Koſmographie Z.
20. und das Feſt heißt auch
Majuma, wovon ſich eine
eigene Abhandlung von Andr.
Rivinus in Graevii Syn-
tagm. Variar. D.T. S. 537.
nebſt einer Abbildung S. 592.
befindet.

zungen vertrieben hatten, sich an die ihnen das Jahr
vorher aus weisen Absichten angewiesenen Wohnplätze nicht gebunden, zwar ihrer veränderlichen
Sinnesart nach nicht gerade Feindseligkeiten ausgeübt,
aber doch die angränzenden Gegenden in Besitz genommen hätten, nach ihrer Gewohnheit wild umher-
schwärmten, und, wenn man ihnen nicht bald wehrte,
alles in Verwirrung setzen würden.

Der Kaiser, überzeugt, daß die geringste Verzö-
gerung ihren Frevel nur mehr bestärken müßte, zog
von allen Seiten die rüstigsten Krieger an sich, und
trat kurz nach Eintritt des Frühlings den Feldzug
an, von dem er sich einen glücklichen Erfolg in doppelter Betrachtung versprach: einmal, weil das durch
fette Beute des verwichenen Sommers bereicherte
Heer sich in Hoffnung ähnlicher Vortheile zu glücklicher Thätigkeit beseelt fühlen würde; und dann,
weil der damalige Präfect von Illyricum, Anato-
lius, für die nöthigen Bedürfnisse im Voraus ge-
sorgt hatte, so daß der Armee alles ohne gewaltsame
Beitreibung zugeführt werden konnte. In der That
hatte noch kein Präfect, wie jedermann überzeugt ist,
bis jetzt so glückliche Einrichtungen zu dem blühend-
sten Wohlstande der nördlichen Provinzen getroffen,
als er: durch Güte des Herzens, mit großen Gei-
stesfähigkeiten verbunden, wußte er jedem sinkenden
Theile neue Haltung zu geben, erleichterte ihnen die
drückende Last des Postwesens, wobei viele Haushal-
tungen zu Grunde gegangen waren, machte ihnen
auch die beste Hoffnung, ihnen Erlaß an der bisherigen Kopf- und Grundsteuer auszuwirken: und ge-

wiß

wiß würden die Einwohner dieſer Provinzen nach
Entfernung alles Anlaſſes zu Klagen auch ferner
glücklich und ohne Bedrückung geblieben ſeyn, wenn
nicht in der Folge die gehäſſigſten Namen künſtlich
erſonnener Abgaben, wobei Cenſiten ſowohl als Ein-
nehmer in gegenſeitiger Chikane zu weit gingen, und
die einen ſich um den Schutz der Statthalter gegen
Gewalthätigkeit bewarben, die andern ihren höchſten
Reichthum in der höchſten Armuth aller andern ſetzten, den Erfolg gehabt hätten, daß dieſe Unglücklichen entweder aus dem Lande vertrieben wurden, oder
den Entſchluß nahmen, ihren Leiden durch den Strick
ein Ende machen.

Doch, um auf den Kaiſer zurückzukommen, ſo
brach er, von dringender Gefahr aufgefordert, und
mit den glänzendſten Hülfsmitteln verſehen, mit der
Armee auf, und kam in Valeria, einer ehemals zu
Pannonien gehörigen, nachher aber zu Ehren Va-
leriens, Diocletians Tochter eingerichteten
und benannten Provinz an, ließ die Truppen am
Ufer der Donau unter Zelten kampiren, um die Barbaren zu beobachten, welche vor ſeiner Ankunft unter der Hülle der Freundſchaft, eigentlich aber in der
Abſicht zu plündern im ſtrengſten Winter in Pannonien einzurücken willens waren, wo Schnee und Eis,
von Frühlingswärme noch ungeſchmolzen, den Fluß
überall zu ebener Bahn machten, und unſerer Armee,
bei Froſt und Reif unter freiem Himmel auszuhalten
gar ſehr beſchwerlich fiel.

Der Kaiſer ſandte ſogleich zwei Tribunen und zwei
Dolmetſcher an die Limiganten ab, um ſie beſcheiden

zu

zu befragen, warum sie nach Verlassung der ihnen
durch einen Friedensbund, und auf ihre eigene Bitte
angewiesenen Wohnungen in der Irre unstät umher=
zogen, und ihnen untersagte Gränzen beunruhigten?
Ihre Antwort bestand in leeren und ungegründeten
Beschuldigungen, und mit jeder Lüge, die ihnen die
Noth eingab, suchten sie den Kaiser zur Verzeihung
zu bewegen; erlaubten sich sogar die Bitte, er möchte
seinen Groll gegen sie schwinden lassen, und ihnen
über den Fluß zu gehen gestatten, um ihm persönlich
ihre bisherige unbequeme Lage vorzustellen, mit dem
beigefügten Erbieten, daß sie jede Gegend im Römi=
schen Reiche, wäre sie auch noch so weit entlegen,
sich anweisen zu lassen, und in eine dauernde fried=
liche Hütte gehüllt, unter dem Schutze der wohlthä=
tigen Göttin Ruhe, Last und Namen eines zinsba=
ren Volkes zu übernehmen gern bereit wären.

Im Taumel der Freude über diese von den Tri=
bunen zurückgebrachte Nachricht, die den Kaiser, ohne
einen Schweistropfen zu vergießen, einer so wichti=
gen Unternehmung zu überheben schien, erlaubte er
sogleich allen herüberzukommen. Habsucht, von
schmeichelnden Höflingen genährt, wirkte freilich zu
diesem Entschlusse mit: mit vieler Wärme suchten sie
ihn zu überreden, daß ihm nach Beilegung auswär=
tiger Kriege und überall hergestellten Frieden gemeine
Soldaten gnug zulaufen würden, daß er überall Rekru=
ten zum Auslesen bekommen könnte, und daß die Pro=
vinzialen weit lieber den Dienst abkaufen würden*) —
eine

*) Mit andern Worten: gen zu dem Grundsätze ver=
Er ließ sich von den Höflin= leiten, daß eine Armee nur
ihre

eine Hoffnung, die freilich für den Römischen Staat
mehr als einmal die unglücklichsten Folgen gehabt
hat. Man schlug also bei Acimincum *) eine
Art von Lager auf, und errichtete in der Mitte desselben eine Erhöhung in Form eines Tribunals, durch
postirte man auch einige Schiffe mit rüstigem Fuß-
volke bemannt, auf den Strom nahe am Ufer unter
Anführung eines Feldmessers Innocentius, der
dieses Vorsichtsmittel in der Absicht angegeben hatte,
um den Barbaren, wenn sie sich etwa einen Auslauf
gelüsten ließen, unvermuthet in den Rücken fallen
zu können. Eine so schleunig getroffene Anstalt
machte zwar die Limiganten selbst einigermaßen aufmerksam, indeß standen sie mit demüthiger Miene
und gesenktem Nacken da, obgleich die innern Gedanken ihres Herzens mit ihren Aeußerungen in Geberden und Worten in wahrem Widerspruche standen.

Kaum war nämlich der Kaiser auf der Tribune
erschienen, um den freundlichsten Vortrag zu thun,
und die Versammlung als künftig gehorsame Unterthanen zu behandeln, als ein Barbar, von wilder
Wut ergriffen, seinen Schuh nach dem Tribunal
schleuderte, und den bei diesen Völkern gewöhnlichen
Kriegszuruf: Marha, mehr als einmal wiederholte. Und sogleich folgte ihm die ganze Schaar wild
durch einander, hob das fürchterliche Panier, und
drang unter gräßlichem Geheul auf den Fürsten selbst

Y 5 an,

ihre volle Zahl haben dürfe,   sagt Ammian B. 31. K. 4.
ohne auf Jugendzeit oder   Veget. B. 1. K. 7.
Tapferkeit zu sehen. Wie   *) Soll Salankemen
viel der Staat dabei litt,   nicht weit von Peterwar-
                          dein seyn.

an. Dieser sah von seiner Erhöhung die ganze Fläche
mit einer durch einander rasenden Schaar von Tausenden bedeckt, und in den blanken Schwertern und
Lanzen den nahen Tod vor sich: blieb dennoch mitten
im Gewühl von Barbaren und Römern, weil kein
Ehrenzeichen den Feldherrn vom gemeinen Soldaten
auszeichnete, unerkannt; bestieg, weil er keinen Augenblick zu verlieren hatte, ein flüchtiges Pferd, und
ritt in vollem Jagen davon. Einige Trabanten, die
um den Feind zurückzutreiben, wie Feuerströme her-
anwogten, fielen tödtlich verwundet, oder wurden
im Gedränge zu Boden getreten; auch kam der kaiserliche Prachtsessel mit Gold ausgelegt, in der Feinde Hände.

Doch, sobald sich die Nachricht verbreitete, daß
der Kaiser sich in der äußersten Gefahr befunden,
und noch jetzt sein Leben nicht gesichert sey, hielten
es unsere Soldaten für ihre erste Pflicht, ihn zu un-
terstützen, (denn daß er glücklich entkommen wäre,
wußte man noch nicht) und durch den herzerheben-
den Gedanken seiner Rettung noch muthiger gemacht,
stürzten sie, in der Eil nur halb gerüstet, unter lautem Feldgeschrei in die Schaaren bis zur Verzweiflung hartnäckig kämpfender Barbaren hin. Eben so
hitzig, durch Tapferkeit ihre eigene Schande [den
Fürsten nicht geschützt zu haben] zu tilgen, als an
einem so hämischen Feinde Rache zu nehmen, machten sie alles, was ihnen in den Weg kam, ohne
Schonung nieder, traten Lebendige und Halbtodte
und Leichname unter die Füße, und kaum war die
mordende Faust des feindlichen Blutes halb satt, als
schon

schon ganze Schaaren Erschlagener um sie her ge-
thürmt da lagen. Glücklich wurden die Rebellen zurückgetrieben, und entweder niedergemacht, oder vor
Schrecken aus einander gesprengt: wenige setzten die
Hoffnung ihrer Lebensrettung auf vergebliche Bitten,
mußten vielmehr unter desto häufigern Wunden des
Todes Bitterkeit fühlen. Alle waren bis auf den
letzten Mann niedergehauen, als endlich die Trompete zum Rückzug blies. Einige der Unsrigen fand
man freilich auch unter den Todten, doch nur die
wenigen, die im stürmischen Angriff niedergetreten,
oder im Gefecht gegen den wütenden Feind mit wehr-
loser Brust Opfer des Todes wurden. Am meisten
verdient doch unter den Todten Cella, Tribun der
beschildeten Gardisten (Scutarier) bemerkt zu werden, der gleich beim Anfange des Gefechtes vor allen
voraus auf einen dichten Trupp Sarmater ansprengte.

Nach diesem mörderischen Kampfe traf Constantius die unter den gegenwärtigen Umständen dienlich-
sten Anordnungen zur Sicherheit der Gränze, und
ging mit dem fröhlichen Gefühl, Rache an einer trü-
gerischen Nation genommen zu haben, nach Sirmium
zurück, beschleunigte auch hier die nöthigsten Anstalten, so gut er konnte, und begab sich nach Constantinopel, um dem Orient näher, den bei Amida erlittenen Verlust zu ersetzen, die Armee durch Rekruten zu ergänzen, und gleich starke Macht dem vor-
dringenden Könige der Perser entgegen zu stellen,
der ganz gewiß, (wenn nicht Götter und vereinigte
Sorgfalt mehrerer Menschen seinen Vorschritten ein
Ziel setzten,) sich nicht an Mesopotamien begnügen,

viel-

vielmehr seinen siegenden Waffen einen weitern Spiel=
raum zu geben suchen würde.

Kap. 12.

So groß auch diese Bekümmernisse waren, so blieb
man doch der im Staat schon so lange hergebrachten
Sitte treu, und wenn man nicht gerade einen Bür=
gerkrieg erhob, so verkündigte doch die Trompete er=
dichtete Verbrechen beleidigter Majestät. Als thä=
tiger Inquisitor ward ein Mann angestellt, der mir
so oft in den Weg kommt, der Staatssekretär Pau=
lus, der, Meister in jeder blutigen Kunst, wie der
Vorfechter, der von jedem bei Beerdigungsgefech=
ten *) oder im Amphitheater bleibenden Gladiator
Gewinn hatte, auch mit Folterbank und Henker zu
mäkeln wußte. Wenn ihm eine unwiderstehliche
Neigung, andern zu schaden, zur Gewohnheit ge=
worden war, so ließ er sich auch zu geheimen Rän=
ken herab, und verwickelte die unschuldigsten Perso=
nen in die gefährlichsten Criminalprocesse, und zog
aus fremden Leiden den schändlichsten Vortheil.

Veranlassung zu diesen ins Unendliche gehenden
Untersuchungen gab ein sehr geringer und unbedeu=
tender Umstand. An der äußersten Gränze von The=
bais liegt eine kleine Stadt Abydum *), wo das
Orakel eines dieser Stadt geeigneten Gottes, Besa *)

genannt,

*) Nach allen Erklärun=
gen, die ich über diese Stelle
finde, mußte ich sie nicht
besser zu übertragen. Wahr=
scheinlich, dachte ich, haben
diese Lanisten für jeden Ab=
gang eines ihrer Gladiato=

ren Ersatz erhalten, und von
dieser Idee geleitet sah Ich
wenigstens keine Schwierig=
keit weiter.

Nach d'Anville Memoires
S. 185. jetzt Madfune,
ns *)

genannt, die Zukunft enthüllte, und von alten Zeiten her von den Bewohnern der umliegenden Gegenden als heilige Stätte verehrt ward. Weil nun einige perſönlich oder durch andere das Verzeichniß ihrer Anfragen und Wünſche eingereicht, oder auf ihre im beſtimmteſten Ausdrucke vorgetragenen Bitten die Antworten der Gottheit zu wiſſen verlangt hatten, ſo waren die Papiere oder Pergamentzettel, mit dergleichen Bitten beſchrieben, bisweilen auch nach ertheilter Antwort im Tempel liegen geblieben. Von dieſen machte man den hämiſchen Gebrauch, ſie dem Kaiſer in die Hände zu ſpielen, der, überhaupt engherzig, und ſonſt in weit ernſthaftern Fällen taub, doch auf dieſen Punkt, wie man im Sprichwort ſagt, weicher als ein Ohrläppchen, von dem

klein-

nach Savary Aegypten Th. 2. S. 58. ein Dermiſch-Kloſter Scheik Abadeh. Nahe dabei lag eine andere Stadt Antinoe, oder Antinoupolis B. 22. K. 16. (jetzt nach d'Anville S. 178. Euſene; nach Abulfeda Enſineh, Zauberſtadt), oder auch Beſantinoe, aus Beſa und Antinous zuſammengeſetzt, wie Caſaubonus über Spartians Hadrian K. 14. aus Helladius beim Photius Cod. 279. anführt. Vielleicht, ſagt Jablonſky, Pantheon B. 3. S. 201. iſt die Verehrung des Beſa aus Abydos in die neue Stadt Antinoe übergegangen. — Der Gott Beſa ſelbſt gehört unter die kleinen Localgottheiten, von denen Reineſius de Deo Endovellico, in Crenii Muſeo Philol. II. p. 333. ein Verzeichniß giebt, das ſich aber jetzt vermehren läßt. Jablonſky a. a. O. weiß auch keine weitere Nachricht von dieſem Gotte zu geben, und bemerkt nur, daß ſein Name ſich in verſchiedenen Menſchennamen wieder finde. Außer andern von ihm genannten Männern hat er noch in ſeinem Handexemplare, das ich beſitze, beigeſchrieben: Forte *Exbes Propheta*, cuius in Theſ Grüteri p. CCCXIV. Inſer. 2. mentio occurrit, a *Beſa* etiam nomen habuit. Nam Εμ-βης ſignificat *Beſacum* vel *conſecratum Beſae*.

kleinlichsten Argwohne gepeinigt in bitterer Galle
aufbrauste, und sogleich dem Paulus in den Orient
hinzureisen befahl, mit dem Auftrage, als ein durch
Erfahrung erprobter Held, die Untersuchung nach
seinem Gutbefinden einzuleiten. Er wählte also zum
Criminalrichter den Modestus, damals Comes im
Orient, der in der That zu dergleichen Geschäften
ungemeine Talente besaß, mit Uebergehung des präs
torischen Präfects Hermogenes Poeticus, des
sen sanftere Gemüthsart diese Absicht nicht zu erfül
len schien.

Paulus, mörderischen Grimm schnaubend, schritt
nun sogleich zu Vollziehung seiner Instruction; tük
kische Kläger durften angeben, wen sie wollten,
und fast aus dem ganzen Römischen Reiche wurden
ganze Schaaren, Vornehme und Geringe herbeige
führt, deren einige unter lastenden Fesseln seufzten,
andere im Gefängniß starben. Zur nächsten Zuschaue
rin dieser Mordscenen wählte man die Stadt Scy
thopolis (Baisan) in Palästina, die zu dieser
Absicht sich aus einem doppelten Grunde empfahl,
einmal, weil sie mehr abgelegen *), und dann, weil
sie in der Mitte zwischen Antiochien und Alexandrien
lag, welche Städte die meisten Schuldigen lieferten.

Einer der ersten Inquisiten war Simplicius,
des Expräfecten und Consularen Philipps Sohn,
dessen Anklage man darauf begründete, daß er das
Orakel befragt hätte, ob er sich wohl auf künftige
Fürstenwürde Hoffnung machen dürfe: auf Befehl
des

---

*) Wo diese Schändlich- machten, als in einer grös
keiten weniger Aufsehen sern, mehr volkreichen Stadt.

des Kaisers, der in solchen Fällen auch dem treue-
sten Diener keinen Fehler, geschweige ein Vergehen
verzieh, ward er peinlich befragt, und war zwar
so glücklich mit ganzer Haut abzukommen, doch ward
ihm ein bestimmter Verbannungsort angewiesen.
Auf ihn folgte Parnasius, Erpräfect von Aegypten, ein Mann von geradem Charakter, der, so nah
er auch der Gefahr kam, den Kopf zu verlieren, doch
am Ende auch nur mit dem Exil bestraft ward: lange vorher hatte man ihn oft erzählen hören, daß er
ehemals, kurz vorher, ehe er aus Paträ, einer
Stadt in Achaja, wo er gebohren und ansäßig war,
weggegangen, um sich nach einem Amte umzu-
sehen, einen Traum gehabt, worinn viele Schat-
tengestalten in tragischer Kleidung ihn in ihre Mitte
genommen zu haben geschienen hätten. Dann ward
Andronikus *) als schöner Geist und Dichter berühmt, vor den Richterstuhl gebracht; aber er mußte,
seiner Unschuld sich bewußt, jeden ungegründeten
Verdacht, den man auf ihn bringen wollte, mit so
fester Zuversichtlichkeit abzulehnen, daß man ihn für
wirklich schuldlos erklärte. Auch ein Philosoph De-
metrius **), mit dem Beinahmen Chytras,
ein bejahrter, aber an Geist und Körper rüstiger
Mann, ward wirklich überführt, (dem Gott Besa)
einigemal geopfert zu haben: dies gestand er selbst
ein, versicherte aber, er habe das von jungen Jah-

ren

---

*) Kommt beim Libonius
und Themistius als Dichter
vor.

**) Ein cynischer Philo-
soph, welches ohne Zweifel
das im Texte stehende et
corpore durus et animo
ausdrücken soll. Julian
nennt ihn doch Chytros.

ren an gethan, um sich in der Gnade des Gottes zu
erhalten, nicht durch vorwitzige Fragen sich zu hohen Gedanken verleiten zu lassen, wie er denn überhaupt glaube, daß Niemand in der Absicht den Gott
befragt habe. Lange auf die Folter gespannt, blieb
er doch, von seinem guten Gewissen unterstützt, ohne
sich zu widersprechen, immer unerschrocken bei einerlei Aussage, und erhielt ohne weitere Strafe die Erlaubniß, nach Alexandrien, woher er gebürtig war,
zurückzugehen.

Diese und einige andere rettete die gerechte Göttin des Schicksals, die doch immer die Unschuld begünstiget, von naher Gefahr des Todes. Weil aber
falsche Anklagen sich wie Pest verbreiteten, und ihren Fallstricken eine unendliche Ausdehnung gaben,
so starben einige an den Folgen der Folter, andere
eines noch schmerzhaftern Todes, und ihr Vermögen
ward eingezogen. Den Ton zu diesen traurigen Auftritten gab Paulus an, dessen Herz eine uner-
schöpfliche Fundgrube von Ränken und Methoden,
andere unglücklich zu machen war, von dessen Wink,
wenn ich so sagen darf, Leben und Glück eines jeden
Menschen, der auf Gottes Erdboden wandelte, ab-
zuhangen schien. Es durfte nur jemand ein Amulet
für das viertägige Fieber oder eine andere Krankheit
am Halse tragen, oder von übelgesinnten Menschen
angegeben werden, Abends über ein Grab gegangen
zu seyn, so ward er für Giftmischer oder für Zaube-
ter gehalten, der unter schauernden Gräbern nach
lustigen Truggestalten umherschwebender Seelen
haschte, und hatte gewisse Todesstrafe zu erwarten.

Ueber-

Ueberhaupt erfuhr man bei dem ganzen Geſchäft
mit ſo ernſtem Eifer, als ob eine ganze Menge Menſchen den Apoll in) Clarus, die Eichen zu Do-
dona, oder das ehemals berühmte Delphi be-
ſtürmt hätten, um dem Kaiſer Unglück zu prophezeien. Und die Rotte der Höflinge — bot alle ihre
Talente auf, die ſchändlichſten Schmeicheleien auf-
zufinden, ſicherte ihrem Gebieter Verſchonung von
jedem Leiden der Menſchheit zu, und pries ſein
Glück, von je her ſo ſchnell und ſo thätig jeden
Verſuch auf ſein Leben vereitelt zu haben, mit lauter Stimme.

Daß man über dergleichen Dinge ſtrenge Unterſuchung anſtellte, wird im Ganzen kein vernünftiger
Mann tadeln. Wir läugnen ja nicht, daß das Leben eines rechtmäßigen Fürſten, der doch Beſchützer und
Vertheidiger guter Bürger ſeyn ſoll — ein Leben,
von dem ſo viele andere abhangen, durch vereinigte
Kraft Aller geſichert ſeyn müſſe, und um es beſto
kräftiger zu ſichern, haben in dem Falle, wo die
Ehre beleidigter Majeſtät aufrecht zu erhalten war,
ſchon die Corneliſchen Geſetze keinen auch noch
ſo vornehmen Stand von Unterſuchung oder auch Tod
frei ſprechen wollen. Aber bei ſo traurigen Auftritten in zügelloſer Uebertreibung ſich ſelbſt gefallen,
iſt doch auch unanſtändig, man müßte denn Despot,
nicht Regent der Unterthanen ſeyn wollen. Billig
ſollte man hierin den Tullius (Cicero) zum Muſter
nehmen, der, wenn es in ſeiner Willführ ſtand, gelind oder ſtrenge zu verfahren, dennoch immer, wie
er ſelbſt ſagt, lieber Gründe zur Verzeihung, als

Gelegenheit zu Strafen suchte, worin ihm gewiß jeder bedächtige und überlegsame Richter folgen wird.

Um diese Zeit kam auch in Daphne, jener angenehmen und reizenden Vorstadt Antiochiens eine Mißgeburt zur Welt, eben so schrecklich anzusehen, als zu beschreiben, ein Kind nämlich mit zwei Köpfen, jeder Kopf mit zwei Zähnen und Einem Barte, mit vier Augen und zwei sehr kurzen Ohrlappen versehen: eine Mißgestalt, die ohne Zweifel ein Vorzeichen der Verschlimmerung des Staats war. Dergleichen Mißgeburten sind eben nicht selten, und können allerhand vorbedeuten: weil man aber nicht mehr, wie ehemals, den dadurch geäußerten Zorn der Götter zu versöhnen sucht, bleiben sie unbekannt, kommen wenigstens nicht ins große Publicum.

Kap. 13.

Jetzt war es auch, wo die Isaurier, die nach den vorher erzählten Vorfällen, und nach dem Versuche, die Stadt Seleucien zu belagern *), sich ruhig verhalten hatten, nach und nach, wie Schlangen zur Frühlingszeit aus ihren Löchern muthig aufspringen, wieder auflebten, ihre felsichten und ungebahnten Wälder verließen, sich in dichte Schaaren rotteten, und durch Raub und Mord ihre Gränznachbarn beunruhigten, auch als Bergbewohner, und in flüchtigem Laufen über Klippen und in Gebüschen geübt, unsre Kordons umgingen. Um sie mit Gewalt

*) S. Buch 14. K. 2. 8. einmal B. 27. K. 9. zum auch kommen sie unten noch Vorschein.

walt oder Güte zur Vernunft zurückzubringen, ward
Lauricius, mit dem Titel eines Comes abgesandt,
ein Mann von großer politischer Einsicht, der auch
mehr durch Drohungen, als wirklichen Ernst dem
Uebel größtentheils abhalf, so daß, so lange er auch
Statthalter blieb, doch nichts in derselben Gegend
vorfiel, das geahndet zu werden verdient hätte.

Zwan=

Zwanzigstes Buch.

Inhalt.

Kap. 1. Lupicin wird mit einer Armee nach Britannien gesandt, um den Streifereien der Scoten und Picten
zu wehren. — Kap 2. Urſicin, General des Fußvolkes
wird nach Hofe entboten, und bekommt den Ab-
ſchied. — Kap. 3. Sonnenfinſterniß — Nebenſonne —
Urſachen der Sonnen- und Mondfinſterniſſe — Phg-
ſen des Mondes — Kap. 4. Julian wird von den
Gallicaniſchen Legionen, die ihm Conſtantius abzugeben, und in den Orient wider die Perſer folgen zu
laſſen befiehlt, in den Winterquartieren zu Paris wider ſeinen Willen zum Auguſt ausgerufen. — Kap. 5.
Rede Julians an ſeine Soldaten. — Kap. 6 Sapor
belagert und erobert Singara: die Einwohner werden
nebſt den berittenen Hülfsvölkern und zwei Römiſchen
Legionen nach Perſien abgeführt, und endlich die Stadt
zerſtört. — Kap. 7. Sapor erobert Bezabbe, worinn
drei Legionen zur Beſatzung lagen, beſſert dann ihre
Mauern wieder aus, und verſieht ſie mit neuer Beſatzung und Proviant: hingegen thut er einen vergeblichen Angriff auf die Feſte Viria. — Kap. 8. Julians Brief an Conſtantius über den Vorfall in Paris. — Kap. 9. Conſtantius verlangt, Julian ſolle ſich
an dem Namen eines Cäſars begnügen laſſen, welchem
Begehren doch die Gallicaniſchen Legionen ſich mit
einmüthiger Standhaftigkeit widerſetzen. — Kap. 10.
Julian geht über den Rhein, überfällt die fränkiſche
Völkerſchaft der Attuarier unvermuthet, viele werden
gefangen oder erlegt, den übrigen wird auf ihre Bitte
Friede zugeſtanden. Kap. 11. Conſtantius geht mit
ſeiner ganzen Macht von Bezabbe, muß aber die Belagerung aufheben. — Regenbogen.

Kap. 1.

N. C. Geb.
360.

Dies waren die Begebenheiten, die in
Illyricum und im Orient vorfielen.
Aber in dem Jahre, da Conſtantius ſein zehntes

und

und Julian ſein drittes Conſulat verwalteten, waren
in Britannien die wilden Nationen der Scoten
und Picten *) nach gebrochenem Frieden über die
Gränzen geſtreift, neue Furcht befiel unſere von einer ganzen Reihe vorhergegangener Bedrängniſſe ſich
kaum erholenden Provinzen, und Julian, der ſeine
Winterquartiere in Paris hielt, fand, von andern
Sorgen gedrückt, nach dem Beiſpiele des Conſtans,
wie ich vorher in meiner Geſchichte erzählt habe,
Bedenken, den jenſeits der See liegenden Provinzen
in Perſon zu Hülfe zu eilen, um Gallien nicht ohne
Statthalter zu laſſen, zu einer Zeit, wo die Wildheit der Alamannen einen neuen Krieg befürchten
ließ. Er beſchloß alſo die Wiederherſtellung der
Ruhe in Britannien, ſey's durch Waffengewalt oder
gütlichen Vergleich, dem kommandirenden General
Lupicin (B. 18. K. 2.) zu übertragen, einem
Manne, der zwar perſönlichen Muth genug, und
die Kenntniſſe eines Feldherrn vollkommen beſaß, aber
auch den Kopf gewaltig hoch trug, und immer in
tragiſchem Kothurn einherprunkte: — ein Mann,
von dem ſich kaum beſtimmen ließ, ob er mehr gei-
zig als grauſam wäre. Mit Ausgang des Winters
kam er mit leichten Hülfstruppen der Aeruler und
Bataver **), und zwei Möſiſchen Legionen in

Z 3   Bono-

---

*) Ammian iſt der erſte,
bei dem dieſe Völker vor-
kommen.

**) Kommen zuſammen
auch K. 4. und B. 27. K. 1. 8.
vor, und gehören unter die
Hülfstruppen. Notitia Im-
perii S. 1829. (Gräv.) Ba-

taver ſind urſprünglich deut-
ſche, Katten nämlich, wurden aber ſchon vor Cäſar von
ihren Landsleuten verdrängt,
und ließen ſich an der Waal
nieder. Aeruler, (auch Eruler) ſind Scythen.

Bononien *) (Boulogne) an, brachte Schiffe zusammen, schiffte sich mit seiner ganzen Mannschaft ein, langte unter günstigem Winde am jenseitigen Ufer bei Rutupiä (Richborough) an, und zog dann auf Lundinium (London) zu, um daselbst nach Beschaffenheit der Umstände einen bestimmten Plan zu entwerfen, und dann ungesäumt den Feldzug anzutreten **).

Kap. 2.

Indessen war noch während Amida's Belagerung der Feldherr des Fußvolkes, Ursicin als Barbations (B. 18. K. 3.) Nachfolger in diesem Amte an Constantius Hoflager zurückgegangen, fand aber hier bald seine Verläumder wieder, die anfangs nur unter der Hand kränkende Nachrichten verbreiteten, bald aber erdichtete Beschuldigen öffentlich gegen ihn schmiedeten. Der Kaiser, ohnedem immer Sklav seiner Vorurtheile, und jeden hämischen Kläger zu hören geneigt, verordnete den Arbetio ***) und den Hofmarschall Florentius (B. 15. K. 5.) zu Commissarien, die Ursachen des Verlustes von Amida in förmliche Untersuchung zu ziehen. Von augenscheinlich wahren Ursachen wollten diese Männer nichts hören, und aus Furcht, den Oberkammerherrn Eusebius zu beleidigen, wenn sie ganz offenbare Beweise,

---

*) Auch Gessoriacum unten Kap. 9. Bononien ist ein neuerer Name.

**) Ueberhaupt bitte ich mit dem ganzen Kapitel B. 27. K. 8. zu vergleichen.

***) General der Reiterei, von je her Ursicins Feind. B. 14. K. 11. bes. B. 15. K. 2.

weise, daß der ganze Vorfall der hartnäckigen Unthätigkeit Sabinians beizumessen sey, zu Protokoll
nähmen, ließen sie die Hauptsache liegen, und suchten die Untersuchung auf Kleinigkeiten, die mit ihrem
Geschäft in keiner Verbindung standen, zu lenken.

Der Beklagte, über diese Winkelzüge aufgebracht,
appellirte an die höhere Instanz mit der Erklärung:
,, Mag mir doch der Kaiser verächtlich begegnen,
,, so ist doch die Sache in der That zu wichtig, als
,, daß sie von einem andern als ihm selbst untersucht
,, und abgeurtheilt werden könnte: indeß kann ich
,, ihm mein Vorgefühl nicht bergen, daß bei allen
,, Klagen, die ihm der wahre Bericht über Amida's
,, Schicksal abdringen wird, und so lange er sich nur
,, immer von Verschnittenen gängeln läßt, dennoch
,, die im nächsten Frühjahre zu befürchtende Zerstü-
,, kelung Mesopotamiens auch durch seine persönliche
,, Gegenwart, und durch seine ganze Heeresmacht
,, nicht zu hindern vermögen wird. '' Ueber diese
Aeußerung, mit Zusätzen und boshaften Deutungen
bereichert, war der Kaiser gewaltig aufgebracht,
ließ die Untersuchung eben so wenig fortsetzen, als
die ihm bisher unbekannt gebliebenen Umstände laut
werden, entsetzte nur Ursicinen seines Amtes, und
an seine Stelle ward Agilo durch einen ungeheuren Sprung von einem Tribun der ausländischen
Haustruppen General des Fußvolkes.

Kap. 3.

Kap. 3.

Zu eben derselben Zeit sah man im Orient den Him=
mel in dunkele Finsterniß gehüllet, und vom ersten
Anbruch der Morgenröthe bis zum Mittage funkel=
ten die Sterne in vollem Glanze: das Schauerliche
dieser Scene ward noch durch die Aengstlichkeit der
Menschen erhöhet, die, weil alles Tageslicht ver=
dunkelt, und dem Auge des Erdbewohners entrückt
zu seyn schien, eine mehr als gewöhnlich lange Ver=
finsterung der Sonne vermutheten. Doch sie kam
wieder zum Vorschein, anfangs nur in der Gestalt
des sichelförmigen Mondes, dann ward sie bis zur
Hälfte sichtbar, bis sie endlich wieder in voller Run=
dung da stand. Diese Erscheinung ist nicht immer so
deutlich sichtbar, und tritt nur dann ein, wenn der
Mond in seiner monathlichen, veränderlichen Bahn e)
nach einer bestimmten Tagzahl auf denselben Punkt
wieder zu stehen kommt: das ist c*), wenn in eben
demselben Himmelszeichen der Mond in völlig gerader
Linie unter die Sonne tritt, und eine kurze Zeit in
den Punkten (Minutis) inne steht, welche man in
der Sprache der Erdmeßkunst Theile von Theilen
nennt. Ob nun gleich die Bewegungen beider Him=
melskörper nach der Beobachtung der Naturforscher,

se

---

*) Cum post inæquales
cursus intermenstruum Lu-
næ ad idem revocatur ini-
tium certis temporum in-
tervallis. Weil intermen-
struum hier nicht, wie am
Ende des Kapitels, die Be=
deutung des Vollmondes ha=
ben kann, so bin ich Valesius
gefolgt, und habe iter men-
struum gelesen.

**) Scheint sich vom Ran=
de in den Text geschlichen zu
haben. Die nachfolgende
Erklärung ist doch um nichts
deutlicher — ist ja gelehrter.

ſo oft der Mond ſeine Laufbahn einmal vollendet hat,
allemal gleich weiten Abſtand halten, ſo wird doch
die Sonne deswegen nicht allemal in dieſen Tagen
verfinſtert, ſondern nur dann, wenn der Mond in
gleichſam ſchnurgerader Richtung zwiſchen der Sonne
und unſerem Auge in die Mitte zu ſtehen kommt.
Kurz, die Sonne erſcheint dann in vermindertem
Glanze, wenn ſie und der Mond, der niedrigſte un=
ter den Himmelskörpern, einander begleitend, beide
ihre eigene Laufbahn halten, und ungeachtet des wei=
ten Abſtandes, doch gegen einander, und wie Pto=
lemäus es treffend und ſchön ausdrückt, in die
Dimenſionen zu ſtehen kommen, welche die Griechen
in ihrer Sprache auf= und abſteigende ellip=
tiſche Knoten *) nennen. Wenn ſie nun in die=
ſer Richtung die nächſtliegenden Flächen in Streif=
ſchatten treffen, ſo wird die Verfinſterung nur ſchwä=
cher ausfallen: hingegen, wenn ſie in dem Knoten
ſelbſt inne ſtehen, und die auf= und abſteigende Bahn
im ſcharfen Mittelpunkt durchſchneiden, ſo verbrei=
tet ſich über den Himmel weit dichtere Finſterniß,
und die Luft wird ſo dunkel, daß man auch die näch=
ſten Gegenſtände nicht mehr erkennen kann.

Zwei Sonnen glaubt man dann zu ſehen, wann
eine höher als gewöhnlich ſtehende Wolke, von dem
ewigen Feuer der Sonne näher erleuchtet, den Glanz
der Sonnenſcheibe wie in einem reinen Spiegel nach=
bildet.

3 5

Nun

*) ἀναβιβάζοντας καί τικὺς συνδέσμους. Lat. co=
καταβιβάζοντας ἐκλειπ= agmenta defectiva.

Nun von den Mondfinsternissen. — Der Mond wird wirklich und, sichtbar nur alsdann verfinstert, wenn er in völliger Rundung der Sonne gegen über, und von ihrer Bahn hundert und achtzig Grade, das ist, im siebenten Zeichen des Himmels absteht. Dies ist nun zwar der Fall bei jedem Vollmonde, aber deswegen entsteht nicht allemal eine Verfinsterung. Weil aber der Mond der Erdbahn am nächsten, und unter den prachtvollen Himmelskörpern der unterste ist, so kommt er bisweilen gegen das auf ihn fallende Sonnenlicht so zu stehen, daß er durch den in keilförmiger Gestalt auf ihn fallenden Erdschatten *) auf kurze Zeit und nur zum Theil verdunkelt wird: oder seine Scheibe wird ganz verfinstert, wenn beim Kreislauf der Sonne um die untere Sphäre, die Erde, als dichter Körper mit ihrer Rundung vor die Sonne tritt, und also diese den Mond mit ihren Strahlen nicht erleuchten kann, der, wie sich aus mehreren Gründen schließen läßt, gar kein eigenes Licht hat. Wenn er also unter den gegebenen Umständen der Sonne gegen über zu stehen kommt, wird er, wie gesagt, ganz verfinstert, und diesen Stand gegen die Sonne nennen die Griechen Synodus Meues, (Synodalrevolution).

Neu

---

*) Objectu metae noctis in conum desinentis. Cicero von der Divination B. 2. Kap. 6. Incurrit in umbram terrae, quae est meta noctis. Auch von der Natur der Götter B. 2. K. 40. beschreibt er die Finsternissen so: (Luna) tum subiecta atque opposita soli radios eius et lumen obscurat: tum ipsa incidens in umbram terrae, cum est e regione solis, interpositu interiectuque terrae repente deficit.

Neu heißt der Mond, wenn er mit einer geringen Declination die Sonne gleichſam ſchnurgerade gegen ſich über hat. In den erſten Tagen ſeiner Erſcheinung bemerken wir von ihm nur ein ſehr ſchmales Lichtſtreifchen, wenn er nämlich von der Sonne weg, ſchon in das zweite Himmelszeichen eintritt. Rückt er in ſeiner Bahn weiter fort, und zeigt nun völlig ſeine glänzenden Hörner, ſo nennt man ihn Menoeides. Entfernt er ſich dann noch weiter von der Sonne, und erreicht das vierte *) Zeichen, ſo wird durch die mehr auf ihn fallenden Sonnenſtrahlen ſein Glanz noch heller, und er erſcheint in halber Rundung, weshalb ihn die Griechen Dichomenus (oder Dichotomus) nennen. In noch weiterem Abſtande, nämlich im fünften Zeichen, ſieht man ihn von beiden Seiten in höckrichter Geſtalt, welches die Griechen durch Amphikyrtus ausdrücken. Steht er dann winkelrecht der Sonne gegen über im ſiebenten Zeichen, ſo erſcheint er nun in vollem Lichte. Wenn er aus dieſem ſiebenten Zeichen wieder herantritt, welchen Stand man Apokruſis nennt, ſo nimmt er in gleichen Geſtalten wieder ab, und die Aſtronomen beweiſen aus mehreren Gründen, daß eine Mondfinſterniß nie anders als im Vollmonde **) eintreten könne.

Wenn

----

*) Nicht das fünfte, wie im Texte ſtebt: Wenn er nämlich in dem neunzigſten Grad von der Sonne abſtebt, und alſo die Hälfte ſeines Umlaufes von 180 Graden zurück gelegt hat, weswegen er eben von den Griechen Dichotomus, von den Lateinern dividua oder dimidia luna genannt wird. Valeſius.

**) tempore intermenſtrui.

Wenn ich vorhin sagte, daß die Sonne bald im Aether, bald in niedern Regionen ihre Laufbahn halte, so muß man wissen, daß die Himmelkörper in Rücksicht auf das Universum eigentlich weder auf= noch untergehen, daß es uns vielmehr nur in unserem Gesichtspunkte von der Erde aus so vorkomme, welche durch eine innere Kraft in schwebender Bewegung erhalten wird, und gegen das große Weltall nur einen kleinen Punkt ausmacht: und daß beim Aufblick in den Himmelsraum die an ihm befestigten Sterne, deren Standpunkt doch ewig derselbe bleibt, unserem kurzsichtigen Auge es scheint, als ob sie ihren Standort verrückten. Doch es ist Zeit, wieder einzulenken.

Kap. 4.

Zwar eilte Constantius in den Orient hin, wo nach einstimmiger Aussage der Ueberläufer und Kundschafter neue Einfälle der Perser neue Unruhen befürchten ließen, aber auf der Seele brannten ihm Julians Verdienste, deren wachsender Ruhm sich über mehrere Nationen verbreitete, und seinen durch keine Schwierigkeit geminderten Heldenmuth laut erhob, mit dem er mehr als einen Alamannischen König vom Throne gestürzt, die vorher von den Barbaren ausgeplünderten oder zerstörten Städte Galliens wieder erobert, und die Barbaren selbst Tribut zu geben gezwungen hatte. Alles dies beunruhigte den Kaiser nicht wenig, und weil er diesen Ruhm immer mehr wachsen zu sehen befürchten mußte, so sandte er,

er, wie man sagte, vorzüglich auf Anstiften des
Präfects in Gallien*) Florentius, den Tribun und
Staatssekretär Decentius ab, um die Hülfsvöl-
ker der Aeruler und Bataver (Kap. 2.) nebst
den Petulanten**) und Celten, und einem
Aushub von dreihundert Mann aus jeder Legion von
Julians Armee sich abgeben zu lassen, und ihren
Abmarsch unter dem Vorgeben zu beschleunigen, weil
sie zu der im kommenden Frühjahre gegen die Perser
aufbrechenden Armee stoßen sollten.

Der Befehl, diese Hülfstruppen und ausgehobenen dreihundert Mann zu schleunigem Aufbruch anzuhalten, war an Lupicin allein gerichtet, weil
man seinen Uebergang nach Britannien bei Hofe noch
nicht wußte: aber überdies noch aus den Haustruppen (Scutariern und Gentilen) die besten Leute aus-
zuheben, und dem Kaiser zuzuführen, war dem Sintula, damals Oberstallmeister (Tribunus Stabuli) Julians aufgetragen.

Julian sagte zu dem allen kein Wort, und be-
ruhigte sich bei den Befehlen des Mächtigern: nur
Eine Bemerkung glaubte er ohne Zurückhaltung sich
erlauben zu müssen, daß man wenigstens Leuten
keinen Zwang anthun dürfe, die Haus und Hof jenseit des Rheines verlassen, und blos auf die Bedingung

---

*) Ist vom Hofmarschall
K. 2. zu unterscheiden, und
bereits B. 17, 3. als prätorischer Präfect in Gallien da
gewesen.

**) Hatten diesen Namen,
weil sie sich etwa einmal vor
andern muthwillig be-
tragen hatten, (s. B. 22.

K. 12.) wie denn die Be-
nennung der Legionen nach
ihren Sitten, oder nach
ihrer Tapferkeit nichts
ungewöhnliches ist. z. B.
Pia, Fidelis, Fulmi-
natrix u. s. w. S. Naß
Kriegsalterthümer S. 444. f.

dingung, daß man sie nie in Gegenden, über den
Alpen gelegen, brauchen wolle, zu uns übergegan=
gen wären: außerdem wäre zu befürchten, daß die
von den wilden Völkern freiwillig zu unseren Fahnen
übergehenden Soldaten, deren Zahl in Rücks.cht auf
jene Bedingung bisher nichts weniger als unbeträcht=
lich gewesen wäre, gar sehr zurückgeschreckt werden
möchten. Doch diese Vorstellung blieb ohne Wir=
kung. Der Tribun fand nicht für gut, auf des
Thronfolgers Klagen Bedacht zu nehmen, hielt sich
vielmehr an die Befehle des regierenden Kaisers, hob
die besten, durch Muth und Gewandtheit ausge=
zeichneten Leute aus, und marschierte mit ihnen ab,
in der Hoffnung, bald noch weiter zu gehen.

Julian, bekümmert in Ansehung der übrigen vom
Kaiser verlangten Truppen, war mit sich selbst über
die ganze Sache nicht einig, glaubte aber doch, mit
der größten Behutsamkeit dabei verfahren zu müssen:
der Gedanke von der einen Seite an die Wildheit der
Barbaren, von der andern an die Befehle des Mäch=
tigern preßten seine Seele gleich stark, und die Ab=
wesenheit des Feldherrn der Reiterei (Lupicins)
machte seine Verlegenheit noch größer. Er entbot
also vor der Hand den (prätorischen) Präfect (Flo=
rentius) zurück, der vorlängst unter dem Vorwande,
Proviant herbeizuschaffen *) nach Vienne gegangen
war,

*) Das gehörte allerdings
zu seinem Amte mit. Be=
kanntlich hatten die prätori=
schen Präfecte nach Constan=
tins Einrichtung mit dem
eigentlichen Kommando der
Armee nichts zu schaffen,
wohl aber für Lebensmit=
tel der Armee zu sorgen (s.
auch oben B. 14, K. 10.)
die

war, im Grunde aber sich der im Lager zu fürch=
tenden Unruhe entziehen wollte. Die Vermuthung
dieser Unruhen gründete sich darauf, weil er, wie ich
vorhin erzählte, wahrscheinlich einen Bericht an den
Hof hatte abgehen lassen, wodurch der Gedanke, die
tapfersten Streiter, längst ein Schrecken der Barba=
ren, von der Gallischen Gränze zurück zu entbieten,
veranlaßt worden war. Jetzt bekam er Julians
Brief, worinn er den Befehl und die Bitte fand,
so bald als möglich zurückzukommen, um durch sei=
nen guten Rath das Beste des Staats befördern zu
helfen, weigerte sich aber hartnäckig, Folge zu lei=
sten, so sehr ihn auch die deutliche Erinnerung in
Julians Briefe, daß der prätorische Präfect sich in
dringenden Umständen nie von der Person des regie=
renden Herrn entfernen dürfe, auf bedenkliche Fol=
gen in der Zukunft aufmerksam machen mußte. Noch
hatte Julian beigefügt, daß wenn der Präfect sich
seiner Pflicht entzöge, auch er die Ehrenzeichen der
Cäsarwürde ablegen würde: denn rühmlicher sey es
doch immer, einem ihm zugedachten Tode muthig
entgegen zu gehen, als sich den Ruin der Provinzen
beimessen zu lassen. Doch der Präfect blieb auf sei=
nem Starrsinn, und widersetzte sich jedem auch noch
so billigen Befehle mit der äußersten Hartnäckigkeit.

Julian, sich selbst überlassen, weil der Feldherr
Lupicin abwesend seyn mußte, und der Präfect
aus Furcht vor einem Tumult abwesend seyn wollte,
hielt

die Einkünfte der Provin=
zen zu verwalten — waren
überhaupt nach dem regie=
renden Herren die ersten Ci=
vilbeamten.

hielt endlich nach mancherlei Ueberlegungen fürs Beste, die Heerstraßen zu geschwinderem Fortkommen
der aus ihrem Winterlager ausgehobenen Soldaten
aufs schleunigste in guten Stand setzen zu lassen.
Kaum war diese Nachricht ruchtbar geworden, als
man im Lager der Petulanten eine Schmähschrift an
der Erde liegen fand, worin unter andern auch dies
stand: „ Uns treibt man an der Erde äußerste Grän-
„ zen als schuldige Missethäter hin, und unsere Wei-
„ ber und Kinder sollen in der Alamannen Sklave-
„ rei zurückkehren, aus der wir sie mit unserem
„ Blute in mehr als einer Schlacht loskaufen muß-
„ ten. " Diese Schrift ward im Hauptquartier abgegeben, Julian las sie, fand die darin geäußerten
Beschwerden wahr genug, befahl aber doch, die
Soldaten sollten nur immer in den Orient hinmar-
schieren, wozu er ihnen die Erlaubniß, sich der sta-
tionsweise angestellten **größern Postwagen** *)
zu bedienen mit Vergnügen ertheilen wolle: und
weil man über die Marschroute lange nicht einig
werden konnte, so beschloß man endlich auf den Vorschlag des Staatssekretärs Decentius, sie über
Paris gehen zu lassen, wo Julian bisher seinen be-
ständigen Aufenthalt gehabt hatte, und noch hatte.
Dies that man, der Fürst ging ihnen, wie gewöhnlich, bis in die Vorstadt entgegen, lobte jeden, den
er persönlich kannte, erinnerte sie an ihre tapfere
Thaten, und ermunterte alle durch die freundlichsten
Vor-

---

*) Clavularis (clabularis) Historia Augusta B. 1. S.
cursus. Kommt im Theo- 279. hat vorzüglich eine gute
dos. Coder mehrmal vor, Nachricht davon gegeben.
und Saumaise über die

Vorſtellungen, getroſt zu dem Kaiſer hinzugehen,
der bei mehr ausgebreiteter, uneingeſchränkter Ge=
walt im Stande wäre, ihnen die verdienten Beloh=
nungen ihrer Tapferkeit zu geben.   Auch ließ er, ihre
Officiere, um ihnen vor ihrem ſo weiten Zuge in ferne
Lande noch eine Ehre zu erweiſen, zu einem Gaſt=
mahl einladen, bei dem er jedem Erlaubniß gab, ſich
von ihm auszubitten, was er wollte.   Von einer ſo
edelmüthigen Bewirthung brachten ſie die doppelt
ſchmerzhafte Empfindung zurück, daß ihr ungünſti=
ges Schickſal ſie von einem ſo ſanften Feldherrn ſo=
wohl als von ihrem Vaterlande trennen ſollte. Die=
ſes Kummers voll kamen ſie in ihr Standquartier
zurück.   Aber bei Eintritt der Nacht brach die Re=
bellion offenbar aus, man verhetzte jeden, dem der
unverhoffte Befehl des Kaiſers zur Laſt fiel, alles
griff zu den Waffen, und alles zog dann, unter wil=
dem Lärmen nach dem Palaſte hin, beſetzte denſelben
rund umher, um keine Seele daraus entkommen zu
laſſen, und nun ruffte man unter fürchterlichem Ge=
ſchrei den Julian zum A u g u ſt aus, verlangte auch
mit Ungeſtüm, ihn ſogleich zu ſehen: man blieb in
dieſer Erwartung bis an den Morgen ſtehen, wo er
dann endlich zu erſcheinen ſich genöthigt fand. Kaum
erblickte man ihn, als der einſtimmige Zuruf: Au=
guſt! vom neuen laut erſcholl.

Er ſelbſt widerſetzte ſich feſten Sinnes, gab bald
ſein Mißvergnügen in Worten zu erkennen, bat bald
mit ausgeſtreckten Armen aufs bringendſte, man
möchte ihn doch nach ſo vielen und ſo glücklichen Sie=
gen nicht zwingen, eine Ungereimtheit zu begehen,

Ammian Marcell. 2ſter B.   A a   oder

ober durch eine so unzeitige, unbesonnene Hitze nicht
Gelegenheit zu Störung des Friedens geben. Die
Versammlung ward etwas ruhiger, und nun that er
ihr noch die sanfte Vorstellung: „Mäßiget doch,
„ Freunde, eure Hitze: ihr könnt ja ohne Zwist,
„ und ohne für Rebellen zu gelten, eure Wünsche
„ erfüllt sehen: süß ist euch der Gedanke an Vater=
„ land, schreckhaft der Gedanke in unbekannte und
„ weite Länder hinzuziehen, — nun so kehre dann
„ jeder zu Haus und Hof zurück — ihr sollt, weil
„ ihr es nicht gern thätet, keinen Schritt über die
„ Alpen thun. Dies getraue ich mir bei dem ein=
„ sichtsvollen Kaiser, der billige Vorstellung gern
„ annimmt, hinlänglich zu verantworten. “ Auch
dies half nichts, von allen Seiten schrie man vom
neuen auf. Eine Hitze beseelte die ganze Versamm=
lung, und Julian sah sich dem lautesten Getümmel,
selbst mit Drohungen und Schmähreden vermischt,
endlich nachzugeben gezwungen. Man stellte ihn
auf ein Schild, wie es das Fußvolk zu führen pflegt,
hob ihn dann in die Höhe *), aller Mund **) er=
tönte von dem Aufruf: August, alle verlangten, er

sollte

*) Ueber diesen Gebrauch
hat man eine kleine Schrift
von C. G. Schwarz: de an-
tiquo ritu elevandi princi-
pes inaugurandos &c. Al-
torf. 730. bei der man eine
neuere unter Klotzens Vor=
sitz von Wohlfahrt verthei=
digte: de inauguratione
principum super clypeo
Hal. 770. füglich entbehren
kann.

**) Nullo silente. Attig

ist die Lesart der besten Hand=
schriften pullo silente, zu
der Zeit, da die Hähne zu
frühen aufhörten. Ich bin
doch aber der im Valesiani=
schen Texte aufgenommenen
auch deswegen lieber gefolgt,
weil sie eben das sagt, was
bei Julians Ernennung zum
Cäsar B. 15. K. 8. vor=
kommt: Nemo post haec
finita reticuit.

sollte das Diadem anlegen. — „ Ein Diadem? —
„ dergleichen habe ich nie gehabt. " — Nun so laß so
einen Hals = oder Hauptschmuk von deiner Gemahlin
herbringen. — „ Aber weiblicher Putz möchte wohl
„ nicht die günstigste Vorbedeutung für den antre=
„ tenden Regenten seyn. " †) Man suchte nach ei=
nem Pferdeschmuck, um wenigstens durch irgend eine
Art von Krone, wäre die Aehnlichkeit auch noch so
entfernt, seine höhere Gewalt anzuzeigen: auch dies
hielt er für unanständig, und so faßte ein gewisser
Maurus, der nachher als Comes sich bei dem en=
gen Passe von Succi (B. 31. K. 10.) nicht zum
besten hielt, jetzt Unterofficier (Hastat) unter den
Petulanten, den Muth, das Halsgehänge, das er
als Fahnenträger *) trug, dem Julian um das
Haupt zu legen: der dann aufs äußerste getrieben,
und überzeugt, bei fernerem Widerstande sich au=
genscheinlicher Lebensgefahr auszusetzen, endlich nach=
gab, und jedem Soldaten fünf Goldstücke und ein
Pfund Silber zu geben versprach.

Sein persönlicher Kummer ward indeß dadurch
nichts weniger als gemindert, mit schneller Einsicht
sah er die Folgen voraus, trug also kein Diadem,
wagte es nicht, sich öffentlich sehen zu lassen, oder
auch die dringendsten Geschäfte zu besorgen.   Aber

indem

---

†) Ich nahm mir hier die Freiheit, ein wenig zu dramatisiren — um die Mode mitzumachen.

*) Daß er Hastat und Fähndrich zugleich seyn kön=nen, läugnet Saumaise, und will deswegen anstatt Dra=conarius lieber Ordina=rius lesen. Gewöhnlicher ist das freilich, Valois bringt aber doch eine Analogie von einem Primipilen, der auch zugleich Fahnenträger gewe=sen, bei, und so habe ich nichts ändern wollen.

indem er, in Betrachtung, wie schnell sich oft das Glück ändere, sich im Innern seines Palastes verborgen hielt, kam ein Decurio Palatii, welches eine Art von Hofbedienten *) ist, mit eilenden Schritten in das Lager der Petulanten und Celten, und setzte alles durch den lärmenden Aufruf in Bewegung, man habe den Frevel begangen, den von ihnen den Tag vorher ernannten August heimlich aus der Welt zu schaffen. Diese Nachricht machte, daß die Soldaten, auf die jedes Gerücht, wahr oder unwahr, gleich stark wirkt, ihre Pfeile schwenkten, andere drohend mit bloßen Schwertern auf verschiedenen Wegen, und ohne Reihe und Glied zu halten, nach dem Palast hinstürmten. Die Trabanten wurden durch den gräßlichen Lärmen in Furcht gesetzt, ihre Tribunen, und selbst der General der Haustruppen, Excubitor genannt **) glaubten der Treulosigkeit wankelmüthiger Soldaten und einem augenscheinlichen Tode nur durch die Flucht entgehen zu können. Jene blieben, weil überall Stille herrschte, eine Zeitlang unter den Waffen stehen; auf die Frage, was denn die Ursache ihres unbesonnenen

---

*) Man hatte im Palaste 30 Mann, Silentiarien genannt, deren Geschäft darin bestand, daß sie vor dem Zimmer des Kaisers standen, wenn er Staatsrath hielt, fremden Gesandten Audienz gab, und dergleichen überhaupt für Stille im Palast sorgten. Jedes Zehend von ihnen hatte einen Officier, Decuris deßhalb benannt, und diese besorgten die Ordnung und Ruhe im Palast überhaupt, wurden als Adjutanten zu Verschickungen in der Stadt gebraucht, und ordneten den Zug an, wann der Kaiser oder die Kaiserin ausfuhren. Haubold de Consistorio Principum Spec. 2 p. 51.

**) Domesticorum Comes Excubitor nomine.

nenen und plötzlichen Aufruhres wäre, gaben sie,
noch immer zweifelhaft über Leben oder Tod des Für=
sten lange keine Antwort, und gingen nicht eher aus
einander, als bis sie in das Audienzzimmer einge=
lassen, den Julian in vollem Staate gesehen hatten.

Kap. 5.

Auf die Nachricht von Julians Erhebung kamen
auch die unter Sintula's Anführung vorausge=
gangenen Truppen, mit ihm jetzt ganz fröhlich und
sorgenlos nach Paris zurück, alle wurden auf den
folgenden Tag zu einer Versammlung entboten, und
der Fürst erschien in mehr als gewöhnlichem Glanze,
bestieg dann das Tribunal, von Fahnen aller Art
umgeben, und durch bewaffnete Krieger um sich her
gesichert. Nach einer kurzen Pause, die er zu tie=
sem Studium der Gesichter umher anwandte, und
nach Bemerkung allgemeiner Munterkeit und Freude,
suchte er sie, wie durch eine Trompete und dennoch
durch ganz schmucklosen Ausdruck, um allen ver=
ständlich zu werden, in so guter Stimmung zu er=
halten.

„ Die Wichtigkeit der Sache, sagte er, macht
„ mir es zur dringendsten Angelegenheit, euch,
„ meiner Person und des Staates tapfere und treue
„ Vertheidiger, die ihr nebst mir für das Wohl der
„ Provinzen euer Leben so oft preis gabet, jetzt, da ihr
„ euren Cäsar mit so fester Beharrlichkeit auf die
„ höchste Stufe der Macht erheben zu müssen glaub=
„ tet, auf einige Hauptpunkte nur überhaupt und

„ in

„ in möglicher Kürze aufmerksam zu machen, um
„ bei der gegenwärtigen Veränderung uns zu gründ=
„ lichen und behutsamen Maaßregeln bestimmen zu
„ können.   Kaum noch Jüngling, noch, wie ihr
„ wißt, im jugendlichen Purpurgewand, durch himm=
„ lische Fügung eurem Schutze vertraut, wich ich
„ nie von der Bahn eines rechtschaffenen Lebens ab:
„ mit euch und unter euch unterzog ich mich jeder
„ Beschwerlichkeit, zu einer Zeit, da durch Keckheit
„ der Völker um uns her, nach Zerstörung der Städ=
„ te, nach Ermordung unzähliger Tausende von
„ Menschen, selbst die wenigen, nur halb verschon=
„ ten Provinzen unbeschreiblicher Jammer durch=
„ tönte. Ueberfluß wäre es, euch ins Gedächtniß
„ zurückzubringen, wie oft wir im rauhen Winter
„ und bei der strengsten Witterung, in Jahreszei=
„ ten, wo Mars zu Land und See von seiner Arbeit
„ ruht, vorher nie bezwungene Alamannen entkräf=
„ teten und zurücktrieben. Aber ohne Unbilligkeit
„ darf ich ihn nicht mit Stillschweigen übergehen —
„ jenen bei Strasburg für uns so glücklich aufge=
„ henden Tag, der Galliens Provinzen ihre Freiheit
„ einigermaßen auf immer sicherte, — den Tag, an
„ dem Ich von dem dichtesten Pfeilregen mich nicht
„ schrecken ließ, und Ihr, von eurem Muth und
„ langer Erfahrung unterstützt, die wie brausende
„ Waldströme unaufhaltbar heranflutenden Feinde
„ mit dem Schwerte erlegtet, oder in des Stromes
„ Tiefen sprengtet, und eurer Streitgenossen nur
„ wenige verloret, deren Todtenfeier wir mehr durch
„ lautes Lob, als durch laute Klagen ehren zu müs=
„ sen

„ ſen glaubten. So große, ſo glänzende Thaten
„ berechtigen mich zu glauben, daß ſelbſt die Nach-
„ welt eure Verdienſte um den Staat bei allen Na-
„ tionen laut verkündigen wird, wenn ihr an dem
„ Manne, den ihr auf die ehrenvolle Stufe höherer
„ Majeſtät hinſtellet, eure Zuneigung dadurch vol-
„ lendet, daß ihr ihn mit männlicher Standhaftig-
„ keit gegen jeden Unfall vertheidiget. Um aber eine
„ gleichmäßige Ordnung einzuführen, um die Rechte
„ tapferer Männer auf Belohnungen ungekränkt zu
„ erhalten, um zu verhüten, daß heimliche Erſchlei-
„ chung Ehrenſtellen nicht an ſich reiße, ſetze ich
„ im Angeſicht einer mir ſo ehrwürdigen Verſamm-
„ lung feſt, daß kein Civilbeamter, kein
„ Befehlshaber der Armee, für deſſen
„ Wahl nicht eigenes Verdienſt ſpricht, zu
„ keiner höhern Ehrenſtufe aufſteigen,
„ und daß jeder, der für eines andern
„ Beförderung ſich durch Bitten verwen-
„ det, ſeiner Ehre verluſtig ſeyn ſoll. „

Durch dieſe Zuſicherung fühlte ſich der geringere
Krieger, ſchon längſt von Belohnungen und Würden
ausgeſchloſſen, zu neuen Hoffnungen belebt, alle
ſchlugen mit den Lanzen an die Schilde, wurden vor
Freude ſehr laut, und prieſen faſt einmüthig des
neuen Kaiſers Reden und Thaten. Um auch den
Verſuchen, eine ſo wohl überlegte Einrichtung zu hin-
tertreiben, keinen Augenblick Zeit zu laſſen, traten
ſogleich die Petulanten und Celten mit der Bitte auf,

einige

einige Actuarien *) als Statthalter in selbstbe-
liebigen Provinzen anzustellen: aber sie waren auch
über die Nichtgewährung ihrer Bitte weder unwil-
lig, noch traurig.

Noch will ich dies bemerken, daß der Kaiser seinen näheren Vertrauten erzählt habe, daß die Nacht
vorher, ehe man ihn zum August erhoben, ihm eine
Traumgestalt, wie der Schutzgeist des Staats gebildet, diesen Verweis gegeben habe: „Schon längst,
„Julian, lauerte ich an dem Eingange deines Hau-
„ses, des besten Willens voll, dein Ansehen zu er-
„höhen, und mehr als einmal fand ich mich abge-
„wiesen; nimmst du mich auch jetzt nicht auf, wo
„so viele für deine Ehre einstimmig sind, nun so
„gehe ich freilich niedergeschlagen und traurig von
„dannen: aber, merke dir das! vor deine Thüre
„komme ich dann nie wieder.“

Kap. 6.

Während so eifriger Betriebsamkeit in Gallien war
Perseus König, der Wütrich Sapor, bereits vorher durch Antonin, jetzt durch den neuerlichen Ueberläufer Craugasius noch mehr aufgereizt, und vor
Begierde glühend, sich, ehe Constantius mit seiner
Armee näher rückte, Mesopotamiens zu versichern,
mit verdoppelter Macht in feierlichem Pompe über
den Tigris gegangen, um die Belagerung von Singara zu unternehmen, einer Stadt, die, nach dem
Urthei-

---

*) Hatten die Beitrei-
bung und Ausgabe der Le-
bensmittel bei der Armee zu
besorgen, und Rechnung
darüber zu führen.

Urtheile der Beamten der Provinz, mit wehrhaften
Männern und allen Bedürfniſſen des Lebens reichlich
verſehen war. Die Belagerten ſchloſſen, ſobald ſie
nur die Vortruppen der Feinde von weiten ſahen,
ſogleich die Thore, liefen muthvoll auf Thürmen und
Zinnen umher, ſchleppten große Steine und Kriegs=
maſchinen zuſammen, und ſtanden nach getroffenen
Voranſtalten alle bewaffnet, alle bereit da, die an=
dringenden Schaaren der Feinde zu empfangen, wenn
ſie ſich den Mauern näher zu kommen erkühnen
ſollten.

Der König hatte bei ſeiner Ankunft durch einige
Magnaten, die man auch näher kommen ließ, die
Beſatzung durch freundliche Unterhandlung, ſeinem
Wunſche gemäß, zur Uebergabe nicht bewegen kön=
nen; er ruhte alſo den erſten Tag mit der Armee
aus, aber beim Anbruch des folgenden Tages ließ
er zum Zeichen des Angriffes das feuerfarbige Pa=
nier wehen, ſein Heerr zog ſich rund um die Stadt,
die einen trugen Leitern auf der Schulter, die andern
richteten die Maſchinen zum Angriffe, die meiſten
ſuchten, durch Schanzkörbe und Sturmdächer ge=
deckt, der Mauer näher zu kommen, um ſie in ihren
Grundfeſten zu erſchüttern. Die Belagerten, durch
höhere Bruſtwehren gedeckt, unterließen dagegen
nicht, Steine und alle Arten von Geſchoß in die
Ferne auf diejenigen zu werfen, die kühn genug wa=
ren, ſich an die Mauer heranzudrängen.

Einige Tage ſtritt man mit abwechſelndem Glück,
und beide Theile hatten viel Todte und Verwundete;
der Kampf ward hitziger, und ſchon fing es an Abend

zu werden, als man außer mehreren Maschinen auch
einen außerordentlich starken Mauerbrecher spielen
ließ, der durch wiederholte Stöße den runden Thurm
erschütterte, der bei einer vorhergehenden Belagerung (den Römern) den Eingang in die Stadt ver-
schafft hatte.   Alles drängte sich nun auf diesen Ort
zusammen, Fackeln brennende Kienstöcke und Brand-
pfeile flogen umher, um die gefährlichen Maschinen
niederzubrennen, und an Pfeilen und Steinen, aus
Schleudern geworfen, ließ man es auch gegen einander nicht fehlen.   Aber jede Erfindung, dem Uebel
zu wehren, vereitelte die Schärfe des Mauerbrechers,
welcher die Fugen der vor kurzem erst aufgemauer-
ten und ihrer Feuchtigkeit wegen noch nicht haltbaren
Steine aus einander sprengte.   Noch stritt man mit
Schwert und Feuer, als der einstürzende Thurm einen breiten Eingang öffnete.   Die Besatzung verließ
ihren Posten, und zerstreute sich bei so augenschein-
licher Gefahr: die Perser drangen von allen Seiten
unter fürchterlichem Geheul ein, verbreiteten sich
bald ohne Widerstand in allen Theilen der Stadt,
und hieben hin und wieder einige nieder, alle Uebrigen
aber nahm man auf Sapors Befehl lebendig gefangen, und schaffte sie in die entlegensten Provinzen
Persiens.

Die Besatzung der Stadt hatte aus zwei Legionen
bestanden, der ersten Flavischen, und der ersten Partischen, wozu noch viele Eingebohrne
des Landes kamen, die sich nebst einiger Reiterei
beim ersten Schrecken hineingeworfen hatten: und
alle wurden, wie gesagt, die Hände auf den Rücken

gesetz-

gefeſſelt, fortgeführt, ohne daß ihnen von unſerer
Seite zu helfen war.   Der größere Theil unſerer Ar=
mee kampirte nämlich unter Zelten vor Niſibis,
welches in ziemlicher Entfernung davon lag: über=
dies hatte man auch in frühern Zeiten bei ähnlichen
Unglücksfällen die Stadt Singara immer ihrem Schick=
ſale überlaſſen müſſen, weil die ganze Gegend um=
her dürr und waſſerarm war.   Zwar hatte man in
der Vorzeit bei Anlegung dieſer Stadt auf ihre be=
queme Lage geſehen, um plötzliche Einfälle der Feinde
bald zu erfahren, aber die Römer hatten in der
That nichts weniger als Vortheil von derſelben,
denn bei mehrmaligen Eroberungen büßten ſie auch
die Beſatzung darin mehr als einmal ein.

Kap. 7.

Nach Singara's Zerſtörung war der König klug
genug, der Stadt Niſibis, wo er ſchon oft Ver=
luſt erlitten zu haben ſich erinnerte, auszuweichen,
er zog alſo ſeitwärts rechter Hand ab, um Bezab=
de *), von ihren ehemaligen Erbauern auch Phö=
nike genannt, durch Gewalt oder ſüße Verſpre=
chungen in ſeine Gewalt zu bekommen.   Dieſer Ort
war eine ſehr ſtarke Feſtung, lag am Abhang eines
mäßigen Hügels nach den Ufern des Tigris herab,
war da, wo die Lage weniger feſt, oder zu niedrig
war, mit einer doppelten Mauer verwahrt, und
ihre Beſatzung beſtand aus drei Legionen, der zwei=
ten

*) Der Syriſche Name iſt   auch Haferda.   Bruns
Gazarra Zabbaa, der   Handbuch S. 135.
Arabiſche Dſchefive, oder

ten Flavischen, der zweiten Armeni-
schen, und der zweiten Parthischen, wozu
noch die Bogenschützen von Zabdicene kamen,
welches damals unsern Befehlen gehorchte, und auf
deren Grund und Boden die Municipalstadt (Bezabde lag.

Beim ersten Anrücken recognoscierte der König,
von einer Schaar mit blinkenden Panzern bewaffneter Reiter begleitet, doch vor allen leicht kennbar,
die Festungswerke, und war so kühn, bis an den
Rand unserer Graben heranzukommen: unsere Ballisten und Pfeile würden ihn auch gewiß nicht ver-
fehlt haben, wenn er nicht hinter Schilden, wie ein
Sturmdach zusammengeschoben, Schutz gefunden
hätte. Doch er unterdrückte für jetzt die Aufwallung
seines Zornes, sandte vielmehr, wie gewöhnlich,
Herolde ab, um den Belagerten freundlich zuzure-
den, in Hinsicht auf ihr Leben und künftiges Schicksal die Belagerung durch Benutzung des günstigen
Zeitpunktes abzuwenden, nach geöffneten Thoren zu
ihm herauszukommen, und sich demüthig der Gnade
des Siegers der Nationen zu überlassen. So nah
auch diese Herolde der Mauer kamen, so schoß man
doch deshalb nicht auf sie, weil sie einige der Unsrigen bekannte, in Singara gefangen genommene Freigebohrne gefesselt mit sich führten: blos aus Schonung gegen diese warf man zwar keine Pfeile, gab
aber auch wegen freiwilliger Uebergabe keine Antwort.

Einen ganzen Tag und eine Nacht blieb man dann
von beiden Seiten ruhig, aber nach Anbruch des
folgen-

folgenden Tages thaten die Perser einen hitzigen An=
griff mit ihrer ganzen Macht auf den Wall, drohten
schon vom weiten mit wildem Geschrei, rückten dann
keck näher, und begannen dann den förmlichen Kampf
mit der eben so muthig sich wehrenden Besatzung.
Viele Verwundete bekamen freilich die Perser, weil
sie theils mit Leitern auf der Schulter, theils hinter
Schanzkörben blind vorwärts rückten: doch ging es
auch nicht ohne Verlust für die Unsrigen ab. Pfeil=
wolken flogen von allen Seiten, und trafen um so
sicherer, je dichter man stand: nach Sonnen Unter=
gang ging man von beiden Theilen mit gleichem Ver=
lust aus einander, aber am folgenden Morgen ward
das Gefecht unter Trompetenklang noch hitziger, und
die Zahl der Todten war auf beiden Seiten nicht
geringe, weil die einen sowohl als die andern mit
der entschlossensten Hartnäckigkeit fochten.

Am dritten Tage, den man nach vielfacher Er=
mattung zu einem Rasttage machte, weil große
Schrecknisse den Belagerten vor Augen standen, und
für die Perser die Gefahr nicht weniger groß war,
gab der Bischof der Christen durch Zeichen und Winke
zu verstehen, daß er aus der Stadt ins Lager heraus
zu kommen bereit sey; nach erhaltener Versicherung,
daß ihm kein Leid widerfahren solle, ging er in des
Königs Zelt hin. Hier erhielt er Erlaubniß, frei=
müthig sein Anbringen vorzutragen, und sein be=
scheidener Rath ging dahin, die Perser sollten in ihr
Land zurückgehen; denn so beträchtlich auch der
Verlust von beiden Seiten wäre, so wären doch noch
größere Leiden zu befürchten, die der Zufall gar bald
herbei=

herbeiführen könnte. So andringend er auch diesen
und ähnliche Vorschläge zu machen suchte, so thaten
sie doch auf die wilde Wut des Königes keine Wirkung, denn er bestand unter den theuersten Schwü-
ren darauf, nicht eher als nach Zerstörung der Stadt
von dannen zu gehen. Doch kam der Bischof dabei
in den, wie ich glaube, ungegründeten Verdacht,
der doch bei vielen für gewisse Wahrheit galt, daß er
dem König Sapor in einer geheimen Unterredung
Anweisung gegeben habe, auf welche Theile der
Mauer, als mürbe und weniger fest, er vorzüglich
den Angriff richten sollte. Diese Vermuthung schien
dadurch in der Folge Wahrscheinlichkeit zu erhalten,
weil die feindlichen Maschinen gerade die unsichersten
und am meisten verwitterten Seiten der Mauer mit
so sicherem Vorgefühl eines glücklichen Erfolges angriffen, als würden sie von einem des Innern der
Stadt völlig kundigen Manne geleitet.

Ob nun gleich enge Fußsteige die Zugänge zu der
Mauer ohnedem sehr beschwerlich machten, und die
Mauerbrecher nur mit Mühe vorwärts rücken konnten, weil sie den Steinwürfen aus freier Hand und
den Pfeilen zu sehr ausgesetzt waren: so ließen doch
die Belagerten auch überdem ihre Ballisten und Scor-
pionen nicht unthätig bleiben, warfen aus jenen
große Pfeile, aus diesen Steine, und zugleich Brand-
körbe mit Pech und Harz bestrichen: alle diese Arten
von Geschoß, in so gehäufter Menge bergab fliegend,
machten, daß die feindlichen Maschinen nicht nur
wie eingewurzelt, sondern auch jeden Augenblick neuen
Brandpfeilen und Feuerbränden ausgesetzt da standen.

Bei

Bei einer ſo gefährlichen Lage, die auf beiden
Theilen viele Leute hinriß, waren doch vorzüglich
die Perſer ſehr hitzig, dieſe durch natürliche Lage und
ſtarke Mauer befeſtigte Stadt noch vor Winters Anfang dem Erdboden gleich zu machen, überzeugt,
daß nur auf dieſe Weiſe des Königs Erbitterung zu
verſöhnen ſey. Nicht vieles Blutvergießen, nicht
der Anblick ſo vieler tödtlich Verwundeten war im
Stande, ſeine Soldaten von ihrer bisherigen Kühnheit zurückzuhalten. Lange kämpften ſie mit äus-
ſerſter Lebensgefahr, ſetzten ſich dem augenſcheinlichſten Tode aus, und ſahen ſich, wenn ſie mit Mauer-
brechern näher rücken wollten, durch herabgeworfene
Felſenſtücke und brennende Materialien mit jedem
Schritte gehindert, bis endlich ein Widderkopf, höher als die andern, mit angefeuchteten Thierhäuten
belegt, und deswegen der Entzündung und anderem
Geſchoß weniger ausgeſetzt, vor allen andern voraus,
durch äußerſte Anſtrengung helfender Hände ſich näher an die Mauer heran wand, mit ſeiner ungeheuren Spitze die Fugen der Quaderſteine durchbohrte,
einen Thurm aus ſeinem Gleichgewicht hob, und
zum Stürzen brachte. Indem der Thurm mit gro-
ſem Krachen fiel, ſtürzten auch ſeine Vertheidiger,
ohne ſich in der Geſchwindigkeit retten zu können,
herab, ſtarben, theils zerſchmettert, theils verſchüt-
tet, eines eben ſo unverhofften, als verſchiedenen
Todes, und die bewaffneten Schaaren der Feinde drangen auf freier und ſicherer Bahn in die
Stadt ein.

So laut auch die Donnerstimme heulenden Ju-
bels der Perser von allen Seiten in das bebende Ohr
der Besiegten drang, so begann doch der Kampf innerhalb der Stadt nun desto hißiger, ganze Schaaren der Feinde und der Unsrigen maßen nun ihre
Kräfte in der Nähe gegen einander, drängten sich
dicht zusammen, und das gezogene Schwert stieß
jeden nieder, der ihm in den Weg kam. Lange hatten die Belagerten mit äußerster Kraft gegen den
entscheidenden Augenblick angekämpft, als sie endlich durch die nachdringende zu große Menge der
Feinde in großer Zerstreuung flohen. Und nun hieb
das Schwert erbitterter Sieger alles vor sich her nieder, Kinder riß man den Müttern aus den Armen,
die Mütter selbst wurden niedergemacht, und keiner
wußte in der Wut, was er that. Eine so klägliche
Mordlust konnte nichts hemmen, als eine noch grös-
sere Raubsucht, und mit aller Art von Beute beladen, und einen unübersehlichen Zug Gefangener vor
sich her, zogen die Sieger frohlockend in ihre Zelte
zurück.

Der König, so groß auch seine Freude war, den
längst gehegten Wunsch, eine ihrer Lage nach so
wichtige Festung, als Phönika war, zu erobern,
jetzt erfüllt zu sehen, verließ doch die Gegend nicht
eher, als bis er die beschädigten Theile der Mauer
wieder in vollkommenen Vertheidigungsstand gesetzt,
Proviant in Ueberfluß angeschafft, und Krieger, eben
so wohl durch Geburt als Heldenmuth ausgezeichnet,
als Besatzung zurückgelassen hatte — alles aus Besorgniß, die sich auch in der Folge bestätigte, die

Römer

Römer würden, über den Verluſt einer ſo wichtigen
Feſtung nichts weniger als gleichgültig, gewiß alle
Kräfte aufbieten, ſie vom neuen zu belagern.

Indeſſen brüſtete er ſich für jetzt nicht wenig,
fühlte ſich zu der Hoffnung, jede Stadt, die auf
ſeinem Wege läge, zu erobern berechtigt, nahm einige
unbedeutende Feſten in Beſitz, und legte nun ſeinen
Plan auf Virta (Tekrit) an, eine ſo alte Stadt,
daß man ihre Erbauung dem Macedoniſchen Alexander zuſchreibt, und an Meſopotamiens äußer-
ſter Gränze gelegen, übrigens mit bald eingerückten,
bald vorſpringenden Feſtungswerken verſehen, und
in mehr als einer Betrachtung faſt unzugänglich.
Nun ob er zwar jeden Kunſtgriff auf, ſuchte die
Beſatzung bald durch Verſprechungen zu locken, bald
durch Drohungen der grauſamſten Martern zu ſchrek-
ken, fing auch einigemal an, Dämme aufzuwerfen,
und Maſchinen herbeizuführen, gab aber endlich,
weil der Verluſt von ſeiner Seite bei weitem der
größere war, ein ſo eitles Unternehmen auf.

Kap. 8.

Dies waren die Begebenheiten dieſes Jahres am
Tigris und Euphrat. Conſtantius bekam von jedem
Vorfalle bald Nachricht, brachte, weil er nicht Muth
genug zu einem Parthiſchen Feldzuge fühlte, den Win-
ter in Conſtantinopel zu, ließ aber doch es ſeine an-
gelegenſte Sorge ſeyn, die Gränzen durch die beſten
Anſtalten zu ſichern. Er ſorgte für Waffen und
Rekruten, und verſtärkte die Legionen mit jungen

Ammian. Marcell. 1ſter B.   Bb   muthi-

muthigen Kriegern, die sich bisher im Orient bei
förmlichen Schlachten schon mehrmals ausgezeichnet
hatten: auch suchte er bei den Scythen für Geld oder
bittweise um Hülfstruppen an, um bei künftigem
Eintritte des Frühlings die der Gefahr vorzüglich
ausgesetzten Plätze sichern zu können.

Indeß hielt Julian seine Winterquartiere in
Paris, nicht ohne Besorgniß der Folgen, welche
der von ihm gethane Schritt etwa haben könnte;
und sein größter Kummer war der, daß er bei allem
Nachdenken doch immer fand, Constantius, der ihn
von je her wie den niedrigsten Menschen verächtlich
behandelt hatte, würde auf keine Weise seine Beistimmung zu seiner Erhebung geben. Nach vorsich-
tiger Ueberlegung, wie sie die bedenkliche Lage eines
anscheinenden Emporers rieth, beschloß er endlich
Gesandte an denselben zu schicken, um ihn mündlich
über den Vorfall belehren zu lassen; diesen gab er
einen Brief gleichen Inhaltes mit, worin er mit
gleich offener Freimüthigkeit das Geschehene erzählte,
und was etwa künftig zu thun wäre, vorstellte. Er
konnte vermuthen, daß der Kaiser die Sache längst
schon aus der Erzählung des bereits vor einiger Zeit
an den Hof zurückgegangenen Decentius, und
der vor kurzem durchgereißten Hofkammerbedienten,
die an ihn (Julian) einige Jahrgelder von Galliens
Einkünften abgegeben hatten, wissen werde. Der
Ton seines Briefes war eben so wenig trotzig, als
anmaßend, um nicht den Schein zu geben, als ob
seine Entziehung von der bisherigen Unterwürfigkeit
ein

ein Werk der Uebereilung wäre, (und der Inhalt war ohngefähr dieſer:

„ Ich bin meinen Grundſätzen in meinem ganzen
„ Betragen ſowohl, als in Erfüllung jeder Verbind-
„ lichkeit, ſo lange dergleichen ſtatt fand, mit un-
„ verrückter Denkart treu geblieben, wie ſich aus
„ unzähligen Thatſachen augenſcheinlich beweiſen
„ läßt. Von jenem Tage an, da du mich zwar
„ zum Cäſar ernannteſt, aber auch zugleich dem
„ fürchterlichſten Schlachtgewühl preis gabeſt, blieb
„ ich mit der mir übertragenen Gewalt zufrieden,
„ ſuchte durch häufig eingeſandte Nachrichten von
„ glücklichen Vorfällen als ein treuer Diener deinem
„ Ohr eine Freude zu machen, ohne dir meine Ge-
„ fahren mit in Rechnung zu bringen, ſo leicht ſich
„ auch durch mehrere Beweiſe darthun ließe, daß ich
„ in den Kriegen gegen die Germanen, in deren
„ weitumfaſſendem Lande mehrere Nationen durch
„ einander wohnen, bei Gefahren immer der erſte,
„ bei Erholungen immer der letzte war.

„ Wenn aber jetzt, wie du glaubſt, eine Ab-
„ weichung von meinem bisherigen Betragen einge-
„ treten iſt, ſo nehme ich mir die Freiheit, zu be-
„ merken, daß der Soldat, der in ſo vielen, ſo ge-
„ fährlichen Kriegen ſeine Jahre unbelohnt hinlebte,
„ einen längſt gefaßten Entſchluß jetzt nur ausführte
„ und mit Ungeſtüm ſich weigerte, einem Anführer
„ vom zweiten Range länger untergeordnet zu ſeyn,
„ überzeugt, daß ein bloßer Cäſar ihnen für ſo
„ reichlich vergoſſenen Schweis, für ſo viele Siege
„ Vergeltung zu geben nicht vermöge. Dieſe Er-

„ bitre,

„ bitterung meiner Krieger,' die sich weder das Auf-
„ rücken zu höheren Stellen, noch eine Erhöhung
„ des jährlichen Soldes hatten verdienen können,
„ ward noch durch den ganz unerwarteten Befehl er-
„ höhet, daß sie, an Eis und Schnee nördlicher Ge-
„ genden gewöhnt, in die entlegensten Länder des
„ Orients aufbrechen, und von ihren Weibern und
„ Kindern getrennt, einen so weiten Marsch ohne
„ Geld und ohne Kleidung sich hinschleppen sollten.
„ Mehr als gewöhnlich zu wilder Wut aufgereizt,
„ rotteten sie sich bei Nacht zusammen, umstellten
„ meinen Palast, und der laute Aufruf: Julian
„ August! ward allgemein. Ich bebte zurück, ich
„ gestehe es, entfernte mich, und glaubte durch diese
„ Entfernung, so lange man mir sie gönnte, in einen
„ Winkel des Palastes wenigstens Frist für mein Le-
„ ben zu gewinnen *). Weil man mir aber keinen
„ Aufschub verstattete, so trat ich hinter der Ver-
„ schanzung eines guten Gewissens, wenn ich so sa-
„ gen darf, vor der ganzen Versammlung auf, noch
„ immer der guten Hoffnung, den Tumult durch
„ mein Ansehen, oder durch freundliche Vorstellung
„ stillen zu können. Aber die einmal erhitzte Wut
„ ging so weit, daß mein Versuch, ihren Hartsinn
„ durch Bitten zu erweichen, blos die Wirkung hatte,

„ daß

---

*) Salutem simulatione
quaeritabam et latebris. Simulatione kann unmöglich
hier stehen bleiben, wo Julian seine völlige Unschuld
bewähren will. Ohne an-
dern Vorschlägen ihren
Werth zu benehmen, glaubte
ich am besten mit simul di-
latione auszukommen. Si-
mul-et für et-et ist Am-
mianisch. S. B. 26. K. 10.
Simul atque B. 29. K. 5.
u. s. w.

„ daß man gegen mich ſelbſt mit mordendem Gewehr
„ mehr als einmal andrang. Beſiegt endlich durch
„ Gewalt, und geleitet durch die Ueberlegung, daß
„ nach meiner Ermordung doch immer ein an-
„ derer die ihm angebotene Fürſtenwürde mit beiden
„ Händen ergreifen würde, gab ich meine Bei-
„ ſtimmung, in der Hoffnung, dadurch den er-
„ hitzten Köpfen die Waffen aus den Händen zu
„ winden.

„ Dieß iſt der wahre Verlauf der Sache, den
„ ich mit ruhiger Seele zu überdenken bitte. Sey
„ verſichert, daß ich die reine Wahrheit ſchreibe, und
„ gieb verderblichen Ohrenbläſern kein Gehör, die
„ von je her gewohnt waren, in Entzweiung der
„ Fürſten ihren Vortheil zu ſuchen: weiſe jede
„ Schmeichelei, die doch nur Nährerin unſerer Feh-
„ ler iſt, von dir, laß vielmehr die vortrefflichſte
„ aller Tugenden, die Gerechtigkeit vorwalten: nimm
„ die billigen Bedingungen, die ich dir vorlege,
„ mit Geneigtheit auf, und du wirſt ſie bei ge-
„ nauerer Ueberlegung den Vortheilen des Rö-
„ miſchen Reiches eben ſo angemeſſen finden, als
„ den Vortheilen unſerer ſelbſt, die Blutsfreund-
„ ſchaft und gemeinſchaftliche Regentenwürde näher
„ an einander knüpfen ſollten. Du wirſt meiner
„ Freimüthigkeit um ſo eher verzeihen, wenn ich die
„ Erklärung beifüge, daß ich auf meinen wohl über-
„ dachten Vorſchlägen nicht deswegen beſtehe, weil
„ ſie die meinigen ſind, vielmehr nichts ſo ſehr wün-
„ ſche, als daß auch du ſie nützlich und gut finden

„ mögeſt,

„ mögest, und daß ich dann auch Vorschlägen von
„ deiner Seite mit großem Verlangen entgegen sehe.

„ „Was demnach etwa künftig zu thun seyn
„ möchte, will ich ganz kurz angeben. Ich erbiete
„ mich, Spanische Zugpferde, und zu Ergänzung
„ der Hoftruppen (Gentilen und Scutarier) entweder
„ eine gewisse Anzahl junger Läter *), aus einem
„ ausländischen (deutschen) Völkerstamme dießseit
„ des Rheines, oder wenigstens freiwillige Ueber-
„ läufer zu liefern. Dies verspreche ich, so lange
„ ich lebe, mir nicht nur zur angenehmsten, sondern
„ auch zur leidenschaftlichsten Pflicht zu machen.
„ Die Ernennung prätorischer Präfecten, wenn sie
„ billigdenkende und verdienstvolle Männer sind,
„ hänge lediglich von deiner Gnade ab: die Stellen
„ der übrigen gewöhnlichen Beamten und Officiere
„ bei der Armee zu besetzen bleibt billig meiner Wahl
„ überlassen, so wie die Annahme meiner Leibtra-
„ banten. Unbesonnen wäre es doch, wenn man
„ mit Behutsamkeit zu wählen im Stande wäre,
„ und wollte dennoch als Fürst Leute so nahe um
„ sich haben, deren Sitten und Gesinnungen man
„ nicht kennt.

„ „Uebrigens muß ich ohne die geringste Zurück-
„ haltung versichern, daß die Gallier durch lang-
„ wierige Unruhen und durch die traurigsten Un-
„ glücksfälle sehr zurückgesetzt, in fremde und so
„ weit entlegene Länder hin Rekruten zu liefern sich
„ weder freiwillig noch gezwungen bequemen
„ werden, um nicht, durch traurige Erinnerung
„ „des

*) S. Note 1. B. 16, K. 11.

„ des Vergangenen bereits niedergeschlagen, jetzt,
„ durch Aufopferung des Restes ihrer Söhne, ihr
„ gänzliches Verderben in naher Zukunft vollendet
„ zu sehen. Und Hülfsvölker von hier aus gegen
„ die Parther zu entbieten möchte um so weniger
„ gut gethan seyn, da wir gegen die Einfälle der
„ Barbaren (Alamannen) noch immer nicht gesi-
„ chert, und, wenn ich die Wahrheit sagen darf,
„ diese Provinzen, von so anhaltenden Unglücksfäl-
„ len erschüttert, vielmehr fremde und starke Unter-
„ stützung selbst bedürfen.

„ Dies sind meine, wie ich hoffe, gemeinnützi-
„ gen Vorschläge meine Forderungen, meine Bitten.
„ Ich weis es, und mehr sage ich nicht, um mir
„ nicht etwa die stolze Miene eines Regenten zu ge-
„ ben, ich weiß es, wie oft schon in den traurig-
„ sten Lagen des Staates, wo alles verloren zu
„ seyn schien, dennoch die Einigkeit gegenseitig sich
„ nachgebender Fürsten Ruhe und Glück wiederher-
„ stellte: und ich darf mich nur auf das Beispiel un-
„ serer Ahnherren berufen, die, weil sie mit mir
„ von einerlei Grundsätzen ausgingen, doch immer
„ den sichern Weg zu einem glücklichen Leben fanden,
„ und bei der spätesten Nachwelt noch im ehrenvoll-
„ sten Andenken bleiben werden. “

　　Diesem Briefe hatte Julian noch ingeheim ein
anderes, dem Constantius gelegentlich zuzustellen-
des Schreiben beigefügt, dessen Ton aber nachdrük-
licher und mehr beißend war: den völligen Ideen-
gang habe ich aber nicht aufspüren können, und

　　　　　　　　hätte

hatte ich es, so würde ich ihn doch nicht ins Publicum bringen können.

Diese Aufträge auszurichten wählte Julian die würdigsten Männer, den Hofmarschall Pentadius, und den Oberkammerherrn Eutherius, mit dem Befehle, nach Ueberreichung der Briefe, ohne Rückhalt, was sie wüßten, zu erzählen, und über künftig etwa zu treffende Einrichtungen mit treuem Rathe an die Hand zu gehen.

Indeß war freilich der ganze Vorfall dem Kaiser durch den entflohenen Präfect Florentius in einem gehässigen Lichte vorgestellt worden. Dieser Mann, der eine Empörung der Soldaten wegen des laut gewordenen Befehles ihres Hinzuges in die Morgenländer ahnete, war wohlbedächtig nach Vienne gegangen, wie er vorgab, in Proviantangelegenheiten, im Grunde aus Furcht vor Julian, den er oft sehr unhöflich behandelt hatte. Kurz nachher erfuhr er, Julian sey als August ausgerufen; sein Leben zu retten, glaubte er kaum oder wohl gar nicht hoffen zu dürfen, die Entfernung von der Hauptscene beförderte seinen Entschluß, sich den zu fürchtenden Gefahren zu entziehen, nur noch mehr; er machte sich also mit Zurücklassung aller der Seinigen auf, kam in langsamen Tagereisen beim Constantius an, und glaubte seine Unschuld nicht besser bewähren zu können, als wenn er wider den Rebellen Julian die gehäuftesten Beschuldigungen verbrächte. Kaum hatte dieser den Abzug des Mannes erfahren, als er nach seiner eben so edeln als weisen Denkart, und um jedermann zu überzeugen, daß Florentius, auch wenn

wenn er im Lande geblieben wäre, nichts zu befürchten gehabt hätte, ſeine Familie und Habe ſicher und
unberührt in den Oriente abgehen zu laſſen befahl,
und ſelbſt den Gebrauch öffentlicher Vorſpann be-
willigte.

Kap. 9.

Nicht weniger eifrig waren Julians Geſandte, mit
den vorher angegebenen Aufträgen ihre Reiſe anzutreten und fortzuſetzen, fanden ſich aber durch allerhand Ränke höherer Staatsbeamten in den Städten,
wo ſie durchreiſten, oft behindert: nach langem und
beſchwerlichem Aufenthalt, den ſie ſich in Italien
und Illyricum hatten gefallen laſſen müſſen, ſchiff-
ten ſie ſich auf dem Bosporus ein, ſetzten dann ihren Weg in langſamen Tagereiſen fort, und trafen
endlich den Conſtantius noch immer in Cäſarea, einer Stadt in Cappadocien, vorher Maza-
ca (jetzt Kaiſerich) genannt, welche eine eben ſo
wohl gewählte Lage, als zahlreiche Volksmenge hat,
und am Fuße des Berges Argäus liegt. Zur Audienz gelaſſen, überreichten ſie auf erhaltene Erlaubniß ihre Briefe: aber beim Verleſen derſelben bräuſte
der ohnedem hitzige Kaiſer in zornigſten Unwillen auf,
ſo daß die Geſandten in ſeinem tückiſch ſchielenden
Auge ihren gewiſſen Tod laſen: dann befahl er ihnen abzutreten, ohne weiter eine Frage an ſie zu
thun, oder ihnen einigen Beſcheid zu geben.

So aufgebracht er war, konnte er doch über einen feſten Entſchluß mit ſich ſelbſt nicht einig wer-

Bb 5   den,

den, ob er die Truppen, auf deren Treue er sich verlaſſen zu können glaubte, gegen die Perſer, oder
gegen Julian gebrauchen ſollte: nach genauer abge-
wogenen Gründen ließ er ſich doch endlich durch den
Rath einiger wohlmeinender Männer zu dem Feldzuge im Orient beſtimmen. Eiligſt entließ er nun
die Geſandten, befahl aber zugleich ſeinem Quäſtor
(Hofkanzler) Leonas mit Briefen an Julian nach
Gallien hinzueilen, und der Inhalt dieſer Briefe war
theils Erklärung, daß er in die vorgegangenen Neuerungen nicht willige, theils Befehl, daß Julian,
wenn ihm ſein und ſeiner Vertrauten Leben lieb wäre,
ſeinen hohen Sinn ablegen, und ſich mit der Macht
eines Cäſar begnügen ſolle. Um die Furcht vor ſeinen
Drohungen deſto eindringlicher, und ſein Ueberge-
wicht geltend zu machen, hatte er an Florentius
Stelle den Nebridius, damals Quäſtor bei Julian zum Prätoriſchen Präfect, den Staatsſekretär
(Notar) Felix zum Hofmarſchall, und einige andere zu andern Aemtern ernannt, unter ihnen auch
Guhomar, den er doch, noch ehe die Revolution
bekannt ward, an Lupicins Stelle zum kommandirenden General (Magiſter Armorum) erhoben
hatte.

Leonas ward bei ſeiner Ankunft in Paris als ein
eben ſo angeſehener als einſichtsvoller Mann mit
Achtung aufgenommen, und nachdem der Fürſt den
folgenden Tag, umgeben von Schaaren ſeiner Soldaten und einer großen Anzahl Einwohner, die er
abſichtlich zu dieſer Verſammlung mit beſchieden
hatte, auf dem Tribunal, um deſto mehr ins Auge

zu

zu fallen, erschienen war, bekam jener nun Befehl,
seine Briefschaften zu überreichen. Man eröffnete
sie, und fing an von vorn herein zu lesen; aber sobald man auf die Stelle kam, wo Constantius sein
Mißfallen über die Vorfallenheit bezeugte, und dem
Julian mit der Gewalt eines Cäsar sich zu begnügen
gebot, schrie man von allen Seiten in fürchterlichem
Tone auf: „ Julian August! — denn dafür haben
„ ihn Provinzialen und Soldaten und Staat er-
„ kannt — der Staat, der sich unter ihm zwar be-
„ reits erholt, aber doch immer noch die wieder auf-
„ lebende Wut räuberischer Barbaren zu fürch-
„ ten hat. "

Mehr brauchte Leonas nicht zu hören, er trat
also mit Julians Briefen, die mit der Erklärung der
Armee ganz gleichförmig lauteten, seine Rückreise
unter sicherem Geleite an; und Nebridius war
der einzige, dessen Ernennung zur Präfectur Julian
genehmigte, weil er selbst in seinem vorherigen Briefe
an den Kaiser deutlich geäußert hatte, daß die Wahl
dieses Mannes ihm vor andern angenehm seyn würde.
Zum Hofmarschall hatte er schon vorher den Ana-
tolius ernannt, der vorher die Beantwortung der
eingegangenen Bittschriften auszufertigen gehabt
hatte, auch stellte er andere Beamte an, wie er es
seinem Vortheile oder Sicherheit gemäß fand.

Weil man auch bei dem ganzen Vorfalle dem
Lupicin, obgleich als Britanniens Statthalter abwesend, einem bis zum Uebermuth stolzen Manne
nicht trauen zu dürfen glaubte, und zu besorgen
stand, er möchte, wenn er diese Nachricht in seiner

Insel

Insel erfuhre, sich zum Empörer aufwerfen, so
sandte man einen Staatssekretär nach Boulogne,
mit dem Auftrage, sorgfältig zu verhüten, daß kein
Schiff nach Britannien übersegelte. Diese Vorsicht
war auch von so glücklicher Wirkung, daß Lupicin,
noch ehe er ein Wort erfuhr, zurück kam, und dann
eine Empörung zu beginnen sich außer Stand sah.

Kap. 10.

Julian, über seine Standeserhöhung, und über
das gute Zutrauen seiner Soldaten mehr als jemals
frölich, that, um seinen Eifer nicht erkalten, oder
sich geringerer Thätigkeit als bisher zeihen zu lassen, während daß seine Gesandten mit Constantius verhandelten, einen Feldzug in die Gränzen des
zweiten Germaniens, und nachdem er sich mit allen
zu seiner Absicht erforderlichen Hülfsmitteln versehen, näherte er sich der Stadt Tricensima.
(Kölln) *). Nachher ging er über den Rhein, und
fiel den so genannten Attuarischen **) Franken ins Land, einer sehr unruhigen Völkerschaft,
die noch immer so frech war, in die Vorländer Galliens herüberzustreifen. Sein Ueberfall kam für diese
Leute, die nichts weniger als einen feindlichen Angriff befürchteten, und um so sorgloser waren, weil
sie ihr Land durch die überall steinichten Zugänge gesichert glaubten, und sich nicht erinnern konnten,
daß je ein Fürst bis in ihre Gauen vorgedrungen
wäre,

*) S. Note zu 18, 2.   Gegend von Lüttich.
**) Wahrscheinlich in der

wäre, so plötzlich und unvermuthet, daß ihm ihre
Besiegung nur wenig Mühe machte: der größere
Theil ward gefangen genommen oder niedergemacht,
und den übrigen gestand er den erbetenen Frieden
auf Bedingungen, wie er selbst sie gut fand, zu,
wobei er doch vorzüglich auf die Sicherheit ihrer
Gränznachbarn Rücksicht nahm. Mit gleicher Schnelligkeit ging er über den Fluß zurück, besah überall
die Gränzfesten, ließ sie, wenn es nöthig war, in
bessern Vertheidigungsstand setzen, und langte in
Rauraci (Augst) an, nahm dann die von den Barbaren ehemals eroberten, und bis jetzt als eigenthümlich besessenen Plätze wieder ein, sicherte auch
diese durch stärkere Befestigung, und ging dann über
Besantio (Besançon) nach Vienne zurück, um
seinen Winteraufenthalt daselbst zu nehmen.

Kap. LI.

Dies war die Reihe der Begebenheiten in Gallien.
Während daß Julian hier so glückliche und so vor-
sichtige Maaßregeln traf, hatte Constantius den
Arsaces, König von Armenien zu sich einladen
lassen, empfing ihn mit der größten Höflichkeit, und
ließ es an keiner Ermunterung ermangeln, ihm die
Beharrlichkeit in Treue und Freundschaft gegen die
Römer zu empfehlen. Er wußte, daß der König
der Perser mehr als einmal Ränke, Drohungen und
List aufgeboten hatte, ihn von dem Bündnisse mit
den Römern abzuziehen, und in sein Interesse zu ver-
flechten. Arsaces betheuerte, eher wolle er seinem

Leben,

Leben, als seiner Denkart entsagen, ging dann,
nebst seinem Gefolge reichlich beschenkt, in sein Land
zurück, und hielt in der Folge sein Versprechen red-
lich. In der That hatte er gegen Constantius große
Verbindlichkeiten für so viele Wohlthaten, unter denen die wichtigste die war, daß er ihm die Olym-
pias, des ehemaligen Prätorischen Präfects Ab-
labius Tochter, und bereits seines Bruders Constans Braut zur Gemahlin gegeben hatte.

Nach Entlassung des Königes verließ Constantius Cappadocien, ging durch Melitina *), eine
Stadt in Klein-Armenien, durch Lacotena, und
Samosata, dann über den Euphrat und kam in
Edessa an, wo er sich, um von allen Orten her
Verstärkung der Armee, und hinlängliche Vorräthe
an Lebensmitteln zu erwarten, längere Zeit aufhielt,
und endlich nach dem Herbstäquinoctium nach Amida vorrückte.

Bei Annäherung an die Stadt, und beim Anblick der Aschenhaufen drang ihm die Erinnerung an
das traurige Schicksal der armen Stadt Seufzer und
Thränen ab. Ursulus *), Schatzmeister der
Staatskasse, der neben ihm ritt, ließ sich beim
geheimen Gefühl des Schmerzes doch auch die laute
Klage

---

*) Melitina, späterhin
Malatia, s. Note 1. B 19.
K. 8. — Lacotena, auch
Lacabena, bei Assemani,
jetzt unbekannt. — Samo-
sata jetzt Schemisat. —
Edessa, auch Callirhoe
von welchem letztern Namen
die Syrische Benennung
Orrhoa, und die Arabische

Orfa entstanden zu seyn
scheint. Ist noch jetzt in
blühendem Zustande nach
Niebuhrs Zeugniß. — Ami-
da, jetzt Diarbekr.
**) Ist als Comes Largi-
tionum B. 16. K. 8. da gewesen, und sein Tod wird
B. 22. K. 3. erzählt.

Klage entgehen: „ Sieh nur, mit welchem Muth
„ der Soldat die Städte vertheidiget, deſſen reich=
„ licher Sold, ſollte auch die Schatzkammer dabei
„ erſchöpft werden, immer bereit ſeyn muß. “ Eine
ſo bittere Bemerkung vergaß ihm die Armee ſo we=
nig, daß ſie vielmehr in der Folge bei Chalcedon ſei=
nen Tod verlangte.

Von Amida aus zog nun der Kaiſer in gedräng=
ten Schaaren fort, ſchlug bei ſeiner Ankunft vor
Bezabde Zelter auf, umzog ſie mit Wall und
tiefem Graben, beſah dann die Feſtung rund umher,
erfuhr aber aus mehr als Einem Munde, daß die
vorher aus Sorgloſigkeit vernachläßigten Werke jetzt
weit mehr befeſtiget wären. Um keine nöthige Vor=
anſtalt zu unterlaſſen, die ihn vielleicht des hitzigen
Kampfes ganz überhoben könnte, ſandte er einige
verſtändige Männer ab, um die Beſatzung durch ei=
nen doppelten Vorſchlag zu freiwilliger Ergebung zu
bewegen: entweder die Stadt, die ſie doch nur als
fremdes Gut beſäßen, zu räumen und zu den Ihri=
gen zurückzukehren, oder ſich den Römern zu unter=
werfen, und dafür Würden und Belohnungen zu ge=
wärtigen. Weil aber jene, ihrem nationellen Starr=
ſinn gemäß, als Leute von edlen Familien, und ge=
gen Gefahren und Beſchwerden abgehärtet, dieſes
Begehren von der Hand wieſen, ſo machte man nun
Anſtalten zu einer förmlichen Belagerung.

In geſchloſſenen Gliedern, von tönender Trom=
pete ermuntert, rückte der muthige Krieger von allen
Seiten gegen die Stadt an, die Legionen theilten ſich
in verſchiedene Haufen, unter Schirmdächern von
ver=

verschränkten Schilden gesichert, um sich der Mauer
allmählig zu nähern, und ihre Thürme zu erschüttern: weil aber alle Arten von Geschoß, je näher sie
kamen, auf sie herabflogen, und selbst die fest in
einander geschobnen Schilde trennten, so mußte die
Trompete zum Rückzug blasen. Den folgenden Tag
ruhte man, aber am dritten gab man den Schirmdächern eine festere Haltung, und strebte unter muthigem Feldgeschrei von allen Seiten gegen die Mauer
an. Die Belagerten hatten sich, um von den Unsrigen nicht gesehen zu werden, hinter vorgespannte
grobe Tücher verborgen; indeß kamen doch, so oft
es Noth that, ihre tapferen Arme zum Vorschein,
mit denen sie Steine und Pfeile auf die Belagerer
warfen. Wenn dann unsere geflochtenen Schanzkörbe so muthig vorwärts rückten, daß sie die Mauer
fast berührten, so warf man Tonnen, Mühlsteine
und Säulenschafte herab, gegen deren überwiegende
Schwere die Unsrigen auszuhalten nicht vermochten,
vielmehr gewaltsame Oeffnungen in ihre Schirmdä-
cher gemacht sahen, und nur mit äußerster Lebensgefahr entrinnen konnten.

Zehen Tage hatte man die Belagerung fortgesetzt: die Hoffnung der Unsrigen nahm in eben dem
Grade, als ängstlicher Kummer bei den Belagerten
zu, als man einen ungeheuer großen Mauerbrecher
herbeibrachte, den die Perser ehemals zum Umsturz
der Mauern Antiochiens gebraucht, zwar mit fort-
genommen, aber in Carrä zurückgelassen hatten.
Der Anblick dieser Maschine in ihrer ganzen künstli-
chen Zusammensetzung stumpfte den Muth der Bela-

gerten

gerten nicht wenig ab, und faſt waren ſie geneigt,
auf Kapitulation anzutragen: doch ermannten ſie
ſich bald, und trafen deſto kräftigere Vorkehrungs-
mittel, die Kraft der Maſchine zu ſchwächen. Der
Streit ward nun von beiden Seiten mit eben ſo viel
Verwegenheit als Vorſicht fortgeſetzt. Indem man
den alten, und des leichteren Transports wegen aus-
einander genommenen Mauerbrecher aufſtellte, mußten die Unſrigen jeden Kunſtgriff, jede Kraft, Muth
und Geſchicklichkeit aufbieten, ihn zu ſchützen: gröſ-
ſere Geſchoſſe, Steine und Schleudern rafften viele
von beiden Seiten hin: die von auſſen aufgeführten
Erdwälle wuchſen zu immer mehr ſichtbarer Höhe
an: die Hitze der Belagerung nahm mit jedem Tage
zu, und viele der Unſrigen verloren ihr Leben dadurch, daß ſie, vor den Augen des Feldherrn ſtrei-
tend, in Hoffnung künftiger Belohnung, ihre Helme,
um ihm von Angeſicht bekannt zu werden, abnah-
men, aber eben dadurch ein Opfer der Geſchicklichkeit feindlicher Bogenſchützen wurden. Tag und
Nacht blieb man gegen einander wachſam, nur daß
man nach und nach behutſamer zu werden anfing.
Die Perſer ſahen die Erddämme zu immer größerer
Höhe anwachſen, kalter Schauer überfiel ſie bei jedem Hinblick auf den großen Mauerbrecher, dem
mehrere kleine folgten. Zwar boten ſie alle ihre
Kräfte auf, dieſelben zu verbrennen, doch ihre
Bemühung ward dadurch vereitelt, daß man das
Holzwerk der Maſchinen größtentheils mit Binſen
und benetzten Lumpen belegte, oder auch mit

Ammian. Marcell. 1ſter B.   C c   Alaun

Alaun*) bestrichen hatte, um das darauf fallende
Feuer unwirksam zu machen. Die Römer strengten ihren ganzen Muth an, mit den Maschinen vorwärts zu
rücken, und so schwer ihnen ihre Vertheidigung ward,
so war doch die Begierde, die Stadt zu erobern, zu
groß, als daß sie auch der augenscheinlichsten Lebensgefahr sich hätten entziehen sollen. Die Belagerten, die den großen Widderkopf nun näher rücken
sahen, um den entgegenstehenden Thurm zu zertrüm-
mern, wußten um das vorspringende eiserne Be-
schläge, das wirklich wie ein Widderkopf gebildet ist,
mit einem so feinen Handgriffe von beiden Seiten
Schlingen zu werfen, und durch sehr lange Seile
seine Kraft so zu schwächen, daß er weder zu Verstärkung seiner Kraft zurückgezogen werden, noch
durch oft wiederholte Stöße die Mauer merklich erschüttern konnte. Auch gossen sie siedendes Pech
herab, und unsere vorgerückten Maschinen blieben
lange den Stein- und Pfeilwürfen ausgesetzt.

Weil aber die Erdwälle immer höher zu werden
anfingen, und die Belagerten nur durch die äußerste
Wachsamkeit ihrem gänzlichen Untergange entrinnen
zu können glaubten, so schritten sie nun zu dem kühnen Entschlusse, aus offenem Thoren einen plötzlichen
Ausfall zu thun, unsere Vorposten anzugreifen, und
Fackeln und eiserne Töpfe, mit brennenden Materialien

*) Einen ähnlichen Fall
von der Feuer abhaltenden
Kraft des Alauns findet
man beim Gellius B. 15.
K. 1. Vekmann in den Bei-
trägen zur Geschichte der
Erfindungen B. 2. S. 108.
glaubt aber, daß nicht sowohl Alaun, als vielleicht
ein Anstrich von einer stark
gesättigten Vitriollauge diese
Wirkung einigermaßen habe
hervorbringen können.

lien gefüllt, auf unsere Mauerbrecher mit aller Macht
zu werfen.   Nach langem tapferem Kampfe mußten
sie sich dennoch, ohne ihre Absicht erreicht zu haben,
in die Stadt zurückziehen, erschienen nun zwar bald
wieder auf ihren Zinnen, wurden aber auch hier von
den Erddämmen der Römer aus durch Pfeile, Schleudern und zündende Lanzen beunruhigt, die doch in
dem Holzwerke ihrer Thürme, weil man sogleich das
Feuer zu löschen herbeieilte, gemeiniglich wenig oder
gar keinen Schaden thaten.

   Weil die Zahl der Streiter sich von beiden Seiten
immer mehr zu vermindern anfing, und die Perser
ohne einen entscheidenden Streich sich bald im äußersten Drange zu sehen befürchten mußten, so versuchten sie einen zweiten, mehr planmäßigen Ausfall:
auf einmal stürzten sie in ganzen Schaaren aus den
Thoren, ihre tapfersten Krieger hatten sich unter die
mit Feuer bewaffneten Arbeiter vertheilt, und man
warf mit Eisen beschlagene Körbe mit brennbaren
Materialien gefüllt; und dürre Reiser, und was
nur irgend leicht Feuer fängt, auf das Holzwerk
unserer Maschinen.   Schwarze Wolken des dichtesten Rauches hemmten alle Aussicht in die Ferne,
man blies also unsere Legionen zum Gefecht herbei,
mit schnellen Schritten rückten sie an, der Streit
ward hitzig, und man war in völligem Handgemenge,
als plötzlich alle Maschinen in lichten Flammen standen, den größern Mauerbrecher ausgenommen, von
dem man zum Glück noch in der Geschwindigkeit die
Seile, mit denen er von der Mauer aus umschlun-
gen war, wegriß, und ihn ungeachtet der ange-

strengtesten Tapferkeit nur kümmerlich und halbverbrannt aus den Flammen rettete.

Die einbrechende finstere Nacht brachte nun zwar die Streiter aus einander, doch genossen die Unsrigen die Ruhe nicht lange: kaum hatten sie sich durch Speise und kurzen Schlaf erquickt, als sie von ihren Anführern aufgeboten wurden, alles Belagerungsgeräthe von der Mauer wegzuschaffen, und auf einem kürzern Wege über die Erdwälle, die, nun vollendet, gleiche Höhe mit den Mauern hatten, die Stadt zu bestürmen. Um die Vertheidiger der Mauer desto kräftiger zurückzutreiben, stellte man auf der Oberfläche der Wälle zwei Ballisten hin; vor deren fürchterlicher Wirkung sich, wie man wähnte, kein Feind blicken lassen würde. Nach diesen vorgängigen Anstalten rückten mit Anbruch des Tages die Unsrigen in drei verschiedenen Korps an, ihre Wut war selbst in dem wallenden Helmbusche sichtbar, viele trugen Leitern, und die Ersteigung der Mauer war ihr einziger Gedanke. Jetzt ertönte Waffengeklirr und Trompetenklang, das Gefecht ward von beiden Seiten eben so kühn als hitzig: die Römer benutzten die Bemerkung, daß die Perser sich aus Furcht vor den auf die Dämme gestellten Balisten nicht sehen ließen, dazu, ihrem Angriffe weitere Ausdehnung zu geben: sie ließen den Widderkopf vom neuen gegen die Mauer spielen und alles eilte mit Hacken und Bohrern und Brechstangen und Leitern herbei, ohne sich von der umherfliegenden Pfeilmenge irren zu lassen. Bei weitem am meisten setzten doch den Persern die Balisten durch Steinwürfe zu, die auf

Ein Tempo *) von den Erdwällen flogen. Der Ge=
danke, doch nun bald ſterben zu müſſen, wirkte in
ihnen die trotzige Entſchloſſenheit, dem Tode ſelbſt
entgegen zu gehen: ſie theilten die Geſchäfte der Ge=
genwehr, ſo gut es ſich in der dringendſten Noth
thun ließ: ein Theil blieb zurück, um die Mauern
zu ſchützen, der größere Theil that aus einem Neben=
thore, den Degen in der Fauſt, einen wütenden Aus=
fall, und ihnen folgten andere mit brennenden, doch
verſteckten Materialien bewaffnet. Indem nun die
Römer bald die einen zum Weichen brachten, bald
den hitzigen Angriff der andern abwehren mußten,
ſchlichen ſich die mit Feuertöpfen bewaffneten gebückt
an der Erde hin, und ſteckten glühende Kohlen in die
Fugen des einen mit verſchiedenen Baumäſten, Bin=
ſen und Schilf beflochtenen Erdwalles, worauf dann
ſo leicht fangende und ſo trockene Materialien gar
bald in Brand geriethen, ſo daß die Unſrigen, doch
mit Rettung der Balliſten, nicht ohne Gefahr ent=
rinnen konnten.

Nachdem endlich der anbrechende Abend dem
Kampfe ein Ende machte, und beide Theile ſich
trennten, um kurze Ruhe zu genießen, befand ſich
der Kaiſer in nicht geringer Verlegenheit: die Ero=
berung von Phönika zu vollenden, war nun ein=
mal ein Haupttheil ſeines Planes, weil er dieſe Fe=

ſtung

---

*) Tanquam per transen-
nam. Ammian verſteht hier,
ſo wie in einer andern Stelle
B. 25. K. 6. unter transen-
na das Seil, welches beim
Wettfahren im Circus vor
den Hallen, in denen die
Wagen ſtanden, vorgeſpannt
war, und auf ein gegebenes
Zeichen herabfiel, worauf
dann die Wagen auf ein=
mal herausfuhren.

stung für den sichersten Riegel gegen feindliche Streifereien hielt; gleichwohl erlaubte ihm die späte Jahreszeit auch keinen längern Aufenthalt. Er beschloß
also zwar noch einige Zeit zu harren, sich aber nur
in kleinere Gefechte einzulaffen, in der Hoffnung, die
Belagerten doch vielleicht durch Hungersnoth zur
Uebergabe zu nöthigen: aber der Erfolg entsprach
seiner Erwartung nicht. Man hatte den kleinen
Krieg noch einige Zeit fortgesetzt, als feuchte Witterung eintrat, und regenschwangere Wolken den Himmel mit fürchterlichem Dunkel überzogen: durch
unaufhörliche Regengüsse war der Boden so durch-
weicht, daß die zähe Weichheit des in der Gegend
außerordentlich fetten Grundes alles weit umher zu
Einer Kothmasse bildete: auch setzten feurige Blitze
und krachende Donner die Menschen in banges
Schrecken.

Hierzu kam noch, daß sich öfter als sonst gewöhnlich Regenbogen sehen ließen, von deren
bogenartiger Form ich den Grund durch eine kurze
Beschreibung deutlich zu machen hoffe.

Wärmere Erddämpfe und feuchte Dünste drängen
sich in Wolken zusammen, und lösen sich dann in
dünnen Staubregen auf, der bei seiner weitern Aus-
breitung einen Glanz erhält. So ziehen sich diese
Dünste flüchtig in die Höhe, bis sie der Sonne
in gerader Richtung entgegen zu stehen kommen,
und nun den Regenbogen bilden, dessen weitgespannte
Krümmung sich daraus erklären läßt; weil er sich
über unsere Erde ausbreitet, deren Horizont nach
Grundsätzen der Naturlehre eine Halbkugel bildet.

Der

Der erste Kreis erscheint dem menschlichen Auge blaß=
gelb, der zweite hochgelb, der dritte purpurfarben,
der vierte violet, der letzte blau ins Grüne spielend.
Diese schöne Mischung bunter Farben entsteht, wie
die Menschen durch Nachdenken gefunden haben, da=
durch, daß der erste Streif eine der ihn umgebenden
Luft gleiche, mithin matte Farbe behalte: der zweite,
goldgelbe, schon in höherer Farben als der erste er=
scheine: der dritte purpurfarben, weil er dem Glanze
der Sonne ausgesetzt sey, und durch geraden Gegen=
schein derselben die reinsten Strahlen aufzufassen am
meisten empfänglich werde: der vierte violet, weil
durch den dazwischen fallenden dichten Staubregen
der Glanz der Sonnenstrahlen gleichsam hinsterbe,
und dem Zuschauer von der Erde aus in matterem
Roth in die Augen falle, welche Farbe endlich, je
mehr sie sich verdünne, in Blau und Grün übergehe.

Andere glauben, ein Regenbogen werde dann von
unserer Erde aus sichtbar, wenn die Sonnenstrahlen
in eine hoch stehende dichte Wolke ein helles Licht
werfen: weil nun dieses Licht nicht durch die Wolke
durchgehen könne, so concentriere es sich, bis es
durch zu schnelle Reibung einen Glanz erhalte, und
daß die zunächst ins Weiße spielende Farbe von der
höher stehenden Sonne, die grünliche aber von der
darüber hangenden Wolke entstehe: so wie man es
auch am Meere bemerke, daß die ans Ufer anspie=
lenden Wellen weiß, weiter auf die hohe See hin=
ein blau erscheinen.

Weil auch der Regenbogen ein Vorzeichen des
sich ändernden Wetters ist, er mag nun Wolken in
feuchten Dünsten zusammenziehen, oder im Gegen=
theil den trüben Himmel in einen heitern umwandeln,
so finden wir nachher auch oft bei den Dichtern, daß
sie die Iris *), als Gesandtin vom Himmel vor=
stellen, wenn eine politische Veränderung bevor=
steht

*) Nur für eine gewisse   ich, daß dies der Griechische
Gattung von Lesern bemerke Name des Regenbogens, und
                                                        Ju=

steht *). Ich könnte noch mehrere Meinungen
darüber beibringen, die doch hier um so weniger an
ihrem Platze stehen würden, weil meine Geschichte
nach ihrem Hauptzweck zurückeilt.

Alle vorher erzählte Begebenheiten theilten des
Kaisers Gemüth zwischen Furcht und Hoffnung: der
strenge Winter rückte näher, und in einer so bergich-
ten Gegend mußte er überall auf einen Hinterhalt zu
stoßen befürchten, und selbst vor einer Rebellion seiner erbitterten Krieger war er nicht ganz sicher.
Mehr als dies alles brannte ihm der Gedanke auf
der Seele, daß er gleichsam die offene Thüre eines
reichen Hauses vor sich gesehen, und dennoch mit
leeren Händen hätte davon gehen müssen. Er gab
also sein eitles Unternehmen ganz auf, und ging nach
Antiochien, der Hauptstadt des bedrängten Syriens
zurück, mit vollem Gefühl der ihm geschlagenen Wunden, die noch lange eine schmerzhafte Empfindung zurücklassen sollten. Es schien nun einmal die unglückliche Constellation über Constantius Unternehmungen
zu walten, daß ihn bei jedem persönlichen Feldzuge
gegen die Perser ein ungünstiges Schicksal verfolgte:
lieber wünschte er durch seine Feldherrn zu siegen, und
einigemal finden wir, daß ihm dies wirklich gelungen sey.

zugleich nach alter Sitte, die
Naturbegebenheiten zu per-
sonificiren, eine Griechische
Göttin war.

*) Der Uebersetzer muß
die Vorstellungsart der Alten, mag sie doch wahr oder
falsch seyn, geben, wie er
sie findet. Ohne also neuere
Ideen unterzulegen, ohne

meinen Ammian zu verbes-
sern, oder auch dem Leser
durch eine Note vorzugrei-
fen, glaubte ich meine Pflicht
durch eine ganz wörtliche
Uebersetzung, so weit es der,
wie ich vermuthe, an einigen Stellen verdorbene Text
verstattete, am besten zu erfüllen.

Ende des ersten Bandes.